Johann Wolfgang Goethe, geboren am 28.8.1749 in Frankfurt am Main, ist am 22.3.1832 in Weimar gestorben.

Goethes autobiographisches Werk *Dichtung und Wahrheit* ist in vier Teile mit insgesamt 20 Büchern gegliedert. Die vier Teile erschienen einzeln: 1811, 1812, 1814 und 1833.

Auszüge aus einem Briefe des Grafen Reinhard, eines vertrauten Freundes Goethes, an ihn, mögen stellvertretend die Wirkung dokumentieren, die von *Dichtung und Wahrheit* auf die Zeitgenossen ausging.

Reinhard an Goethe / Kassel, den 4. Dezember 1811

»[...] Niemals hab ich eine Schrift mit so viel Liebe und Ruhe mir angeeignet wie diese; wollüstig schwamm mein Geist mit dem klaren tiefen Strom der Rede fort und genoß der lieblichen Aussichten auf Vergangenheit und Zukunft; mir (und dies ist manchem andern geschehen) spiegelte sich in ihm das Bild der eignen Kindheit; und dann doch wieder wie verschieden von den Eigentümlichkeiten des herrlichen Knaben, der Goethe ward! [...] Was soll ich von dem lieblichen Knabenmärchen sagen, so leicht und kindlich froh und hüpfend, daß man schwören möchte, den Knaben selbst erzählen zu hören, und dann wieder so klassisch vollendet, wie nur gereifte Kunst und Erfahrung es hervorbringen konnten; vom echt altfranzösischen Sonderling, Graf Thoranc, eben darum so merkwürdig, weil er als Sonderling so echt französisch ist; von der gewandten Schutzrede des dicken Faktotum? In allem diesem ist so tiefe innre Wahrheit. Wahrheit und Dichtung sind so innig verschlungen, daß es die philistermäßigste Bemühung von der Welt wäre, Wahrheit und Dichtung sondern zu wollen.«

insel taschenbuch 151
Johann Wolfgang Goethe
Dichtung und Wahrheit

Johann Wolfgang Goethe

DICHTUNG UND WAHRHEIT III

Mit zeitgenössischen
Illustrationen ausgewählt
von Jörn Göres

Insel

insel taschenbuch 151
1. Auflage 1975
Alle Rechte an der Ausgabe
Insel Verlag Frankfurt am Main 1975
Der Text folgt Band 5 des Insel-Goethe,
herausgegeben von Walther Ziesemer
und Georg Wackerl, Frankfurt 1965
Vertrieb durch den Suhrkamp Taschenbuch Verlag
Umschlag nach Entwürfen von Willy Fleckhaus
Satz: Filmsatz Otto Gutfreund & Sohn, Darmstadt
Druck: Ebner, Ulm · Printed in Germany

AUS MEINEM LEBEN
DICHTUNG UND WAHRHEIT

DREIZEHNTES BUCH

Mit Merck war verabredet, daß wir uns zur schönen Jahrszeit in Koblenz bei Frau von La Roche treffen wollten. Ich hatte mein Gepäck nach Frankfurt, und was ich unterwegs brauchen könnte, durch eine Gelegenheit die Lahn hinunter gesendet und wanderte nun diesen schönen, durch seine Krümmungen lieblichen, in seinen Ufern so mannigfaltigen Fluß hinunter, dem Entschluß nach frei; dem Gefühle nach befangen, in einem Zustande, in welchem uns die Gegenwart der stummlebendigen Natur so wohltätig ist. Mein Auge, geübt, die malerischen und übermalerischen Schönheiten der Landschaft zu entdecken, schwelgte in Betrachtung der Nähen und Fernen, der bebuschten Felsen, der sonnigen Wipfel, der feuchten Gründe, der thronenden Schlösser und der aus der Ferne lockenden blauen Bergreihen.

Ich wanderte auf dem rechten Ufer des Flusses, der in einiger Tiefe und Entfernung unter mir, von reichem Weidengebüsch zum Teil verdeckt, im Sonnenlicht hingleitete. Da stieg in mir der alte Wunsch wieder auf, solche Gegenstände würdig nachahmen zu können. Zufällig hatte ich ein schönes Taschenmesser in der linken Hand, und in dem Augenblicke trat aus dem tiefen Grunde der Seele gleichsam befehlshaberisch hervor: ich sollte dies Messer ungesäumt in den Fluß schleudern. Sähe ich es hineinfallen, so würde mein künstlerischer Wunsch erfüllt werden; würde aber das Eintauchen des Messers durch die überhängenden Weidenbüsche verdeckt, so sollte ich Wunsch und Bemühung fahrenlassen. So schnell als diese Grille in mir aufstieg, war sie auch ausgeführt. Denn ohne auf die Brauchbarkeit des Messers zu sehn, das gar manche Gerätschaften in sich vereinigte, schleuderte ich es mit der Linken, wie ich es hielt, gewaltsam nach dem Flusse hin. Aber auch hier mußte ich die trügliche Zweideutigkeit der Orakel, über die man sich im Altertum so bitter beklagt, erfahren. Des Messers Eintauchen in den Fluß ward mir durch die letzten Weidenzweige verborgen, aber das dem Sturz entgegenwirkende Wasser sprang wie eine starke Fontäne in die Höhe und war mir vollkommen sichtbar. Ich legte diese Erscheinung nicht zu meinen Gunsten aus, und der durch sie in mir erregte Zweifel war in der Folge schuld, daß ich diese Übungen unterbrochner und fahrlässiger anstellte und dadurch selbst Anlaß gab, daß die Deutung des Orakels sich erfüllte. Wenigstens war mir für den Augenblick die Außenwelt verleidet, ich ergab mich meinen Einbildungen und Empfindungen und ließ die wohlgelegenen Schlösser und Ortschaften Weilburg, Limburg, Diez und Nassau nach und nach hinter mir, meistens allein, nur manchmal auf kurze Zeit mich zu einem andern gesellend.

Nach einer so angenehmen Wanderung von einigen Tagen gelangte ich nach Ems, wo ich einige Male des sanften Bades genoß und sodann auf einem Kahne den Fluß hinabwärts fuhr. Da eröffnete sich mir der alte Rhein; die schöne Lage von Oberlahnstein entzückte mich; über alles aber herrlich und majestätisch erschien das Schloß Ehrenbreitstein, welches in seiner Kraft und Macht vollkommen gerüstet dastand. In höchst lieblichem Kontrast lag an seinem Fuß das wohlgebaute Örtchen, Thal genannt, wo ich mich leicht zu der Wohnung des Geheimenrats von La Roche finden konnte. Angekündigt von Merck, ward ich von dieser edlen Familie sehr freundlich empfangen und geschwind als ein Glied derselben betrachtet. Mit der Mutter verband mich mein belletristisches und sentimentales Streben, mit dem Vater ein heiterer Weltsinn und mit den Töchtern meine Jugend.

Das Haus, ganz am Ende des Tals, wenig erhöht über dem Fluß gelegen, hatte die freie Aussicht den Strom hinabwärts. Die Zimmer waren hoch und geräumig, und die Wände galerieartig mit aneinanderstoßenden Gemälden behangen. Jedes Fenster, nach allen Seiten hin, machte den Rahmen zu einem natürlichen Bilde, das durch den Glanz einer milden Sonne

ANSICHT DER FESTUNG EHRENBREITSTEIN

»...herrlich und majestätisch erschien das Schloß Ehrenbreitstein, welches in seiner Kraft und Macht vollkommen gerüstet dastand. In höchst lieblichem Kontrast lag an seinem Fuß das wohlgebaute Örtchen, Thal genannt, wo ich mich leicht zu der Wohnung des Geheimenrats von La Roche finden konnte.«

sehr lebhaft hervortrat; ich glaubte nie so heitere Morgen und so herrliche Abende gesehn zu haben.

Nicht lange war ich allein der Gast im Hause. Zu dem Kongreß, der hier teils im artistischen, teils im empfindsamen Sinne gehalten werden sollte, war auch Leuchsenring beschieden, der von Düsseldorf heraufkam. Dieser Mann, von schönen Kenntnissen in der neuern Literatur, hatte sich auf verschiedenen Reisen, besonders aber bei einem Aufenthalte in der Schweiz, viele Bekanntschaften und, da er angenehm und einschmeichelnd war, viele Gunst erworben. Er führte mehrere Schatullen bei sich, welche den vertrauten Briefwechsel mit mehreren Freunden enthielten: denn es war überhaupt eine so allgemeine Offenherzigkeit unter den Menschen, daß man mit keinem einzelnen sprechen oder an ihn schreiben konnte, ohne es zugleich als an mehrere gerichtet zu betrachten. Man spähte sein eigen Herz aus und das Herz der anderen, und bei der Gleichgültigkeit der Regierungen gegen eine solche Mitteilung, bei der durchgreifende Schnelligkeit der Taxisschen Posten, der Sicherheit des Siegels, dem leidlichen Porto griff dieser sittliche und literarische Verkehr bald weiter um sich.

Solche Korrespondenzen, besonders mit bedeutenden Personen, wurden sorgfältig gesammelt und alsdann, bei freundschaftlichen Zusammenkünften, auszugsweise vorgelesen; und so ward man, da politische Diskurse wenig Interesse hatten, mit der Breite der moralischen Welt ziemlich bekannt.

Leuchsenrings Schatullen enthielten in diesem Sinne manche Schätze. Die Briefe einer Julie Bondeli wurden sehr hochgeachtet; sie war als Frauenzimmer von Sinn und Verdienst und als Rousseaus Freundin berühmt. Wer mit diesem außerordentlichen Manne nur irgend in Verhältnis gestanden hatte, genoß teil an der Glorie, die von ihm ausging, und in seinem Namen war eine stille Gemeinde weit und breit ausgesäet.

Ich wohnte diesen Vorlesungen gerne bei, indem ich dadurch in eine unbekannte Welt versetzt wurde und das Innere mancher kurz vergangenen Begebenheit kennen lernte. Freilich war nicht alles gehaltreich; und Herr von La Roche, ein heiterer Welt- und Geschäftsmann, der sich, obgleich Katholik, schon in Schriften über das Mönch- und Pfafftum lustig gemacht hatte, glaubte auch hier eine Verbrüderung zu sehen, wo mancher einzelne ohne Wert sich durch Verbindung mit bedeutenden Menschen aufstutze, wobei am Ende wohl er, aber nicht jene gefördert würden. Meistens entzog sich dieser wackere Mann der Gesellschaft, wenn die Schatullen eröffnet wurden. Hörte er auch wohl einmal einige Briefe mit an, so konnte man eine schalkhafte Bemerkung erwarten. Unter andern sagte er einstens, er überzeuge sich bei dieser Korrespondenz noch mehr von dem, was er immer geglaubt habe, daß Frauenzimmer alles Siegellack sparen könnten, sie sollten nur ihre Briefe mit Stecknadeln zustecken und dürften versichert sein, daß sie uneröffnet an Ort und Stelle kämen. Auf gleiche Weise pflegte er mit allem, was außer dem Lebens- und Tätigkeitskreise lag, zu scherzen und folgte hierin der Sinnesart seines Herrn und Meisters, des Grafen Stadion, kurmainzischen Ministers, welcher gewiß nicht geeignet war, den Welt- und Kaltsinn des Knaben durch Ehrfurcht vor irgendeinem Ahndungsvollen ins Gleichgewicht zu setzen.

Eine Anekdote von dem großen praktischen Sinne des Grafen hingegen möge hier Platz finden. Als er den verwaisten La Roche liebgewann und zu seinem Zögling erkor, forderte er von dem Knaben gleich die Dienste eines Sekretärs. Er gab ihm Briefe zu beantworten, Depeschen auszuarbeiten, die denn auch von ihm mundiert, öfter chiffriert, gesiegelt und überschrieben werden mußten. Dieses dauerte mehrere Jahre. Als der Knabe zum Jüngling herangereift war und dasjenige wirklich leistete, was er sich bisher nur eingebildet hatte, führte ihn der Graf an einen großen Schreibtisch, in welchem sämtliche Briefe und Pakete, unerbrochen, als Exerzitien der erstern Zeit, aufbewahrt lagen.

Eine andere Übung, die der Graf seinem Zögling zumutete, wird nicht so allgemeinen Beifall finden. La Roche nämlich hatte sich üben müssen, die Hand seines Herrn und Meisters aufs genauste nachzuahmen, um ihn dadurch der Qual des Selbstschreibens zu überheben. Allein nicht nur in Geschäften sollte dieses Talent genutzt werden, auch in Liebeshändeln hatte der junge Mann die Stelle seines Lehrers zu vertreten. Der Graf war leidenschaftlich einer hohen und geistreichen Dame verbunden. Wenn er in deren Gesellschaft bis tief in die Nacht verweilte, saß indessen sein Sekretär zu Hause und schmiedete die heißesten Liebesbriefe; darunter wählte der Graf und sendete noch gleich zur Nachtzeit das Blatt an seine Geliebte, welche sich denn doch wohl daran von dem unverwüstlichen Feuer ihres leidenschaftlichen Anbeters überzeugen mußte. Dergleichen frühe Erfahrungen mochten denn freilich dem Jüngling nicht den besten Begriff von schriftlichen Liebesunterhaltungen gegeben haben.

Ein unversöhnlicher Haß gegen das Pfafftum hatte sich bei diesem Manne, der zwei geistlichen Kurfürsten diente, festgesetzt, wahrscheinlich entsprungen aus der Betrachtung des rohen, geschmacklosen, geistverderblichen Fratzenwesens, welches die Mönche in Deutschland an manchen Orten zu treiben pflegten und dadurch eine jede Art von Bildung hinderten und zerstörten. Seine ›Briefe über das Mönchswesen‹ machten großes Aufsehen; sie wurden von allen Protestanten und von vielen Katholiken mit großem Beifall aufgenommen.

Wenn sich aber Herr von La Roche gegen alles, was man Empfindung nennen könnte, auflehnte und wenn er selbst den Schein derselben entschieden von sich abhielt, so verhehlte er doch nicht eine väterlich zarte Neigung zu seiner ältesten Tochter, welche freilich nicht anders als liebenswürdig war: eher klein als groß von Gestalt, niedlich gebaut; eine freie anmutige Bildung, die schwärzesten Augen und eine Gesichtsfarbe, die nicht reiner und blühender gedacht werden konnte.

MAXIMILIANE VON LA ROCHE

»...eher klein als groß von Gestalt, niedlich gebaut; eine freie anmutige
Bildung, die schwärzesten Augen...«

Auch sie liebte ihren Vater und neigte sich zu seinen Gesinnungen. Ihm, als tätigem Geschäftsmann, war die meiste Zeit durch Berufsarbeiten weggenommen, und weil die einkehrenden Gäste eigentlich durch seine Frau und nicht durch ihn angezogen wurden, so konnte ihm die Gesellschaft wenig Freude geben. Bei Tische war er heiter, unterhaltend, und suchte wenigstens seine Tafel von der empfindsamen Würze freizuhalten.

Wer die Gesinnungen und die Denkweise der Frau von La Roche kennt – und sie ist durch ein langes Leben und viele Schriften einem jeden Deutschen ehrwürdig bekannt geworden –, der möchte vielleicht vermuten, daß hieraus ein häusliches Mißverhältnis hätte entstehn müssen. Aber keineswegs! Sie war die wunderbarste Frau, und ich wüßte ihr keine andre zu vergleichen. Schlank und zart gebaut, eher groß als klein, hatte sie bis in ihre höheren Jahre eine gewisse Eleganz der Gestalt sowohl als des Betragens zu erhalten gewußt, die zwischen dem Benehmen einer Edeldame und einer würdigen bürgerlichen Frau gar anmutig schwebte. Im Anzuge war sie sich mehrere Jahre gleichgeblieben. Ein nettes Flügelhäubchen stand dem kleinen Kopfe und dem feinen Gesichte gar wohl, und die braune oder graue Kleidung gab ihrer Gegenwart Ruhe und Würde. Sie sprach gut und wußte dem, was sie sagte, durch Empfindung immer Bedeutung zu geben. Ihr Betragen war gegen jedermann vollkommen gleich. Allein durch dieses alles ist noch nicht das Eigenste ihres Wesens ausgesprochen; es zu bezeichnen ist schwer. Sie schien an allem teilzunehmen, aber im Grunde wirkte nichts auf sie. Sie war mild gegen alles und konnte alles dulden, ohne zu leiden; den Scherz ihres Mannes, die Zärtlichkeit ihrer Freunde, die Anmut ihrer Kinder, alles erwiderte sie auf gleiche Weise, und so blieb sie immer sie selbst, ohne daß ihr in der Welt durch Gutes und Böses oder in der Literatur durch Vortreffliches und Schwaches wäre beizukommen gewesen. Dieser Sinnesart verdankt sie ihre Selbständigkeit bis in ein hohes Alter, bei manchen traurigen, ja kümmerlichen Schicksalen. Doch um nicht ungerecht zu sein, muß ich erwähnen, daß ihre beiden Söhne, damals Kinder von blendender Schönheit, ihr manchmal einen Ausdruck ablockten, der sich von demjenigen unterschied, dessen sie sich zum täglichen Gebrauch bediente.

So lebte ich in einer neuen wundersam angenehmen Umgebung eine Zeitlang fort, bis Merck mit seiner Familie herankam. Hier entstanden sogleich neue Wahlverwandtschaften: denn indem die beiden Frauen sich einander näherten, hatte Merck mit Herrn von La Roche als Welt- und Geschäftskenner, als unterrichtet und gereist, nähere Berührung. Der Knabe gesellte sich zu den Knaben, und die Töchter fielen mir zu, von denen die älteste mich gar bald besonders anzog. Es ist eine sehr angenehme Empfindung, wenn sich eine neue Leidenschaft in uns zu regen anfängt, ehe die alte noch ganz verklungen ist. So sieht man bei untergehender Sonne gern auf der entgegengesetzten Seite den Mond aufgehn und erfreut sich an dem Doppelglanze der beiden Himmelslichter.

Nun fehlte es nicht an reicher Unterhaltung in und außer dem Hause. Man durchstrich die Gegend; Ehrenbreitstein diesseits, die Kartause jenseits wurden bestiegen. Die Stadt, die Moselbrücke, die Fähre, die uns über den Rhein brachte, alles gewährte das mannigfachste Vergnügen. Noch nicht erbaut war das neue Schloß; man führte uns an den Platz, wo es stehn sollte, man ließ uns die vorschlägigen Risse davon sehen.

In diesem heitern Zustande entwickelte sich jedoch innerlich der Stoff der Unverträglichkeit, der in gebildeten wie in ungebildeten Gesellschaften gewöhnlich seine unfreundlichen Wirkungen zeigt. Merck, zugleich kalt und unruhig, hatte nicht lange jene Briefwechsel mit angehört, als er über die Dinge, von denen die Rede war, sowie über die Personen und ihre Verhältnisse gar manchen schalkhaften Einfall laut werden ließ, mir aber im stillen die wunderlichsten Dinge eröffnete, die

SOPHIE VON LA ROCHE

»...sie ist durch ein langes Leben und viele Schriften einem jeden Deutschen ehrwürdig bekannt geworden... Ein nettes Flügelhäubchen stand dem kleinen Kopf und dem feinen Gesicht gar
wohl...«

eigentlich darunter verborgen sein sollten. Von politischen Geheimnissen war zwar keineswegs die Rede, auch nicht von irgend etwas, das einen gewissen Zusammenhang gehabt hätte; er machte mich nur auf Menschen aufmerksam, die, ohne sonderliche Talente, mit einem gewissen Geschick sich persönlichen Einfluß zu verschaffen wissen und durch die Bekanntschaft mit vielen aus sich selbst etwas zu bilden suchen; und von dieser Zeit an hatte ich Gelegenheit, dergleichen mehr zu bemerken. Da solche Personen gewöhnlich den Ort verändern und als Reisende bald hier, bald da eintreffen, so kommt ihnen die Gunst der Neuheit zugute, die man ihnen nicht beneiden noch verkümmern sollte: denn es ist dieses eine herkömmliche Sache, die jeder Reisende zu seinem Vorteil, jeder Bleibende zu seinem Nachteil öfters erfahren hat.

Dem sei nun, wie ihm wolle, genug, wir nährten von jener Zeit an eine gewisse unruhige, ja neidische Aufmerksamkeit auf dergleichen Leute, die auf ihre eigne Hand hin und wider zogen, sich in jeder Stadt vor Anker legten und wenigstens in einigen Familien Einfluß zu gewinnen suchten. Einen zarten und weichen dieser Zunftgenossen habe ich im ›Pater Brey‹, einen andern, tüchtigern und derbern, in einem künftig mitzuteilenden Fastnachtsspiele, das den Titel führt: ›Satyros oder der vergötterte Waldteufel‹, wo nicht mit Billigkeit, doch wenigstens mit gutem Humor dargestellt.

Indessen wirkten die wunderlichen Elemente unserer kleinen Gesellschaft noch so ganz leidlich aufeinander; wir waren teils durch eigne Sitte und Lebensart gebändigt, teils aber auch durch jene besondere Weise der Hausfrau gemildert, welche, von dem, was um sie vorging, nur leicht berührt, sich immer gewissen ideellen Vorstellungen hingab und, indem sie solche freundlich und wohlwollend zu äußern verstand, alles Scharfe, was in der Gesellschaft hervortreten mochte, zu mildern und das Unebne auszugleichen wußte.

Merck hatte noch eben zur rechten Zeit zum Aufbruch geblasen, so daß die Gesellschaft in dem besten Verhältnis auseinander ging. Ich fuhr mit ihm und den Seinigen auf einer nach Mainz rückkehrenden Jacht den Rhein aufwärts, und obschon dieses an sich sehr langsam ging, so ersuchten wir noch überdies den Schiffer, sich ja nicht zu übereilen. So genossen wir mit Muße der unendlich mannigfaltigen Gegenstände, die bei dem herrlichsten Wetter jede Stunde an Schönheit zuzunehmen und sowohl an Größe als an Gefälligkeit immer neu zu wechseln scheinen; und ich wünsche nur, indem ich die Namen Rheinfels und St. Goar, Bacharach, Bingen, Elfeld und Biebrich ausspreche, daß jeder meiner Leser imstande sei, sich diese Gegenden in der Erinnerung hervorzurufen.

Wir hatten fleißig gezeichnet und uns wenigstens dadurch die tausendfältige Abwechslung jenes herrlichen Ufers fester eingedruckt; aber auch unser Verhältnis verinnigte sich durch dieses längere Zusammensein, durch die vertrauliche Mitteilung über so mancherlei Dinge, dergestalt, daß Merck einen großen Einfluß über mich gewann und ich ihm als ein guter Gesell zu einem behaglichen Dasein unentbehrlich ward. Mein durch die Natur geschärfter Blick warf sich wieder auf die Kunstbeschauung, wozu mir die schönen Frankfurter Sammlungen an Gemälden und Kupferstichen die beste Gelegenheit gaben, und ich bin der Neigung der Herren Ettling, Ehrenreich, besonders aber dem braven Nothnagel sehr viel schuldig geworden. Die Natur in der Kunst zu sehen, ward bei mir zu einer Leidenschaft, die in ihren höchsten Augenblicken andern, selbst passionierten Liebhabern, fast wie Wahnsinn erscheinen mußte; und wie konnte eine solche Neigung besser gehegt werden als durch eine fortdauernde Betrachtung der trefflichen Werke der Niederländer. Damit ich mich aber auch mit diesen Dingen werktätig bekannt machen möchte, räumte mir Nothnagel ein Kabinett ein, wo ich alles fand, was zur Ölmalerei nötig war, und ich malte einige einfache Stilleben nach dem Wirklichen, auf deren einem ein Messerstiel von Schildpatt, mit Silber eingelegt, meinen Meister, der mich erst vor einer Stunde besucht hatte, dergestalt überraschte, daß er behauptete, es müsse während der Zeit einer von seinen untergeordneten Künstlern bei mir gewesen sein.

Hätte ich geduldig fortgefahren, mich an solchen Gegenständen zu üben, ihnen Licht und Schatten und die Eigenheiten ihrer Oberfläche abzugewinnen, ich hätte mir eine gewisse Praxis bilden und zum Höheren den Weg bahnen können; so aber verfolgte mich der Fehler aller Dilettanten, mit dem Schwersten anzufangen, ja sogar das Unmögliche leisten zu wollen, und ich verwickelte mich bald in größere Unternehmungen, in denen ich stecken blieb, sowohl weil sie weit über meine technischen Fähigkeiten hinauslagen, als weil ich die liebevolle Aufmerksamkeit und den gelassenen Fleiß, durch den auch schon der Anfänger etwas leistet, nicht immer rein und wirksam erhalten konnte.

Auch wurde ich zu gleicher Zeit abermals in eine höhere Sphäre gerissen, indem ich einige schöne Gipsabgüsse antiker Köpfe anzuschaffen Gelegenheit fand. Die Italiener nämlich, welche die Messen beziehn, brachten manchmal dergleichen gute Exemplare mit und verkauften sie auch wohl, nachdem sie eine Form darüber genommen. Auf diesem Wege stellte ich mir ein kleines Museum auf, indem ich die Köpfe des Laokoon, seiner Söhne, der Niobe Töchter allmählich zusammenbrachte, nicht weniger die Nachbildungen der bedeutendsten Werke des Altertums im kleinen aus der Verlassenschaft eines Kunstfreundes ankaufte und so mir jenen großen Eindruck, den ich in Mannheim gewonnen hatte, möglichst wiederzubeleben suchte.

Indem ich nun alles, was von Talent, Liebhaberei oder sonst irgendeiner Neigung in mir leben mochte, auszubilden, zu nähren und zu unterhalten suchte, verwendete ich eine gute Zeit des Tages, nach dem Wunsch meines Vaters, auf die Advokatur, zu deren Ausübung ich zufälligerweise die beste Gelegenheit fand. Nach dem Tode des Großvaters war mein Oheim Textor in den Rat gekommen und übergab mir die kleineren Sachen, denen ich gewachsen war; welches die Gebrüder Schlosser auch taten. Ich machte mich mit den Akten bekannt, mein Vater las sie ebenfalls mit vielem Vergnügen, da er sich, durch Veranlassung des Sohns, wieder in einer Tätigkeit sah, die er lange entbehrt hatte. Wir besprachen uns darüber, und mit großer Leichtigkeit machte ich alsdann die nötigen Aufsätze. Wir hatten einen trefflichen Kopisten zur Hand, auf den man sich zugleich wegen aller Kanzleiförmlichkeiten verlassen konnte; und so war mir dieses Geschäft eine um so angenehmere Unterhaltung, als es mich dem Vater näher brachte, der, mit meinem Benehmen in diesem Punkte völlig zufrieden, allem übrigen, was ich trieb, gerne nachsah, in der sehnlichen Erwartung, daß ich nun bald auch schriftstellerischen Ruhm einernten würde.

Weil nun in jeder Zeitepoche alles zusammenhängt, indem die herrschenden Meinungen und Gesinnungen sich auf die vielfachste Weise verzweigen, so befolgte man in der Rechtslehre nunmehr auch nach und nach alle diejenigen Maximen, nach welchen man Religion und Moral behandelte. Unter den Sachwaltern als den jüngern, sodann unter den Richtern als den ältern, verbreitete sich der Humanismus, und alles wetteiferte, auch in rechtlichen Verhältnissen höchst menschlich zu sein. Gefängnisse wurden gebessert, Verbrechen entschuldigt, Strafen gelindert, die Legitimationen erleichtert, Scheidungen von Mißheiraten befördert, und einer unserer vorzüglichen Sachwalter erwarb sich den höchsten Ruhm, als er einem Scharfrichtersohne den Eingang in das Kollegium der Ärzte zu erfechten wußte. Vergebens widersetzten sich Gilden und Körperschaften; ein Damm nach dem andern ward durchbrochen. Die Duldsamkeit der Religionsparteien gegeneinander ward nicht bloß gelehrt, sondern ausgeübt, und mit einem noch größern Einflusse ward die bürgerliche Verfassung bedroht, als man Duldsamkeit gegen die Juden, mit Verstand, Scharfsinn und Kraft, der gutmütigen Zeit anzuempfehlen bemüht war. Diese neuen Gegenstände rechtlicher Behandlung, welche außerhalb des Gesetzes und des Herkommens lagen und nur an billige Beurteilung, an gemütliche Teilnahme Anspruch machten, forderten zugleich einen natürlicheren und lebhafteren Stil. Hier war uns, den Jüngsten, ein heiteres Feld eröffnet, in welchem wir uns mit Lust herumtummelten, und ich erinnere mich noch gar wohl, daß ein Reichshofratsagent mir in einem solchen Falle ein sehr artiges Belobungsschreiben zusendete. Die französischen Plaidoyers dienten uns zu Mustern und zur Anregung.

Und somit waren wir auf dem Wege, bessere Redner als Juristen zu werden, worauf mich der solide Georg Schlosser einstmals tadelnd aufmerksam machte. Ich hatte ihm erzählt, daß ich meiner Partei eine mit vieler Energie zu ihren Gunsten abgefaßte Streitschrift vorgelesen, worüber sie mir große Zufriedenheit bezeigt. Hierauf erwiderte er mir: ›Du hast dich in diesem Fall mehr als Schriftsteller denn als Advokat bewiesen; man muß niemals fragen, wie eine solche Schrift dem Klienten, sondern wie sie dem Richter gefallen kann.‹

Wie nun aber niemand noch so ernste und dringende Geschäfte haben mag, denen er seinen Tag widmet, daß er nicht demungeachtet abends so viel Zeit fände, das Schauspiel zu besuchen, so ging es auch mir, der ich, in Ermangelung einer vorzüglichen Bühne, über das deutsche Theater zu denken nicht aufhörte, um zu erforschen, wie man auf demselben allenfalls tätig mitwirken könnte. Der Zustand desselben in der zweiten Hälfte des vorigen Jahrhunderts ist bekannt genug, und jedermann, der sich davon zu unterrichten verlangt, findet überall bereite Hülfsmittel. Ich denke deswegen hier nur einige allgemeine Bemerkungen einzuschalten.

Das Glück der Bühne beruhte mehr auf der Persönlichkeit der Schauspieler als auf dem Werte der Stücke. Dies war besonders bei halb oder ganz extemporierten Stücken der Fall, wo alles auf den Humor und das Talent der komischen Schauspieler ankam. Der Stoff solcher Stücke muß aus dem gemeinsten Leben genommen sein, den Sitten des Volks gemäß, vor welchem man spielt. Aus dieser unmittelbaren Anwendbarkeit entspringt der große Beifall, dessen sie sich jederzeit zu erfreuen haben. Diese waren immer im südlichen Deutschland zu Hause, wo man sie bis auf den heutigen Tag beibehält und nur von Zeit zu Zeit dem Charakter der possenhaften Masken einige Veränderung zu geben durch den Personenwechsel genötigt ist. Doch nahm das deutsche Theater, dem ernsten Charakter der Nation gemäß, sehr bald eine Wendung nach dem Sittlichen, welche durch eine äußere Veranlassung noch mehr beschleunigt ward. Unter den strengen Christen entstand nämlich die Frage, ob das Theater zu den sündlichen und auf alle Fälle zu vermeidenden Dingen gehöre oder zu den gleichgültigen, welche dem Guten gut und nur dem Bösen bös werden könnten. Strenge Eiferer verneinten das letztere und hielten fest darüber, daß kein Geistlicher je ins Theater gehen solle. Nun konnte die Gegenrede nicht mit Nachdruck geführt werden, als wenn man das Theater nicht allein für unschädlich, sondern sogar für nützlich angab. Um nützlich zu sein, mußte es sittlich sein, und dazu bildete es sich im nördlichen Deutschland um so mehr aus, als durch einen gewissen Halbgeschmack die lustige Person vertrieben ward und, obgleich geistreiche Köpfe für sie einsprachen, dennoch weichen mußte, da sie sich bereits von der Derbheit des deutschen Hanswursts gegen die Niedlichkeit und Zierlichkeit der italienischen und französischen Harlekine gewendet hatte. Selbst Scapin und Crispin verschwanden nach und nach; den letztern habe ich zum ersten Mal von Koch, in seinem hohen Alter, spielen sehn.

Schon die Richardsonschen Romane hatten die bürgerliche Welt auf eine zartere Sittlichkeit aufmerksam gemacht. Die strengen und unausbleiblichen Folgen eines weiblichen Fehltritts waren in der ›Clarisse‹ auf eine grausame Weise zergliedert. Lessings ›Miß Sara Sampson‹ behandelte dasselbe Thema. Nun ließ der Kaufmann von London‹ einen verführten Jüngling in der schrecklichsten Lage sehen. Die französischen Dramen hatten denselben Zweck, verfuhren aber mäßiger und wußten durch Vermittelung am Ende zu gefallen. Diderots ›Hausvater‹, ›Der ehrliche Verbrecher‹, ›Der Essighändler‹, der ›Philosoph, ohne es zu wissen‹, ›Eugenie‹ und mehr dergleichen Werke waren dem ehrbaren Bürger- und Familiensinn gemäß, der immer mehr obzuwalten anfing. Bei uns gingen ›Der dankbare Sohn‹, der ›Deserteur aus Kindesliebe‹ und ihre Sippschaft denselben Weg. ›Der Minister‹, ›Clementine‹ und die übrigen Geblerischen Stücke, ›Der deutsche Hausvater‹ von Gemmingen, alle brachten den Wert des mittleren, ja des unteren Standes zu einer gemütlichen Anschauung und entzückten das große Publikum. Ekhof durch seine edle Persönlichkeit, die dem Schauspielerstand eine gewisse Würde mitteilte, deren er bisher entbehrte, hob die ersten Figuren solcher Stücke ungemein, indem der Ausdruck von Rechtlichkeit ihm, als einem rechtlichen Manne, vollkommen gelang.

Indem nun das deutsche Theater sich völlig zur Verweichlichung hinneigte, stand Schröder als Schriftsteller und Schauspieler auf und bearbeitete, durch die Verbindung Hamburgs mit England veranlaßt, englische Lustspiele. Er konnte dabei den Stoff derselben nur im allgemeinsten brauchen: denn die Originale sind meistens formlos, und wenn sie auch gut und planmäßig anfangen, so verlieren sie sich doch zuletzt ins Weite. Es scheint ihren Verfassern nur darum zu tun, die wunderlichsten Szenen anzubringen, und wer an ein gehaltenes Kunstwerk gewöhnt ist, sieht sich zuletzt ungern ins Grenzenlose getrieben. Überdies geht ein wildes und unsittliches gemein-wüstes Wesen bis zum Unerträglichen so entschieden durch, daß es schwer sein möchte, dem Plan und den Charaktern alle ihre Unarten zu benehmen. Sie sind eine derbe und dabei gefährliche Speise, die bloß einer großen und halbverdorbenen Volksmasse zu einer gewissen Zeit genießbar und verdaulich gewesen sein mag. Schröder hat an diesen Dingen mehr getan, als man gewöhnlich weiß; er hat sie von Grund aus verändert, dem deutschen Sinne angeähnlicht und sie möglichst gemildert. Es bleibt ihnen aber immer ein herber Kern, weil der Scherz gar oft auf Mißhandlung von Personen beruht, sie mögen es verdienen oder nicht. In diesen Darstellungen, welche sich gleichfalls auf dem Theater verbreiteten, lag also ein heimliches Gegengewicht jener allzu zarten Sittlichkeit, und die Wirkung beider Arten gegeneinander hinderte glücklicherweise die Eintönigkeit, in die man sonst verfallen wäre. Der Deutsche, gut- und großmütig von Natur, will niemand gemißhandelt wissen. Weil aber kein Mensch, wenn er auch noch so gut denkt, sicher ist, daß man ihm nicht etwas gegen seine Neigung unterschiebe, auch das Lustspiel überhaupt immer etwas Schadenfreude bei dem Zuschauer voraussetzt oder erweckt, wenn es behagen soll, so geriet man auf einem natürlichen Wege zu einem bisher für unnatürlich gehaltenen Benehmen: dieses war, die höheren Stände herabzusetzen und sie mehr oder weniger anzutasten. Die prosaische und poetische Satire hatte sich bisher immer gehütet, Hof und Adel zu berühren. Rabener enthielt sich nach jener Seite hin alles Spottes und blieb in einem niederen Kreise. Zachariä beschäftigt sich viel mit Landedelleuten, stellt ihre Liebhabereien und Eigenheiten komisch dar, aber ohne Mißachtung. Thümmels ›Wilhelmine‹, eine kleine geistreiche Komposition, so angenehm als kühn, erwarb sich großen Beifall, vielleicht auch mit deswegen, weil der Verfasser, ein Edelmann und Hofgenosse, die eigne Klasse nicht eben schonend behandelte. Den entschiedensten Schritt jedoch tat Lessing in der ›Emilia Galotti‹, wo die Leidenschaften und ränkevollen Verhältnisse der höheren Regionen schneidend und bitter geschildert sind. Alle diese Dinge sagten dem aufgeregten Zeitsinne vollkommen zu, und Menschen von weniger Geist und Talent glaubten, das gleiche, ja noch mehr tun zu dürfen; wie denn Großmann in sechs unappetitlichen ›Schüsseln‹ alle Leckerspeisen seiner Pöbelküche dem schadenfrohen Publikum auftischte. Ein redlicher Mann, Hofrat Reinhard, machte bei dieser unerfreulichen Tafel den Haushofmeister, zu Trost und Erbauung sämtlicher Gäste. Von dieser Zeit an wählte man die theatralischen Bösewichter immer aus den höheren Ständen; doch mußte die Person Kammerjunker oder wenigstens Geheimsekretär sein, um sich einer solchen Auszeichnung würdig zu machen. Zu den allergottlosesten Schaubildern aber erkor man die obersten Chargen und Stellen des Hof- und Ziviletats im Adreßkalender, in welcher vornehmen Gesellschaft denn doch noch die Justitiarien, als Bösewichter der ersten Instanz, ihren Platz fanden.

Doch indem ich schon fürchten muß, über die Zeit hinausgegriffen zu haben, von der hier die Rede sein kann, kehre ich auf mich selbst zurück, um des Dranges zu erwähnen, den ich empfand, mich in freien Stunden mit den einmal ausgesonnenen theatralischen Planen zu beschäftigen.

Durch die fortdauernde Teilnahme an Shakespeares Werken hatte ich mir den Geist so ausgeweitet, daß mir der enge Bühnenraum und die kurze, einer Vorstellung zugemessene Zeit keineswegs hinlänglich schienen, um etwas Bedeutendes vorzutragen. Das Leben des biedern Götz von Berlichingen, von ihm selbst geschrieben, trieb mich in die historische Behandlungsart, und meine Einbildungskraft dehnte sich dergestalt aus, daß auch meine dramatische Form alle Theatergrenzen überschritt und sich den lebendigen Ereignissen mehr und mehr zu nähern suchte. Ich hatte mich davon, sowie ich vorwärts ging, mit meiner Schwester umständlich unterhalten, die an solchen Dingen mit Geist und Gemüt teilnahm, und ich erneuerte diese Unterhaltung so oft, ohne nur irgend zum Werke zu schreiten, daß sie zuletzt ungeduldig und wohlwollend dringend bat, mich nur nicht immer mit Worten in die Luft zu ergehn, sondern endlich einmal das, was mir so gegenwärtig wäre, auf das Papier festzubringen. Durch diesen Antrieb bestimmt, fing ich eines Morgens zu schreiben an, ohne daß ich einen Entwurf oder Plan vorher aufgesetzt hätte. Ich schrieb die ersten Szenen, und abends wurden sie Cornelien vorgelesen. Sie schenkte ihnen vielen Beifall, jedoch nur bedingt, indem sie zweifelte, daß ich so fortfahren würde, ja sie äußerte sogar einen entschiedenen Unglauben an meine Beharrlichkeit. Dieses reizte mich nur um so mehr, ich fuhr den nächsten Tag fort, und so den dritten; die Hoffnung wuchs bei den täglichen Mitteilungen, auch mir ward alles von Schritt zu Schritt lebendiger, indem mir ohnehin der Stoff durchaus eigen geworden; und so hielt ich mich ununterbrochen ans Werk, das ich geradeswegs verfolgte, ohne weder rückwärts noch rechts, noch links zu sehn, und in etwa sechs Wochen hatte ich das Vergnügen, das Manuskript geheftet zu erblicken. Ich teilte es Mercken mit, der verständig und wohlwollend darüber sprach; ich sendete es Herdern zu, der sich unfreundlich und hart dagegen äußerte und nicht ermangelte, in einigen gelegentlichen Schmähgedichten mich deshalb mit spöttischen Namen zu bezeichnen. Ich ließ mich dadurch nicht irremachen, sondern faßte meinen Gegenstand scharf ins Auge: der Wurf war einmal getan, und es fragte sich nur, wie man die Steine im Brett vorteilhaft setzte. Ich sah wohl, daß mir auch hier niemand raten würde, und als ich nach einiger Zeit mein Werk wie ein fremdes betrachten konnte, so erkannte ich freilich, daß ich bei dem Versuch, auf die Einheit der Zeit und des Orts Verzicht zu tun, auch der höheren Einheit, die um desto mehr gefordert wird, Eintrag getan hatte. Da ich mich, ohne Plan und Entwurf, bloß der Einbildungskraft und einem innern Trieb überließ, so war ich von vornherein ziemlich bei der Klinge geblieben, und die ersten Akte konnten für das, was sie sein sollten, gar füglich gelten; in den folgenden aber, und besonders gegen das Ende, riß mich eine wundersame Leidenschaft unbewußt hin. Ich

Lebens-Beschreibung

Herrn

Gözens

von

Berlichingen,

Zugenannt mit der Eisern Hand,
Eines zu Zeiten Kaysers Maximiliani I.
und Caroli V. kühnen und tapfern

Reichs-Cavaliers,

Worinnen derselbe 1.) alle seine von Jugend auf
gehabte Fehden, und im Krieg ausgeübte That-Hand-
lungen, 2.) seine in dem Bauern-Krieg A. 1525. wiederwillig geleistete Dienste, und dann 3.) einige andere, ausserhalb dem Krieg,
und denen Fehden, gethane Ritter-Dienste aufrichtig
erzehlet, und dabey seine erlebte Fatali-
täten mit anführet.
Mit verschiedenen Anmerckungen erläutert,

und

Mit einem vollständigen Indice versehen, zum Druck befördert,

von

Verono Franck von Steigerwald

welchem

Zu noch mehrerer Illustrirung eine Dissertation de Diffida-
tionibus & Faidis, beygefügt sich befindet,

von

Wilhelm Friedrich Pistorius,

Hohenloh-Weickersheimischen Hof-Rath.

Nürnberg, verlegts Adam Jonathan Felßecker. 1731.

LEBENS-BESCHREIBUNG HERRN GÖZENS VON BERLICHINGEN...

»Das Leben des biedern Götz von Berlichingen, von ihm selbst geschrieben, trieb mich in die historische Behandlungsart...«

hatte mich, indem ich Adelheid liebenswürdig zu schildern trachtete, selbst in sie verliebt, unwillkürlich war meine Feder nur ihr gewidmet, das Interesse an ihrem Schicksal nahm überhand, und wie ohnehin gegen das Ende Götz außer Tätigkeit gesetzt ist und dann nur zu einer unglücklichen Teilnahme am Bauernkriege zurückkehrt, so war nichts natürlicher, als daß eine reizende Frau ihn bei dem Autor ausstach, der, die Kunstfesseln abschüttelnd, in einem neuen Felde sich zu versuchen dachte. Diesen Mangel, oder vielmehr diesen tadelhaften Überfluß, erkannte ich gar bald, da die Natur meiner Poesie mich immer zur Einheit hindrängte. Ich hegte nun, anstatt der Lebensbeschreibung Götzens und der deutschen Altertümer, mein eignes Werk im Sinne und suchte ihm immer mehr historischen und nationalen Gehalt zu geben und das, was daran fabelhaft oder bloß leidenschaftlich war, auszulöschen; wobei ich freilich manches aufopferte, indem die menschliche Neigung der künstlerischen Überzeugung weichen mußte. So hatte ich mir zum Beispiel etwas Rechts zugute getan, indem ich in einer grauserlich nächtlichen Zigeunerszene Adelheid auftreten und ihre schöne Gegenwart Wunder tun ließ. Eine nähere Prüfung verbannte sie, so wie auch der im vierten und fünften Akte umständlich ausgeführte Liebeshandel zwischen Franzen und seiner gnädigen Frau sich ins Enge zog und nur in seinen Hauptmomenten hervorleuchten durfte.

Ohne also an dem ersten Manuskript irgend etwas zu verändern, welches ich wirklich noch in seiner Urgestalt besitze, nahm ich mir vor, das Ganze umzuschreiben, und leistete dies auch mit solcher Tätigkeit, daß in wenigen Wochen ein ganz erneutes Stück vor mir lag. Ich ging damit um so rascher zu Werke, je weniger ich die Absicht hatte, diese zweite Bearbeitung jemals drucken zu lassen, sondern sie gleichfalls nur als Vorübung ansah, die ich künftig, bei einer mit mehrerem Fleiß und Überlegung anzustellenden neuen Behandlung, abermals zum Grunde legen wollte.

Als ich nun mancherlei Vorschläge, wie ich dies anzufangen gedächte, Mercken vorzutragen anfing, spottete er mein und fragte, was denn das ewige Arbeiten und Umarbeiten heißen solle? Die Sache werde dadurch nur anders und selten besser; man müsse sehn, was das *eine* für Wirkung tue, und dann immer wieder was Neues unternehmen. – ›Bei Zeit auf die Zäun', so trocknen die Windeln!‹ rief er sprüchwörtlich aus; das Säumen und Zaudern mache nur unsichere Menschen. Ich erwiderte ihm dagegen, daß es mir unangenehm sein würde, eine Arbeit, an die ich so viele Neigung verwendet, einem Buchhändler anzubieten und mir vielleicht gar eine abschlägige Antwort zu holen: denn wie sollten sie einen jungen, namenlosen und noch dazu verwegenen Schriftsteller beurteilen? Schon meine ›Mitschuldigen‹, auf die ich etwas hielt, hätte ich, als meine Scheu vor der Presse nach und nach verschwand, gern gedruckt gesehn; allein ich fand keinen geneigten Verleger. Hier ward nun meines Freundes technisch-merkantilische Lust auf einmal rege. Durch die Frankfurter Zeitung hatte er sich schon mit Gelehrten und Buchhändlern in Verbindung gesetzt; wir sollten daher, wie er meinte, dieses seltsame und gewiß auffallende Werk auf eigne Kosten herausgeben, und es werde davon ein guter Vorteil zu ziehen sein; wie er denn, mit so vielen andern, öfters den Buchhändlern ihren Gewinn nachzurechnen pflegte, der bei manchen Werken freilich groß war, besonders wenn man außer acht ließ, wieviel wieder an anderen Schriften und durch sonstige Handelsverhältnisse verlorengeht. Genug, es ward ausgemacht, daß ich das Papier anschaffen, er aber für den Druck sorgen solle; und somit ging es frisch ans Werk, und mir gefiel es gar nicht übel, meine wilde dramatische Skizze nach und nach in saubern Aushängebogen zu sehen: sie nahm sich wirklich reinlicher aus, als ich selbst gedacht. Wir vollendeten das Werk, und es ward in vielen Paketen versendet. Nun dauerte es nicht lange, so entstand überall eine große Bewegung; das Aufsehn, das es machte, ward allgemein. Weil wir

Götz von Berlichingen

mit der

eisernen Hand.

Ein

Schauspiel.

1 7 7 3.

GÖTZ VON BERLICHINGEN MIT DER EISERNEN HAND.
EIN SCHAUSPIEL. 1773

»Ich hegte nun, anstatt der Lebensbeschreibung Götzens und der deutschen Altertümer, mein eignes Werk im Sinne und suchte ihm immer
mehr historischen und nationalen Gehalt zu geben...«

aber, bei unsern beschränkten Verhältnissen, die Exemplare nicht schnell genug nach allen Orten zu verteilen vermochten, so erschien plötzlich ein Nachdruck; und da überdies gegen unsere Aussendungen freilich so bald keine Erstattung, am allerwenigsten eine bare, zurückerfolgen konnte, so war ich, als Haussohn, dessen Kasse nicht in reichlichen Umständen sein konnte, zu einer Zeit, wo man mir von allen Seiten her viel Aufmerksamkeit, ja sogar vielen Beifall erwies, höchst verlegen, wie ich nur das Papier bezahlen sollte, auf welchem ich die Welt mit meinem Talent bekannt gemacht hatte. Merck, der sich schon eher zu helfen wußte, hegte dagegen die besten Hoffnungen, daß sich nächstens alles wieder ins gleiche stellen würde; ich bin aber nichts davon gewahr geworden.

Schon bei den kleinen Flugschriften, die ich ungenannt herausgab, hatte ich das Publikum und die Rezensenten auf meine eignen Kosten kennen lernen, und ich war auf Lob und Tadel so ziemlich vorbereitet, besonders da ich seit mehreren Jahren immer nachging und beobachtete, wie man die Schriftsteller behandle, denen ich eine vorzügliche Aufmerksamkeit gewidmet hatte.

Hier konnte ich, selbst in meiner Unsicherheit, deutlich bemerken, wie doch so vieles grundlos, einseitig und willkürlich in den Tag hinein gesagt wurde. Mir begegnete nun dasselbe, und wenn ich nicht schon einigen Grund gehabt hätte, wie irre hätten mich die Widersprüche gebildeter Menschen machen müssen! So stand zum Beispiel im ›Deutschen Merkur‹ eine weitläuftige, wohlgemeinte Rezension, verfaßt von irgendeinem beschränkten Geiste. Wo er tadelte, konnte ich nicht mit ihm einstimmen, noch weniger, wenn er angab, wie die Sache hätte können anders gemacht werden. Erfreulich war es mir daher, wenn ich unmittelbar hinterdrein eine heitere Erklärung Wielands antraf, der im allgemeinen dem Rezensenten widersprach und sich meiner gegen ihn annahm. Indessen war doch jenes auch gedruckt, ich sah ein Beispiel von der dumpfen Sinnesart unterrichteter und gebildeter Männer: wie mochte es erst im großen Publikum aussehn!

Das Vernügen, mich mit Mercken über solche Dinge zu besprechen und aufzuklären, war von kurzer Dauer: denn die einsichtsvolle Landgräfin von Hessen-Darmstadt nahm ihn auf ihrer Reise nach Petersburg in ihr Gefolge. Die ausführlichen Briefe, die er mir schrieb, gaben mir eine weitere Aussicht in die Welt, die ich mir um so mehr zu eigen machen konnte, als die Schilderungen von einer bekannten und befreundeten Hand gezeichnet waren. Allein ich blieb demungeachtet dadurch auf längere Zeit sehr einsam und entbehrte gerade in dieser wichtigen Epoche seiner aufklärenden Teilnahme, deren ich denn doch so sehr bedurfte.

Denn wie man wohl den Entschluß faßt, Soldat zu werden und in den Krieg zu gehen, sich auch mutig vorsetzt, Gefahr und Beschwerlichkeiten zu ertragen sowie auch Wunden und Schmerzen, ja den Tod zu erdulden, aber sich dabei keineswegs die besonderen Fälle vorstellt, unter welchen diese im allgemeinen erwarteten Übel uns äußerst unangenehm überraschen können, so ergeht es einem jeden, der sich in die Welt wagt, und besonders dem Autor, und so ging es auch mir. Da der größte Teil des Publikums mehr durch den Stoff als durch die Behandlung angeregt wird, so war die Teilnahme junger Männer an meinen Stücken meistens stoffartig. Sie glaubten daran ein Panier zu sehn, unter dessen Vorschritt alles, was in der Jugend Wildes und Ungeschlachtes lebt, sich wohl Raum machen dürfte, und gerade die besten Köpfe, in denen schon vorläufig etwas Ähnliches spukte, wurden davon hingerissen. Ich besitze noch von dem trefflichen und in manchem Betracht einzigen Bürger einen Brief, ich weiß nicht an wen, der als wichtiger Beleg dessen gelten kann, was jene Erscheinung damals gewirkt und aufgeregt hat. Von der Gegenseite tadelten mich gesetzte Männer, daß ich das Faustrecht mit zu günstigen Farben geschildert habe, ja sie legten mir die Absicht unter, daß ich jene unregelmäßigen Zeiten wieder einzuführen gedächte. Noch andere hielten mich für einen grundgelehrten Mann und verlangten, ich sollte die Originalerzählung des guten Götz neu mit Noten herausgeben, wozu ich mich keineswegs geschickt fühlte, ob ich es mir gleich gefallen ließ, daß man meinen Namen auf den Titel des frischen Abdrucks zu setzen beliebte. Man hatte, weil ich die Blumen eines großen Daseins abzupflücken verstand, mich für einen sorgfältigen Kunstgärtner gehalten. Diese meine Gelahrtheit und gründliche Sachkenntnis wurde jedoch wieder von andern in Zweifel gezogen. Ein angesehener Geschäftsmann macht mir ganz unvermutet die Visite. Ich sehe mich dadurch höchst geehrt, und um so mehr, als er sein Gespräch mit dem Lobe meines ›Götz von Berlichingen‹ und meiner guten Einsichten in die deutsche Geschichte anfängt; allein ich finde mich doch betroffen, als ich bemerke, er sei eigentlich nur gekommen, um mich zu belehren, daß Götz von Berlichingen kein Schwager von Franz von Sickingen gewesen sei, und daß ich also durch dieses poetische Ehebündnis gar sehr gegen die Geschichte verstoßen habe. Ich suchte mich dadurch zu entschuldigen, daß Götz ihn selber so nenne; allein mir ward erwidert, daß dieses eine Redensart sei, welche nur ein näheres freundschaftliches Verhältnis ausdrükke, wie man ja in der neueren Zeit die Postillone auch Schwager nenne, ohne daß ein Familienband sie an uns knüpfe. Ich dankte, so gut ich konnte, für diese Belehrung und bedauerte nur, daß dem Übel nicht mehr abzuhelfen sei. Dieses ward von seiner Seite gleichfalls bedauert, wobei er mich freundlichst zu fernerem Studium der deutschen Geschichte und Verfassung ermahnte und mir dazu seine Bibliothek anbot, von der ich auch in der Folge guten Gebrauch machte.

Das Lustigste jedoch, was mir in dieser Art begegnete, war der Besuch eines Buchhändlers, der mit einer heiteren Freimütigkeit sich ein Dutzend solcher Stücke ausbat und sie gut zu honorieren versprach. Daß wir uns darüber sehr lustig machten, läßt sich denken, und doch hatte er im Grunde so unrecht nicht: denn ich war schon im stillen beschäftigt, von diesem Wendepunkt der deutschen Geschichte mich vor- und rückwärts zu bewegen und die Hauptereignisse in gleichem Sinn zu bearbeiten. Ein löblicher Vorsatz, der, wie so manche andere, durch die flüchtig vorbeirauschende Zeit vereitelt worden.

Jenes Schauspiel jedoch beschäftigte bisher den Verfasser nicht allein, sondern während es ersonnen, geschrieben, umgeschrieben, gedruckt und verbreitet wurde, bewegten sich noch viele andere Bilder und Vorschläge in seinem Geiste. Diejenigen, welche dramatisch zu behandeln waren, erhielten den Vorzug, am öftersten durchgedacht und der Vollendung angenähert zu werden; allein zu gleicher Zeit entwickelte sich ein Übergang zu einer andern Darstellungsart, welche nicht zu den dramatischen gerechnet zu werden pflegt und doch mit ihnen große Verwandtschaft hat. Dieser Übergang geschah hauptsächlich durch eine Eigenheit des Verfassers, die sogar das Selbstgespräch zum Zwiegespräch umbildete.

Gewöhnt, am liebsten seine Zeit in Gesellschaft zuzubringen, verwandelte er auch das einsame Denken zur geselligen Unterhaltung, und zwar auf folgende Weise. Er pflegte nämlich, wenn er sich allein sah, irgendeine Person seiner Bekanntschaft im Geiste zu sich zu rufen. Er bat sie, niederzusitzen, ging an ihr auf und ab, blieb vor ihr stehen und verhandelte mit ihr den Gegenstand, der ihm eben im Sinne lag. Hierauf antwortete sie gelegentlich oder gab durch die gewöhnliche Mimik ihr Zu- oder Abstimmen zu erkennen; wie denn jeder Mensch hierin etwas Eignes hat. Sodann fuhr der Sprechende fort, dasjenige, was dem Gaste zu gefallen schien, weiter auszuführen, oder was derselbe mißbilligte, zu bedingen, näher zu bestimmen, und gab auch wohl zuletzt seine These gefällig auf. Das wunderlichste war dabei, daß er niemals Personen seiner näheren Bekanntschaft wählte, sondern solche, die er nur selten sah, ja mehrere, die weit in der Welt entfernt lebten und mit denen er nur in einem vorübergehenden Verhältnis gestanden; aber es waren meist Personen, die, mehr empfänglicher als ausgebender Natur, mit reinem Sinne einen ruhigen Anteil an Dingen zu nehmen bereit sind, die in ihrem Gesichtskreise liegen, ob er sich gleich manchmal zu diesen dialektischen Übungen widersprechende Geister herbeirief. Hiezu bequemten sich nun Personen beiderlei Geschlechts, jedes Alters und Standes, und erwiesen sich gefällig und anmutig, da man sich nur von Gegenständen unterhielt, die ihnen deutlich und lieb waren. Höchst wunderbar würde es jedoch manchen vorgekommen sein, wenn sie hätten erfahren können, wie oft sie zu dieser ideellen Unterhaltung berufen wurden, da sich manche zu einer wirklichen wohl schwerlich eingefunden hätten.

Wie nahe ein solches Gespräch im Geiste mit dem Briefwechsel verwandt sei, ist klar genug, nur daß man hier ein hergebrachtes Vertrauen erwidert sieht und dort ein neues, immer wechselndes, unerwidertes sich selbst zu schaffen weiß. Als daher jener Überdruß zu schildern war, mit welchem die Menschen, ohne durch Not gedrungen zu sein, das Leben empfinden, mußte der Verfasser sogleich darauf fallen, seine Gesinnung in Briefen darzustellen: denn jeder Unmut ist eine Geburt, ein Zögling der Einsamkeit; wer sich ihm ergibt, flieht allen Widerspruch, und was widerspricht ihm mehr als jede heitere Gesellschaft? Der Lebengenuß anderer ist ihm ein peinlicher Vorwurf, und so wird er durch das, was ihn aus sich selbst herauslocken sollte, in sein Innerstes zurückgewiesen. Mag er sich allenfalls darüber äußern, so wird es durch Briefe geschehn: denn einem schriftlichen Erguß, er sei fröhlich oder verdrießlich, setzt sich doch niemand unmittelbar entgegen; eine mit Gegengründen verfaßte Antwort aber gibt dem Einsamen Gelegenheit, sich in seinen Grillen zu befestigen, einen Anlaß, sich noch mehr zu verstocken. Jene in diesem Sinne geschriebenen Wertherischen Briefe haben nun wohl deshalb einen so mannigfaltigen Reiz, weil ihr verschiedener Inhalt erst in solchen ideellen Dialogen mit mehreren Individuen durchgesprochen worden, sie sodann aber in der Komposition selbst nur an *einen* Freund und Teilnehmer gerichtet erscheinen. Mehr über die Behandlung des so viel besprochenen Werkleins zu sagen, möchte kaum rätlich sein; über den Inhalt jedoch läßt sich noch einiges hinzufügen.

Jener Ekel vor dem Leben hat seine physischen und seine sittlichen Ursachen; jene wollen wir dem Arzt, diese dem Moralisten zu erforschen überlassen und, bei einer so oft durchgearbeiteten Materie, nur den Hauptpunkt beachten, wo sich jene Erscheinung am deutlichsten ausspricht. Alles Behagen am Leben ist auf eine regelmäßige Wiederkehr der äußeren Dinge gegründet. Der Wechsel von Tag und Nacht, der Jahreszeiten, der Blüten und Früchte, und was uns sonst von Epoche zu Epoche entgegentritt, damit wir es genießen können und sollen, diese sind die eigentlichen Triebfedern des irdischen Lebens. Je offener wir für diese Genüsse sind, desto glücklicher fühlen wir uns; wälzt sich aber die Verschiedenheit dieser Erscheinungen vor uns auf und nieder, ohne daß wir daran teilnehmen, sind wir gegen so holde Anerbietungen unempfänglich, dann tritt das größte Übel, die schwerste Krankheit ein: man betrachtet das Leben als eine ekelhafte Last. Von einem Engländer wird erzählt, er habe sich aufgehangen, um nicht mehr täglich sich aus- und anzuziehn. Ich kannte eine wackeren Gärtner, den Aufseher einer großen Parkanlage, der einmal mit Verdruß ausrief: ›Soll ich denn immer diese Regenwolken von Abend gegen Morgen ziehen sehn!‹ Man erzählt von einem unserer trefflichsten Männer, er habe mit Verdruß das Frühjahr wieder aufgrünen gesehn und gewünscht, es möchte zur Abwechselung einmal rot erscheinen. Dieses sind eigentlich die Symptome des Lebensüberdrusses, der nicht selten in den Selbstmord ausläuft und bei denkenden, in sich gekehrten Menschen häufiger war, als man glauben kann.

Nichts aber veranlaßt mehr diesen Überdruß als die Wiederkehr der Liebe. Die erste Liebe, sagt man mit Recht, sei die einzige: denn in der zweiten und durch die zweite geht schon der höchste Sinn der Liebe verloren. Der Begriff des Ewigen und Unendlichen, der sie eigentlich hebt und trägt, ist zerstört, sie erscheint vergänglich wie alles Wiederkehrende. Die Absonderung des Sinnlichen vom Sittlichen, die in der verflochtenen kultivierten Welt die liebenden und begehrenden Empfindungen spaltet, bringt auch hier eine Übertriebenheit hervor, die nichts Gutes stiften kann.

Ferner wird ein junger Mann, wo nicht gerade an sich selbst, doch an andern bald gewahr, daß moralische Epochen ebensogut wie die Jahreszeiten wechseln. Die Gnade der Großen, die Gunst der Gewaltigen, die Förderung der Tätigen, die Neigung der Menge, die Liebe der einzelnen, alles wandelt auf und nieder, ohne daß wir es festhalten können, sowenig als Sonne, Mond und Sterne; und doch sind diese Dinge nicht bloße Naturereignisse: sie entgehen uns durch eigne oder fremde Schuld, durch Zufall oder Geschick, aber sie wechseln, und wir sind ihrer niemals sicher.

Was aber den fühlenden Jüngling am meisten ängstigt, ist die unaufhaltsame Wiederkehr unserer Fehler: denn wie spät lernen wir einsehen, daß wir, indem wir unsere Tugenden ausbilden, unsere Fehler zugleich mit anbauen. Jene ruhen auf diesen wie auf ihrer Wurzel, und diese verzweigen sich insgeheim ebenso stark und so mannigfaltig als jene im offenbaren Lichte. Weil wir nun unsere Tugenden meist mit Willen und Bewußtsein ausüben, von unseren Fehlern aber unbewußt überrascht werden, so machen uns jene selten einige Freude, diese hingegen beständig Not und Qual. Hier liegt der schwerste Punkt der Selbsterkenntnis, der sie beinah unmöglich macht. Denke man sich nun hiezu ein siedend jugendliches Blut, eine durch einzelne Gegenstände leicht zu paralysierende Einbildungskraft, hiezu die schwankenden Bewegungen des Tags, und man wird ein ungeduldiges Streben, sich aus einer solchen Klemme zu befreien, nicht unnatürlich finden.

Solche düstere Betrachtungen jedoch, welche denjenigen, der sich ihnen überläßt, ins Unendliche führen, hätten sich in den Gemütern deutscher Jünglinge nicht so entschieden entwickeln können, hätte sie nicht eine äußere Veranlassung zu diesem traurigen Geschäft angeregt und gefördert. Es geschah dieses durch die englische Literatur, besonders durch die poetische, deren große Vorzüge ein ernster Trübsinn begleitet, welchen sie einem jeden mitteilt, der sich mit ihr beschäftigt. Der geistreiche Brite sieht sich von Jugend auf von einer bedeutenden Welt umgeben, die alle seine Kräfte anregt; er wird früher oder später gewahr, daß er allen seinen Verstand zusammennehmen muß, um sich mit ihr abzufinden. Wie viele ihrer Dichter haben nicht in der Jugend ein loses und rauschendes Leben geführt und sich früh berechtigt gefunden, die irdischen Dinge der Eitelkeit anzuklagen! Wie viele derselben haben sich in den Weltgeschäften versucht und im Parlament, bei Hofe, im Ministerium, auf Gesandtschaftsposten teils die ersten, teils untere Rollen gespielt und sich bei inneren Unruhen, Staats- und Regierungsveränderungen mitwirkend erwiesen und, wo nicht an sich selbst, doch an ihren Freunden und Gönnern öfter traurige als erfreuliche Erfahrungen gemacht! Wie viele sind verbannt, vertrieben, im Gefängnis gehalten, an ihren Gütern beschädigt worden!

Aber auch nur Zuschauer von so großen Ereignissen zu sein, fordert den Menschen zum Ernst auf, und wohin kann der Ernst weiter führen als zur Betrachtung der Vergänglichkeit und des Unwerts aller irdischen Dinge. Ernsthaft ist auch der Deutsche, und so war ihm die englische Poesie höchst gemäß und, weil sie sich aus einem höheren Zustande herschrieb, imposant. Man findet in ihr durchaus einen großen, tüchtigen, weltgeübten Verstand, ein tiefes, zartes Gemüt, ein vortreffliches Wollen, ein leidenschaftliches Wirken: die herrlichsten Eigenschaften, die man von geistreichen gebildeten Menschen rühmen kann; aber das alles zusammengenommen macht noch keinen Poeten. Die wahre Poesie kündet sich dadurch an, daß sie, als ein weltliches Evangelium, durch innere Heiterkeit, durch äußeres Behagen uns von den irdischen Lasten zu befreien weiß, die auf uns drücken. Wie ein Luftballon hebt sie uns mit dem Ballast, der uns anhängt, in höhere Regionen und läßt die verwirrten Irrgänge der Erde in Vogelperspektive vor uns entwickelt daliegen. Die muntersten wie die ernstesten Werke haben den gleichen Zweck, durch eine glückliche geistreiche Darstellung so Lust als Schmerz zu mäßigen. Man betrachte nun in diesem Sinne die Mehrzahl der englischen meist moralisch-didaktischen Gedichte, und sie werden im Durchschnitt nur einen düstern Überdruß des Lebens zeigen. Nicht Youngs ›Nachtgedanken‹ allein, wo dieses Thema vorzüglich durchgeführt ist, sondern auch die übrigen betrachtenden Gedichte schweifen, eh man sichs versieht, in dieses traurige Gebiet, wo dem Verstande eine Aufgabe zugewiesen ist, die er zu lösen nicht hinreicht, da ihn ja selbst die Religion, wie er sich solche allenfalls erbauen kann, im Stiche läßt. Ganze Bände könnte man zusammendrucken, welche als ein Kommentar zu jenem schrecklichen Texte gelten können:

> Then old Age and Experience, hand in hand,
> Lead him to death, and make him understand,
> After a search so painful and so long,
> That all his life he has been in the wrong.

Was ferner die englischen Dichter noch zu Menschenhassern vollendet und das unangenehme Gefühl von Widerwillen gegen alles über ihre Schriften verbreitet, ist, daß sie sämtlich, bei den vielfachen Spaltungen ihres Gemeinwesens, wo nicht ihr ganzes Leben, doch den besten Teil desselben einer oder der andern Partei widmen müssen. Da nun ein solcher Schriftsteller die Seinigen, denen er ergeben ist, die Sache, der er anhängt, nicht loben und herausstreichen darf, weil er sonst nur Neid und Widerwillen erregen würde, so übt er sein Talent, indem er von den Gegnern so übel und schlecht als möglich spricht und die satirischen Waffen, so sehr er nur vermag, schärft, ja vergiftet. Geschieht dieses nun von beiden Teilen, so wird die dazwischen liegende Welt zerstört und rein aufgehoben, so daß man in einem großen, verständig tätigen Volksverein zum allergelindesten nichts als Torheit und Wahnsinn entdecken kann.

Selbst ihre zärtlichen Gedichte beschäftigen sich mit traurigen Gegenständen. Hier stirbt ein verlassenes Mädchen, dort ertrinkt ein getreuer Liebhaber oder wird, ehe er voreilig schwimmend seine Geliebte erreicht, von einem Haifische gefressen; und wenn ein Dichter wie Gray sich auf einem Dorfkirchhofe lagert und jene bekannten Melodien wieder anstimmt, so kann er versichert sein, eine Anzahl Freunde der Melancholie um sich zu versammeln. Miltons ›Allegro‹ muß erst in heftigen Versen den Unmut verscheuchen, ehe er zu einer sehr mäßigen Lust gelangen kann, und selbst der heitere Goldsmith verliert sich in elegische Empfindungen, wenn uns sein ›Deserted village‹ ein verlorenes Paradies, das sein ›Traveller‹ auf der ganzen Erde wieder sucht, so lieblich als traurig darstellt.

Ich zweifle nicht, daß man mir auch muntre Werke, heitere Gedichte werde vorzeigen und entgegensetzen können; allein die meisten und besten derselben gehören gewiß in die ältere Epoche, und die neueren, die man dahin rechnen könnte, neigen sich gleichfalls gegen die Satire, sind bitter und besonders die Frauen verachtend.

Genug, jene oben im allgemeinen erwähnten, ernsten und die menschliche Natur untergrabenden Gedichte waren die Lieblinge, die wir uns vor allen andern aussuchten, der eine, nach seiner Gemütsart, die leichtere elegische Trauer, der andere die schwer lastende, alles aufgebende Verzweiflung suchend. Sonderbar genug bestärkte unser Vater und Lehrer Shakespeare, der so reine Heiterkeit zu verbreiten weiß, selbst diesen Unwillen. Hamlet und seine Monologen blieben Gespenster, die durch alle jungen Gemüter ihren Spuk trieben. Die Hauptstellen wußte ein jeder auswendig und rezitierte sie gern, und jedermann glaubte, er dürfe ebenso melancholisch sein als der Prinz von Dänemark, ob er gleich keinen Geist geschn und keinen königlichen Vater zu rächen hatte.

Damit aber ja allem diesem Trübsinn nicht ein vollkommen passendes Lokal abgehe, so hatte uns Ossian bis ans letzte Thule gelockt, wo wir denn auf grauer unendlicher Heide, unter vorstarrenden bemoosten Grabsteinen wandelnd, das durch einen schauerlichen Wind bewegte Gras um uns und einen schwer bewölkten Himmel über uns erblickten. Bei Mondenschein ward dann erst diese kaledonische Nacht zum Tage; untergegangene Helden, verblühte Mädchen umschwebten uns, bis wir zuletzt den Geist von Loda wirklich in seiner furchtbaren Gestalt zu erblicken glaubten.

In einem solchen Element, bei solcher Umgebung, bei Liebhabereien und Studien dieser Art, von unbefriedigten Leidenschaften gepeinigt, von außen zu bedeutenden Handlungen keineswegs angeregt, in der einzigen Aussicht, uns in einem schleppenden, geistlosen, bürgerlichen Leben hinhalten zu müssen, befreundete man sich in unmutigem Übermut mit dem Gedanken, das Leben, wenn es einem nicht mehr anstehe, nach eignem Belieben allenfalls verlassen zu können, und half sich damit über die Unbilden und Langeweile der Tage notdürftig genug hin. Diese Gesinnung war so allgemein, daß eben ›Werther‹ deswegen die große Wirkung tat, weil er überall anschlug und das Innere eines kranken jugendlichen Wahns öffentlich und faßlich darstellte. Wie genau die Engländer mit diesem Jammer bekannt waren, bewiesen die wenigen bedeutenden, vor dem Erscheinen ›Werthers‹ geschriebenen Zeilen:

To griefs congenial prone,
More wounds than nature gave he knew,
While misery's form his fancy drew
In dark ideal hues and horrors not its own.

Der Selbstmord ist ein Ereignis der menschlichen Natur, welches, mag auch darüber schon so viel gesprochen und gehandelt sein, als da will, doch einen jeden Menschen zur Teilnahme fordert, in jeder Zeitepoche wieder einmal verhandelt werden muß. Montesquieu erteilt seinen Helden und großen Männern das Recht, sich nach Befinden den Tod zu geben, indem er sagt, es müsse doch einem jeden freistehen, den fünften Akt seiner Tragödie da zu schließen, wo es ihm beliebe. Hier aber ist von solchen Personen nicht die Rede, die ein bedeutendes Leben tätig geführt, für irgendein großes Reich oder für die Sache der Freiheit ihre Tage verwendet, und denen man wohl nicht verargen wird, wenn sie die Idee, die sie beseelt, sobald dieselbe von der Erde verschwindet, auch noch jenseits zu verfolgen denken. Wir haben es hier mit solchen zu tun, denen eigentlich aus Mangel von Taten, in dem friedlichsten Zustande von der Welt, durch übertriebene Forderungen an sich selbst das Leben verleidet. Da ich selbst in dem Fall war und am besten weiß, was für Pein ich darin erlitten, was für Anstrengung es mir gekostet, ihr zu entgehn, so will ich die Betrachtungen nicht verbergen, die ich über die verschiedenen Todesarten, die man wählen könnte, wohlbedächtig angestellt.

Es ist etwas so Unnatürliches, daß der Mensch sich von sich selbst losreiße, sich nicht allein beschädige, sondern vernichte, daß er meistenteils zu mechanischen Mitteln greift, um seinen Vorsatz ins Werk zu richten. Wenn Ajax in sein Schwert fällt, so ist es die Last seines Körpers, die ihm den letzten Dienst erweiset. Wenn der Krieger seinen Schildträger verpflichtet, ihn nicht in die Hände der Feinde geraten zu lassen, so ist es auch eine äußere Kraft, deren er sich versichert, nur eine moralische statt einer physischen. Frauen suchen im Wasser die Kühlung ihres Verzweifelns, und das höchst mechanische Mittel des Schießgewehrs sichert eine schnelle Tat mit der geringsten Anstrengung. Des Erhängens erwähnt man nicht gern, weil es ein unedler Tod ist. In England kann es am ersten begegnen, weil man dort von Jugend auf so manchen hängen sieht, ohne daß die Strafe gerade entehrend ist. Durch Gift, durch Öffnung der Adern gedenkt man nur langsam vom Leben zu scheiden, und der raffinierteste, schnellste, schmerzenloseste Tod durch eine Natter war einer Königin würdig, die ihr Leben in Glanz und Lust zugebracht hatte. Alles dieses aber sind äußere Behelfe, sind Feinde, mit denen der Mensch gegen sich selbst einen Bund schließt.

Wenn ich nun alle diese Mittel überlegte und mich sonst in der Geschichte weiter umsah, so fand ich unter allen denen, die sich selbst entleibt, keinen, der diese Tat mit solcher Großheit und Freiheit des Geistes verrichtet, als Kaiser Otho. Dieser, zwar als Feldherr im Nachteil, aber doch keineswegs aufs Äußerste gebracht, entschließt sich, zum Besten des Reichs, das ihm gewissermaßen schon angehörte, und zur Schonung so vieler Tausende, die Welt zu verlassen. Er begeht mit seinen Freunden ein heiteres Nachtmahl, und man findet am andern Morgen, daß er sich einen scharfen Dolch mit eigner Hand in das Herz gestoßen. Diese einzige Tat schien mir nachahmungswürdig, und ich überzeugte mich, daß, wer nicht hierin handeln könne wie Otho, sich nicht erlauben dürfe, freiwillig aus der Welt zu gehn. Durch diese Überzeugung rettete ich mich nicht sowohl von dem Vorsatz als von der Grille des Selbstmords, welche sich in jenen herrlichen Friedenszeiten bei einer müßigen Jugend eingeschlichen hatte. Unter einer ansehnlichen Waffensammlung besaß ich auch einen kostbaren wohlgeschliffenen Dolch. Diesen legte ich mir jederzeit neben das Bette, und ehe ich das Licht auslöschte, versuchte ich, ob es mir wohl gelingen möchte, die scharfe Spitze ein paar Zoll tief in die Brust zu senken. Da dieses aber niemals gelingen wollte, so lachte ich mich zuletzt selbst aus, warf alle hypochondrische Fratzen hinweg und beschloß zu leben. Um dies aber mit Heiterkeit tun zu können, mußte ich eine dichterische Aufgabe zur Ausführung bringen, wo alles, was ich über diesen wichtigen Punkt empfunden, gedacht und gewähnt, zur Sprache kommen sollte. Ich versammelte hierzu die Elemente, die sich schon ein paar Jahre in mir herumtrieben, ich vergegenwärtigte mir die Fälle, die mich am meisten gedrängt und geängstigt; aber es wollte sich nichts gestalten: es fehlte mir eine Begebenheit, eine Fabel, in welcher sie sich verkörpern könnten.

Auf einmal erfahre ich die Nachricht von Jerusalems Tode, und unmittelbar nach dem allgemeinen Gerüchte sogleich die genauste und umständlichste Beschreibung des Vorgangs, und in diesem Augenblick war der Plan zu ›Werthern‹ gefunden, das Ganze schoß von allen Seiten zusammen und ward eine solide Masse, wie das Wasser im Gefäß, das eben auf dem Punkte des Gefrierens steht, durch die geringste Erschütterung sogleich in ein festes Eis verwandelt wird. Diesen seltsamen Gewinn festzuhalten, ein Werk von so bedeutendem und mannigfaltigem Inhalt mir zu vergegenwärtigen und in allen seinen Teilen auszuführen, war mir um so angelegener, als ich schon wieder in eine peinliche Lage geraten war, die noch weniger Hoffnung ließ als die vorigen und nichts als Unmut, wo nicht Verdruß weissagte.

Es ist immer ein Unglück, in neue Verhältnisse zu treten, in denen man nicht hergekommen ist; wir werden oft wider unsern Willen zu einer falschen Teilnahme gelockt, uns peinigt die Halbheit solcher Zustände, und doch sehen wir weder ein Mittel, sie zu ergänzen noch ihnen zu entsagen.

Frau von La Roche hatte ihre älteste Tochter nach Frankfurt verheiratet, kam oft, sie zu besuchen, und konnte sich nicht recht in den Zustand finden, den sie doch selbst ausgewählt hatte. Anstatt sich darin behaglich zu fühlen oder zu irgendeiner Veränderung Anlaß zu geben, erging sie sich in Klagen, so daß man wirklich denken mußte, ihre Tochter sei unglücklich, ob man gleich, da ihr nichts abging und ihr Gemahl ihr nichts verwehrte, nicht wohl einsah, worin das Unglück eigentlich bestünde. Ich war indessen in dem Hause gut aufgenommen und kam mit dem ganzen Zirkel in Berührung, der aus Personen bestand, die teils zur Heirat beigetragen hatten, teils derselben einen glücklichen Erfolg wünschten. Der Dechant von St. Leonhard, Dumeiz, faßte Vertrauen, ja Freundschaft zu mir. Er war der erste katholische Geistliche, mit dem ich in nähere Berührung trat und der, weil er ein sehr hellsehender Mann war, mir über den Glauben, die Gebräuche, die äußern und innern Verhältnisse der ältesten Kirche schöne und hinreichende Aufschlüsse gab. Der Gestalt einer wohlgebildeten, obgleich nicht jungen Frau, mit Namen Servière, erinnere ich mich noch genau. Ich kam mit der Allesina-Schweizerischen und andern Familien gleichfalls in Berührung und mit den Söhnen in Verhältnisse, die sich lange freundschaftlich fortsetzten, und sah mich auf einmal in einem fremden Zirkel einheimisch, an dessen Beschäftigungen, Vergnügungen, selbst Religionsübungen ich Anteil zu nehmen veranlaßt, ja genötigt wurde. Mein früheres Verhältnis zur jungen Frau, eigentlich ein geschwisterliches, ward nach der Heirat fortgesetzt; meine Jahre sagten den ihrigen zu, ich war der einzige in dem ganzen Kreise, an dem sie noch einen Widerklang jener geistigen Töne vernahm, an die sie von Jugend auf gewöhnt war. Wir lebten in einem kindlichen Vertrauen zusammen fort, und ob sich gleich nichts Leidenschaftliches in unsern Umgang mischte, so war er doch peinigend genug, weil sie sich auch in ihre neue Umgebung nicht zu finden wußte und, obwohl mit Glücksgütern gesegnet, aus dem heiteren Thal-Ehrenbreitstein und einer fröhlichen Jugend in ein düster gelegenes Handelshaus versetzt, sich schon als Mutter von einigen Stiefkindern benehmen sollte. In so viel neue Familienverhältnisse war ich ohne wirklichen Anteil, ohne Mitwirkung eingeklemmt. War man miteinander zufrieden, so schien sich das von selbst zu verstehn; aber die meisten Teilnehmer wendeten sich in verdrießlichen Fällen an mich, die ich durch eine lebhafte Teilnahme mehr zu verschlimmern als zu verbessern pflegte. Es dauerte nicht lange, so wurde mir dieser Zustand ganz unerträglich, aller Lebensverdruß, der aus solchen Halbverhältnissen hervorzugehn pflegt, schien doppelt und dreifach auf mir zu lasten, und es bedurfte eines neuen gewaltsamen Entschlusses, mich auch hiervon zu befreien.

Jerusalems Tod, der durch die unglückliche Neigung zu der Gattin eines Freundes verursacht ward, schüttelte mich aus dem Traum, und weil ich nicht bloß mit Beschaulichkeit das, was ihm und mir begegnet, betrachtete, sondern das Ähnliche, was mir im Augenblicke selbst widerfuhr, mich in leidenschaftliche Bewegung setzte, so konnte es nicht fehlen, daß ich jener Produktion, die ich eben unternahm, alle die Glut einhauchte, welche keine Unterscheidung zwischen dem Dichterischen und dem Wirklichen zuläßt. Ich hatte mich äußerlich völlig isoliert, ja die Besuche meiner Freunde verbeten, und so legte ich auch innerlich alles beiseite, was nicht unmittelbar hierher gehörte. Dagegen faßte ich alles zusammen, was einigen Bezug auf meinen Vorsatz hatte, und wiederholte mir mein nächstes Leben, von dessen Inhalt ich noch keinen dichterischen Gebrauch gemacht hatte. Unter solchen Umständen, nach so langen und vielen geheimen Vorbereitungen, schrieb ich den ›Werther‹ in vier Wochen, ohne daß ein Schema des Ganzen oder die Behandlung eines Teils irgend vorher wäre zu Papier gebracht gewesen.

Das nunmehr fertige Manuskript lag im Konzept, mit wenigen Korrekturen und Abänderungen, vor mir. Es ward sogleich geheftet: denn der Band dient der Schrift ungefähr wie der Rahmen einem Bilde; man sieht viel eher, ob sie denn auch in sich wirklich bestehe. Da ich dieses Werklein ziemlich unbewußt, einem Nachtwandler ähnlich, geschrieben hatte, so verwunderte ich mich selbst darüber, als ich es nun durchging, um daran etwas zu ändern und zu bessern. Doch in Erwartung, daß nach einiger Zeit, wenn ich es in gewisser Entfernung besähe, mir manches beigehen würde, das noch zu seinem Vorteil gereichen könnte, gab ich es meinen jüngeren Freunden zu lesen, auf die es eine desto größere Wirkung tat, als ich, gegen meine Gewohnheit, vorher niemanden davon erzählt, noch meine Absicht entdeckt hatte. Freilich war es hier abermals der Stoff, der eigentlich die Wirkung hervorbrachte, und so waren sie gerade in einer der meinigen entgegengesetzten Stimmung: denn ich hatte mich durch diese Komposition, mehr als durch jede andere, aus einem stürmischen Elemente gerettet, auf dem ich durch eigne und fremde Schuld, durch zufällige und gewählte Lebensweise, durch Vorsatz und Übereilung, durch Hartnäckigkeit und Nachgeben auf die gewaltsamste Art hin und wider getrieben worden. Ich fühlte mich, wie nach einer Generalbeichte, wieder froh und frei, und zu einem neuen Leben berechtigt. Das alte Hausmittel war mir diesmal vortrefflich zustatten gekommen. Wie ich mich nun aber dadurch erleichtert und aufgeklärt fühlte, die Wirklichkeit in Poesie verwandelt zu haben, so verwirrten sich meine Freunde daran, indem sie glaubten, man müsse die Poesie in Wirklichkeit verwandeln, einen solchen Roman nachspielen und sich allenfalls selbst erschießen; und was hier im Anfang unter wenigen vorging, ereignete sich nachher im großen Publikum, und dieses Büchlein, was mir so viel genützt hatte, ward als höchst schädlich verrufen. Allen den Übeln jedoch und dem Unglück, das es hervorgebracht haben soll, wäre zufälligerweise beinahe vorgebeugt worden, als es, bald nach seiner Entstehung, Gefahr lief, vernichtet zu werden; und damit verhielt sichs also. Merck war seit kurzem von Petersburg zurückgekommen. Ich hatte ihn, weil er immer beschäftigt war, nur wenig gesprochen und ihm von diesem ›Werther‹, der mir am Herzen lag, nur das Allgemeinste eröffnen können. Einst besuchte er mich, als er nicht sehr gesprächig schien, bat ich ihn, mir zuzuhören. Er setzte sich aufs Kanapee, und ich begann, Brief vor Brief, das Abenteuer vorzutragen. Nachdem ich eine Weile so fortgefahren hatte, ohne ihm ein Beifallszeichen abzulocken, griff ich mich noch pathetischer an, und wie ward mir zumute, als er mich, da ich eine Pause machte, mit einem ›Nun ja, es ist ganz hübsch!‹ auf das schrecklichste niederschlug und sich, ohne etwas weiter hinzuzufügen, entfernte. Ich war ganz außer mir: denn wie ich wohl Freude an meinen Sachen, aber in der ersten Zeit kein Urteil über sie hatte, so glaubte ich ganz sicher, ich habe mich im Sujet, im Ton, im Stil, die denn freilich alle bedenklich waren, vergriffen und etwas ganz Unzulässiges verfertigt. Wäre ein Kaminfeuer zur Hand gewesen, ich hätte das Werk sogleich hineingeworfen; aber ich ermannte mich wieder und verbrachte schmerzliche Tage, bis er mir endlich vertraute, daß er in jenem Moment sich in der schrecklichsten Lage befunden, in die ein Mensch geraten kann. Er habe deswegen nichts gesehn noch gehört und wisse gar nicht, wovon in meinem Manuskripte die Rede sei. Die Sache hatte sich indessen, insofern sie sich herstellen ließ, wiederhergestellt, und Merck war in den Zeiten seiner Energie der Mann, sich ins Ungeheure zu schicken; sein Humor fand sich wieder ein, nur war er noch bitterer geworden als vorher. Er schalt meinen Vorsatz, den ›Werther‹ umzuarbeiten, mit derben Ausdrücken und verlangte ihn gedruckt zu sehn, wie er lag. Es ward ein sauberes Manuskript davon besorgt, das nicht lange in meinen Händen blieb: denn zufälligerweise an demselben Tage, an dem meine Schwester sich mit Georg Schlosser verheiratete und das Haus, von einer freudigen Festlichkeit bewegt, glänzte, traf ein Brief von Weygand aus Leipzig ein, mich um ein Manuskript zu ersuchen. Ein solches Zusammentreffen hielt ich für ein günstiges Omen, ich sendete den ›Werther‹ ab und war sehr zufrieden, als das Honorar, das ich dafür erhielt, nicht ganz durch

Die Leiden

des

jungen Werthers.

Erster Theil.

Leipzig,
in der Weygandschen Buchhandlung.
1774.

DIE LEIDEN DES JUNGEN WERTHERS

»Die Wirkung dieses Büchleins war groß, ja ungeheuer, und vorzüglich deshalb, weil es genau in die rechte Zeit traf.«

die Schulden verschlungen wurde, die ich um des ›Götz von Berlichingen‹ willen zu machen genötigt gewesen.

Die Wirkung dieses Büchleins war groß, ja ungeheuer, und vorzüglich deshalb, weil es genau in die rechte Zeit traf. Denn wie es nur eines geringen Zündkrauts bedarf, um eine gewaltige Mine zu entschleudern, so war auch die Explosion, welche sich hierauf im Publikum ereignete, deshalb so mächtig, weil die junge Welt sich schon selbst untergraben hatte, und die Erschütterung deswegen so groß, weil ein jeder mit seinen übertriebenen Forderungen, unbefriedigten Leidenschaften und eingebildeten Leiden zum Ausbruch kam. Man kann von dem Publikum nicht verlangen, daß es ein geistiges Werk geistig aufnehmen solle. Eigentlich ward nur der Inhalt, der Stoff beachtet, wie ich schon an meinen Freunden erfahren hatte, und daneben trat das alte Vorurteil wieder ein, entspringend aus der Würde eines gedruckten Buchs, daß es nämlich einen didaktischen Zweck haben müsse. Die wahre Darstellung aber hat keinen. Sie billigt nicht, sie tadelt nicht, sondern sie entwickelt die Gesinnungen und Handlungen in ihrer Folge, und dadurch erleuchtet und belehrt sie.

Von Rezensionen nahm ich wenig Notiz. Die Sache war für mich völlig abgetan, jene guten Leute mochten nun auch sehn, wie sie damit fertig wurden. Doch verfehlten meine Freunde nicht, diese Dinge zu sammeln und, weil sie in meine Ansichten schon mehr eingeweiht waren, sich darüber lustig zu machen. Die ›Freuden des jungen Werther‹, mit welchen Nicolai sich hervortat, gaben uns zu mancherlei Scherzen Gelegenheit. Dieser übrigens brave, verdienst- und kenntnisreiche Mann hatte schon angefangen, alles niederzuhalten und zu beseitigen, was nicht zu seiner Sinnesart paßte, die er, geistig sehr beschränkt, für die echte und einzige hielt. Auch gegen mich mußte er sich sogleich versuchen, und jene Broschüre kam uns bald in die Hände. Die höchst zarte Vignette von Chodowiecki machte mir viel Vergnügen; wie ich denn diesen Künstler über die Maßen verehrte. Das Machwerk selbst war aus der rohen Hausleinwand zugeschnitten, welche recht derb zu bereiten der Menschenverstand in seinem Familienkreise sich viel zu schaffen macht. Ohne Gefühl, daß hier nichts zu vermitteln sei, daß Werthers Jugendblüte schon von vornherein als vom tödlichen Wurm gestochen erscheine, läßt der Verfasser meine Behandlung bis Seite 214 gelten, und als der wüste Mensch sich zum tödlichen Schritte vorbereitet, weiß der einsichtige psychische Arzt seinem Patienten eine mit Hühnerblut geladene Pistole unterzuschieben, woraus denn ein schmutziger Spektakel, aber glücklicherweise kein Unheil hervorgeht. Lotte wird Werthers Gattin, und die ganze Sache endigt sich zu jedermanns Zufriedenheit.

Soviel wüßte ich mich davon zu erinnern: denn es ist mir nie wieder unter die Augen gekommen. Die Vignette hatte ich ausgeschnitten und unter meine liebsten Kupfer gelegt. Dann verfaßte ich, zur stillen und unverfänglichen Rache, ein kleines Spottgedicht ›Nicolai auf Werthers Grabe‹, welches sich jedoch nicht mitteilen läßt. Auch die Lust, alles zu dramatisieren, ward bei dieser Gelegenheit abermals rege. Ich schrieb einen prosaischen Dialog zwischen Lotte und Werther, der ziemlich neckisch ausfiel. Werther beschwert sich bitterlich, daß die Erlösung durch Hühnerblut so schlecht abgelaufen. Er ist zwar am Leben geblieben, hat sich aber die Augen ausgeschossen. Nun ist er in Verzweiflung, ihr Gatte zu sein und sie nicht sehen zu können, da ihm der Anblick ihres Gesamtwesens fast lieber wäre als die süßen Einzelnheiten, deren er sich durchs Gefühl versichern darf. Lotten, wie man sie kennt, ist mit einem blinden Manne auch nicht sonderlich geholfen, und so findet sich Gelegenheit, Nicolais Beginnen höchlich zu schelten, daß er sich ganz unberufen in fremde Angelegenheiten mische. Das Ganze war mit gutem Humor geschrieben und schilderte mit freier Vorahndung jenes unglückliche dünkelhafte Bestreben Nicolais, sich mit Dingen zu befassen, denen er nicht gewach-

FRIDERICVS NICOLAI
Berolinensis
A.C. MDCCLXXX.

CHRISTOPH FRIEDRICH NICOLAI

»Dieser übrigens brave, verdienst- und kenntnisreiche Mann hatte schon angefangen, alles niederzuhalten und zu beseitigen, was nicht zu seiner Sinnesart paßte, die er, geistig sehr beschränkt, für die echte und einzige hielt.«

sen war, wodurch er sich und andern in der Folge viel Verdruß machte und darüber zuletzt, bei so entschiedenen Verdiensten, seine literarische Achtung völlig verlor. Das Originalblatt dieses Scherzes ist niemals abgeschrieben worden und seit vielen Jahren verstoben. Ich hatte für die kleine Produktion eine besondere Vorliebe. Die reine heiße Neigung der beiden jungen Personen war durch die komisch-tragische Lage, in die sie sich versetzt fanden, mehr erhöht als geschwächt. Die größte Zärtlichkeit waltete durchaus, und auch der Gegner war nicht bitter, nur humoristisch behandelt. Nicht ganz so höflich ließ ich das Büchlein selber sprechen, welches, einen alten Reim nachahmend, sich also ausdrückte:

> Mag jener dünkelhafte Mann
> Mich als gefährlich preisen;
> Der Plumpe, der nicht schwimmen kann,
> Er wills dem Wasser verweisen!
> Was schiert mich der Berliner Bann,
> Geschmäcklerpfaffenwesen!
> Und wer mich nicht verstehen kann,
> Der lerne besser lesen.

Vorbereitet auf alles, was man gegen den ›Werther‹ vorbringen würde, fand ich so viele Widerreden keineswegs verdrießlich; aber daran hatte ich nicht gedacht, daß mir durch teilnehmende, wohlwollende Seelen eine unleidliche Qual bereitet sei; denn anstatt daß mir jemand über mein Büchlein, wie es lag, etwas Verbindliches gesagt hätte, so wollten sie sämtlich ein für allemal wissen, was denn eigentlich an der Sache wahr sei? worüber ich denn sehr ärgerlich wurde und mich meistens höchst unartig dagegen äußerte. Denn diese Frage zu beantworten, hätte ich mein Werkchen, an dem ich so lange gesonnen, um so manchen Elementen eine poetische Einheit zu geben, wieder zerrupfen und die Form zerstören müssen, wodurch ja die wahrhaften Bestandteile selbst wo nicht vernichtet, wenigstens zerstreut und verzettelt worden wären. Näher betrachtet konnte ich jedoch dem Publikum die Forderung nicht verübeln. Jerusalems Schicksal hatte großes Aufsehen gemacht. Ein gebildeter, liebenswerter, unbescholtener junger Mann, der Sohn eines der ersten Gottesgelahrten und Schriftstellers, gesund und wohlhabend, ging auf einmal, ohne bekannte Veranlassung, aus der Welt. Jedermann fragte nun, wie das möglich gewesen, und als man von einer unglücklichen Liebe vernahm, war die ganze Jugend, als man von kleinen Verdrießlichkeiten, die ihm in vornehmerer Gesellschaft begegnet, sprach, der ganze Mittelstand aufgeregt, und jedermann wünschte, das Genauere zu erfahren. Nun erschien im ›Werther‹ eine ausführliche Schilderung, in der man das Leben und die Sinnesart des genannten Jünglings wiederzufinden meinte. Lokalität und Persönlichkeit trafen zu, und bei der großen Natürlichkeit der Darstellung glaubte man sich nun vollkommen unterrichtet und befriedigt. Dagegen aber, bei näherer Betrachtung, paßte wieder so vieles nicht, und es entstand für die, welche das Wahre suchten, ein unerträgliches Geschäft, indem eine sondernde Kritik hundert Zweifel erregen muß. Auf den Grund der Sache war aber nicht zu kommen; denn was ich von meinem Leben und Leiden der Komposition zugewendet hatte, ließ sich nicht entziffern, indem ich, als ein unbemerkter junger Mensch, mein Wesen zwar nicht heimlich, aber doch im stillen getrieben hatte.

Bei meiner Arbeit war mir nicht unbekannt, wie sehr begünstigt jener Künstler gewesen, dem man Gelegenheit gab, eine Venus aus mehreren Schönheiten herauszustudieren, und so nahm ich mir auch die Erlaubnis, an der Gestalt und den Eigenschaften mehrerer hübschen Kinder meine Lotte zu bilden, obgleich die Hauptzüge von der geliebtesten genommen waren. Das forschende Publikum konnte daher Ähnlichkeiten von verschiedenen Frauenzimmern entdecken, und den Damen war es auch nicht ganz gleichgültig, für die rechte zu gelten.

Freuden
des
jungen Werthers

Leiden und Freuden
Werthers des Mannes.

Voran und zuletzt ein Gespräch.

Berlin,
bey Friedrich Nicolai.
1775.

FREUDEN DES JUNGEN WERTHERS.
LEIDEN UND FREUDEN WERTHERS DES MANNES.
BERLIN, BEY FRIEDRICH NICOLAI. 1775.

»...jene Broschüre kam uns bald in die Hände. Die höchst zarte Vignette von Chodowiecki machte mir viel Vergnügen; wie ich denn diesen Künstler über die Maßen verehrte.«

Diese mehreren Lotten aber brachten mir unendliche Qual, weil jedermann, der mich nur ansah, entschieden zu wissen verlangte, wo denn die eigentliche wohnhaft sei? Ich suchte mir wie Nathan mit den drei Ringen durchzuhelfen, auf einem Auswege, der freilich höheren Wesen zukommen mag, wodurch sich aber weder das gläubige noch das lesende Publikum will befriedigen lassen. Dergleichen peinliche Forschungen hoffte ich in einiger Zeit loszuwerden; allein sie begleiteten mich durchs ganze Leben. Ich suchte mich davor auf Reisen durchs Inkognito zu retten, aber auch dieses Hülfsmittel wurde mir unversehens vereitelt, und so war der Verfasser jenes Werkleins, wenn er ja etwas Unrechtes und Schädliches getan, dafür genugsam, ja übermäßig durch solche unausweichliche Zudringlichkeiten bestraft.

Auf diese Weise bedrängt, ward er nur allzusehr gewahr, daß Autoren und Publikum durch eine ungeheure Kluft getrennt sind, wovon sie, zu ihrem Glück, beiderseits keinen Begriff haben. Wie vergeblich daher alle Vorreden seien, hatte er schon längst eingesehen: denn je mehr man seine Absicht klarzumachen gedenkt, zu desto mehr Verwirrung gibt man Anlaß. Ferner mag ein Autor bevorworten, so viel er will, das Publikum wird immer fortfahren, die Forderungen an ihn zu machen, die er schon abzulehnen suchte. Mit einer verwandten Eigenheit der Leser, die uns besonders bei denen, welche ihr Urteil drukken lassen, ganz komisch auffällt, ward ich gleichfalls früh bekannt. Sie leben nämlich in dem Wahn, man werde, indem man etwas leistet, ihr Schuldner und bleibe jederzeit noch weit zurück hinter dem, was sie eigentlich wollten und wünschten, ob sie gleich kurz vorher, ehe sie unsere Arbeit gesehn, noch gar keinen Begriff hatten, daß so etwas vorhanden oder nur möglich sein könnte. Alles dieses beiseite gesetzt, so war nun das größte Glück oder Unglück, daß jedermann von diesem seltsamen jungen Autor, der so unvermutet und so kühn hervorgetreten, Kenntnis gewinnen wollte. Man verlangte, ihn zu sehen, zu sprechen, auch in der Ferne etwas von ihm zu vernehmen, und so hatte er einen höchst bedeutenden, bald erfreulichen, bald unerquicklichen, immer aber zerstreuenden Zudrang zu erfahren. Denn es lagen angefangene Arbeiten genug vor ihm, ja es wäre für einige Jahre hinreichend zu tun gewesen, wenn er mit hergebrachter Liebe sich daran hätte halten können; aber er war aus der Stille, der Dämmerung, der Dunkelheit, welche ganz allein die reinen Produktionen begünstigen kann, in den Lärmen des Tageslichts hervorgezogen, wo man sich in anderen verliert, wo man irregemacht wird durch Teilnahme wie durch Kälte, durch Lob und durch Tadel, weil diese äußern Berührungen niemals mit der Epoche unserer innern Kultur zusammentreffen und uns daher, da sie nicht fördern können, notwendig schaden müssen.

Doch mehr als alle Zerstreuungen des Tags hielt den Verfasser von Bearbeitung und Vollendung größerer Werke die Lust ab, die über jene Gesellschaft gekommen war, alles, was im Leben einigermaßen Bedeutendes vorging, zu dramatisieren. Was dieses Kunstwort (denn ein solches war es in jener produktiven Gesellschaft) eigentlich bedeutete, ist hier auseinanderzusetzen. Durch ein geistreiches Zusammensein an den heitersten Tagen aufgeregt, gewöhnte man sich, in augenblicklichen kurzen Darstellungen alles dasjenige zu zersplittern, was man sonst zusammengehalten hatte, um größere Kompositionen daraus zu erbauen. Ein einzelner einfacher Vorfall, ein glücklich naives, ja ein albernes Wort, ein Mißverstand, eine Paradoxie, eine geistreiche Bemerkung, persönliche Eigenheiten oder Angewohnheiten, ja eine bedeutende Miene und was nur immer in einem bunten rauschenden Leben vorkommen mag, alles ward in Form des Dialogs, der Katechisation, einer bewegten Handlung, eines Schauspiels dargestellt, manchmal in Prosa, öfters in Versen.

An dieser genialisch-leidenschaftlich durchgesetzten Übung bestätigte sich jene eigentlich poetische Denkweise. Man ließ nämlich Gegenstände, Begebenheiten, Personen an und für sich sowie in allen Verhältnissen bestehen, man suchte sie nur deutlich zu fassen und lebhaft abzubilden. Alles Urteil, billigend oder mißbilligend, sollte sich vor den Augen des Beschauers in lebendigen Formen bewegen. Man könnte diese Produktionen belebte Sinngedichte nennen, die, ohne Schärfe und Spitzen, mit treffenden und entscheidenden Zügen reichlich ausgestattet waren. Das ›Jahrmarktsfest‹ ist ein solches oder vielmehr eine Sammlung solcher Epigramme. Unter allen dort auftretenden Masken sind wirkliche, in jener Sozietät lebende Glieder oder ihr wenigstens verbundene und einigermaßen bekannte Personen gemeint; aber der Sinn des Rätsels blieb den meisten verborgen, alle lachten, und wenige wußten, daß ihnen ihre eigensten Eigenheiten zum Scherze dienten. Der ›Prolog zu Bahrdts neuesten Offenbarungen‹ gilt für einen Beleg anderer Art; die kleinsten finden sich unter den gemischten Gedichten, sehr viele sind zerstoben und verlorengegangen, manche noch übrige lassen sich nicht wohl mitteilen. Was hiervon im Druck erschienen, vermehrte nur die Bewegung im Publikum und die Neugierde auf den Verfasser; was handschriftlich mitgeteilt wurde, belebte den nächsten Kreis, der sich immer erweiterte. Doktor Bahrdt, damals in Gießen, besuchte mich, scheinbar höflich und zutraulich; er scherzte über den ›Prolog‹ und wünschte ein freundliches Verhältnis. Wir jungen Leute aber fuhren fort, kein geselliges Fest zu begehen, ohne mit stiller Schadenfreude uns der Eigenheiten zu erfreuen, die wir an andern bemerkt und glücklich dargestellt hatten.

Mißfiel es nun dem jungen Autor keineswegs, als ein literarisches Meteor angestaunt zu werden, so suchte er mit freudiger Bescheidenheit den bewährtesten Männern des Vaterlands seine Achtung zu bezeigen, unter denen vor allen andern der herrliche Justus Möser zu nennen ist. Dieses unvergleichlichen Mannes kleine Aufsätze, staatsbürgerlichen Inhalts, waren schon seit einigen Jahren in den Osnabrücker ›Intelligenzblättern‹ abgedruckt und mir durch Herder bekannt geworden, der nichts ablehnte, was irgend würdig zu seiner Zeit, besonders aber im Druck sich hervortat. Mösers Tochter, Frau von Voigts, war beschäftigt, diese zerstreuten Blätter zu sammeln. Wir konnten die Herausgabe kaum erwarten, und ich setzte mich mit ihr in Verbindung, um mit aufrichtiger Teilnahme zu versichern, daß die für einen bestimmten Kreis berechneten wirksamen Aufsätze, sowohl der Materie als der Form nach, überall zum Nutzen und Frommen dienen würden. Sie und ihr Vater nahmen diese Äußerung eines nicht ganz unbekannten Fremdlings gar wohl auf, indem eine Besorgnis, die sie gehegt, durch diese Erklärung vorläufig gehoben worden.

An diesen kleinen Aufsätzen, welche, sämtlich in *einem* Sinne verfaßt, ein wahrhaft Ganzes ausmachen, ist die innigste Kenntnis des bürgerlichen Wesens im höchsten Grade merkwürdig und rühmenswert. Wir sehen eine Verfassung auf der Vergangenheit ruhn und noch als lebendig bestehn. Von der einen Seite hält man am Herkommen fest, von der andern kann man die Bewegung und Veränderung der Dinge nicht hindern. Hier fürchtet man sich vor einer nützlichen Neuerung, dort hat man Lust und Freude am Neuen, auch wenn es unnütz, ja schädlich wäre. Wie vorurteilsfrei setzt der Verfasser die Verhältnisse der Stände auseinander sowie den Bezug, in welchem die Städte, Flecken und Dörfer wechselseitig stehn. Man erfährt ihre Gerechtsame zugleich mit den rechtlichen Gründen, es wird uns bekannt, wo das Grundkapital des Staats liegt und was es für Interessen bringt. Wir sehen den Besitz und seine Vorteile, dagegen aber auch die Abgaben und Nachteile verschiedener Art, sodann den mannigfaltigen Erwerb; hier wird gleichfalls die ältere und neuere Zeit einander entgegengesetzt. Osnabrück, als Glied der Hanse, finden wir in der ältern Epoche in großer Handelstätigkeit. Nach jenen Zeitverhältnissen hat es eine merkwürdige und schöne Lage; es kann sich die Produkte des Landes zueignen und ist nicht allzuweit von der

JUSTUS MÖSER

»Dieses unvergleichlichen Mannes kleine Aufsätze, staatsbürgerlichen
Inhalts, waren ... mir durch Herder bekannt geworden.«

See entfernt, um auch dort selbst mitzuwirken. Nun aber, in der späteren Zeit, liegt es schon tief in der Mitte des Landes, es wird nach und nach vom Seehandel entfernt und ausgeschlossen. Wie dies zugegangen, wird von vielen Seiten dargestellt. Zur Sprache kommt der Konflikt Englands und der Küsten, der Häfen und des Mittellandes; hier werden die großen Vorteile derer, welche der See anwohnen, herausgesetzt und ernstliche Vorschläge getan, wie die Bewohner des Mittellandes sich dieselben gleichfalls zueignen könnten. Sodann erfahren wir gar manches von Gewerben und Handwerken, und wie solche durch Fabriken überflügelt, durch Krämerei untergraben werden; wir sehen den Verfall als den Erfolg von mancherlei Ursachen, und diesen Erfolg wieder als die Ursache neuen Verfalls, in einem ewigen schwer zu lösenden Zirkel; doch zeichnet ihn der wackere Staatsbürger auf eine so deutliche Weise hin, daß man noch glaubt, sich daraus retten zu können. Durchaus läßt der Verfasser die gründlichste Einsicht in die besondersten Umstände sehen. Seine Vorschläge, sein Rat, nichts ist aus der Luft gegriffen, und doch so oft nicht ausführbar, deswegen er auch die Sammlung ›Patriotische Phantasien‹ genannt, obgleich alles sich darin an das Wirkliche und Mögliche hält.

Da nun aber alles Öffentliche auf dem Familienwesen ruht, so wendet er auch dahin vorzüglich seinen Blick. Als Gegenstände seiner ernsten und scherzhaften Betrachtungen finden wir die Veränderung der Sitten und Gewohnheiten, der Kleidungen, der Diät, des häuslichen Lebens, der Erziehung. Man müßte eben alles, was in der bürgerlichen und sittlichen Welt vorgeht, rubrizieren, wenn man die Gegenstände erschöpfen wollte, die er behandelt. Und diese Behandlung ist bewundernswürdig. Ein vollkommener Geschäftsmann spricht zum Volke in Wochenblättern, um dasjenige, was eine einsichtige, wohlwollende Regierung sich vornimmt oder ausführt, einem jeden von der rechten Seite faßlich zu machen; keineswegs aber lehrhaft, sondern in den mannigfaltigsten Formen, die man poetisch nennen könnte und die gewiß in dem besten Sinn für rhetorisch gelten müssen. Immer ist er über seinen Gegenstand erhaben und weiß uns eine heitere Ansicht des Ernstesten zu geben; bald hinter dieser, bald hinter jener Maske halb versteckt, bald in eigner Person sprechend, immer vollständig und erschöpfend, dabei immer froh, mehr oder weniger ironisch, durchaus tüchtig, rechtschaffen, wohlmeinend, ja manchmal derb und heftig, und dieses alles so abgemessen, daß man zugleich den Geist, den Verstand, die Leichtigkeit, Gewandtheit, den Geschmack und Charakter des Schriftstellers bewundern muß. In Absicht auf Wahl gemeinnütziger Gegenstände, auf tiefe Einsicht, freie Übersicht, glückliche Behandlung, so gründlichen als frohen Humor wüßte ich ihm niemand als Franklin zu vergleichen.

Ein solcher Mann imponierte uns unendlich und hatte den größten Einfluß auf eine Jugend, die auch etwas Tüchtiges wollte und im Begriff stand, es zu erfassen. In die Formen seines Vortrags glaubten wir uns wohl auch finden zu können; aber wer durfte hoffen, sich eines so reichen Gehalts zu bemächtigen und die widerspenstigsten Gegenstände mit so viel Freiheit zu handhaben? Doch das ist unser schönster und süßester Wahn, den wir nicht aufgeben dürfen, ob er uns gleich viel Pein im Leben verursacht, daß wir das, was wir schätzen und verehren, uns auch womöglich zueignen, ja aus uns selbst hervorbringen und darstellen möchten.

VIERZEHNTES BUCH

Mit jener Bewegung nun, welche sich im Publikum verbreitete, ergab sich eine andere, für den Verfasser vielleicht von größerer Bedeutung, indem sie sich in seiner nächsten Umgebung ereignete. Ältere Freunde, welche jene Dichtungen, die nun so großes Aufsehen machten, schon im Manuskript gekannt hatten und sie deshalb zum Teil als die ihrigen ansahen, triumphierten über den guten Erfolg, den sie, kühn genug, zum voraus geweissagt. Zu ihnen fanden sich neue Teilnehmer, besonders solche, welche selbst eine produktive Kraft in sich spürten oder zu erregen und zu hegen wünschten.

Unter den erstern tat sich Lenz am lebhaftesten und gar sonderbar hervor. Das Äußerliche dieses merkwürdigen Menschen ist schon umrissen, seines humoristischen Talents mit Liebe gedacht; nun will ich von seinem Charakter mehr in Resultaten als schildernd sprechen, weil es unmöglich wäre, ihn durch die Umschweife seines Lebensganges zu begleiten und seine Eigenheiten darstellend zu überliefern.

Man kennt jene Selbstquälerei, welche, da man von außen und von andern keine Not hatte, an der Tagesordnung war und gerade die vorzüglichsten Geister beunruhigte. Was gewöhnliche Menschen, die sich nicht selbst beobachten, nur vorübergehend quält, was sie sich aus dem Sinne zu schlagen suchen, das ward von den besseren scharf bemerkt, beachtet, in Schriften, Briefen und Tagebüchern aufbewahrt. Nun aber gesellten sich die strengsten sittlichen Forderungen an sich und andere zu der größten Fahrlässigkeit im Tun, und ein aus dieser halben Selbstkenntnis entspringender Dünkel verführte zu den seltsamsten Angewohnheiten und Unarten. Zu einem solchen Abarbeiten in der Selbstbeobachtung berechtigte jedoch die aufwachende empirische Psychologie, die nicht gerade alles, was uns innerlich beunruhigt, für bös und verwerflich erklären wollte, aber doch auch nicht alles billigen konnte; und so war ein ewiger nie beizulegender Streit erregt. Diesen zu führen und zu unterhalten übertraf nun Lenz alle übrigen Un- oder Halbbeschäftigten, welche ihr Inneres untergruben, und so litt er im allgemeinen von der Zeitgesinnung, welche durch die Schilderung Werthers abgeschlossen sein sollte; aber ein individueller Zuschnitt unterschied ihn von allen übrigen, die man durchaus für offene redliche Seelen anerkennen mußte. Er hatte nämlich einen entschiedenen Hang zur Intrige, und zwar zur Intrige an sich, ohne daß er eigentliche Zwecke, verständige, selbstische, erreichbare Zwecke dabei gehabt hätte; vielmehr pflegte er sich immer etwas Fratzenhaftes vorzusetzen, und eben deswegen diente es ihm zur beständigen Unterhaltung. Auf diese Weise war er zeitlebens ein Schelm in der Einbildung, seine Liebe wie sein Haß waren imaginär, mit seinen Vorstellungen und Gefühlen verfuhr er willkürlich, damit er immerfort etwas zu tun haben möchte. Durch die verkehrtesten Mittel suchte er seinen Neigungen und Abneigungen Realität zu geben und vernichtete sein Werk immer wieder selbst; und so hat er niemanden, den er liebte, jemals genützt, niemanden, den er haßte, jemals geschadet, und im ganzen schien er nur zu sündigen, um sich strafen, nur zu intrigieren, um eine neue Fabel auf eine alte pfropfen zu können.

Aus wahrhafter Tiefe, aus unerschöpflicher Produktivität ging sein Talent hervor, in welchem Zartheit, Beweglichkeit und Spitzfindigkeit miteinander wetteiferten, das aber, bei aller seiner Schönheit, durchaus kränkelte, und gerade diese Talente sind am schwersten zu beurteilen. Man konnte in seinen Arbeiten große Züge nicht verkennen; eine liebliche Zärtlichkeit schleicht sich durch zwischen den albernsten und barockesten Fratzen, die man selbst einem so gründlichen und anspruchlosen Humor, einer wahrhaft komischen Gabe kaum verzeihen kann. Seine Tage waren aus lauter Nichts zusammengesetzt, dem er durch seine Rührigkeit eine Bedeutung zu geben wußte, und er konnte um so mehr viele Stunden verschlendern, als

JACOB MICHAEL REINHOLD LENZ

»Aus wahrhafter Tiefe, aus unerschöpflicher Produktivität ging sein Talent hervor, in welchem Zartheit, Beweglichkeit und Spitzfindigkeit miteinander wetteiferten, das aber, bei aller seiner Schönheit, durchaus kränkelte, und gerade diese Talente sind am schwersten zu beurteilen.«

die Zeit, die er zum Lesen anwendete, ihm, bei einem glücklichen Gedächtnis, immer viel Frucht brachte und seine originelle Denkweise mit mannigfaltigem Stoff bereicherte.

Man hatte ihn mit livländischen Kavalieren nach Straßburg gesendet, und einen Mentor nicht leicht unglücklicher wählen können. Der ältere Baron ging für einige Zeit ins Vaterland zurück und hinterließ eine Geliebte, an die er fest geknüpft war. Lenz, um den zweiten Bruder, der auch um dieses Frauenzimmer warb, und andere Liebhaber zurückzudrängen und das kostbare Herz seinem abwesenden Freunde zu erhalten, beschloß nun, selbst sich in die Schöne verliebt zu stellen oder, wenn man will, zu verlieben. Er setzte diese seine These mit der hartnäckigsten Anhänglichkeit an das Ideal, das er sich von ihr gemacht hatte, durch, ohne gewahr werden zu wollen, daß er so gut als die übrigen ihr nur zum Scherz und zur Unterhaltung diene. Desto besser für ihn! denn bei ihm war es auch nur Spiel, welches desto länger dauern konnte, als sie es ihm gleichfalls spielend erwiderte, ihn bald anzog, bald abstieß, bald hervorrief, bald hintansetzte. Man sei überzeugt, daß, wenn er zum Bewußtsein kam, wie ihm denn das zuweilen zu geschehen pflegte, er sich zu einem solchen Fund recht behaglich Glück gewünscht habe.

Übrigens lebte er, wie seine Zöglinge, meistens mit Offizieren der Garnison, wobei ihm die wundersamen Anschauungen, die er später in dem Lustspiel ›Die Soldaten‹ aufstellte, mögen geworden sein. Indessen hatte diese frühe Bekanntschaft mit dem Militär die eigene Folge für ihn, daß er sich für einen großen Kenner des Waffenwesens hielt; auch hatte er wirklich dieses Fach nach und nach so im Detail studiert, daß er einige Jahre später ein großes Memoire an den französischen Kriegsminister aufsetzte, wovon er sich den besten Erfolg versprach. Die Gebrechen jenes Zustandes waren ziemlich gut gesehn, die Heilmittel dagegen lächerlich und unausführbar. Er aber hielt sich überzeugt, daß er dadurch bei Hofe großen Einfluß gewinnen könne, und wußte es den Freunden schlechten Dank, die ihn teils durch Gründe, teils durch tätigen Widerstand abhielten, dieses phantastische Werk, das schon sauber abgeschrieben, mit einem Briefe begleitet, kuvertiert und förmlich adressiert war, zurückzuhalten und in der Folge zu verbrennen.

Mündlich und nachher schriftlich hatte er mir die sämtlichen Irrgänge seiner Kreuz- und Querbewegungen in bezug auf jenes Frauenzimmer vertraut. Die Poesie, die er in das Gemeinste zu legen wußte, setzte mich oft in Erstaunen, so daß ich ihn dringend bat, den Kern dieses weitschweifigen Abenteuers geistreich zu befruchten und einen kleinen Roman daraus zu bilden; aber es war nicht seine Sache, ihm konnte nicht wohl werden, als wenn er sich grenzenlos im einzelnen verfloß und sich an einem unendlichen Faden ohne Absicht hinspann. Vielleicht wird es dereinst möglich, nach diesen Prämissen seinen Lebensgang bis zu der Zeit, da er sich in Wahnsinn verlor, auf irgendeine Weise anschaulich zu machen; gegenwärtig halte ich mich an das Nächste, was eigentlich hierher gehört.

Kaum war ›Götz von Berlichingen‹ erschienen, als mir Lenz einen weitläufigen Aufsatz zusendete, auf geringes Konzeptpapier geschrieben, dessen er sich gewöhnlich bediente, ohne den mindesten Rand weder oben noch unten, noch an den Seiten zu lassen. Diese Blätter waren betitelt: ›Über unsere Ehe‹, und sie würden, wären sie noch vorhanden, uns gegenwärtig mehr aufklären als mich damals, da ich über ihn und sein Wesen noch sehr im dunkeln schwebte. Das Hauptabsehen dieser weitläuftigen Schrift war, mein Talent und das seinige nebeneinander zu stellen; bald schien er sich mir zu subordinieren, bald sich mir gleichzusetzen; das alles aber geschah mit so humoristischen und zierlichen Wendungen, daß ich die Ansicht, die er mir dadurch geben wollte, um so lieber aufnahm, als ich seine Gaben wirklich sehr hoch schätzte und immer nur darauf drang, daß er aus dem formlosen Schweifen sich zusammenziehen und die Bildungsgabe, die ihm angeboren war, mit

HEINRICH LEOPOLD WAGNER

»...erst ein Glied der Straßburger, dann der Frankfurter Gesellschaft;
nicht ohne Geist, Talent und Unterricht. Er zeigte sich als ein Strebender, und so war er willkommen. Auch hielt er treulich an mir, und weil
ich aus allem, was ich vorhatte, kein Geheimnis machte, so erzählte ich
ihm wie andern meine Absicht mit ›Faust‹, besonders die Katastrophe
von Gretchen. Er faßte das Sujet auf und benutzte es für ein Trauerspiel: ›Die Kindsmörderin‹. Es war das erste Mal, daß mir jemand etwas von meinen Vorsätzen wegschnappte...«

kunstgemäßer Fassung benutzen möchte. Ich erwiderte sein Vertrauen freundlichst, und weil er in seinen Blättern auf die innigste Verbindung drang (wie denn auch schon der wunderliche Titel andeutete), so teilte ich ihm von nun an alles mit, sowohl das schon Gearbeitete als was ich vorhatte; er sendete mir dagegen nach und nach seine Manuskripte, den ›Hofmeister‹, den ›Neuen Menoza‹, ›Die Soldaten‹, Nachbildungen des Plautus, und jene Übersetzung des englischen Stücks als Zugabe zu den ›Anmerkungen über das Theater‹.

Bei diesen war es mir einigermaßen auffallend, daß er in einem lakonischen Vorberichte sich dahin äußerte, als sei der Inhalt dieses Aufsatzes, der mit Heftigkeit gegen das regelmäßige Theater gerichtet war, schon vor einigen Jahren, als Vorlesung, einer Gesellschaft von Literaturfreunden bekannt geworden, zu der Zeit also, wo ›Götz‹ noch nicht geschrieben gewesen. In Lenzens Straßburger Verhältnissen schien ein literarischer Zirkel, den ich nicht kennen sollte, etwas problematisch; allein ich ließ es hingehen und verschaffte ihm zu dieser wie zu seinen übrigen Schriften bald Verleger, ohne auch nur im mindesten zu ahnden, daß er mich zum vorzüglichsten Gegenstande seines imaginären Hasses und zum Ziel einer abenteuerlichen und grillenhaften Verfolgung ausersehn hatte.

Vorübergehend will ich nur, der Folge wegen, noch eines guten Gesellen gedenken, der, obgleich von keinen außerordentlichen Gaben, doch auch mitzählte. Er hieß Wagner, erst ein Glied der Straßburger, dann der Frankfurter Gesellschaft; nicht ohne Geist, Talent und Unterricht. Er zeigte sich als ein Strebender, und so war er willkommen. Auch hielt er treulich an mir, und weil ich aus allem, was ich vorhatte, kein Geheimnis machte, so erzählte ich ihm wie andern meine Absicht mit ›Faust‹, besonders die Katastrophe von Gretchen. Er faßte das Sujet auf und benutzte es für ein Trauerspiel: ›Die Kindesmörderin‹. Es war das erste Mal, daß mir jemand etwas von meinen Vorsätzen wegschnappte; es verdroß mich, ohne daß ichs ihm nachgetragen hätte. Ich habe dergleichen Gedankenraub und Vorwegnahmen nachher noch oft genug erlebt und hatte mich, bei meinem Zaudern und Beschwätzen so manches Vorgesetzten und Eingebildeten, nicht mit Recht zu beschweren.

Wenn Redner und Schriftsteller, in Betracht der großen Wirkung, welche dadurch hervorzubringen ist, sich gern der Kontraste bedienen, und sollten sie auch erst aufgesucht und herbeigeholt werden, so muß es dem Verfasser um so angenehmer sein, daß ein entschiedener Gegensatz sich ihm anbietet, indem er nach Lenzen von Klingern zu sprechen hat. Beide waren gleichzeitig, bestrebten sich in ihrer Jugend mit- und nebeneinander. Lenz jedoch, als ein vorübergehendes Meteor, zog nur augenblicklich über den Horizont der deutschen Literatur hin und verschwand plötzlich, ohne im Leben eine Spur zurückzulassen; Klinger hingegen, als einflußreicher Schriftsteller, als tätiger Geschäftsmann, erhält sich noch bis auf diese Zeit. Von ihm werde ich nun ohne weitere Vergleichung, die sich von selbst ergibt, sprechen, insofern es nötig ist, da er nicht im Verborgenen so manches geleistet und so vieles gewirkt, sondern beides, in weiterem und näherem Kreise, noch in gutem Andenken und Ansehn steht.

Klingers Äußeres – denn von diesem beginne ich immer am liebsten – war sehr vorteilhaft. Die Natur hatte ihm eine große, schlanke, wohlgebaute Gestalt und eine regelmäßige Gesichtsbildung gegeben; er hielt auf seine Person, trug sich nett, und man konnte ihn für das hübscheste Mitglied der ganzen kleinen Gesellschaft ansprechen. Sein Betragen war weder zuvorkommend noch abstoßend und, wenn es nicht innerlich stürmte, gemäßigt.

Man liebt an dem Mädchen, was es ist, und an dem Jüngling, was er ankündigt, und so war ich Klingers Freund, sobald ich ihn kennen lernte. Er empfahl sich durch eine reine Gemütlichkeit, und ein unverkennbar entschiedener Charakter erwarb ihm Zutrauen. Auf ein ernstes Wesen war er von Jugend auf

FRID. MAXIMIL. KLINGER

FRIEDRICH MAXIMILIAN KLINGER

»Klingers Äußeres... war sehr vorteilhaft. Die Natur hatte ihm eine
große, schlanke, wohlgebaute Gestalt und eine regelmäßige Gesichtsbildung gegeben... Er empfahl sich durch eine reine Gemütlichkeit
[Empfindungsfähigkeit], und ein unverkennbar entschiedener Charakter erwarb ihm Zutrauen... Klinger gehört unter die, welche sich
aus sich selbst, aus ihrem Gemüte und Verstande heraus zur Welt gebildet hatten.«

hingewiesen; er, nebst einer ebenso schönen und wackern Schwester, hatte für eine Mutter zu sorgen, die, als Witwe, solcher Kinder bedurfte, um sich aufrechtzuerhalten. Alles, was an ihm war, hatte er sich selbst verschafft und geschaffen, so daß man ihm einen Zug von stolzer Unabhängigkeit, der durch sein Betragen durchging, nicht verargte. Entschiedene natürliche Anlagen, welche allen wohlbegabten Menschen gemein sind, leichte Fassungskraft, vortreffliches Gedächtnis, Sprachengabe besaß er in hohem Grade; aber alles schien er weniger zu achten als die Festigkeit und Beharrlichkeit, die sich ihm, gleichfalls angeboren, durch Umstände völlig bestätigt hatten. Einem solchen Jüngling mußten Rousseaus Werke vorzüglich zusagen. ›Emil‹ war sein Haupt- und Grundbuch, und jene Gesinnungen fruchteten um so mehr bei ihm, als sie über die ganze gebildete Welt allgemeine Wirkung ausübten, ja bei ihm mehr als bei andern. Denn auch er war ein Kind der Natur, auch er hatte von unten auf angefangen; das, was andere wegwerfen sollten, hatte er nie besessen, Verhältnisse, aus welchen sie sich retten sollten, hatten ihn nie beengt; und so konnte er für einen der reinsten Jünger jenes Naturevangeliums angesehen werden und in Betracht seines ernsten Bestrebens, seines Betragens als Mensch und Sohn recht wohl ausrufen: ›Alles ist gut, wie es aus den Händen der Natur kommt!‹ Aber auch den Nachsatz: ›Alles verschlimmert sich unter den Händen der Menschen!‹ drängte ihm eine widerwärtige Erfahrung auf. Er hatte nicht mit sich selbst, aber außer sich mit der Welt des Herkommens zu kämpfen, von deren Fesseln der Bürger von Genf uns zu erlösen gedachte. Weil nun, in des Jünglings Lage, dieser Kampf oft schwer und sauer ward, so fühlte er sich gewaltsamer in sich zurückgetrieben, als daß er durchaus zu einer frohen und freudigen Ausbildung hätte gelangen können: vielmehr mußte er sich durchstürmen, durchdrängen; daher sich ein bitterer Zug in sein Wesen schlich, den er in der Folge zum Teil gehegt und genährt, mehr aber bekämpft und besiegt hat.

In seinen Produktionen, insofern sie mir gegenwärtig sind, zeigt sich ein strenger Verstand, ein biederer Sinn, eine rege Einbildungskraft, eine glückliche Beobachtung der menschlichen Mannigfaltigkeit und eine charakteristische Nachbildung der generischen Unterschiede. Seine Mädchen und Knaben sind frei und lieblich; seine Jünglinge glühend, seine Männer schlicht und verständig, die Figuren, die er ungünstig darstellt, nicht zu sehr übertrieben; ihm fehlt es nicht an Heiterkeit und guter Laune, Witz und glücklichen Einfällen; Allegorien und Symbole stehen ihm zu Gebot; er weiß uns zu unterhalten und zu vergnügen, und der Genuß würde noch reiner sein, wenn er sich und uns den heitern bedeutenden Scherz nicht durch ein bitteres Mißwollen hier und da verkümmerte. Doch dies macht ihn eben zu dem, was er ist, und dadurch wird ja die Gattung der Lebenden und Schreibenden so mannigfaltig, daß ein jeder theoretisch zwischen Erkennen und Irren, praktisch zwischen Beleben und Vernichten hin und wider wogt.

Klinger gehört unter die, welche sich aus sich selbst, aus ihrem Gemüte und Verstande heraus zur Welt gebildet hatten. Weil nun dieses mit und in einer größeren Masse geschah und sie sich untereinander einer verständlichen, aus der allgemeinen Natur und aus der Volkseigentümlichkeit herfließenden Sprache mit Kraft und Wirkung bedienten, so waren ihnen früher und später alle Schulformen äußerst zuwider, besonders wenn sie, von ihrem lebendigen Ursprung getrennt, in Phrasen ausarteten und so ihre erste frische Bedeutung gänzlich verloren. Wie nun gegen neue Meinungen, Ansichten, Systeme, so erklärten sich solche Männer auch gegen neue Ereignisse, hervortretende bedeutende Menschen, welche große Veränderungen ankündigen oder bewirken: ein Verfahren, das ihnen keineswegs zu verargen ist, weil sie dasjenige von Grund aus gefährdet sehen, dem sie ihr eignes Dasein und Bildung schuldig geworden.

Jenes Beharren eines tüchtigen Charakters aber wird um desto würdiger, wenn es sich durch das Welt- und Geschäftsleben durcherhält und wenn eine Behandlungsart des Vorkömmlichen, welche manchem schroff, ja gewaltsam scheinen möchte, zur rechten Zeit angewandt, am sichersten zum Ziele führt. Dies geschah bei ihm, da er ohne Biegsamkeit (welches ohnedem die Tugend der geborenen Reichsbürger niemals gewesen), aber desto tüchtiger, fester und redlicher, sich zu bedeutenden Posten erhob, sich darauf zu erhalten wußte und mit Beifall und Gnade seiner höchsten Gönner fortwirkte, dabei aber niemals weder seine alten Freunde noch den Weg, den er zurückgelegt, vergaß, Ja er suchte die vollkommenste Stetigkeit des Andenkens, durch alle Grade der Abwesenheit und Trennung, hartnäckig zu erhalten; wie es denn gewiß angemerkt zu werden verdient, daß er, als ein anderer Willigis, in seinem durch Ordenszeichen geschmückten Wappen Merkmale seiner frühesten Zeit zu verewigen nicht verschmähte.

Es dauerte nicht lange, so kam ich auch mit Lavatern in Verbindung. Der ›Brief des Pastors‹ an seinen Kollegen hatte ihm stellenweise sehr eingeleuchtet: denn manches traf mit seinen Gesinnungen vollkommen überein. Bei seinem unablässigen Treiben ward unser Briefwechsel bald sehr lebhaft. Er machte soeben ernstliche Anstalten zu seiner größern Physiognomik, deren Einleitung schon früher in das Publikum gelangt war. Er forderte alle Welt auf, ihm Zeichnungen, Schattenrisse, besonders aber Christusbilder zu schicken, und ob ich gleich so gut wie gar nichts leisten konnte, so wollte er doch von mir ein für allemal auch einen Heiland gezeichnet haben, wie ich mir ihn vorstellte. Dergleichen Forderungen des Unmöglichen gaben mir zu mancherlei Scherzen Anlaß, und ich wußte mir gegen seine Eigenheiten nicht anders zu helfen, als daß ich die meinigen hervorkehrte.

Die Anzahl derer, welche keinen Glauben an die Physiognomik hatten, oder doch wenigstens sie für ungewiß und trüglich hielten, war sehr groß, und sogar viele, die es mit Lavatern gut meinten, fühlten einen Kitzel, ihn zu versuchen und ihm womöglich einen Streich zu spielen. Er hatte sich in Frankfurt, bei einem nicht ungeschickten Maler, die Profile mehrerer namhaften Menschen bestellt. Der Absender erlaubte sich den Scherz, Bahrdts Porträt zuerst statt des meinigen abzuschicken, wogegen eine zwar muntere, aber donnernde Epistel zurückkam, mit allen Trümpfen und Beteurungen, daß dies mein Bild nicht sei, und was Lavater sonst alles, zu Bestätigung der physiognomischen Lehre, bei dieser Gelegenheit mochte zu sagen haben. Mein wirkliches nachgesendetes ließ er eher gelten; aber auch hier schon tat sich der Widerstreit hervor, in welchem er sich sowohl mit den Malern als mit den Individuen befand. Jene konnten ihm niemals wahr und genau genug arbeiten; diese, bei allen Vorzügen, welche sie haben mochten, blieben doch immer zu weit hinter der Idee zurück, die er von der Menschheit und den Menschen hegte, als daß er nicht durch das Besondere, wodurch der einzelne zur Person wird, einigermaßen hätte abgestoßen werden sollen.

Der Begriff von der Menschheit, der sich in ihm und an seiner Menschheit herangebildet hatte, war so genau mit der Vorstellung verwandt, die er von Christo lebendig in sich trug, daß es ihm unbegreiflich schien, wie ein Mensch leben und atmen könne, ohne zugleich ein Christ zu sein. Mein Verhältnis zu der christlichen Religion lag bloß in Sinn und Gemüt, und ich hatte von jener physischen Verwandtschaft, zu welcher Lavater sich hinneigte, nicht den mindesten Begriff. Ärgerlich war mir daher die heftige Zudringlichkeit eines so geist- als herzvollen Mannes, mit der er auf mich sowie auf Mendelssohn und andere losging und behauptete, man müsse entweder mit ihm ein Christ, ein Christ nach seiner Art werden, oder man müsse ihn zu sich hinüberziehen, man müsse ihn gleichfalls von demjenigen überzeugen, worin man seine Beruhigung finde. Diese Forderung, so unmittelbar dem liberalen Weltsinn, zu dem ich

JOHANN CASPAR LAVATER

»Es dauerte nicht lange, so kam ich auch mit Lavatern in Verbindung... Mit den zartesten sittlichen Anlagen geboren, bestimmte er sich zum Geistlichen... Bei seinem unablässigen Treiben ward unser Briefwechsel bald sehr lebhaft. Er machte soeben ernstliche Anstalten zu seiner größern Physiognomik, deren Einleitung schon früher in das Publikum gelangt war.«

mich nach und nach auch bekannte, entgegenstehend, tat auf mich nicht die beste Wirkung. Alle Bekehrungsversuche, wenn sie nicht gelingen, machen denjenigen, den man zum Proselyten ausersah, starr und verstockt, und dieses war um so mehr mein Fall, als Lavater zuletzt mit dem harten Dilemma hervortrat: ›Entweder Christ oder Atheist!‹ Ich erklärte darauf, daß, wenn er mir mein Christentum nicht lassen wollte, wie ich es bisher gehegt hätte, so könnte ich mich auch wohl zum Atheismus entschließen, zumal da ich sähe, daß niemand recht wisse, was beides eigentlich heißen solle.

Dieses Hin- und Widerschreiben, so heftig es auch war, störte das gute Verhältnis nicht. Lavater hatte eine unglaubliche Geduld, Beharrlichkeit, Ausdauer; er war seiner Lehre gewiß, und bei dem entschiedenen Vorsatz, seine Überzeugung in der Welt auszubreiten, ließ er sichs gefallen, was nicht durch Kraft geschehen konnte, durch Abwarten und Milde durchzuführen. Überhaupt gehörte er zu den wenigen glücklichen Menschen, deren äußerer Beruf mit dem innern vollkommen übereinstimmt und deren früheste Bildung, stetig zusammenhängend mit der spätern, ihre Fähigkeiten naturgemäß entwickelt. Mit den zartesten sittlichen Anlagen geboren, bestimmte er sich zum Geistlichen. Er genoß des nötigen Unterrichts und zeigte viele Fähigkeiten, ohne sich jedoch zu jener Ausbildung hinzuneigen, die man eigentlich gelehrt nennt. Denn auch er, um so viel früher geboren als wir, ward von dem Freiheits- und Naturgeist der Zeit ergriffen, der jedem sehr schmeichlerisch in die Ohren raunte: man habe, ohne viele äußere Hülfsmittel, Stoff und Gehalt genug in sich selbst, alles komme nur darauf an, daß man ihn gehörig entfalte. Die Pflicht des Geistlichen, sittlich im täglichen Sinne, religiös im höheren, auf die Menschen zu wirken, traf mit seiner Denkweise vollkommen überein. Redliche und fromme Gesinnungen, wie er sie fühlte, den Menschen mitzuteilen, sie in ihnen zu erregen, war des Jünglings entschiedenster Trieb, und seine liebste Beschäftigung, wie auf sich selbst, so auf andere zu merken. Jenes ward ihm durch ein inneres Zartgefühl, dieses durch einen scharfen Blick auf das Äußere erleichtert, ja aufgedrungen. Zur Beschaulichkeit war er jedoch nicht geboren, zur Darstellung im eigentlichen Sinne hatte er keine Gabe; er fühlte sich vielmehr mit allen seinen Kräften zur Tätigkeit, zur Wirksamkeit gedrängt, so daß ich niemand gekannt habe, der ununterbrochener handelte als er. Weil nun aber unser inneres sittliches Wesen in äußeren Bedingungen verkörpert ist, es sei nun, daß wir einer Familie, einem Stande, einer Gilde, einer Stadt oder einem Staate angehören, so mußte er zugleich, insofern er wirken wollte, alle diese Äußerlichkeiten berühren und in Bewegung setzen, wodurch denn freilich mancher Anstoß, manche Verwickelung entsprang, besonders da das Gemeinwesen, als dessen Glied er geboren war, in der genausten und bestimmtesten Beschränkung einer löblichen hergebrachten Freiheit genoß. Schon der republikanische Knabe gewöhnt sich, über das öffentliche Wesen zu denken und mitzusprechen. In der ersten Blüte seiner Tage sieht sich der Jüngling, als Zunftgenosse, bald in dem Fall, seine Stimme zu geben und zu versagen. Will er gerecht und selbständig urteilen, so muß er sich von dem Wert seiner Mitbürger vor allen Dingen überzeugen, er muß sie kennen lernen, er muß sich nach ihren Gesinnungen, nach ihren Kräften umtun und so, indem er andere zu erforschen trachtet, immer in seinen eignen Busen zurückkehren.

In solchen Verhältnissen übte sich Lavater früh, und eben diese Lebenstätigkeit scheint ihn mehr beschäftigt zu haben als Sprachstudien, als jene sondernde Kritik, die mit ihnen verwandt, ihr Grund sowie ihr Ziel ist. In späteren Jahren, da sich seine Kenntnisse, seine Einsichten unendlich weit ausgebreitet hatten, sprach er doch im Ernst und Scherz oft genug aus, daß er nicht gelehrt sei; und gerade einem solchen Mangel von eindringendem Studium muß man zuschreiben, daß er sich an den Buchstaben der Bibel, ja der Bibelübersetzung hielt und freilich für das, was er suchte und beabsichtigte, hier genugsame Nahrung und Hülfsmittel fand.

Aber gar bald ward jener zunft- und gildemäßig langsam bewegte Wirkungskreis dem lebhaften Naturell zu enge. Gerecht zu sein wird dem Jüngling nicht schwer, und ein reines Gemüt verabscheut die Ungerechtigkeit, deren es sich selbst noch nicht schuldig gemacht hat. Die Bedrückungen eines Landvogts lagen offenbar vor den Augen der Bürger, schwerer waren sie vor Gericht zu bringen. Lavater gesellt sich einen Freund zu, und beide bedrohen, ohne sich zu nennen, jenen strafwürdigen Mann. Die Sache wird ruchbar, man sieht sich genötigt, sie zu untersuchen. Der Schuldige wird bestraft, aber die Veranlasser dieser Gerechtigkeit werden getadelt, wo nicht gescholten. In einem wohleingerichteten Staate soll das Rechte selbst nicht auf unrechte Weise geschehn.

Auf einer Reise, die Lavater durch Deutschland macht, setzt er sich mit gelehrten und wohldenkenden Männern in Berührung; allein er befestigt sich dabei nur mehr in seinen eignen Gedanken und Überzeugungen; nach Hause zurückgekommen, wirkt er immer freier aus sich selbst. Als ein edler, guter Mensch fühlt er in sich einen herrlichen Begriff von der Menschheit, und was diesem allenfalls in der Erfahrung widerspricht, alle die unleugbaren Mängel, die einen jeden von der Vollkommenheit ablenken, sollen ausgeglichen werden durch den Begriff der Gottheit, die sich, in der Mitte der Zeiten, in die menschliche Natur herabgesenkt, um ihr früheres Ebenbild vollkommen wiederherzustellen.

So viel vorerst von den Anfängen dieses merkwürdigen Mannes, und nun vor allen Dingen eine heitere Schilderung unseres persönlichen Zusammentreffens und Beisammenseins. Denn unser Briefwechsel hatte nicht lange gedauert, als er mir und andern ankündigte, er werde bald, auf einer vorzunehmenden Rheinreise, in Frankfurt einsprechen. Sogleich entstand im Publikum die größte Bewegung; alle waren neugierig, einen so merkwürdigen Mann zu sehn; viele hofften für ihre sittliche und religiöse Bildung zu gewinnen; die Zweifler dachten sich mit bedeutenden Einwendungen hervorzutun, die Einbildischen waren gewiß, ihn durch Argumente, in denen sie sich selbst bestärkt hatten, zu verwirren und zu beschämen, und was sonst alles Williges und Unwilliges einen bemerkten Menschen erwartet, der sich mit dieser gemischten Welt abzugeben gedenkt.

Unser erstes Begegnen war herzlich; wir umarmten uns aufs freundlichste, und ich fand ihn gleich, wie mir ihn so manche Bilder schon überliefert hatten. Ein Individuum, einzig, ausgezeichnet, wie man es nicht gesehn hat und nicht wieder sehn wird, sah ich lebendig und wirksam vor mir. Er hingegen verriet im ersten Augenblick durch einige sonderbare Ausrufungen, daß er mich anders erwartet habe. Ich versicherte ihm dagegen, nach meinem angeborenen und angebildeten Realismus, daß, da es Gott und der Natur nun einmal gefallen habe, mich so zu machen, wir es auch dabei wollten bewenden lassen. Nun kamen zwar sogleich die bedeutendsten Punkte zur Sprache, über die wir uns in Briefen am wenigsten vereinigen konnten; allein dieselben ausführlich zu behandeln, ward uns nicht Raum gelassen, und ich erfuhr, was mir noch nie vorgekommen.

Wir andern, wenn wir uns über Angelegenheiten des Geistes und Herzens unterhalten wollten, pflegten uns von der Menge, ja von der Gesellschaft zu entfernen, weil es, bei der vielfachen Denkweise und den verschiedenen Bildungsstufen, schon schwerfällt, sich auch nur mit wenigen zu verständigen. Allein Lavater war ganz anders gesinnt; er liebte seine Wirkungen ins Weite und Breite auszudehnen, ihm ward nicht wohl als in der Gemeine, für deren Belehrung und Unterhaltung er ein besonderes Talent besaß, welches auf jener großen physiognomischen Gabe ruhte. Ihm war eine richtige Unterscheidung der Personen und Geister verliehen, so daß er einem jeden geschwind ansah, wie ihm allenfalls zumute sein möchte. Fügte sich hiezu nun ein aufrichtiges Bekenntnis, eine treuherzige Frage, so wußte er aus der großen Fülle innerer und äußerer Erfahrung, zu jedermanns Befriedigung, das Gehörige zu erwidern. Die tiefe Sanftmut seines Blicks, die bestimmte Lieblichkeit seiner Lippen, selbst der durch sein Hochdeutsch durchtönende treuherzige Schweizerdialekt, und wie manches andere, was ihn auszeichnete, gab allen, zu denen er sprach, die angenehmste Sinnesberuhigung; ja seine, bei flacher Brust, etwas vorgebogene Körperhaltung trug nicht wenig dazu bei, die Übergewalt seiner Gegenwart mit der übrigen Gesellschaft auszugleichen. Gegen Anmaßung und Dünkel wußte er sich sehr ruhig und geschickt zu benehmen: denn indem er auszuweichen schien, wendete er auf einmal eine große Ansicht, auf welche der beschränkte Gegner niemals denken konnte, wie einen diamantnen Schild hervor und wußte denn doch das daher entspringende Licht so angenehm zu mäßigen, daß dergleichen Menschen, wenigstens in seiner Gegenwart, sich belehrt und überzeugt fühlten. Vielleicht hat der Eindruck bei manchen fortgewirkt: denn selbstische Menschen sind wohl zugleich auch gut; es kommt nur darauf an, daß die harte Schale, die den fruchtbaren Kern umschließt, durch gelinde Einwirkung aufgelöst werde.

Was ihm dagegen die größte Pein verursachte, war die Gegenwart solcher Personen, deren äußere Häßlichkeit sie zu entschiedenen Feinden jener Lehre von der Bedeutsamkeit der Gestalten unwiderruflich stempeln mußte. Sie wendeten gewöhnlich einen hinreichenden Menschenverstand, ja sonstige Gaben und Talente, leidenschaftlich mißwollend und kleinlich zweifelnd, an, um eine Lehre zu entkräften, die für ihre Persönlichkeit beleidigend schien: denn es fand sich nicht leicht jemand so großdenkend wie Sokrates, der gerade seine faunische Hülle zugunsten einer erworbenen Sittlichkeit gedeutet hätte. Die Härte, die Verstockung solcher Gegner war ihm fürchterlich, sein Gegenstreben nicht ohne Leidenschaft, so wie das Schmelzfeuer die widerstrebenden Erze als lästig und feindselig anfauchen muß.

Unter solchen Umständen war an ein vertrauliches Gespräch, an ein solches, das Bezug auf uns selbst gehabt hätte, nicht zu denken, ob ich mich gleich durch Beobachtung der Art, wie er die Menschen behandelte, sehr belehrt, jedoch nicht gebildet fand: denn meine Lage war ganz von der seinigen verschieden. Wer sittlich wirkt, verliert keine seiner Bemühungen: denn es gedeiht davon weit mehr, als das Evangelium vom Sämanne allzu bescheiden eingesteht; wer aber künstlerisch verfährt, der hat in jedem Werke alles verloren, wenn es nicht als ein solches anerkannt wird. Nun weiß man, wie ungeduldig meine lieben teilnehmenden Leser mich zu machen pflegten, und aus welchen Ursachen ich höchst abgeneigt war, mich mit ihnen zu verständigen. Nun fühlte ich den Abstand zwischen meiner und der Lavaterschen Wirksamkeit nur allzusehr: die seine galt in der Gegenwart, die meine in der Abwesenheit; wer mit ihm in der Ferne unzufrieden war, befreundete sich ihm in der Nähe; und wer mich nach meinen Werken für liebenswürdig hielt, fand sich sehr getäuscht, wenn er an einen starren ablehnenden Menschen anstieß.

Merck, der von Darmstadt sogleich herübergekommen war, spielte den Mephistopheles, spottete besonders über das Zudringen der Weiblein, und als einige derselben die Zimmer, die man dem Propheten eingeräumt, und besonders auch das Schlafzimmer, mit Aufmerksamkeit untersuchten, sagte der Schalk: die frommen Seelen wollten doch sehen, wo man den Herrn hingelegt habe. – Mit alledem mußte er sich so gut wie die andern exorzisieren lassen: denn Lips, der Lavatern begleitete, zeichnete sein Profil so ausführlich und brav, wie die Bildnisse bedeutender und unbedeutender Menschen, welche dereinst in dem großen Werke der Physiognomik angehäuft werden sollten.

Für mich war der Umgang mit Lavatern höchst wichtig und lehrreich: denn seine dringenden Anregungen brachten mein ruhiges, künstlerisch beschauliches Wesen in Umtrieb; freilich nicht zu meinem augenblicklichen Vorteil, indem die Zerstreuung, die mich schon ergriffen hatte, sich nur vermehrte; allein es war so viel unter uns zur Sprache gekommen, daß in mir die größte Sehnsucht entstand, diese Unterhaltung fortzusetzen. Daher entschloß ich mich, ihn, wenn er nach Ems gehen würde, zu begleiten, um unterwegs, im Wagen eingeschlossen und von der Welt abgesondert, diejenigen Gegenstände, die uns wechselseitig am Herzen lagen, frei abzuhandeln.

Sehr merkwürdig und folgereich waren mir indessen die Unterhaltungen Lavaters und der Fräulein von Klettenberg. Hier standen nun zwei entschiedene Christen gegeneinander über, und es war ganz deutlich zu sehen, wie sich eben dasselbe Bekenntnis nach den Gesinnungen verschiedener Personen umbildet. Man wiederholte so oft in jenen toleranten Zeiten, jeder Mensch habe seine eigne Religion, seine eigne Art der Gottesverehrung. Ob ich nun gleich dies nicht geradezu behauptete, so konnte ich doch im gegenwärtigen Fall bemerken, daß Männer und Frauen einen verschiedenen Heiland bedürfen. Fräulein von Klettenberg verhielt sich zu dem ihrigen wie zu einem Geliebten, dem man sich unbedingt hingibt, alle Freude und Hoffnung auf seine Person legt und ihm ohne Zweifel und Bedenken das Schicksal des Lebens anvertraut. Lavater hingegen behandelte den seinigen als einen Freund, dem man neidlos und liebevoll nacheifert, seine Verdienste anerkennt, sie hochpreist, und eben deswegen ihm ähnlich, ja gleich zu werden bemüht ist. Welch ein Unterschied zwischen beiderlei Richtung! wodurch im allgemeinen die geistigen Bedürfnisse der zwei Geschlechter ausgesprochen werden. Daraus mag es auch zu erklären sein, daß zärtere Männer sich an die Mutter Gottes gewendet, ihr, als einem Ausbund weiblicher Schönheit und Tugend, wie Sannazar getan, Leben und Talente gewidmet und allenfalls nebenher mit dem göttlichen Knaben gespielt haben.

Wie meine beiden Freunde zueinander standen, wie sie gegeneinander gesinnt waren, erfuhr ich nicht allein aus Gesprächen, denen ich beiwohnte, sondern auch aus Eröffnungen, welche mir beide ingeheim taten. Ich konnte weder dem einen noch dem andern völlig zustimmen: denn mein Christus hatte auch seine eigne Gestalt nach meinem Sinne angenommen. Weil sie mir aber den meinigen gar nicht wollten gelten lassen, so quälte ich sie mit allerlei Paradoxien und Extremen, und wenn sie ungeduldig werden wollten, entfernte ich mich mit einem Scherze.

Der Streit zwischen Wissen und Glauben war noch nicht an der Tagesordnung, allein die beiden Worte und die Begriffe, die man damit verknüpft, kamen wohl auch gelegentlich vor, und die wahren Weltverächter behaupteten, eins sei so unzuverlässig als das andere. Daher beliebte es mir, mich zugunsten beider zu erklären, ohne jedoch den Beifall meiner Freunde gewinnen zu können. Beim Glauben, sagte ich, komme alles darauf an, *daß* man glaube; *was* man glaube, sei völlig gleichgültig. Der Glaube sei ein großes Gefühl von Sicherheit für die Gegenwart und Zukunft, und diese Sicherheit entspringe aus dem Zutrauen auf ein übergroßes, übermächtiges und unerforschliches Wesen. Auf die Unerschütterlichkeit dieses Zutrauens komme alles an; wie wir uns aber dieses Wesen denken, dies hänge von unsern übrigen Fähigkeiten, ja von den Umständen ab und sei ganz gleichgültig. Der Glaube sei ein heiliges Gefäß, in welches ein jeder sein Gefühl, seinen Verstand, seine Einbildungskraft, so gut als er vermöge, zu opfern bereit stehe. Mit dem Wissen sei es gerade das Gegenteil; es komme gar nicht darauf an, *daß* man wisse, sondern *was* man wisse, wie *gut* und wie *viel* man wisse. Daher könne man über das Wissen streiten, weil es sich berichtigen, sich erweitern und verengern lasse. Das Wissen fange vom einzelnen an, sei endlos und gestaltlos und könne niemals, höchstens nur träumerisch, zusammengefaßt werden und bleibe also dem Glauben geradezu entgegengesetzt.

Dergleichen Halbwahrheiten und die daraus entspringenden Irrsale mögen, poetisch dargestellt, aufregend und unterhaltend sein, im Leben aber stören und verwirren sie das Gespräch. Ich ließ daher Lavatern gern mit allen denjenigen allein, die sich an ihm und mit ihm erbauen wollten, und fand mich für diese Entbehrung genugsam entschädigt durch die Reise, die wir zusammen nach Ems antraten. Ein schönes Sommerwetter begleitete uns, Lavater war heiter und allerliebst. Denn bei einer religiösen und sittlichen, keineswegs ängstlichen Richtung seines Geistes blieb er nicht unempfindlich, wenn durch Lebensvorfälle die Gemüter munter und lustig aufgeregt wurden. Er war teilnehmend, geistreich, witzig und mochte das gleiche gern an andern, nur daß es innerhalb der Grenzen bliebe, die seine zarten Gesinnungen ihm vorschrieben. Wagte man sich allenfalls darüber hinaus, so pflegte er einem auf die Achsel zu klopfen und den Verwegenen durch ein treuherziges ›Bisch guet!‹ zur Sitte aufzufordern. Diese Reise gereichte mir zu mancherlei Belehrung und Belebung, die mir aber mehr in der Kenntnis seines Charakters als in der Reglung und Bildung des meinigen zuteil ward. In Ems sah ich ihn gleich wieder von Gesellschaft aller Art umringt und kehrte nach Frankfurt zurück, weil meine kleinen Geschäfte gerade auf der Bahn waren, so daß ich sie kaum verlassen durfte.

Aber ich sollte so bald nicht wieder zur Ruhe kommen: denn Basedow traf ein, berührte und ergriff mich von einer andern Seite. Einen entschiedneren Kontrast konnte man nicht sehen als diese beiden Männer. Schon der Anblick Basedows deutete auf das Gegenteil. Wenn Lavaters Gesichtszüge sich dem Beschauenden frei hergaben, so waren die Basedowischen zusammengepackt und wie nach innen gezogen. Lavaters Auge klar und fromm, unter sehr breiten Augenlidern, Basedows aber tief im Kopfe, klein, schwarz, scharf, unter struppigen

Augenbrauen hervorblinkend, dahingegen Lavaters Stirnknochen von den sanftesten braunen Haarbogen eingefaßt erschien. Basedows heftige rauhe Stimme, seine schnellen und scharfen Äußerungen, ein gewisses höhnisches Lachen, ein schnelles Herumwerfen des Gesprächs, und was ihn sonst noch bezeichnen mochte, alles war den Eigenschaften und dem Betragen entgegengesetzt, durch die uns Lavater verwöhnt hatte. Auch Basedow ward in Frankfurt sehr gesucht und seine großen Geistesgaben bewundert; allein er war nicht der Mann, weder die Gemüter zu erbauen noch zu lenken. Ihm war einzig darum zu tun, jenes große Feld, das er sich bezeichnet hatte, besser anzubauen, damit die Menschheit künftig bequemer und naturgemäßer darin ihre Wohnung nehmen sollte; und auf diesen Zweck eilte er nur allzu gerade los.

Mit seinen Planen konnte ich mich nicht befreunden, ja mir nicht einmal seine Absichten deutlich machen. Daß er allen Unterricht lebendig und naturgemäß verlangte, konnte mir wohl gefallen; daß die alten Sprachen an der Gegenwart geübt werden sollten, schien mir lobenswürdig, und gern erkannte ich an, was in seinem Vorhaben zu Beförderung der Tätigkeit und einer frischeren Weltanschauung lag: allein mir mißfiel, daß die Zeichnungen seines ›Elementarwerks‹ noch mehr als die Gegenstände selbst zerstreuten, da in der wirklichen Welt doch immer nur das Mögliche beisammensteht und sie deshalb, ungeachtet aller Mannigfaltigkeit und scheinbarer Verwirrung, immer noch in allen ihren Teilen etwas Geregeltes hat. Jenes ›Elementarwerk‹ hingegen zersplittert sie ganz und gar, indem das, was in der Weltanschauung keineswegs zusammentrifft, um der Verwandtschaft der Begriffe willen nebeneinander steht; weswegen es auch jener sinnlich-methodischen Vorzüge ermangelt, die wir ähnlichen Arbeiten des Amos Comenius zuerkennen müssen.

Viel wunderbarer jedoch, und schwerer zu begreifen als seine Lehre, war Basedows Betragen. Er hatte bei dieser Reise die

JOHANN BERNHARD BASEDOW

Basedows Gesichtszüge »waren... zusammengepackt und wie nach innen gezogen«...Seine Augen »tief im Kopfe, klein, schwarz, scharf, unter struppigen Augenbrauen hervorblickend... Basedow ward in Frankfurt sehr gesucht und seine großen Geistesgaben bewundert... Mit seinen Planen konnte ich mich nicht befreunden, ja mir nicht einmal seine Absichten deutlich machen. Daß er allen Unterricht lebendig und naturgemäß verlangte, konnte mir wohl gefallen.«

Absicht, das Publikum durch seine Persönlichkeit für sein philanthropisches Unternehmen zu gewinnen, und zwar nicht etwa die Gemüter, sondern geradezu die Beutel aufzuschließen. Er wußte von seinem Vorhaben groß und überzeugend zu sprechen, und jedermann gab ihm gern zu, was er behauptete. Aber auf die unbegreiflichste Weise verletzte er die Gemüter der Menschen, denen er eine Beisteuer abgewinnen wollte, ja er beleidigte sie ohne Not, indem er seine Meinungen und Grillen über religiöse Gegenstände nicht zurückhalten konnte. Auch hierin erschien Basedow als das Gegenstück von Lavatern. Wenn dieser die Bibel buchstäblich und mit ihrem ganzen Inhalte, ja Wort vor Wort, bis auf den heutigen Tag für geltend annahm und für anwendbar hielt, so fühlte jener den unruhigsten Kitzel, alles zu verneuen und sowohl die Glaubenslehren als die äußerlichen kirchlichen Handlungen nach eignen einmal gefaßten Grillen umzumodeln. Am unbarmherzigsten jedoch und am unvorsichtigsten verfuhr er mit denjenigen Vorstellungen, die sich nicht unmittelbar aus der Bibel, sondern von ihrer Auslegung herschreiben, mit jenen Ausdrücken, philosophischen Kunstworten, oder sinnlichen Gleichnissen, womit die Kirchenväter und Konzilien sich das Unaussprechliche zu verdeutlichen oder die Ketzer zu bestreiten gesucht haben. Auf eine harte und unverantwortliche Weise erklärte er sich vor jedermann als den abgesagtesten Feind der Dreieinigkeit und konnte gar nicht fertig werden, gegen dies allgemein zugestandene Geheimnis zu argumentieren. Auch ich hatte im Privatgespräch von dieser Unterhaltung sehr viel zu leiden und mußte mir die Hypostasis und Ousia sowie das Prosopon immer wieder vorführen lassen. Dagegen griff ich zu den Waffen der Paradoxie, überflügelte seine Meinungen und wagte, das Verwegne mit Verwegnerem zu bekämpfen. Dies gab meinem Geiste wieder neue Anregung, und weil Basedow viel belesener war, auch die Fechterstreiche des Disputierens gewandter als ich Naturalist zu führen wußte, so hatte ich mich immer mehr anzustrengen, je wichtigere Punkte unter uns abgehandelt wurden.

Eine so herrliche Gelegenheit, mich, wo nicht aufzuklären, doch gewiß zu üben, konnte ich nicht kurz vorübergehen lassen. Ich vermochte Vater und Freunde, die notwendigsten Geschäfte zu übernehmen, und fuhr nun, Basedow begleitend, abermals von Frankfurt ab. Welchen Unterschied empfand ich aber, wenn ich der Anmut gedachte, die von Lavatern ausging! Reinlich wie er war, verschaffte er sich auch eine reinliche Umgebung. Man ward jungfräulich an seiner Seite, um ihn nicht mit etwas Widrigem zu berühren. Basedow hingegen, viel zu sehr in sich gedrängt, konnte nicht auf sein Äußeres merken. Schon daß er ununterbrochen schlechten Tabak rauchte, fiel äußerst lästig, um so mehr, als er einen unreinlich bereiteten, schnell Feuer fangenden, aber häßlich dunstenden Schwamm, nach ausgerauchter Pfeife, sogleich wieder aufschlug und jedesmal mit den ersten Zügen die Luft unerträglich verpestete. Ich nannte dieses Präparat Basedowschen Stinkschwamm und wollte ihn unter diesem Titel in der Naturgeschichte eingeführt wissen; woran er großen Spaß hatte, mir die widerliche Bereitung, recht zum Ekel, umständlich auseinandersetzte und mit großer Schadenfreude sich an meinem Abscheu behagte. Denn dieses war eine von den tiefgewurzelten üblen Eigenheiten des so trefflich begabten Mannes, daß er gern zu necken und die Unbefangensten tückisch anzustechen beliebte. Ruhen konnte er niemand sehn; durch grinsenden Spott mit heiserer Stimme reizte er auf, durch eine überraschende Frage setzte er in Verlegenheit und lachte bitter, wenn er seinen Zweck erreicht hatte, war es aber wohl zufrieden, wenn man, schnell gefaßt, ihm etwas dagegen abgab.

Um wieviel größer war nun meine Sehnsucht nach Lavatern. Auch er schien sich zu freuen, als er mich wiedersah, vertraute mir manches bisher Erfahrne, besonders was sich auf den verschiedenen Charakter der Mitgäste bezog, unter denen er sich schon viele Freunde und Anhänger zu verschaffen gewußt. Nun fand ich selbst manchen alten Bekannten, und an denen, die ich in Jahren nicht gesehn, fing ich an, die Bemerkung zu machen, die uns in der Jugend lange verborgen bleibt, daß die Männer altern und die Frauen sich verändern. Die Gesellschaft nahm täglich zu. Es ward unmäßig getanzt und, weil man sich in den beiden großen Badehäusern ziemlich nahe berührte, bei guter und genauer Bekanntschaft, mancherlei Scherz getrieben. Einst verkleidete ich mich in einen Dorfgeistlichen und ein namhafter Freund in dessen Gattin; wir fielen der vornehmen Gesellschaft durch allzu große Höflichkeit ziemlich zur Last, wodurch denn jedermann in guten Humor versetzt wurde. An Abend-, Mitternacht- und Morgenständchen fehlte es auch nicht, und wir Jüngeren genossen des Schlafs sehr wenig.

Im Gegensatze zu diesen Zerstreuungen brachte ich immer einen Teil der Nacht mit Basedow zu. Dieser legte sich nie zu Bette, sondern diktierte unaufhörlich. Manchmal warf er sich aufs Lager und schlummerte, indessen sein Tiro, die Feder in der Hand, ganz ruhig sitzen blieb und sogleich bereit war, fortzuschreiben, wenn der Halberwachte seinen Gedanken wieder freien Lauf gab. Dies alles geschah in einem dichtverschlossenen, von Tabaks- und Schwammdampf erfüllten Zimmer. Sooft ich nun einen Tanz aussetzte, sprang ich zu Basedow hinauf, der gleich über jedes Problem zu sprechen und zu disputieren geneigt war und, wenn ich nach Verlauf einiger Zeit wieder zum Tanze hineilte, noch eh ich die Türe hinter mir anzog, den Faden seiner Abhandlung so ruhig diktierend aufnahm, als wenn weiter nichts gewesen wäre. Wir machten dann zusammen auch manche Fahrt in die Nachbarschaft, besuchten die Schlösser, besonders adliger Frauen, welche durchaus mehr als die Männer geneigt waren, etwas Geistiges und Geistliches aufzunehmen. Zu Nassau, bei Frau von Stein, einer höchst ehrwürdigen Dame, die der allgemeinsten Achtung genoß, fanden wir große Gesellschaft. Frau von La Roche war gleichfalls gegenwärtig, an jungen Frauenzimmern und Kindern fehlte es auch nicht. Hier sollte nun Lavater in physiognomische Versuchung geführt werden, welche meist darin bestand, daß man ihn verleiten wollte, Zufälligkeiten der Bildung für Grundform zu halten; er war aber beaugt genug, um sich nicht täuschen zu lassen. Ich sollte nach wie vor die Wahrhaftigkeit der Leiden Werthers und den Wohnort Lottens bezeugen, welchem Ansinnen ich mich nicht auf die artigste Weise entzog, dagegen die Kinder um mich versammelte, um ihnen recht seltsame Märchen zu erzählen, welche aus lauter bekannten Gegenständen zusammengesonnen waren; wobei ich den großen Vorteil hatte, daß kein Glied meines Hörkreises mich etwa zudringlich gefragt hätte, was denn wohl daran für Wahrheit oder Dichtung zu halten sein möchte.

Basedow brachte das einzige vor, das not sei, nämlich eine bessere Erziehung der Jugend; weshalb er die Vornehmen und Begüterten zu ansehnlichen Beiträgen aufforderte. Kaum aber hatte er, durch Gründe sowohl als durch leidenschaftliche Beredsamkeit, die Gemüter wo nicht sich zugewendet, doch zum guten Willen vorbereitet, als ihn der böse antitrinitarische Geist ergriff und er, ohne das mindeste Gefühl, wo er sich befinde, in die wunderlichsten Reden ausbrach, in seinem Sinne höchst religiös, nach Überzeugung der Gesellschaft höchst lästerlich. Lavater durch sanften Ernst, ich durch ableitende Scherze, die Frauen durch zerstreuende Spaziergänge suchten Mittel gegen dieses Unheil; die Verstimmung jedoch konnte nicht geheilt werden. Eine christliche Unterhaltung, die man sich von Lavaters Gegenwart versprochen, eine pädagogische, wie man sie von Basedow erwartete, eine sentimentale, zu der ich mich bereit finden sollte, alles war auf einmal gestört und aufgehoben. Auf dem Heimwege machte Lavater ihm Vorwürfe, ich aber bestrafte ihn auf eine lustige Weise. Es war heiße Zeit, und der Tabaksdampf mochte Basedows Gaumen noch mehr getrocknet haben; sehnlichst verlangte er nach einem Glase Bier, und als er an der Landstraße von weitem ein Wirtshaus erblickte, befahl er höchst gierig dem Kutscher, dort stille zu halten. Ich aber, im Augenblicke, daß derselbe anfahren wollte, rufe ihm mit Gewalt gebieterisch zu, er solle weiterfahren! Basedow, überrascht, konnte kaum mit heiserer Stimme das Gegenteil hervorbringen. Ich trieb den Kutscher nur heftiger an, der mir gehorchte. Basedow verwünschte mich und hätte gern mit Fäusten zugeschlagen; ich aber erwiderte ihm mit der größten Gelassenheit: Vater, seid ruhig! Ihr habt mir großen Dank zu sagen. Glücklicherweise saht Ihr das Bierzeichen nicht! Es ist aus zwei verschränkten Triangeln zusammengesetzt. Nun werdet Ihr über *einen* Triangel gewöhnlich schon toll; wären Euch die *beiden* zu Gesicht gekommen, man hätte Euch müssen an Ketten legen. Dieser Spaß brachte ihn zu einem unmäßigen Gelächter, zwischendurch schalt und verwünschte er mich, und Lavater übte seine Geduld an dem alten und jungen Toren. Als nun in der Hälfte des Juli Lavater sich zur Abreise bereitete, fand Basedow seinen Vorteil, sich anzuschließen, und ich hatte mich in diese bedeutende Gesellschaft schon so eingewohnt, daß ich es nicht über mich gewinnen konnte, sie zu verlassen. Eine sehr angenehme, Herz und Sinn erfreuende Fahrt hatten wir die Lahn hinab. Beim Anblick einer merkwürdigen Burgruine schrieb ich jenes Lied ›Hoch auf dem alten Turme steht‹ in Lipsens Stammbuch und, als es wohl aufgenommen wurde, um, nach meiner bösen Art, den Eindruck wieder zu verderben, allerlei Knittelreime und Possen auf die nächsten Blätter. Ich freute mich, den herrlichen Rhein wiederzusehn, und ergetzte mich an der Überraschung derer, die dieses Schauspiel noch nicht genossen hatten. Nun landeten wir in Koblenz; wohin wir traten, war der Zudrang sehr groß, und jeder von uns dreien erregte nach seiner Art Anteil und Neugierde. Basedow und ich schienen zu wetteifern, wer am unartigsten sein könnte; Lavater benahm sich vernünftig und klug, nur daß er seine Herzensmeinungen nicht verbergen konnte und dadurch, mit dem reinsten Willen, allen Menschen vom Mittelschlag höchst auffallend erschien.

Das Andenken an einen wunderlichen Wirtstisch in Koblenz habe ich in Knittelversen aufbewahrt, die nun auch, mit ihrer Sippschaft, in meiner neuen Ausgabe stehn mögen. Ich saß zwischen Lavater und Basedow; der erste belehrte einen Landgeistlichen über die Geheimnisse der Offenbarung Johannis, und der andere bemühte sich vergebens, einem hartnäckigen Tanzmeister zu beweisen, daß die Taufe ein veralteter und für unsere Zeiten gar nicht berechneter Gebrauch sei. Und wie wir nun fürder nach Köln zogen, schrieb ich in irgendein Album:

> Und, wie nach Emmaus, weiter gings
> Mit Sturm- und Feuerschritten:
> Prophete rechts, Prophete links,
> Das Weltkind in der Mitten.

Glücklicherweise hatte dieses Weltkind auch eine Seite, die nach dem Himmlischen deutete, welche nun auf eine ganz eigne Weise berührt werden sollte. Schon in Ems hatte ich mich gefreut, als ich vernahm, daß wir in Köln die Gebrüder Jacobi treffen sollten, welche mit andern vorzüglichen und aufmerksamen Männern sich jenen beiden merkwürdigen Reisenden entgegenbewegten. Ich an meinem Teile hoffte, von ihnen Vergebung wegen kleiner Unarten zu erhalten, die aus unserer großen, durch Herders scharfen Humor veranlaßten Unart entsprungen waren. Jene Briefe und Gedichte, worin Gleim und Georg Jacobi sich öffentlich aneinander erfreuten, hatten uns zu mancherlei Scherzen Gelegenheit gegeben, und wir bedachten nicht, daß ebensoviel Selbstgefälligkeit dazu gehöre, andern, die sich behaglich fühlen, wehe zu tun, als sich selbst oder seinen Freunden überflüssiges Gute zu erzeigen. Es war dadurch eine gewisse Mißhelligkeit zwischen dem Ober- und Unterrhein entstanden, aber von so geringer Bedeutung, daß sie leicht vermittelt werden konnte, und hierzu waren die

Frauen vorzüglich geeignet. Schon Sophie La Roche gab uns den besten Begriff von diesen edlen Brüdern; Demoiselle Fahlmer, von Düsseldorf nach Frankfurt gezogen und jenem Kreise innig verwandt, gab durch die große Zartheit ihres Gemüts, durch die ungemeine Bildung des Geistes ein Zeugnis von dem Wert der Gesellschaft, in der sie herangewachsen. Sie beschämte uns nach und nach durch ihre Geduld mit unserer grellen oberdeutschen Manier, sie lehrte uns Schonung, indem sie uns fühlen ließ, daß wir derselben auch wohl bedürften. Die Treuherzigkeit der jüngern Jacobischen Schwester, die große Heiterkeit der Gattin von Fritz Jacobi leiteten unsern Geist und Sinn immer mehr und mehr nach jenen Gegenden. Die letztgedachte war geeignet, mich völlig einzunehmen: ohne eine Spur von Sentimentalität richtig fühlend, sich munter ausdrückend, eine herrliche Niederländerin, die, ohne Ausdruck von Sinnlichkeit, durch ihr tüchtiges Wesen an die Rubensischen Frauen erinnerte. Genannte Damen hatten, bei längerem und kürzerem Aufenthalt in Frankfurt, mit meiner Schwester die engste Verbindung geknüpft und das ernste, starre, gewissermaßen lieblose Wesen Corneliens aufgeschlossen und erheitert, und so war uns denn ein Düsseldorf, ein Pempelfort dem Geist und Herzen nach in Frankfurt zuteil geworden.

Unser erstes Begegnen in Köln konnte daher sogleich offen und zutraulich sein: denn jener Frauen gute Meinung von uns hatte gleichfalls nach Hause gewirkt; man behandelte mich nicht, wie bisher auf der Reise, bloß als den Dunstschweif jener beiden großen Wandelsterne, sondern man wendete sich auch besonders an mich, um mir manches Gute zu erteilen, und schien geneigt, auch von mir zu empfangen. Ich war meiner bisherigen Torheiten und Frechheiten müde, hinter denen ich doch eigentlich nur den Unmut verbarg, daß für mein Herz, für mein Gemüt auf dieser Reise so wenig gesorgt werde; es brach daher mein Inneres mit Gewalt hervor, und dies mag die Ursache sein, warum ich mich der einzelnen Vorgänge wenig erinnere. Das, was man gedacht, die Bilder, die man gesehn, lassen sich in dem Verstand und in der Einbildungskraft wieder hervorrufen; aber das Herz ist nicht so gefällig, es wiederholt uns nicht die schönen Gefühle, und am wenigsten sind wir vermögend, uns enthusiastische Momente wieder zu vergegenwärtigen; man wird unvorbereitet davon überfallen und überläßt sich ihnen unbewußt. Andere, die uns in solchen Augenblicken beobachten, haben deshalb davon eine klarere und reinere Ansicht als wir selbst.

Religiöse Gespräche hatte ich bisher sachte abgelehnt und verständige Anfragen selten mit Bescheidenheit erwidert, weil sie mir gegen das, was ich suchte, nur allzu beschränkt schienen. Wenn man mir seine Gefühle, seine Meinungen über meine eignen Produktionen aufdringen wollte, besonders aber, wenn man mich mit den Forderungen des Alltagsverstandes peinigte und mir sehr entschieden vortrug, was ich hätte tun und lassen sollen, dann zerriß der Geduldsfaden, und das Gespräch zerbrach oder zerbröckelte sich, so daß niemand mit einer sonderlich günstigen Meinung von mir scheiden konnte. Viel natürlicher wäre mir gewesen, mich freundlich und zart zu erweisen; aber mein Gemüt wollte nicht geschulmeistert, sondern durch freies Wohlwollen aufgeschlossen und durch wahre Teilnahme zur Hingebung angeregt sein. Ein Gefühl aber, das bei mir gewaltig überhandnahm und sich nicht wundersam genug äußern konnte, war die Empfindung der Vergangenheit und Gegenwart in Eins: eine Anschauung, die etwas Gespenstermäßiges in die Gegenwart brachte. Sie ist in vielen meiner größern und kleinern Arbeiten ausgedrückt und wirkt im Gedicht immer wohltätig, ob sie gleich im Augenblick, wo sie sich unmittelbar am Leben und im Leben selbst ausdrückte, jedermann seltsam, unerklärlich, vielleicht unerfreulich scheinen mußte. Köln war der Ort, wo das Altertum eine solche unzuberechnende Wirkung auf mich ausüben konnte. Die Ruine des Doms (denn ein nichtfertiges Werk ist einem zerstörten gleich) er-

regte die von Straßburg her gewohnten Gefühle. Kunstbe-
trachtungen konne ich nicht anstellen, mir war zuviel und
zuwenig gegeben, und niemand fand sich, der mir aus dem Labyrinth des Geleisteten und Beabsichtigten, der Tat und des
Vorsatzes, des Erbauten und Angedeuteten hätte heraushelfen
können, wie es jetzt wohl durch unsere fleißigen beharrlichen
Freunde geschieht. In Gesellschaft bewunderte ich zwar diese
merkwürdigen Hallen und Pfeiler; aber einsam versenkte ich
mich in dieses, mitten in seiner Erschaffung, fern von der Vollendung schon erstarrte Weltgebäude immer mißmutig. Hier
war abermals ein ungeheuerer Gedanke nicht zur Ausführung
gekommen! Scheint es doch, als wäre die Architektur nur da,
um uns zu überzeugen, daß durch mehrere Menschen, in einer
Folge von Zeit, nichts zu leisten ist und daß in Künsten und Taten nur dasjenige zustande kommt, was, wie Minerva, erwach-
sen und gerüstet aus des Erfinders Haupt hervorspringt.

In diesen mehr drückenden als herzerhebenden Augenblicken
ahndete ich nicht, daß mich das zarteste und schönste Gefühl so
ganz nah erwartete. Man führte mich in Jabachs Wohnung, wo
mir das, was ich sonst nur innerlich zu bilden pflegte, wirklich
und sinnlich entgegentrat. Diese Familie mochte längst ausge-
storben sein, aber in dem Untergeschoß, das an einen Garten
stieß, fanden wir nichts verändert. Ein durch braunrote Ziegelrauten regelmäßig verziertes Estrich, hohe geschnitzte Sessel
mit ausgenähten Sitzen und Rücken, Tischblätter, künstlich
eingelegt, auf schweren Füßen, metallene Hängeleuchter, ein
ungeheueres Kamin und dem angemessenes Feuergeräte, alles
mit jenen früheren Tagen übereinstimmend, und in dem ganzen Raume nichts neu, nichts heutig als wir selber. Was nun
aber die hiedurch wundersam aufgeregten Empfindungen
überschwenglich vermehrte und vollendete, war ein großes
Familiengemälde über dem Kamin. Der ehemalige reiche Inhaber dieser Wohnung saß mit seiner Frau, von Kindern umgeben, abgebildet: alle gegenwärtig, frisch und lebendig wie

ANSICHT DES DOMPLATZES ZU KÖLN

»Köln war der Ort, wo das Altertum eine solche unzuberechnende Wirkung auf mich ausüben konnte. Die Ruine des Doms (denn ein nicht fertiges Werk ist einem zerstörten gleich) erregte die von Straßburg her gewohnten Gefühle.«

von gestern, ja von heute, und doch waren sie schon alle vor-
übergegangen. Auch diese frischen rundbäckigen Kinder hatten gealtert, und ohne diese kunstreiche Abbildung wäre kein
Gedächtnis von ihnen übriggeblieben. Wie ich, überwältigt
von diesen Eindrücken, mich verhielt und benahm, wüßte ich
nicht zu sagen. Der tiefste Grund meiner menschlichen Anlagen und dichterischen Fähigkeiten ward durch die unendliche
Herzensbewegung aufgedeckt, und alles Gute und Liebevolle,
was in meinem Gemüte lag, mochte sich aufschließen und her-
vorbrechen: denn von dem Augenblick an ward ich ohne weitere Untersuchung und Verhandlung der Neigung, des Vertrauens jener vorzüglichen Männer für mein Leben teilhaft.
In Gefolg von diesem Seelen- und Geistesverein, wo alles, was
in einem jeden lebte, zur Sprache kam, erbot ich mich, meine
neusten und liebsten Balladen zu rezitieren. ›Der König von
Thule‹ und ›Es war ein Buhle frech genung‹ taten gute Wirkung, und ich trug sie um so gemütlicher vor, als meine Gedichte mir noch ans Herz geknüpft waren und nur selten über
die Lippen kamen. Denn mich hinderten leicht gewisse gegenwärtige Personen, denen mein überzartes Gefühl vielleicht
unrecht tun mochte; ich ward manchmal mitten im Rezitieren
irre und konnte mich nicht wieder zurechtfinden. Wie oft bin
ich nicht deshalb des Eigensinns und eines wunderlichen grillenhaften Wesens angeklagt worden!
Ob mich nun gleich die dichterische Darstellungsweise am
meisten beschäftigte und meinem Naturell eigentlich zusagte,
so war mir doch auch das Nachdenken über Gegenstände aller
Art nicht fremd und Jacobis originelle, seiner Natur gemäße
Richtung gegen das Unerforschliche höchst willkommen und
gemütlich. Hier tat sich kein Widerstreit hervor, nicht ein
christlicher wie mit Lavater, nicht ein didaktischer wie mit Basedow. Die Gedanken, die mir Jacobi mitteilte, entsprangen
unmittelbar aus seinem Gefühl, und wie eigen war ich durchdrungen, als er mir mit unbedingtem Vertrauen die tiefsten

Seelenforderungen nicht verhehlte. Aus einer so wundersamen Vereinigung von Bedürfnis, Leidenschaft und Ideen konnten auch für mich nur Vorahndungen entspringen dessen, was mir vielleicht künftig deutlicher werden sollte. Glücklicherweise hatte ich mich auch schon von dieser Seite wo nicht gebildet, doch bearbeitet und in mich das Dasein und die Denkweise eines außerordentlichen Mannes aufgenommen, zwar nur unvollständig und wie auf den Raub, aber ich empfand davon doch schon bedeutende Wirkungen. Dieser Geist, der so entschieden auf mich wirkte und der auf meine ganze Denkweise so großen Einfluß haben sollte, war Spinoza. Nachdem ich mich nämlich in aller Welt um ein Bildungsmittel meines wunderlichen Wesens vergebens umgesehn hatte, geriet ich endlich an die ›Ethik‹ dieses Mannes. Was ich mir aus dem Werke mag herausgelesen, was ich in dasselbe mag hineingelesen haben, davon wüßte ich keine Rechenschaft zu geben; genug, ich fand hier eine Beruhigung meiner Leidenschaften, es schien sich mir eine große und freie Aussicht über die sinnliche und sittliche Welt aufzutun. Was mich aber besonders an ihn fesselte, war die grenzenlose Uneigennützigkeit, die aus jedem Satze hervorleuchtete. Jenes wunderliche Wort: ›Wer Gott recht liebt, muß nicht verlangen, daß Gott ihn wieder liebe‹, mit allen den Vordersätzen, worauf es ruht, mit allen den Folgen, die daraus entspringen, erfüllte mein ganzes Nachdenken. Uneigennützig zu sein in allem, am uneigennützigsten in Liebe und Freundschaft, war meine höchste Lust, meine Maxime, meine Ausübung, so daß jenes freche spätere Wort: ›Wenn ich dich liebe, was gehts dich an?‹ mir recht aus dem Herzen gesprochen ist. Übrigens möge auch hier nicht verkannt werden, daß eigentlich die innigsten Verbindungen nur aus dem Entgegengesetzten folgen. Die alles ausgleichende Ruhe Spinozas kontrastierte mit meinem alles aufregenden Streben, seine mathematische Methode war das Widerspiel meiner poetischen Sinnes- und Darstellungsweise, und eben jene geregelte Behandlungsart, die man sittlichen Gegenständen nicht angemessen finden wollte, machte mich zu seinem leidenschaftlichen Schüler, zu seinem entschiedensten Verehrer. Geist und Herz, Verstand und Sinn suchten sich mit notwendiger Wahlverwandtschaft, und durch diese kam die Vereinigung der verschiedensten Wesen zustande.

Noch war aber alles in der ersten Wirkung und Gegenwirkung, gärend und siedend. Fritz Jacobi, der erste, den ich in dieses Chaos hineinblicken ließ, er, dessen Natur gleichfalls im Tiefsten arbeitete, nahm mein Vertrauen herzlich auf, erwiderte dasselbe und suchte mich in seinen Sinn einzuleiten. Auch er empfand ein unaussprechliches geistiges Bedürfnis, auch er wollte es nicht durch fremde Hulfe beschwichtigt, sondern aus sich selbst herausgebildet und aufgeklärt haben. Was er mir von dem Zustande seines Gemütes mitteilte, konnte ich nicht fassen, um so weniger, als ich mir keinen Begriff von meinem eignen machen konnte. Doch er, der in philosophischem Denken, selbst in Betrachtung des Spinoza, mir weit vorgeschritten war, suchte mein dunkles Bestreben zu leiten und aufzuklären. Eine solche reine Geistesverwandtschaft war mir neu und erregte ein leidenschaftliches Verlangen fernerer Mitteilung. Nachts, als wir uns schon getrennt und in die Schlafzimmer zurückgezogen hatten, suchte ich ihn nochmals auf. Der Mondschein zitterte über dem breiten Rheine, und wir, am Fenster stehend, schwelgten in der Fülle des Hin- und Widergebens, das in jener herrlichen Zeit der Entfaltung so reichlich aufquillt. Doch wüßte ich von jenem Unaussprechlichen gegenwärtig keine Rechenschaft zu liefern; deutlicher ist mir eine Fahrt nach dem Jagdschlosse Bensberg, das, auf der rechten Seite des Rheins gelegen, der herrlichsten Aussicht genoß. Was mich daselbst über die Maßen entzückte, waren die Wandverzierungen durch Weenix. Wohlgeordnet lagen alle Tiere, welche die Jagd nur liefern kann, ringsumher wie auf dem Sockel einer großen Säulenhalle; über sie hinaus sah man in eine weite Landschaft.

FRIEDRICH HEINRICH JACOBI

»Fritz Jacobi, ... dessen Natur gleichfalls im Tiefsten arbeitete, nahm
mein Vertrauen herzlich auf, erwiderte dasselbe und suchte mich in
seinen Sinn einzuleiten.«

Jene entlebten Geschöpfe zu beleben, hatte der außerordentliche Mann sein ganzes Talent erschöpft und in Darstellung des mannigfaltigsten tierischen Überkleides, der Borsten, der Haare, der Federn, des Geweihes, der Klauen, sich der Natur gleichgestellt, in Absicht auf Wirkung sie übertroffen. Hatte man die Kunstwerke im ganzen genugsam bewundert, so ward man genötigt, über die Handgriffe nachzudenken, wodurch solche Bilder so geistreich als mechanisch hervorgebracht werden konnten. Man begriff nicht, wie sie durch Menschenhände entstanden seien und durch was für Instrumente. Der Pinsel war nicht hinreichend; man mußte ganz eigne Vorrichtungen annehmen, durch welche ein so Mannigfaltiges möglich geworden. Man näherte, man entfernte sich mit gleichem Erstaunen: die Ursache war so bewundernswert als die Wirkung. Die weitere Fahrt rheinabwärts ging froh und glücklich vonstatten. Die Ausbreitung des Flusses ladet auch das Gemüt ein, sich auszubreiten und nach der Ferne zu sehen. Wir gelangten nach Düsseldorf und von da nach Pempelfort, dem angenehmsten und heitersten Aufenthalt, wo ein geräumiges Wohngebäude, an weite wohlunterhaltene Gärten stoßend, einen sinnigen und sittigen Kreis versammelte. Die Familienglieder waren zahlreich, und an Fremden fehlte es nie, die sich in diesen reichlichen und angenehmen Verhältnissen gar wohl gefielen.

In der Düsseldorfer Galerie konnte meine Vorliebe für die niederländische Schule reichlich Nahrung finden. Der tüchtigen, derben, von Naturfülle glänzenden Bilder fanden sich ganze Säle, und wenn auch nicht eben meine Einsicht vermehrt wurde, meine Kenntnis ward doch bereichert und meine Liebhaberei bestärkt. Die schöne Ruhe, Behaglichkeit und Beharrlichkeit, welche den Hauptcharakter dieses Familienvereins bezeichneten, belebten sich gar bald vor den Augen des Gastes, indem er wohl bemerken konnte, daß ein weiterer Wirkungskreis von hier ausging und anderwärts eingriff. Die Tätigkeit

DÜSSELDORF

»Wir gelangten nach Düsseldorf und von da nach Pempelfort, dem angenehmsten und heitersten Aufenthalt...«

und Wohlhabenheit benachbarter Städte und Ortschaften trug nicht wenig bei, das Gefühl einer inneren Zufriedenheit zu erhöhen. Wir besuchten Elberfeld und erfreuten uns an der Rührigkeit so mancher wohlbestellten Fabriken. Hier fanden wir unsern Jung, genannt Stilling, wieder, der uns schon in Koblenz entgegengekommen war und der den Glauben an Gott und die Treue gegen die Menschen immer zu seinem köstlichen Geleit hatte. Hier sahen wir ihn in seinem Kreise und erfreuten uns des Zutrauens, das ihm seine Mitbürger schenkten, die, mit irdischem Erwerb beschäftigt, die himmlischen Güter nicht außer acht ließen. Die betriebsame Gegend gab einen beruhigenden Anblick, weil das Nützliche hier aus Ordnung und Reinlichkeit hervortrat. Wir verlebten in diesen Betrachtungen glückliche Tage.

Kehrte ich dann wieder zu meinem Freunde Jacobi zurück, so genoß ich des entzückenden Gefühls einer Verbindung durch das innerste Gemüt. Wir waren beide von der lebendigsten Hoffnung gemeinsamer Wirkung belebt; dringend forderte ich ihn auf, alles, was in ihm sich rege und bewege, in irgendeiner Form kräftig darzustellen. Es war das Mittel, wodurch ich mich aus so viel Verwirrungen herausgerissen hatte; ich hoffte, es solle auch ihm zusagen. Er säumte nicht, es mit Mut zu ergreifen, und wieviel Gutes, Schönes, Herzerfreuendes hat er nicht geleistet! Und so schieden wir endlich in der seligen Empfindung ewiger Vereinigung, ganz ohne Vorgefühl, daß unser Streben eine entgegengesetzte Richtung nehmen werde, wie es sich im Laufe des Lebens nur allzusehr offenbarte.

Was mir ferner auf dem Rückwege rheinaufwärts begegnet, ist mir ganz aus der Erinnerung verschwunden, teils weil der zweite Anblick der Gegenstände in Gedanken mit dem ersten zu verfließen pflegt, teils auch, weil ich, in mich gekehrt, das Viele, was ich erfahren hatte, zurechtzulegen, das, was auf mich gewirkt, zu verarbeiten trachtete. Von einem wichtigen Resultat, das mir eine Zeitlang viel Beschäftigung gab, indem es

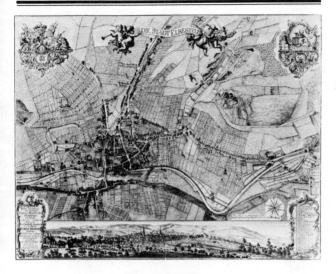

DIE STADT ELBERFELD

»Wir besuchten Elberfeld und erfreuten uns an der Rührigkeit so mancher wohlbestellten Fabriken ... Die betriebsame Gegend gab einen beruhigenden Anblick, weil das Nützliche hier aus Ordnung und Reinlichkeit hervortrat. Wir verlebten in diesen Betrachtungen glückliche Tage.«

mich zum Hervorbringen aufforderte, gedenke ich gegenwärtig zu reden.

Bei meiner überfreien Gesinnung, bei meinem völlig zweck- und planlosen Leben und Handeln konnte mir nicht verborgen bleiben, daß Lavater und Basedow geistige, ja geistliche Mittel zu irdischen Zwecken gebrauchten. Mir, der ich mein Talent und meine Tage absichtslos vergeudete, mußte schnell auffallen, daß beide Männer, jeder auf seine Art, indem sie zu lehren, zu unterrichten und zu überzeugen bemüht waren, doch auch gewisse Absichten im Hinterhalte verbargen, an deren Beförderung ihnen sehr gelegen war. Lavater ging zart und klug, Basedow heftig, frevelhaft, sogar plump zu Werke; auch waren beide von ihren Liebhabereien, Unternehmungen und von der Vortrefflichkeit ihres Treibens so überzeugt, daß man sie für redliche Männer halten, sie lieben und verehren mußte. Lavatern besonders konnte man zum Ruhme nachsagen, daß er wirklich höhere Zwecke hatte und, wenn er weltklug handelte, wohl glauben durfte, der Zweck heilige die Mittel. Indem ich nun beide beobachtete, ja ihnen freiheraus meine Meinung gestand und die ihrige dagegen vernahm, so wurde der Gedanke rege, daß freilich der vorzügliche Mensch das Göttliche, was in ihm ist, auch außer sich verbreiten möchte. Dann aber trifft er auf die rohe Welt, und um auf sie zu wirken, muß er sich ihr gleichstellen; hierdurch aber vergibt er jenen hohen Vorzügen gar sehr, und am Ende begibt er sich ihrer gänzlich. Das Himmlische, Ewige wird in den Körper irdischer Absichten eingesenkt und zu vergänglichen Schicksalen mit fortgerissen. Nun betrachtete ich den Lebensgang beider Männer aus diesem Gesichtspunkt, und sie schienen mir ebenso ehrwürdig als bedauernswert: denn ich glaubte vorauszusehn, daß beide sich genötigt finden könnten, das Obere dem Unteren aufzuopfern. Weil ich nun aber alle Betrachtungen dieser Art bis aufs äußerste verfolgte und über meine enge Erfahrung hinaus nach ähnlichen Fällen in der Geschichte mich umsah, so entwickelte sich bei mir der Vorsatz, an dem Leben Mahomets, den ich nie als einen Betrüger hatte ansehn können, jene von mir in der Wirklichkeit so lebhaft angeschauten Wege, die, anstatt zum Heil, vielmehr zum Verderben führen, dramatisch darzustellen. Ich hatte kurz vorher das Leben des orientalischen Propheten mit großem Interesse gelesen und studiert und war daher, als der Gedanke mir aufging, ziemlich vorbereitet. Das Ganze näherte sich mehr der regelmäßigen Form, zu der ich mich schon wieder hinneigte, ob ich mich gleich der dem Theater einmal errungenen Freiheit, mit Zeit und Ort nach Belieben schalten zu dürfen, mäßig bediente. Das Stück fing mit einer Hymne an, welche Mahomet allein unter dem heiteren Nachthimmel anstimmt. Erst verehrt er die unendlichen Gestirne als ebenso viele Götter; dann steigt der freundliche Stern Gad (unser Jupiter) hervor, und nun wird diesem, als dem König der Gestirne, ausschließlich Verehrung gewidmet. Nicht lange, so bewegt sich der Mond herauf und gewinnt Aug' und Herz des Anbetenden, der sodann, durch die hervortretende Sonne herrlich erquickt und gestärkt, zu neuem Preise aufgerufen wird. Aber dieser Wechsel, wie erfreulich er auch sein mag, ist dennoch beunruhigend, das Gemüt empfindet, daß es sich nochmals überbieten muß; es erhebt sich zu Gott, dem Einzigen, Ewigen, Unbegrenzten, dem alle diese begrenzten herrlichen Wesen ihr Dasein zu verdanken haben. Diese Hymne hatte ich mit viel Liebe gedichtet; sie ist verlorengegangen, würde sich aber zum Zweck einer Kantate wohl wiederherstellen lassen und sich dem Musiker durch die Mannigfaltigkeit des Ausdrucks empfehlen. Man müßte sich aber, wie es auch damals schon die Absicht war, den Anführer einer Karawane mit seiner Familie und dem ganzen Stamme denken, und so würde für die Abwechselung der Stimmen und die Macht der Chöre wohl gesorgt sein. Nachdem sich also Mahomet selbst bekehrt, teilt er diese Gefühle und Gesinnungen den Seinigen mit; seine Frau und Ali fallen ihm unbedingt zu. Im zweiten Akt versucht er selbst,

JOHANN HEINRICH JUNG (GENANNT STILLING)

»Unter den neuen Ankömmlingen befand sich ein Mann, der mich besonders interessierte; er hieß Jung und ist derselbe, der nachher unter dem Namen Stilling zuerst bekanntgeworden. Seine Gestalt, ungeachtet einer veralteten Kleidungsart, hatte, bei einer gewissen Derbheit, etwas Zartes. Eine Haarbeutel-Perücke entstellte nicht sein bedeutendes und gefälliges Gesicht.«

heftiger aber Ali, diesen Glauben in dem Stamme weiter auszubreiten. Hier zeigt sich die Beistimmung und Widersetzlich-
keit, nach Verschiedenheit der Charaktere. Der Zwist beginnt,
der Streit wird gewaltsam, und Mahomet muß entfliehn. Im
dritten Akt bezwingt er seine Gegner, macht seine Religion zur
öffentlichen, reinigt die Kaaba von den Götzenbildern; weil
aber doch nicht alles durch Kraft zu tun ist, muß er auch zur List
seine Zuflucht nehmen. Das Irdische wächst und breitet sich
aus, das Göttliche tritt zurück und wird getrübt. Im vierten
Akte verfolgt Mahomet seine Eroberungen, die Lehre wird
mehr Vorwand als Zweck, alle denkbaren Mittel müssen benutzt werden; es fehlt nicht an Grausamkeiten. Eine Frau, deren Mann er hat hinrichten lassen, vergiftet ihn. Im fünften Akt
fühlt er sich vergiftet. Seine große Fassung, die Wiederkehr zu
sich selbst, zum höheren Sinne, machen ihn der Bewunderung
würdig. Er reinigt seine Lehre, befestigt sein Reich und stirbt.
So war der Entwurf einer Arbeit, die mich lange im Geist beschäftigte: denn gewöhnlich mußte ich erst etwas im Sinne beisammen haben, eh ich zur Ausführung schritt. Alles, was das
Genie durch Charakter und Geist über die Menschen vermag,
sollte dargestellt werden, und wie es dabei gewinnt und verliert. Mehrere einzuschaltende Gesänge wurden vorläufig gedichtet; von denen ist allein noch übrig, was überschrieben
›Mahomets Gesang‹ unter meinen Gedichten steht. Im Stücke
sollte Ali, zu Ehren seines Meisters, auf dem höchsten Punkte
des Gelingens diesen Gesang vortragen, kurz vor der Umwendung, die durch das Gift geschieht. Ich erinnere mich auch noch
der Intentionen einzelner Stellen, doch würde mich die Entwicklung derselben hier zu weit führen.

FÜNFZEHNTES BUCH

Von so vielfachen Zerstreuungen, die doch meist zu ernsten, ja
religiösen Betrachtungen Anlaß gaben, kehrte ich immer wieder zu meiner edlen Freundin von Klettenberg zurück, deren
Gegenwart meine stürmischen, nach allen Seiten hinstreben-
den Neigungen und Leidenschaften, wenigstens für einen Augenblick, beschwichtigte und der ich von solchen Vorsätzen,
nach meiner Schwester, am liebsten Rechenschaft gab. Ich
hätte wohl bemerken können, daß von Zeit zu Zeit ihre Gesundheit abnahm, allein ich verhehlte mirs und durfte dies um
so eher, als ihre Heiterkeit mit der Krankheit zunahm. Sie
pflegte nett und reinlich am Fenster in ihrem Sessel zu sitzen,
vernahm die Erzählungen meiner Ausflüge mit Wohlwollen
sowie dasjenige, was ich ihr vorlas. Manchmal zeichnete ich ihr
auch etwas hin, um die Gegenden leichter zu beschreiben, die
ich gesehn hatte. Eines Abends, als ich mir eben mancherlei
Bilder wieder hervorgerufen, kam, bei untergehender Sonne,
sie und ihre Umgebung mir wie verklärt vor, und ich konnte
mich nicht enthalten, so gut es meine Unfähigkeit zuließ, ihre
Person und die Gegenstände des Zimmers in ein Bild zu bringen, das unter den Händen eines kunstfertigen Malers, wie
Kersting, höchst anmutig geworden wäre. Ich sendete es an
eine auswärtige Freundin und legte als Kommentar und Supplement ein Lied hinzu.

> Sieh in diesem Zauberspiegel
> Einen Traum, wie lieb und gut
> Unter ihres Gottes Flügel
> Unsre Freundin leidend ruht.
>
> Schaue, wie sie sich hinüber
> Aus des Lebens Woge stritt;
> Sieh dein Bild ihr gegenüber
> Und den Gott, der für euch litt.

Fühle, was ich in dem Weben
Dieser Himmelsluft gefühlt,
Als mit ungeduld'gem Streben
Ich die Zeichnung hingewühlt.

Wenn ich mich in diesen Strophen, wie auch sonst wohl manchmal geschah, als einen Auswärtigen, Fremden, sogar als einen Heiden gab, war ihr dieses nicht zuwider, vielmehr versicherte sie mir, daß ich ihr so lieber sei als früher, da ich mich der christlichen Terminologie bedient, deren Anwendung mir nie recht habe glücken wollen; ja es war schon hergebracht, wenn ich ihr Missionsberichte vorlas, welche zu hören ihr immer sehr angenehm war, daß ich mich der Völker gegen die Missionarien annehmen und ihren früheren Zustand dem neuern vorziehen durfte. Sie blieb immer freundlich und sanft und schien meiner und meines Heils wegen nicht in der mindesten Sorge zu sein.

Daß ich mich aber nach und nach immer mehr von jenem Bekenntnis entfernte, kam daher, weil ich dasselbe mit allzu großem Ernst, mit leidenschaftlicher Liebe zu ergreifen gesucht hatte. Seit meiner Annäherung an die Brüdergemeine hatte meine Neigung zu dieser Gesellschaft, die sich unter der Siegesfahne Christi versammelte, immer zugenommen. Jede positive Religion hat ihren größten Reiz, wenn sie im Werden begriffen ist; deswegen ist es so angenehm, sich in die Zeiten der Apostel zu denken, wo sich alles noch frisch und unmittelbar geistig darstellt, und die Brüdergemeine hatte hierin etwas Magisches, daß sie jenen ersten Zustand fortzusetzen, ja zu verewigen schien. Sie knüpfte ihren Ursprung an die frühsten Zeiten an, sie war niemals fertig geworden, sie hatte sich nur in unbemerkten Ranken durch die rohe Welt hindurchgewunden; nun schlug ein einzelnes Auge, unter dem Schutz eines frommen vorzüglichen Mannes, Wurzel, um sich abermals aus unmerklichen, zufällig scheinenden Anfängen weit über die Welt auszubreiten. Der wichtigste Punkt hierbei war der, daß man die religiöse und bürgerliche Verfassung unzertrennlich in eins zusammenschlang, daß der Lehrer zugleich als Gebieter, der Vater zugleich als Richter dastand; ja, was noch mehr war, das göttliche Oberhaupt, dem man in geistlichen Dingen einen unbedingten Glauben geschenkt hatte, ward auch zu Lenkung weltlicher Angelegenheiten angerufen, und seine Antwort, sowohl was die Verwaltung im ganzen als auch was jeden einzelnen bestimmen sollte, durch den Ausspruch des Loses mit Ergebenheit vernommen. Die schöne Ruhe, wie sie wenigstens das Äußere bezeugte, war höchst einladend, indem von der andern Seite, durch den Missionsberuf, alle Tatkraft, die in dem Menschen liegt, in Anspruch genommen wurde. Die trefflichen Männer, die ich auf dem Synodus zu Marienborn, wohin mich Legationsrat Moritz, Geschäftsträger der Grafen von Isenburg, mitnahm, kennen lernte, hatten meine ganze Verehrung gewonnen, und es wäre nur auf sie angekommen, mich zu dem Ihrigen zu machen. Ich beschäftigte mich mit ihrer Geschichte, mit ihrer Lehre, der Herkunft und Ausbildung derselben, und fand mich in dem Fall, davon Rechenschaft zu geben und mich mit Teilnehmenden darüber zu unterhalten. Ich mußte jedoch bemerken, daß die Brüder sowenig als Fräulein von Klettenberg mich für einen Christen wollten gelten lassen, welches mich anfangs beunruhigte, nachher aber meine Neigung einigermaßen erkältete. Lange konnte ich jedoch den eigentlichen Unterscheidungsgrund nicht auffinden, ob er gleich ziemlich am Tage lag, bis er mir mehr zufällig als durch Forschung entgegendrang. Was mich nämlich von der Brüdergemeine sowie von andern werten Christenseelen absonderte, war dasselbige, worüber die Kirche schon mehr als einmal in Spaltung geraten war. Ein Teil behauptete, daß die menschliche Natur durch den Sündenfall dergestalt verdorben sei, daß auch bis in ihren innersten Kern nicht das mindeste Gute an ihr zu finden, deshalb der Mensch auf seine eignen Kräfte durchaus

Verzicht zu tun und alles von der Gnade und ihrer Einwirkung zu erwarten habe. Der andere Teil gab zwar die erblichen Mängel der Menschen sehr gern zu, wollte aber der Natur inwendig noch einen gewissen Keim zugestehn, welcher, durch göttliche Gnade belebt, zu einem frohen Baume geistiger Glückseligkeit emporwachsen könne. Von dieser letztern Überzeugung war ich aufs innigste durchdrungen, ohne es selbst zu wissen, obwohl ich mich mit Mund und Feder zu dem Gegenteile bekannt hatte; aber ich dämmerte so hin, das eigentliche Dilemma hatte ich mir nie ausgesprochen. Aus diesem Traume wurde ich jedoch einst ganz unvermutet gerissen, als ich diese meine, wie mir schien, höchst unschuldige Meinung in einem geistlichen Gespräch ganz unbewunden eröffnete und deshalb eine große Strafpredigt erdulden mußte. Dies sei eben, behauptete man mir entgegen, der wahre Pelagianismus, und gerade zum Unglück der neueren Zeit wolle diese verderbliche Lehre wieder um sich greifen. Ich war hierüber erstaunt, ja erschrocken. Ich ging in die Kirchengeschichte zurück, betrachtete die Lehre und die Schicksale des Pelagius näher und sah nun deutlich, wie diese beiden unvereinbaren Meinungen durch Jahrhunderte hin und her gewogt und von den Menschen, je nachdem sie mehr tätiger oder leidender Natur gewesen, aufgenommen und bekannt worden.

Mich hatte der Lauf der vergangenen Jahre unablässig zu Übung eigner Kraft aufgefordert, in mir arbeitete eine rastlose Tätigkeit, mit dem besten Willen, zu moralischer Ausbildung. Die Außenwelt forderte, daß diese Tätigkeit geregelt und zum Nutzen anderer gebraucht werden sollte, und ich hatte diese große Forderung in mir selbst zu verarbeiten. Nach allen Seiten hin war ich an die Natur gewiesen, sie war mir in ihrer Herrlichkeit erschienen; ich hatte so viel wackere und brave Menschen kennengelernt, die sichs in ihrer Pflicht, um der Pflicht willen, sauer werden ließen; ihnen, ja mir selbst zu entsagen, schien mir unmöglich; die Kluft, die mich von jener Lehre trennte, ward mir deutlich, ich mußte also auch aus dieser Gesellschaft scheiden, und da mir meine Neigung zu den heiligen Schriften sowie zu dem Stifter und den früheren Bekennern nicht geraubt werden konnte, so bildete ich mir ein Christentum zu meinem Privatgebrauch und suchte dieses durch fleißiges Studium der Geschichte und durch genaue Bemerkung derjenigen, die sich zu meinem Sinne hingeneigt hatten, zu begründen und aufzubauen.

Weil nun aber alles, was ich mit Liebe in mich aufnahm, sich sogleich zu einer dichterischen Form anlegte, so ergriff ich den wunderlichen Einfall, die Geschichte des Ewigen Juden, die sich schon früh durch die Volksbücher bei mir eingedrückt hatte, episch zu behandeln, um an diesem Leitfaden die hervorstehenden Punkte der Religions- und Kirchengeschichte nach Befinden darzustellen. Wie ich mir aber die Fabel gebildet und welchen Sinn ich ihr untergelegt, gedenke ich nunmehr zu erzählen.

In Jerusalem befand sich ein Schuster, dem die Legende den Namen Ahasverus gibt. Zu diesem hatte mir mein Dresdner Schuster die Grundzüge geliefert. Ich hatte ihn mit eines Handwerksgenossen, mit Hans Sachsens Geist und Humor bestens ausgestattet und ihn durch eine Neigung zu Christo veredelt. Weil er nun, bei offener Werkstatt, sich gern mit den Vorbeigehenden unterhielt, sie neckte und, auf sokratische Weise, jeden nach seiner Art anregte, so verweilten die Nachbarn und andre vom Volk gern bei ihm, auch Pharisäer und Sadduzäer sprachen zu, und begleitet von seinen Jüngern mochte der Heiland selbst wohl auch manchmal bei ihm verweilen. Der Schuster, dessen Sinn bloß auf die Welt gerichtet war, faßte doch zu unserem Herrn eine besondere Neigung, die sich hauptsächlich dadurch äußerte, daß er den hohen Mann, dessen Sinn er nicht faßte, zu seiner eignen Denk- und Handelsweise bekehren wollte. Er lag daher Christo sehr inständig an, doch aus der Beschaulichkeit hervorzutreten, nicht mit solchen Müßiggängern im Lande herumzuziehn, nicht das Volk von der Arbeit hinweg an sich in die Einöde zu locken: ein versammeltes Volk sei immer ein aufgeregtes, und es werde nichts Gutes daraus entstehn.

Dagegen suchte ihn der Herr von seinen höheren Ansichten und Zwecken sinnbildlich zu belehren, die aber bei dem derben Manne nicht fruchten wollten. Daher, als Christus immer bedeutender, ja eine öffentliche Person ward, ließ sich der wohlwollende Handwerker immer schärfer und heftiger vernehmen, stellte vor, daß hieraus notwendig Unruhen und Aufstände erfolgen, und Christus selbst genötigt sein würde, sich als Parteihaupt zu erklären, welches doch unmöglich seine Absicht sei. Da nun der Verlauf der Sache, wie wir wissen, erfolgt, Christus gefangen und verurteilt ist, so ward Ahasverus noch heftiger aufgeregt als Judas, der scheinbar den Herrn verraten, verzweifelnd in die Werkstatt tritt und jammernd seine mißlungene Tat erzählt. Er sei nämlich, so gut als die klügsten der übrigen Anhänger, fest überzeugt gewesen, daß Christus sich als Regent und Volkshaupt erklären werde, und habe das bisher unüberwindliche Zaudern des Herrn mit Gewalt zur Tat nötigen wollen, und deswegen die Priesterschaft zu Tätlichkeiten aufgereizt, welche auch diese bisher nicht gewagt. Von der Jünger Seite sei man auch nicht unbewaffnet gewesen, und wahrscheinlicherweise wäre alles gut abgelaufen, wenn der Herr sich nicht selbst ergeben und sie in den traurigsten Zuständen zurückgelassen hätte. Ahasverus, durch diese Erzählung keineswegs zur Milde gestimmt, verbittert vielmehr noch den Zustand des armen Exapostels, so daß diesem nichts übrigbleibt, als in der Eile sich aufzuhängen.

Als nun Jesus vor der Werkstatt des Schusters vorbei zum Tode geführt wird, ereignet sich gerade dort die bekannte Szene, daß der Leidende unter der Last des Kreuzes erliegt und Simon von Cyrene dasselbe weiterzutragen gezwungen wird. Hier tritt Ahasverus hervor, nach hart-verständiger Menschen Art, die, wenn sie jemand durch eigne Schuld unglücklich sehn, kein Mitleid fühlen, ja vielmehr, durch unzeitige Gerechtigkeit gedrungen, das Übel durch Vorwürfe vermehren; er tritt heraus und wiederholt alle früheren Warnungen, die er in heftige Beschuldigungen verwandelt, wozu ihn seine Neigung für den Leidenden zu berechtigen scheint. Dieser antwortet nicht, aber im Augenblicke bedeckt die liebende Veronika des Heilands Gesicht mit dem Tuche, und da sie es wegnimmt und in die Höhe hält, erblickt Ahasverus darauf das Antlitz des Herrn, aber keineswegs des in Gegenwart Leidenden, sondern eines herrlich Verklärten und himmlisches Leben Ausstrahlenden. Geblendet von dieser Erscheinung, wendet er die Augen weg und vernimmt die Worte: ›Du wandelst auf Erden, bis du mich in dieser Gestalt wieder erblickst.‹ Der Betroffene kommt erst einige Zeit nachher zu sich selbst zurück, findet, da alles zum Gerichtsplatz gedrängt hat, die Straßen Jerusalems öde, Unruhe und Sehnsucht treiben ihn fort, und er beginnt seine Wanderung.

Von dieser und von dem Ereignis, wodurch das Gedicht zwar geendigt, aber nicht abgeschlossen wird, vielleicht ein andermal. Der Anfang, zerstreute Stellen und der Schluß waren geschrieben; aber mir fehlte die Sammlung, mir fehlte die Zeit, die nötigen Studien zu machen, daß ich ihm hätte den Gehalt, den ich wünschte, geben können, und es blieben die wenigen Blätter um desto eher liegen, als sich eine Epoche in mir entwickelte, die sich schon, als ich den ›Werther‹ schrieb und nachher dessen Wirkungen sah, notwendig anspinnen mußte.

Das gemeine Menschenschicksal, an welchem wir alle zu tragen haben, muß denjenigen am schwersten aufliegen, deren Geisteskräfte sich früher und breiter entwickeln. Wir mögen unter dem Schutz von Eltern und Verwandten emporkommen, wir mögen uns an Geschwister und Freunde anlehnen, durch Bekannte unterhalten, durch geliebte Personen beglückt werden, so ist doch immer das Final, daß der Mensch auf sich

JOHANN WOLFGANG GOETHE (1774)

»Indem ich mich ... nach Bestätigung der Selbständigkeit umsah, fand ich als die sicherste Base derselben mein produktives Talent. Es verließ mich seit einigen Jahren keinen Augenblick ... Wie ich nun über diese Naturgabe nachdachte und fand, daß sie mir ganz eigen angehöre und durch nichts Fremdes weder begünstigt noch gehindert werden könne, so mochte ich gern hierauf mein ganzes Dasein in Gedanken gründen. Diese Vorstellung verwandelte sich in ein Bild; die alte mythologische Figur des Prometheus fiel mir auf, der, abgesondert von den Göttern, von seiner Werkstätte aus eine Welt bevölkerte.«

zurückgewiesen wird, und es scheint, es habe sogar die Gottheit sich so zu dem Menschen gestellt, daß sie dessen Ehrfurcht, Zutrauen und Liebe nicht immer, wenigstens nicht grade im dringenden Augenblick, erwidern kann. Ich hatte jung genug gar oft erfahren, daß in den hülfsbedürftigsten Momenten uns zugerufen wird: ›Arzt, hilf dir selber!‹, und wie oft hatte ich nicht schmerzlich aufseufzen müssen: Ich trete die Kelter allein! Indem ich mich also nach Bestätigung der Selbständigkeit umsah, fand ich als die sicherste Base derselben mein produktives Talent. Es verließ mich seit einigen Jahren keinen Augenblick; was ich wachend am Tage gewahr wurde, bildete sich sogar öfters nachts in regelmäßige Träume, und wie ich die Augen auftat, erschien mir entweder ein wunderliches neues Ganze oder der Teil eines schon Vorhandenen. Gewöhnlich schrieb ich alles zur frühesten Tageszeit; aber auch abends, ja tief in die Nacht, wenn Wein und Geselligkeit die Lebensgeister erhöhten, konnte man von mir fordern, was man wollte; es kam nur auf eine Gelegenheit an, die einigen Charakter hatte, so war ich bereit und fertig. Wie ich nun über diese Naturgabe nachdachte und fand, daß sie mir ganz eigen angehöre und durch nichts Fremdes weder begünstigt noch gehindert werden könne, so mochte ich gern hierauf mein ganzes Dasein in Gedanken gründen. Diese Vorstellung verwandelte sich in ein Bild; die alte mythologische Figur des Prometheus fiel mir auf, der, abgesondert von den Göttern, von seiner Werkstätte aus eine Welt bevölkerte. Ich fühlte recht gut, daß sich etwas Bedeutendes nur produzieren lasse, wenn man sich isoliere. Meine Sachen, die so viel Beifall gefunden hatten, waren Kinder der Einsamkeit, und seitdem ich zu der Welt in einem breitern Verhältnis stand, fehlte es nicht an Kraft und Lust der Erfindung, aber die Ausführung stockte, weil ich weder in Prosa noch in Versen eigentlich einen Stil hatte und bei einer jeden neuen Arbeit, je nachdem der Gegenstand war, immer wieder von vorne tasten und versuchen mußte. Indem ich nun hierbei die Hülfe der Menschen abzulehnen, ja auszuschließen hatte, so sonderte ich mich, nach prometheischer Weise, auch von den Göttern ab, um so natürlicher, als bei meinem Charakter und meiner Denkweise *eine* Gesinnung jederzeit die übrigen verschlang und abstieß.

Die Fabel des Prometheus ward in mir lebendig. Das alte Titanengewand schnitt ich mir nach meinem Wuchse zu und fing, ohne weiter nachgedacht zu haben, ein Stück zu schreiben an, worin das Mißverhältnis dargestellt ist, in welches Prometheus zu dem Zeus und den neuen Göttern gerät, indem er auf eigne Hand Menschen bildet, sie durch Gunst der Minerva belebt und eine dritte Dynastie stiftet. Und wirklich hatten die jetzt regierenden Götter sich zu beschweren völlig Ursache, weil man sie als unrechtmäßig zwischen die Titanen und Menschen eingeschobene Wesen betrachten konnte. Zu dieser seltsamen Komposition gehört als Monolog jenes Gedicht, das in der deutschen Literatur bedeutend geworden, weil, dadurch veranlaßt, Lessing über wichtige Punkte des Denkens und Empfindens sich gegen Jacobi erklärte. Es diente zum Zündkraut einer Explosion, welche die geheimsten Verhältnisse würdiger Männer aufdeckte und zur Sprache brachte: Verhältnisse, die, ihnen selbst unbewußt, in einer sonst höchst aufgeklärten Gesellschaft schlummerten. Der Riß war so gewaltsam, daß wir darüber, bei eintretenden Zufälligkeiten, einen unserer würdigsten Männer, Mendelssohn, verloren.

Ob man nun wohl, wie auch geschehen, bei diesem Gegenstande philosophische, ja religiöse Betrachtungen anstellen kann, so gehört er doch ganz eigentlich der Poesie. Die Titanen sind die Folie des Polytheismus, so wie man als Folie des Monotheismus den Teufel betrachten kann; doch ist dieser, so wie der einzige Gott, dem er entgegensteht, keine poetische Figur. Der Satan Miltons, brav genug gezeichnet, bleibt immer in dem Nachteil der Subalternität, indem er die herrliche Schöpfung eines oberen Wesens zu zerstören sucht, Prometheus hingegen im Vorteil, der, zum Trutz höherer Wesen, zu schaffen und zu bilden vermag. Auch ist es ein schöner, der Poesie zusagender Gedanke, die Menschen nicht durch den obersten Weltherrscher, sondern durch eine Mittelfigur hervorbringen zu lassen, die aber doch, als Abkömmling der ältesten Dynastie, hierzu würdig und wichtig genug ist; wie denn überhaupt die griechische Mythologie einen unerschöpflichen Reichtum göttlicher und menschlicher Symbole darbietet.

Der titanisch-gigantische, himmelstürmende Sinn jedoch verlieh meiner Dichtungsart keinen Stoff. Eher ziemte sich mir, darzustellen jenes friedliche, plastische, allenfalls duldende Widerstreben, das die Obergewalt anerkannt, aber sich ihr gleichsetzen möchte. Doch auch die kühneren jenes Geschlechts, Tantalus, Ixion, Sisyphus, waren meine Heiligen. In die Gesellschaft der Götter aufgenommen, mochten sie sich nicht untergeordnet genug betragen, als übermütige Gäste ihres wirtlichen Gönners Zorn verdient und sich eine traurige Verbannung zugezogen haben. Ich bemitleidete sie, ihr Zustand war von den Alten schon als wahrhaft tragisch anerkannt, und wenn ich sie als Glieder einer ungeheuren Opposition im Hintergrunde meiner ›Iphigenie‹ zeigte, so bin ich ihnen wohl einen Teil der Wirkung schuldig, welche dieses Stück hervorzubringen das Glück hatte.

Zu jener Zeit aber ging bei mir das Dichten und Bilden unaufhaltsam miteinander. Ich zeichnete die Porträte meiner Freunde im Profil auf grau Papier mit weißer und schwarzer Kreide. Wenn ich diktierte oder mir vorlesen ließ, entwarf ich die Stellungen der Schreibenden und Lesenden, mit ihrer Umgebung; die Ähnlichkeit war nicht zu verkennen, und die Blätter wurden gut aufgenommen. Diesen Vorteil haben Dilettanten immer, weil sie ihre Arbeit umsonst geben. Das Unzulängliche dieses Abbildens jedoch fühlend, griff ich wieder zu Sprache und Rhythmus, die mir besser zu Gebote standen. Wie munter, froh und rasch ich dabei zu Werke ging, davon zeugen manche Gedichte, welche, die Kunstnatur und die Naturkunst enthusiastisch verkündend, im Augenblicke des Entstehens sowohl mir als meinen Freunden immer neuen Mut beförderten.

Als ich nun einst in dieser Epoche und so beschäftigt, bei gesperrtem Lichte in meinem Zimmer saß, dem wenigstens der Schein einer Künstlerwerkstatt hierdurch verliehen war, überdies auch die Wände, mit halbfertigen Arbeiten besteckt und behangen, das Vorurteil einer großen Tätigkeit gaben, so trat ein wohlgebildeter schlanker Mann bei mir ein, den ich zuerst in der Halbdämmerung für Fritz Jacobi hielt, bald aber, meinen Irrtum erkennend, als einen Fremden begrüßte. Aus seinem freien anständigen Betragen war eine gewisse militärische Haltung nicht zu verkennen. Er nannte mir seinen Namen, von Knebel, und aus einer kurzen Eröffnung vernahm ich, daß er, im preußischen Dienste, bei einem längern Aufenthalt in Berlin und Potsdam mit den dortigen Literatoren und der deutschen Literatur überhaupt ein gutes und tätiges Verhältnis angeknüpft habe. An Ramlern hatte er sich vorzüglich gehalten und dessen Art, Gedichte zu rezitieren, angenommen. Auch war er genau mit allem bekannt, was Götz geschrieben, der unter den Deutschen damals noch keinen Namen hatte. Durch seine Veranstaltung war die ›Mädcheninsel‹ dieses Dichters in Potsdam abgedruckt worden und sogar dem König in die Hände gekommen, welcher sich günstig darüber geäußert haben soll.

Kaum hatten wir diese allgemein deutschen literarischen Gegenstände durchgesprochen, als ich zu meinem Vergnügen erfuhr, daß er gegenwärtig in Weimar angestellt, und zwar dem Prinzen Konstantin zum Begleiter bestimmt sei. Von den dortigen Verhältnissen hatte ich schon manches Günstige vernommen: denn es kamen viele Fremde von daher zu uns, die Zeugen gewesen waren, wie die Herzogin Amalia zu Erziehung ihrer Prinzen die vorzüglichsten Männer berufen; wie die Akademie Jena durch ihre bedeutenden Lehrer zu diesem

CARL LUDWIG VON KNEBEL

»Aus seinem freien anständigen Betragen war eine gewisse militärische
Haltung nicht zu verkennen. Er nannte mir seinen Namen, von Knebel, und aus einer kurzen Eröffnung vernahm ich, daß er, im preußischen Dienste, bei einem längeren Aufenthalt in Berlin und Potsdam
mit den dortigen Literatoren und der deutschen Literatur überhaupt
ein gutes und tätiges Verhältnis angeknüpft habe... Kaum hatten wir
diese allgemein deutschen literarischen Gegenstände durchgesprochen, als ich zu meinem Vergnügen erfuhr, daß er gegenwärtig in
Weimar angestellt, und zwar dem Prinzen Konstantin zum Begleiter
bestimmt sei.«

schönen Zweck gleichfalls das Ihrige beigetragen; wie die Künste nicht nur von gedachter Fürstin geschützt, sondern selbst von ihr gründlich und eifrig getrieben würden. Auch vernahm man, daß Wieland in vorzüglicher Gunst stehe; wie denn auch der ›Deutsche Merkur‹, der die Arbeiten so mancher auswärtigen Gelehrten versammelte, nicht wenig zu dem Rufe der Stadt beitrug, wo er herausgegeben wurde. Eins der besten deutschen Theater war dort eingerichtet und berühmt durch Schauspieler sowohl als Autoren, die dafür arbeiteten. Diese schönen Anstalten und Anlagen schienen jedoch durch den schrecklichen Schloßbrand, der im Mai desselben Jahres sich ereignet hatte, gestört und mit einer langen Stockung bedroht; allein das Zutrauen auf den Erbprinzen war so groß, daß jedermann sich überzeugt hielt, dieser Schade werde nicht allein bald ersetzt, sondern auch dessenungeachtet jede andere Hoffnung reichlich erfüllt werden. Wie ich mich nun, gleichsam als ein alter Bekannter, nach diesen Personen und Gegenständen erkundigte und den Wunsch äußerte, mit den dortigen Verhältnissen näher bekannt zu sein, so versetzte der Ankömmling gar freundlich: es sei nichts leichter als dieses, denn soeben lange der Erbprinz mit seinem Herrn Bruder, dem Prinzen Konstantin, in Frankfurt an, welche mich zu sprechen und zu kennen wünschten. Ich zeigte sogleich die größte Bereitwilligkeit, ihnen aufzuwarten, und der neue Freund versetzte, daß ich damit nicht säumen solle, weil der Aufenthalt nicht lange dauern werde. Um mich hiezu anzuschicken, führte ich ihn zu meinen Eltern, die, über seine Ankunft und Botschaft höchst verwundert, mit ihm sich ganz vergnüglich unterhielten. Ich eilte nunmehr mit demselben zu den jungen Fürsten, die mich sehr frei und freundlich empfingen, so wie auch der Führer des Erbprinzen, Graf Görtz, mich nicht ungern zu sehen schien. Ob es nun gleich an literarischer Unterhaltung nicht fehlte, so machte doch ein Zufall die beste Einleitung, daß sie gar bald bedeutend und fruchtbar werden konnte.

Es lagen nämlich Mösers ›Patriotische Phantasien‹, und zwar der erste Teil, frisch geheftet und unaufgeschnitten, auf dem Tische. Da ich sie nun sehr gut, die Gesellschaft sie aber wenig kannte, so hatte ich den Vorteil, davon eine ausführliche Relation liefern zu können; und hier fand sich der schicklichste Anlaß zu einem Gespräch mit einem jungen Fürsten, der den besten Willen und den festen Vorsatz hatte, an seiner Stelle entschieden Gutes zu wirken. Mösers Darstellung, so dem Inhalt als dem Sinne nach, muß einem jeden Deutschen höchst interessant sein. Wenn man sonst dem Deutschen Reiche Zersplitterung, Anarchie und Ohnmacht vorwarf, so erschien aus dem Möserischen Standpunkte gerade die Menge kleiner Staaten als höchst erwünscht zu Ausbreitung der Kultur im einzelnen, nach den Bedürfnissen, welche aus der Lage und Beschaffenheit der verschiedensten Provinzen hervorgehn; und wenn Möser, von der Stadt, vom Stift Osnabrück ausgehend und über den westfälischen Kreis sich verbreitend, nunmehr dessen Verhältnis zu dem ganzen Reiche zu schildern wußte und bei Beurteilung der Lage, das Vergangene mit dem Gegenwärtigen zusammenknüpfend, dieses aus jenem ableitete und dadurch, ob eine Veränderung lobens- oder tadelnswürdig sei, gar deutlich auseinandersetzte: so durfte nur jeder Staatsverweser, an seinem Ort, auf gleiche Weise verfahren, um die Verfassung seines Umkreises und deren Verknüpfung mit Nachbarn und mit dem Ganzen aufs beste kennenzulernen und sowohl Gegenwart als Zukunft zu beurteilen.

Bei dieser Gelegenheit kam manches aufs Tapet, was den Unterschied der ober- und niedersächsischen Staaten betraf, und wie sowohl die Naturprodukte als die Sitten, Gesetze und Gewohnheiten sich von den frühesten Zeiten her anders gebildet und, nach der Regierungsform und der Religion, bald auf die eine, bald auf die andere Weise gelenkt hatten. Man versuchte, die Unterschiede von beiden etwas genauer herauszusetzen, und es zeigte sich gerade daran, wie vorteilhaft es sei, ein gutes

PROSPEKT DES FÜRSTL: SACHS: WEIMAR: SCHLOSES.
DIE WILHELMSBURG GENANT WIE SOLCHE NACH DEN BRANDE AÑO.
1774 D. IOTEN MAY GESTANDEN.

»Diese schönen Anstalten und Anlagen schienen jedoch durch den schrecklichen Schloßbrand, der im Mai desselben Jahres sich ereignet hatte, gestört und mit einer langen Stockung bedroht.«

Muster vor sich zu haben, welches, wenn man nicht dessen Einzelheiten, sondern die Methode betrachtet, nach welcher es angelegt ist, auf die verschiedensten Fälle angewendet und eben dadurch dem Urteil höchst ersprießlich werden kann.

Bei Tafel wurden diese Gespräche fortgesetzt, und sie erregten für mich ein besseres Vorurteil, als ich vielleicht verdiente. Denn anstatt daß ich diejenigen Arbeiten, die ich selbst zu liefern vermochte, zum Gegenstand des Gesprächs gemacht, für das Schauspiel, für den Roman eine ungeteilte Aufmerksamkeit gefordert hätte, so schien ich vielmehr in Mösern solche Schriftsteller vorzuziehen, deren Talent aus dem tätigen Leben ausging und in dasselbe unmittelbar nützlich sogleich wieder zurückkehrte, während eigentlich poetische Arbeiten, die über dem Sittlichen und Sinnlichen schweben, erst durch einen Umschweif und gleichsam nur zufällig nützen können. Bei diesen Gesprächen ging es nun wie bei den Märchen der ›Tausendundeinen Nacht‹: es schob sich eine bedeutende Materie in und über die andere, manches Thema klang nur an, ohne daß man es hätte verfolgen können; und so ward, weil der Aufenthalt der jungen Herrschaften in Frankfurt nur kurz sein konnte, mir das Versprechen abgenommen, daß ich nach Mainz folgen und dort einige Tage zubringen sollte, welches ich denn herzlich gern ablegte und mit dieser vergnügten Nachricht nach Hause eilte, um solche meinen Eltern mitzuteilen.

Meinem Vater wollte es jedoch keineswegs gefallen; denn nach seinen reichsbürgerlichen Gesinnungen hatte er sich jederzeit von den großen entfernt gehalten, und obgleich mit den Geschäftsträgern der umliegenden Fürsten und Herren in Verbindung, stand er doch keineswegs in persönlichen Verhältnissen zu ihnen; ja es gehörten die Höfe unter die Gegenstände, worüber er zu scherzen pflegte, auch wohl gern sah, wenn man ihm etwas entgegensetzte; nur mußte man sich dabei, nach seinem Bedünken, geistreich und witzig verhalten. Hatten wir ihm das Procul a Jove procul a fulmine gelten lassen, doch aber be-

715

merkt, daß beim Blitze nicht sowohl vom *Woher* als vom *Wo-hin* die Rede sei, so brachte er das alte Sprüchlein, mit großen Herren sei Kirschessen nicht gut, auf die Bahn. Wir erwiderten, es sei noch schlimmer, mit genäschigen Leuten aus *einem* Korbe zu speisen. Das wollte er nicht leugnen, hatte aber schnell einen anderen Spruchreim zur Hand, der uns in Verlegenheit setzen sollte. Denn da Sprüchworte und Denkreime vom Volke aus-gehn, welches, weil es gehorchen muß, doch wenigstens gern reden mag, die Oberen dagegen durch die Tat sich zu entschä-digen wissen; da ferner die Poesie des sechzehnten Jahrhun-derts fast durchaus kräftig didaktisch ist, so kann es in unserer Sprache an Ernst und Scherz nicht fehlen, den man von unten nach oben hinauf ausgeübt hat. Und so übten wir Jüngeren uns nun auch von oben herunter, indem wir, uns was Großes ein-bildend, auch die Partei der Großen zu nehmen beliebten; von welchen Reden und Gegenreden ich einiges einschalte:

A.

Lang bei Hofe, lang bei Höll'!

B.

Dort wärmt sich mancher gute Gesell!

A.

So wie ich bin, bin ich mein eigen;
Mir soll niemand eine Gunst erzeigen.

B.

Was willst du dich der Gunst denn schämen?
Willst du sie geben, mußt du sie nehmen.

A.

Willst du die Not des Hofes schauen:
Da, wo dichs juckt, darfst du nicht krauen!

CARL AUGUST ERBHERZOG ZU SACHSEN WEIMAR UND EISENACH, 1774

»...soeben lange der Erbprinz mit seinem Herrn Bruder, dem Prinzen Konstantin, in Frankfurt an, welche mich zu sprechen und zu kennen wünschten.«

B.

Wenn der Redner zum Volke spricht,
Da, wo er kraut, da juckts ihn nicht.

A.

Hat einer Knechtschaft sich erkoren,
Ist gleich die Hälfte des Lebens verloren;
Ergeb sich, was da will, so denk er:
Die andere Hälft' geht auch zum Henker.

B.

Wer sich in Fürsten weiß zu schicken,
Dem wirds heut oder morgen glücken;
Wer sich in den Pöbel zu schicken sucht,
Der hat sein ganzes Jahr verflucht.

A.

Wenn dir der Weizen bei Hofe blüht,
So denke nur, daß nichts geschieht;
Und wenn du denkst, du hättests in der Scheuer,
Da eben ist es nicht geheuer.

B.

Und blüht der Weizen, so reift er auch,
Das ist immer so ein alter Brauch;
Und schlägt der Hagel die Ernte nieder,
's andre Jahr trägt der Boden wieder.

A.

Wer ganz will sein eigen sein,
Schließe sich ins Häuschen ein,
Geselle sich zu Frau und Kindern,
Genieße leichten Rebenmost
Und überdies frugale Kost,
Und nichts wird ihn am Leben hindern.

B.

Du willst dem Herrscher dich entziehn?
So sag, wohin willst du denn fliehn?
O nimm es nur nicht so genau!
Denn es beherrscht dich deine Frau,
Und die beherrscht ihr dummer Bube,
So bist du Knecht in deiner Stube.

*

Soeben, da ich aus alten Denkblättchen die vorstehenden
Reime zusammensuche, fallen mir mehr solche lustige Übungen in die Hände, wo wir alte deutsche Kennworte amplifiziert
und ihnen sodann andere Sprüchlein, welche sich in der Erfahrung ebensogut bewahrheiten, entgegengesetzt hatten. Eine
Auswahl derselben mag dereinst als Epilog der Puppenspiele
zu einem heiteren Denken Anlaß geben.

Durch alle solche Erwiderungen ließ sich jedoch mein Vater
von seinen Gesinnungen nicht abwendig machen. Er pflegte
gewöhnlich sein stärkstes Argument bis zum Schlusse der Unterhaltung aufzusparen, da er denn Voltaires Abenteuer mit
Friedrich dem Zweiten umständlich ausmalte: wie die übergroße Gunst, die Familiarität, die wechselseitigen Verbindlichkeiten auf einmal aufgehoben und verschwunden, und wir
das Schauspiel erlebt, daß jener außerordentliche Dichter und
Schriftsteller durch Frankfurter Stadtsoldaten, auf Requisition
des Residenten Freitag und nach Befehl des Burgemeisters von
Fichard, arretiert und eine ziemliche Zeit im Gasthof ›Zur
Rose‹ auf der Zeil gefänglich angehalten worden. Hierauf hätte
sich zwar manches einwenden lassen, unter anderem, daß Voltaire selbst nicht ohne Schuld gewesen; aber wir gaben uns aus
kindlicher Achtung jedesmal gefangen.

Da nun auch bei dieser Gelegenheit auf solche und ähnliche
Dinge angespielt wurde, so wußte ich kaum, wie ich mich benehmen sollte; denn er warnte mich unbewunden und behaup-

KONSTANTIN PRINZ ZU SACHSEN WEIMAR UND EISENACH

»... soeben lange der Erbprinz mit seinem Herrn Bruder, dem Prinzen
Konstantin, in Frankfurt an, welche mich zu sprechen und zu kennen
wünschten.«

tete, die Einladung sei nur, um mich in eine Falle zu locken und wegen jenes gegen den begünstigten Wieland verübten Mutwillens Rache an mir zu nehmen. Wie sehr ich nun auch vom Gegenteil überzeugt war, indem ich nur allzu deutlich sah, daß eine vorgefaßte Meinung, durch hypochondrische Traumbilder aufgeregt, den würdigen Mann beängstige, so wollte ich gleichwohl nicht gerade wider seine Überzeugung handeln und konnte doch auch keinen Vorwand finden, unter dem ich, ohne undankbar und unartig zu erscheinen, mein Versprechen wieder zurücknehmen durfte. Leider war unsere Freundin von Klettenberg bettlägrig, auf die wir in ähnlichen Fällen uns zu berufen pflegten. An ihr und meiner Mutter hatte ich zwei vortreffliche Begleiterinnen; ich nannte sie nur immer *Rat* und *Tat*: denn wenn jene einen heitern, ja seligen Blick über die irdischen Dinge warf, so entwirrte sich vor ihr gar leicht, was uns andere Erdenkinder verwirrte, und sie wußte den rechten Weg gewöhnlich anzudeuten, eben weil sie ins Labyrinth von oben herabsah und nicht selbst darin befangen war; hatte man sich aber entschieden, so konnte man sich auf die Bereitwilligkeit und auf die Tatkraft meiner Mutter verlassen. Wie jener das Schauen, so kam dieser Glaube zu Hülfe, und weil sie in allen Fällen ihre Heiterkeit behielt, fehlte es ihr auch niemals an Hülfsmitteln, das Vorgesetzte oder Gewünschte zu bewerkstelligen. Gegenwärtig wurde sie nun an die kranke Freundin abgesendet, um deren Gutachten einzuholen, und da dieses für meine Seite günstig ausfiel, sodann ersucht, die Einwilligung des Vaters zu erlangen, der denn auch, obgleich ungläubig und ungern, nachgab. Ich gelangte also in sehr kalter Jahreszeit zur bestimmten Stunde nach Mainz und wurde von den jungen Herrschaften und ihren Begleitern, der Einladung gemäß, gar freundlich aufgenommen. Der in Frankfurt geführten Gespräche erinnerte man sich, die begonnenen wurden fortgesetzt, und als von der neuesten deutschen Literatur und von ihren Kühnheiten die Rede war, fügte es sich ganz natürlich, daß auch jenes famose Stück, ›Götter, Helden und Wieland‹ zur Sprache kam, wobei ich gleich anfangs mit Vergnügen bemerkte, daß man die Sache heiter und lustig betrachtete. Wie es aber mit dieser Posse, welche so großes Aufsehn erregt, eigentlich zugegangen, war ich zu erzählen veranlaßt, und so konnte ich nicht umhin, vor allen Dingen einzugestehn, daß wir, als wahrhaft oberrheinische Gesellen, sowohl der Neigung als Abneigung keine Grenzen kannten. Die Verehrung Shakespeares ging bei uns bis zur Anbetung. Wieland hatte hingegen, bei der entschiedenen Eigenheit, sich und seinen Lesern das Interesse zu verderben und den Enthusiasmus zu verkümmern, in den Noten zu seiner Übersetzung gar manches an dem großen Autor getadelt, und zwar auf eine Weise, die uns äußerst verdroß und in unseren Augen das Verdienst dieser Arbeit schmälerte. Wir sahen Wielanden, den wir als Dichter so hoch verehrten, der uns als Übersetzer so großen Vorteil gebracht, nunmehr als Kritiker launisch, einseitig und ungerecht. Hiezu kam noch, daß er sich auch gegen unsere Abgötter, die Griechen, erklärte und dadurch unsern bösen Willen gegen ihn noch schärfte. Es ist genugsam bekannt, daß die griechischen Götter und Helden nicht auf moralischen, sondern auf verklärten physischen Eigenschaften ruhen, weshalb sie auch dem Künstler so herrliche Gestalten anbieten. Nun hatte Wieland in der ›Alceste‹ Helden und Halbgötter nach moderner Art gebildet; wogegen denn auch nichts wäre zu sagen gewesen, weil ja einem jeden freisteht, die poetischen Traditionen nach seinen Zwecken und seiner Denkweise umzuformen. Allein in den Briefen, die er über gedachte Oper in den ›Merkur‹ einrückte, schien er uns diese Behandlungsart allzu parteiisch hervorzuheben und sich an den trefflichen Alten und ihrem höheren Stil unverantwortlich zu versündigen, indem er die derbe gesunde Natur, die jenen Produktionen zum Grunde liegt, keineswegs anerkennen wollte. Diese Beschwerden hatten wir kaum in unserer kleinen Sozietät leidenschaftlich durchgesprochen, als die gewöhnliche Wut, alles zu dramatisieren, mich eines Sonntags nachmittags anwandelte und ich bei einer Flasche guten Burgunders das ganze Stück, wie es jetzt daliegt, in *einer* Sitzung niederschrieb. Es war nicht so bald meinen gegenwärtigen Mitgenossen vorgelesen und von ihnen mit großem Jubel aufgenommen worden, als ich die Handschrift an Lenz nach Straßburg schickte, welcher gleichfalls davon entzückt schien und behauptete, es müsse auf der Stelle gedruckt werden. Nach einigem Hin- und Widerschreiben gestand ich es zu, und er gab es in Straßburg eilig unter die Presse. Erst lange nachher erfuhr ich, daß dieses einer von Lenzens ersten Schritten gewesen, wodurch er mir zu schaden und mich beim Publikum in üblen Ruf zu setzen die Absicht hatte; wovon ich aber zu jener Zeit nichts spürte noch ahndete.

Und so hatte ich meinen neuen Gönnern mit aller Naivität diesen arglosen Ursprung des Stücks, so gut wie ich ihn selbst wußte, vorerzählt und, um sie völlig zu überzeugen, daß hiebei keine Persönlichkeit noch eine andere Absicht obwalte, auch die lustige und verwegene Art mitgeteilt, wie wir uns untereinander zu necken und zu verspotten pflegten. Hierauf sah ich die Gemüter völlig erheitert, und man bewunderte uns beinah, daß wir eine so große Furcht hatten, es möge irgend jemand auf seinen Lorbeeren einschlafen. Man verglich eine solche Gesellschaft jenen Flibustiers, welche sich in jedem Augenblick der Ruhe zu verweichlichen fürchteten, weshalb der Anführer, wenn es keine Feinde und nichts zu rauben gab, unter dem Gelagtisch eine Pistole losschoß, damit es auch im Frieden nicht an Wunden und Schmerzen fehlen möge. Nach manchen Hin- und Widerreden über diesen Gegenstand ward ich endlich veranlaßt, Wielanden einen freundlichen Brief zu schreiben, wozu ich die Gelegenheit sehr gern ergriff, da er sich schon im ›Merkur‹ über diesen Jugendstreich sehr liberal erklärt und, wie er es in literarischen Fehden meist getan, geistreich abschließend benommen hatte.

Die wenigen Tage des Mainzer Aufenthaltes verstrichen sehr angenehm: denn wenn die neuen Gönner durch Visiten und Gastmähler außer dem Hause gehalten wurden, blieb ich bei den Ihrigen, porträtierte manchen und fuhr auch wohl Schlittschuh, wozu die eingefrornen Festungsgraben die beste Gelegenheit verschafften. Voll von dem Guten, was mir dort begegnet war, kehrte ich nach Hause zurück und stand im Begriff, beim Eintreten mir durch umständliche Erzählung das Herz zu erleichtern; aber ich sah nur verstörte Gesichter, und es blieb mir nicht lange verborgen, daß unsere Freundin Klettenberg von uns geschieden sei. Ich war hierüber sehr betroffen, weil ich ihrer gerade in meiner gegenwärtigen Lage mehr als jemals bedurfte. Man erzählte mir zu meiner Beruhigung, daß ein frommer Tod sich an ein seliges Leben angeschlossen und ihre gläubige Heiterkeit sich bis ans Ende ungetrübt erhalten habe. Noch ein anderes Hindernis stellte sich einer freien Mitteilung entgegen: mein Vater, anstatt sich über den guten Ausgang dieses kleinen Abenteuers zu freuen, verharrte auf seinem Sinne und behauptete, dieses alles sei von jener Seite nur Verstellung, und man gedenke vielleicht in der Folge etwas Schlimmeres gegen mich auszuführen. Ich war daher mit meiner Erzählung zu den jüngeren Freunden hingedrängt, denen ich denn freilich die Sache nicht umständlich genug überliefern konnte. Aber auch hier entsprang aus Neigung und gutem Willen eine mir höchst unangenehme Folge: denn kurz darauf erschien eine Flugschrift: ›Prometheus und seine Rezensenten‹, gleichfalls in dramatischer Form. Man hatte darin den neckischen Einfall ausgeführt, anstatt der Personennamen kleine Holzschnittfiguren zwischen den Dialog zu setzen und durch allerlei satirische Bilder diejenigen Kritiker zu bezeichnen, die sich über meine Arbeiten, und was ihnen verwandt war, öffentlich hatten vernehmen lassen. Hier stieß der Altonaer Postreiter ohne Kopf ins Horn, hier brummte ein Bär, dort schnatterte eine Gans; der Merkur war auch nicht vergessen, und manches wilde und zahme Geschöpf suchte den Bildner in seiner Werkstatt irrezumachen, welcher aber, ohne sonderlich Notiz zu nehmen, seine Arbeit eifrig fortsetzte und dabei nicht verschwieg, wie er es überhaupt zu halten denke. Dieser unerwartet hervorbrechende Scherz fiel mir sehr auf, weil er dem Stil und Ton nach von jemand aus unserer Gesellschaft sein mußte, ja man hätte das Werklein für meine eigene Arbeit halten sollen. Am unangenehmsten aber war mir, daß Prometheus einiges verlauten ließ, was sich auf den Mainzer Aufenthalt und die dortigen Äußerungen bezog und was eigentlich niemand als ich wissen sollte. Mir aber bewies es, daß der Verfasser von denjenigen sei, die meinen engsten Kreis bildeten und mich jene Ereignisse und Umstände weitläufig hatten erzählen hören. Wir sahen einer den anderen an, und jeder hatte die übrigen im Verdacht; der unbekannte Verfasser wußte sich gut zu verstellen. Ich schalt sehr heftig auf ihn, weil es mir äußerst verdrießlich war, nach einer so günstigen Aufnahme und so bedeutender Unterhaltung, nach meinem an Wieland geschriebenen zutraulichen Briefe hier wieder Anlässe zu neuem Mißtrauen und frische Unannehmlichkeiten zu sehen. Die Ungewißheit hierüber dauerte jedoch nicht lange: denn als ich, in meiner Stube auf und ab gehend, mir das Büchlein laut vorlas, hörte ich an den Einfällen und Wendungen ganz deutlich die Stimme Wagners, und er war es auch. Wie ich nämlich zur Mutter hinuntersprang, ihr meine Entdeckung mitzuteilen, gestand sie mir, daß sie es schon wisse. Der Autor, beängstigt über den schlimmen Erfolg bei einer, wie ihm deuchte, so guten und löblichen Absicht, hatte sich ihr entdeckt und um Fürsprache gebeten, damit meine ausgestoßene Drohung, ich würde mit dem Verfasser, wegen mißbrauchten Vertrauens, keinen Umgang mehr haben, an ihm nicht erfüllt werden möchte. Hier kam ihm nun sehr zustatten, daß ich es selbst entdeckt hatte und durch das Behagen, wovon ein jedes eigene Gewahrwerden begleitet wird, zur Versöhnung gestimmt war: der Fehler war verziehen, der zu einem solchen Beweis meiner Spürkraft Gelegenheit gegeben hatte. Indessen war das Publikum so leicht nicht zu überzeugen, daß Wagner der Verfasser sei und daß ich keine Hand mit im Spiel gehabt habe. Man traute ihm diese Vielseitigkeit nicht zu, weil man nicht bedachte, daß er alles, was in einer geistreichen Gesellschaft seit geraumer Zeit bescherzt und verhandelt worden, aufzufassen, zu merken und in einer bekannten Manier wohl darzustellen vermochte, ohne deshalb ein ausgezeichnetes Talent zu besitzen. Und so hatte ich nicht allein meine eigenen Torheiten, sondern auch den Leichtsinn, die Übereilung meiner Freunde diesmal und in der Folge sehr oft zu büßen.

Erinnert durch mehrere zusammentreffende Umstände, will ich noch einiger bedeutenden Männer gedenken, die, zu verschiedener Zeit vorüberreisend, teils in unserm Hause gewohnt, teils freundliche Bewirtung angenommen haben. Klopstock steht hier billig abermals obenan. Ich hatte schon mehrere Briefe mit ihm gewechselt, als er mir anzeigte, daß er nach Karlsruhe zu gehen und daselbst zu wohnen eingeladen sei; er werde zur bestimmten Zeit in Friedberg eintreffen und wünsche, daß ich ihn daselbst abhole. Ich verfehlte nicht, zur rechten Stunde mich einzufinden; allein er war auf seinem Wege zufällig aufgehalten worden, und nachdem ich einige Tage vergebens gewartet, kehrte ich nach Hause zurück, wo er denn erst nach einiger Zeit eintraf, sein Außenbleiben entschuldigte und meine Bereitwilligkeit, ihm entgegenzukommen, sehr wohl aufnahm. Er war klein von Person, aber gut gebaut, sein Betragen ernst und abgemessen, ohne steif zu sein, seine Unterhaltung bestimmt und angenehm. Im ganzen hatte seine Gegenwart etwas von der eines Diplomaten. Ein solcher Mann unterwindet sich der schweren Aufgabe, zugleich seine eigene Würde und die Würde eines Höheren, dem er Rechenschaft schuldig ist, durchzuführen, seinen eigenen Vorteil neben dem viel wichtigern eines Fürsten, ja ganzer Staaten zu befördern und sich in dieser bedenklichen Lage vor allen Dingen den Menschen gefällig zu machen. Und so schien sich auch Klopstock als Mann von Wert und als Stellvertreter höherer Wesen, der Religion, der Sittlichkeit und Freiheit, zu betragen. Eine andere Eigenheit der Weltleute hatte er auch angenommen, nämlich nicht leicht von Gegenständen zu reden, über die man gerade ein Gespräch erwartet und wünscht. Von poetischen und literarischen Dingen hörte man ihn selten sprechen. Da er aber an mir und meinen Freunden leidenschaftliche Schlittschuhfahrer fand, so unterhielt er sich mit uns weitläufig über diese edle Kunst, die er gründlich durchgedacht und, was dabei zu suchen und zu meiden sei, sich wohl überlegt hatte. Ehe wir jedoch seiner geneigten Belehrung teilhaft werden konnten, mußten wir uns gefallen lassen, über den Ausdruck selbst, den wir verfehlten, zurechtgewiesen zu werden. Wir sprachen nämlich auf gut Oberdeutsch von Schlittschuhen, welches er durchaus nicht wollte gelten lassen: denn das Wort komme keineswegs von Schlitten, als wenn man auf kleinen Kufen dahinführe, sondern von Schreiten, indem man, den Homerischen Göttern gleich, auf diesen geflügelten Sohlen über das zum Boden gewordene Meer hinschritte. Nun kam es an das Werkzeug selbst; er wollte von den hohen hohlgeschliffenen Schrittschuhen nichts wissen, sondern empfahl die niedrigen, breiten, flachgeschliffenen friesländischen Stähle, als welche zum Schnellaufen die dienlichsten seien. Von Kunststücken, die man bei dieser Übung zu machen pflegt, war er kein Freund. Ich schaffte mir nach seinem Gebot so ein Paar flache Schuhe mit langen Schnäbeln und habe solche, obschon mit einiger Unbequemlichkeit, viele Jahre geführt. Auch vom Kunstreiten und sogar vom Bereiten der Pferde wußte er Rechenschaft zu geben und tat es gern; und so lehnte er, wie es schien vorsätzlich, das Gespräch über sein eigen Metier gewöhnlich ab, um über fremde Künste, die er als Liebhaberei trieb, desto unbefangener zu sprechen. Von diesen und andern

Eigentümlichkeiten des außerordentlichen Mannes würde ich noch manches erwähnen können, wenn nicht Personen, die länger mit ihm gelebt, uns bereits genugsam hievon unterrichtet hätten; aber *einer* Betrachtung kann ich mich nicht erwehren, daß nämlich Menschen, denen die Natur außerordentliche Vorzüge gegeben, sie aber in einen engen oder wenigstens nicht verhältnismäßigen Wirkungskreis gesetzt, gewöhnlich auf Sonderbarkeiten verfallen und, weil sie von ihren Gaben keinen direkten Gebrauch zu machen wissen, sie auf außerordentlichen und wunderlichen Wegen geltend zu machen versuchen.

Zimmermann war gleichfalls eine Zeitlang unser Gast. Dieser, groß und stark gebaut, von Natur heftig und gerade vor sich hin, hatte doch sein Äußeres und sein Betragen völlig in der Gewalt, so daß er im Umgang als ein gewandter weltmännischer Arzt erschien und seinem innerlich ungebändigten Charakter nur in Schriften und im vertrautesten Umgang einen ungeregelten Lauf ließ. Seine Unterhaltung war mannigfaltig und höchst unterrichtend; und konnte man ihm nachsehen, daß er sich, seine Persönlichkeit, seine Verdienste sehr lebhaft vorempfand, so war kein Umgang wünschenswerter zu finden. Da mich nun überhaupt das, was man Eitelkeit nennt, niemals verletzte, und ich mir dagegen auch wieder eitel zu sein erlaubte, das heißt, dasjenige unbedenklich hervorkehrte, was mir an mir selbst Freude machte, so kam ich mit ihm gar wohl überein: wir ließen uns wechselweise gelten und schalten, und weil er sich durchaus offen und mitteilend erwies, so lernte ich in kurzer Zeit sehr viel von ihm.

Beurteil ich nun aber einen solchen Mann dankbar, wohlwollend und gründlich, so darf ich nicht einmal sagen, daß er eitel gewesen. Wir Deutschen mißbrauchen das Wort eitel nur allzu oft: denn eigentlich führt es den Begriff von Leerheit mit sich, und man bezeichnet damit billigerweise nur einen, der die Freude an seinem Nichts, die Zufriedenheit mit einer hohlen

JOHANN GEORG ZIMMERMANN

»Dieser, groß und stark gebaut, von Natur heftig und gerade vor sich
hin, hatte doch sein Äußeres und sein Betragen völlig in der Gewalt, so
daß er im Umgang als ein gewandter weltmännischer Arzt erschien
und seinem innerlich ungebändigten Charakter nur in Schriften und im
vertrautesten Umgang einen ungeregelten Lauf ließ.«

Existenz nicht verbergen kann. Bei Zimmermann war gerade das Gegenteil, er hatte große Verdienste und kein inneres Behagen; wer sich aber an seinen Naturgaben nicht im stillen erfreuen kann, wer sich bei Ausübung derselben nicht selbst seinen Lohn dahin nimmt, sondern erst darauf wartet und hofft, daß andere das Geleistete anerkennen und es gehörig würdigen sollen, der findet sich in einer übeln Lage, weil es nur allzu bekannt ist, daß die Menschen den Beifall sehr spärlich austeilen, daß sie das Lob verkümmern, ja wenn es nur einigermaßen tunlich ist, in Tadel verwandeln. Wer ohne hierauf vorbereitet zu sein, öffentlich auftritt, der kann nichts als Verdruß erwarten: denn wenn er das, was von ihm ausgeht, auch nicht überschätzt, so schätzt er es doch unbedingt, und jede Aufnahme, die wir in der Welt erfahren, wird bedingt sein; und sodann gehört ja für Lob und Beifall auch eine Empfänglichkeit, wie für jedes Vergnügen. Man wende dieses auf Zimmermann an, und man wird auch hier gestehen müssen: was einer nicht schon mitbringt, kann er nicht erhalten.

Will man diese Entschuldigung nicht gelten lassen, so werden wir diesen merkwürdigen Mann wegen eines andern Fehlers noch weniger rechtfertigen können, weil das Glück anderer dadurch gestört, ja vernichtet worden. Es war das Betragen gegen seine Kinder. Eine Tochter, die mit ihm reiste, war, als er sich in der Nachbarschaft umsah, bei uns geblieben. Sie konnte etwa sechzehn Jahr alt sein. Schlank und wohlgewachsen, trat sie auf ohne Zierlichkeit; ihr regelmäßiges Gesicht wäre angenehm gewesen, wenn sich ein Zug von Teilnahme darin aufgetan hätte; aber sie sah immer so ruhig aus wie ein Bild; sie äußerte sich selten, in der Gegenwart ihres Vaters nie. Kaum aber war sie einige Tage mit meiner Mutter allein und hatte die heitere liebevolle Gegenwart dieser teilnehmenden Frau in sich aufgenommen, als sie sich ihr mit aufgeschlossenem Herzen zu Füßen warf und unter tausend Tränen bat, sie dazubehalten. Mit dem leidenschaftlichsten Ausdruck erklärte sie: als Magd, als Sklavin wolle sie zeitlebens im Hause bleiben, nur um nicht zu ihrem Vater zurückzukehren, von dessen Härte und Tyrannei man sich keinen Begriff machen könne. Ihr Bruder sei über diese Behandlung wahnsinnig geworden; sie habe es mit Not so lange getragen, weil sie geglaubt, es sei in jeder Familie nicht anders oder nicht viel besser; da sie aber nun eine so liebevolle, heitere, zwanglose Behandlung erfahren, so werde ihr Zustand zu einer wahren Hölle. Meine Mutter war sehr bewegt, als sie mir diesen leidenschaftlichen Erguß hinterbrachte, ja sie ging in ihrem Mitleiden so weit, daß sie nicht undeutlich zu verstehen gab, sie würde es wohl zufrieden sein, das Kind im Hause zu behalten, wenn ich mich entschließen könnte, sie zu heiraten. – Wenn es eine Waise wäre, versetzt ich, so ließe sich darüber denken und unterhandeln, aber Gott bewahre mich vor einem Schwiegervater, der ein solcher Vater ist! Meine Mutter gab sich noch viel Mühe mit dem guten Kinde, aber es ward dadurch nur immer unglücklicher. Man fand zuletzt noch einen Ausweg, sie in eine Pension zu tun. Sie hat übrigens ihr Leben nicht hoch gebracht.

Dieser tadelnswürdigen Eigenheit eines so verdienstvollen Mannes würde ich kaum erwähnen, wenn dieselbe nicht schon öffentlich wäre zur Sprache gekommen, und zwar als man nach seinem Tode der unseligen Hypochondrie gedachte, womit er sich und andere in seinen letzten Stunden gequält. Denn auch jene Härte gegen seine Kinder war Hypochondrie, ein partieller Wahnsinn, ein fortdauerndes moralisches Morden, das er, nachdem er seine Kinder aufgeopfert hatte, zuletzt gegen sich selbst kehrte. Wir wollen aber bedenken, daß dieser so rüstig scheinende Mann in seinen besten Jahren leidend war, daß ein Leibesschaden unheilbar den geschickten Arzt quälte, ihn, der so manchem Kranken geholfen hatte und half. Ja, dieser brave Mann führte bei äußerem Ansehen, Ruhm, Ehre, Rang und Vermögen das traurigste Leben, und wer sich davon, aus vorhandenen Druckschriften, noch weiter unterrichten will, der wird ihn nicht verdammen, sondern bedauern.

Erwartet man nun aber, daß ich von der Wirkung dieses bedeutenden Mannes auf mich nähere Rechenschaft gebe, so muß ich im allgemeinen jener Zeit abermals gedenken. Die Epoche, in der wir lebten, kann man die *fordernde* nennen: denn man machte, an sich und andere, Forderungen auf das, was noch kein Mensch geleistet hatte. Es war nämlich vorzüglichen, denkenden und fühlenden Geistern ein Licht aufgegangen, daß die unmittelbare originelle Ansicht der Natur und ein darauf gegründetes Handeln das Beste sei, was der Mensch sich wünschen könne, und nicht einmal schwer zu erlangen. Erfahrung war also abermals das allgemeine Losungswort, und jedermann tat die Augen auf, so gut er konnte: eigentlich aber waren es die Ärzte, die am meisten Ursache hatten, darauf zu dringen, und Gelegenheit, sich darnach umzutun. Hier leuchtete ihnen nun aus alter Zeit ein Gestirn entgegen, welches als Beispiel alles Wünschenswerten gelten konnte. Die Schriften, die uns unter dem Namen Hippokrates zugekommen waren, gaben das Muster, wie der Mensch die Welt anschauen und das Gesehene, ohne sich selbst hineinzumischen, überliefern sollte. Allein niemand bedachte, daß wir nicht sehen können wie die Griechen und daß wir niemals wie sie dichten, bilden und heilen werden. Zugegeben aber auch, daß man von ihnen lernen könne, so war unterdessen unendlich viel und nicht immer so rein erfahren worden, und gar oft hatten sich die Erfahrungen nach den Meinungen gebildet. Dieses aber sollte man auch wissen, unterscheiden und sichten; abermals eine ungeheure Forderung; dann sollte man auch, persönlich umherblickend und handelnd, die gesunde Natur selbst kennen lernen, eben als wenn sie zum ersten Mal beachtet und behandelt würde; hierbei sollte denn nur das Echte und Rechte geschehen. Allein weil sich die Gelahrtheit überhaupt nicht wohl ohne Polyhistorie und Pedanterie, die Praxis aber wohl schwerlich ohne Empirie und Scharlatanerie denken läßt, so entstand ein gewaltiger Konflikt, indem man den Mißbrauch vom Gebrauch sondern und der Kern die Oberhand über die Schale gewinnen sollte. Wie man nun auch hier zur Ausübung schritt, so sah man, am kürzesten sei zuletzt aus der Sache zu kommen, wenn man das Genie zu Hülfe riefe, das durch seine magische Gabe den Streit schlichten und die Forderungen leisten würde. Der Verstand mischte sich indessen auch in die Sache, alles sollte auf klare Begriffe gebracht und in logischer Form dargelegt werden, damit jedes Vorurteil beseitigt und aller Aberglaube zerstört werde. Weil nun wirklich einige außerordentliche Menschen, wie Boerhaave und Haller, das Unglaubliche geleistet, so schien man sich berechtigt, von ihren Schülern und Nachkömmlingen noch mehr zu fordern. Man behauptete, die Bahn sei gebrochen, da doch in allen irdischen Dingen selten von Bahn die Rede sein kann: denn wie das Wasser, das durch ein Schiff verdrängt wird, gleich hinter ihm wieder zusammenstürzt, so schließt sich auch der Irrtum, wenn vorzügliche Geister ihn beiseite gedrängt und sich Platz gemacht haben, hinter ihnen sehr geschwind wieder naturgemäß zusammen.

Aber hievon wollte sich der brave Zimmermann ein für allemal keinen Begriff machen; er wollte nicht eingestehen, daß das Absurde eigentlich die Welt erfülle. Bis zur Wut ungeduldig, schlug er auf alles los, was er für unrecht erkannte und hielt. Ob er sich mit dem Krankenwärter oder mit Paracelsus, mit einem Harnpropheten oder Chymisten balgte, war ihm gleich; er hieb ein wie das andre Mal zu, und wenn er sich außer Atem gearbeitet hatte, war er höchlich erstaunt, daß die sämtlichen Köpfe dieser Hydra, die er mit Füßen zu treten geglaubt, ihm schon wieder ganz frisch von unzähligen Hälsen die Zähne wiesen. Wer seine Schriften, besonders sein tüchtiges Werk ›Über die Erfahrung‹ liest, wird bestimmter einsehen, was zwischen diesem trefflichen Manne und mir verhandelt worden; welches auf mich um so kräftiger wirken mußte, da er zwanzig Jahre älter war denn ich. Als berühmter Arzt war er vorzüglich in den höhern Ständen beschäftigt, und hier kam die Verderbnis der Zeit, durch Verweichlichung und Übergenuß, jeden Augenblick zur Sprache; und so drängten auch seine ärztlichen Reden, wie die der Philosophen und meiner dichterischen Freunde, mich wieder auf die Natur zurück. Seine leidenschaftliche Verbesserungswut konnte ich vollends nicht mit ihm teilen. Ich zog mich vielmehr, nachdem wir uns getrennt, gar bald wieder in mein eigentümliches Fach zurück und suchte die von der Natur mir verliehenen Gaben mit mäßiger Anstrengung anzuwenden und in heiterem Widerstreit gegen das, was ich mißbilligte, mir einigen Raum zu verschaffen, unbesorgt, wie weit meine Wirkungen reichen und wohin sie mich führen könnten.

Von Salis, der in Marschlins die große Pensionsanstalt errichtete, ging ebenfalls bei uns vorüber, ein ernster verständiger Mann, der über die genialisch-tolle Lebensweise unserer kleinen Gesellschaft gar wunderliche Anmerkungen im stillen wird gemacht haben. Ein gleiches mag Sulzern, der uns auf seiner Reise nach dem südlichen Frankreich berührte, begegnet sein; wenigstens scheint eine Stelle seiner Reisebeschreibung, worin er mein gedenkt, dahin zu deuten.

Diese so angenehmen als förderlichen Besuche waren aber auch mit solchen durchwebt, die man lieber abgelehnt hätte. Wahrhaft Dürftige und unverschämte Abenteurer wendeten sich an den zutraulichen Jüngling, ihre dringenden Forderungen durch wirkliche wie durch vergebliche Verwandtschaften oder Schicksale unterstützend. Sie borgten mir Geld ab und setzten mich in den Fall, wieder borgen zu müssen, so daß ich mit begüterten und wohlwollenden Freunden darüber in das unangenehmste Verhältnis geriet. Wünschte ich nun solche Zudringlinge allen Raben zur Beute, so fühlte sich mein Vater gleichfalls in der Lage des Zauberlehrlings, der wohl sein Haus gerne rein gewaschen sähe, sich aber entsetzt, wenn die Flut über Schwellen und Stufen unaufhaltsam einhergestürzt kommt. Denn es ward durch das allzu viele Gute der mäßige Lebensplan, den sich mein Vater für mich ausgedacht hatte, Schritt für Schritt verrückt, verschoben und von einem Tag zum andern wider Erwarten umgestaltet. Der Aufenthalt zu Regensburg und Wien war so gut als aufgegeben, aber doch sollte auf dem Wege nach Italien eine Durchreise stattfinden, damit man wenigstens eine allgemeine Übersicht gewönne. Dagegen aber waren andere Freunde, die einen so großen Umweg, ins tätige Leben zu gelangen, nicht billigen konnten, der Meinung, man solle den Augenblick, wo so manche Gunst sich auftat, benutzen und an eine bleibende Einrichtung in der Vaterstadt denken. Denn ob ich gleich erst durch den Großvater, sodann aber durch den Oheim von dem Rate ausgeschlossen war, so gab es doch noch manche bürgerliche Stellen, an die man Anspruch machen, sich einstweilen festsetzen und die Zukunft erwarten konnte. Manche Agentschaften gaben zu tun genug, und ehrenvoll waren die Residentenstellen. Ich ließ mir davon vorreden und glaubte wohl auch, daß ich mich dazu schicke, ohne mich geprüft zu haben, ob eine solche Lebens- und Geschäftsweise, welche fordert, daß man am liebsten in der Zerstreuung zweckmäßig tätig sei, für mich passen möchte; und nun gesellte sich zu diesen Vorschlägen und Vorsätzen noch eine zarte Neigung, welche zu bestimmter Häuslichkeit aufzufordern und jenen Entschluß zu beschleunigen schien.

Die früher erwähnte Gesellschaft nämlich von jungen Männern und Frauenzimmern, welche meiner Schwester wo nicht den Ursprung, doch die Konsistenz verdankte, war nach ihrer Verheiratung und Abreise noch immer bestanden, weil man sich einmal aneinander gewöhnt hatte und einen Abend in der Woche nicht besser als in diesem freundschaftlichen Zirkel zuzubringen wußte. Auch jener wunderliche Redner, den wir schon aus dem sechsten Buche kennen, war nach mancherlei Schicksalen gescheiter und verkehrter zu uns zurückgewandert und spielte abermals den Gesetzgeber des kleinen Staats. Er hatte sich in Gefolg von jenen frühern Scherzen etwas Ähnliches ausgedacht: es sollte nämlich alle acht Tage gelost werden, nicht um, wie vormals, liebende Paare, sondern wahrhafte Ehegatten zu bestimmen. Wie man sich gegen Geliebte betrage, das sei uns bekannt genug; aber wie sich Gatte und Gattin in Gesellschaft zu nehmen hätten, das sei uns unbewußt und müsse nun, bei zunehmenden Jahren, vor allen Dingen gelernt werden. Er gab die Regeln an im allgemeinen, welche bekanntlich darin bestehen, daß man tun müsse, als wenn man einander nicht angehöre; man dürfe nicht nebeneinander sitzen, nicht viel miteinander sprechen, viel weniger sich Liebkosungen erlauben: dabei aber habe man nicht allein alles zu vermeiden, was wechselseitig Verdacht und Unannehmlichkeit erregen könnte, ja man würde im Gegenteil das größte Lob verdienen, wenn man seine Gattin auf eine ungezwungene Weise zu verbinden wisse.

Das Los wurde hierauf zur Entscheidung herbeigeholt, über einige barocke Paarungen, die es beliebt, gelacht und gescherzt und die allgemeine Ehestandskomödie mit gutem Humor begonnen und jedesmal am achten Tage wiederum erneuert.

Hier traf es sich nun wunderbar genug, daß mir das Los gleich von Anfang eben dasselbe Frauenzimmer zweimal bestimmte, ein sehr gutes Wesen, gerade von der Art, die man sich als Frau gerne denken mag. Ihre Gestalt war schön und regelmäßig, ihr Gesicht angenehm, und in ihrem Betragen waltete eine Ruhe, die von der Gesundheit ihres Körpers und ihres Geistes zeugte. Sie war sich zu allen Tagen und Stunden völlig gleich. Ihre häusliche Tätigkeit wurde höchlich gerühmt. Ohne daß sie gesprächig gewesen wäre, konnte man an ihren Äußerungen einen geraden Verstand und eine natürliche Bildung erkennen. Nun war es leicht, einer solchen Person mit Freundlichkeit und Achtung zu begegnen; schon vorher war ich gewohnt, es aus allgemeinem Gefühl zu tun, jetzt wirkte bei mir ein herkömmliches Wohlwollen als gesellige Pflicht. Wie uns nun aber das

Los zum dritten Male zusammenbrachte, so erklärte der neckische Gesetzgeber feierlichst: der Himmel habe gesprochen,
und wir könnten nunmehr nicht geschieden werden. Wir ließen es uns beiderseits gefallen und fügten uns wechselweise so
hübsch in die offenbaren Ehestandspflichten, daß wir wirklich
für ein Muster gelten konnten. Da nun, nach der allgemeinen
Verfassung, die sämtlichen für den Abend vereinten Paare sich
auf die wenigen Stunden mit Du anreden mußten, so waren
wir dieser traulichen Anrede durch eine Reihe von Wochen so
gewohnt, daß auch in der Zwischenzeit, wenn wir uns begegneten, das Du gemütlich hervorsprang. Die Gewohnheit ist
aber ein wunderliches Ding: wir beide fanden nach und nach
nichts natürlicher als dieses Verhältnis, sie ward mir immer
werter, und ihre Art, mit mir zu sein, zeugte von einem schönen ruhigen Vertrauen, so daß wir uns wohl gelegentlich,
wenn ein Priester zugegen gewesen wäre, ohne vieles Bedenken auf der Stelle hätten zusammengeben lassen.

Weil nun bei jeder unserer geselligen Zusammenkünfte etwas
Neues vorgelesen werden mußte, so brachte ich eines Abends,
als ganz frische Neuigkeit, das Memoire des Beaumarchais gegen Clavigo im Original mit. Es erwarb sich sehr vielen Beifall;
die Bemerkungen, zu denen es auffordert, blieben nicht aus,
und nachdem man viel darüber hin und wider gesprochen hatte, sagte mein lieber Partner: ›Wenn ich deine Gebieterin und
nicht deine Frau wäre, so würde ich dich ersuchen, dieses Memoire in ein Schauspiel zu verwandeln; es scheint mir ganz
dazu geeignet zu sein.‹ – Damit du siehst, meine Liebe, antwortete ich, daß Gebieterin und Frau auch in *einer* Person vereinigt
sein können, so verspreche ich, heute über acht Tage den Gegenstand dieses Heftes als Theaterstück vorzulesen, wie es jetzt
mit diesen Blättern geschehen. – Man verwunderte sich über
ein so kühnes Versprechen, und ich säumte nicht, es zu erfüllen.
Denn was man in solchen Fällen Erfindung nennt, war bei mir
augenblicklich; und gleich, als ich meine Titulargattin nach

Hause führte, war ich still; sie fragte, was mir sei? – Ich sinne, versetzte ich, schon das Stück aus und bin mitten drin; ich wünsche dir zu zeigen, daß ich dir gerne etwas zuliebe tue. – Sie drückte mir die Hand, und als ich sie dagegen eifrig küßte, sagte sie: ›Du mußt nicht aus der Rolle fallen! Zärtlich zu sein, meinen die Leute, schicke sich nicht für Ehegatten.‹ – Laß sie meinen, versetzte ich, wir wollen es auf unsere Weise halten. Ehe ich, freilich durch einen großen Umweg, nach Hause kam, war das Stück schon ziemlich herangedacht; damit dies aber nicht gar zu großsprecherisch scheine, so will ich gestehen, daß schon beim ersten und zweiten Lesen der Gegenstand mir dramatisch, ja theatralisch vorgekommen, aber ohne eine solche Anregung wäre das Stück, wie so viele andere, auch bloß unter den möglichen Geburten geblieben. Wie ich dabei verfahren, ist bekannt genug. Der Bösewichter müde, die aus Rache, Haß oder kleinlichen Absichten sich einer edlen Natur entgegensetzen und sie zugrunde richten, wollt ich in Carlos den reinen Weltverstand mit wahrer Freundschaft gegen Leidenschaft, Neigung und äußere Bedrängnis wirken lassen, um auch einmal auf diese Weise eine Tragödie zu motivieren. Berechtigt durch unsern Altvater Shakespeare, nahm ich nicht einen Augenblick Anstand, die Hauptszene und die eigentlich theatralische Darstellung wörtlich zu übersetzen. Um zuletzt abzuschließen, entlehn ich den Schluß einer englischen Ballade, und so war ich immer noch eher fertig, als der Freitag herankam. Die gute Wirkung, die ich beim Vorlesen erreichte, wird man mir leicht zugestehen. Meine gebietende Gattin erfreute sich nicht wenig daran, und es war, als wenn unser Verhältnis, wie durch eine geistige Nachkommenschaft, durch diese Produktion sich enger zusammenzöge und befestigte.

Mephistopheles Merck aber tat mir zum ersten Mal hier einen großen Schaden. Denn als ich ihm das Stück mitteilte, erwiderte er: ›Solch einen Quark mußt du mir künftig nicht mehr schreiben; das können die andern auch.‹ Und doch hatt' er hierin unrecht. Muß ja doch nicht alles über alle Begriffe hinausgehen, die man nun einmal gefaßt hat; es ist auch gut, wenn manches sich an den gewöhnlichen Sinn anschließt. Hätte ich damals ein Dutzend Stücke der Art geschrieben, welches mir bei einiger Aufmunterung ein leichtes gewesen wäre, so hätten sich vielleicht drei oder vier davon auf dem Theater erhalten. Jede Direktion, die ihr Repertorium zu schätzen weiß, kann sagen, was das für ein Vorteil wäre.

Durch solche und andre geistreiche Scherze ward unser wunderliches Mariage-Spiel wo nicht zum Stadt-, doch zum Familienmärchen, das den Müttern unserer Schönen gar nicht unangenehm in die Ohren klang. Auch meiner Mutter war ein solcher Zufall nicht zuwider; sie begünstigte schon früher das Frauenzimmer, mit dem ich in ein so seltsames Verhältnis gekommen war, und mochte ihr zutrauen, daß sie eine ebenso gute Schwiegertochter als Gattin werden könnte. Jenes unbestimmte Rumoren, in welchem ich mich schon seit geraumer Zeit herumtrieb, wollte ihr nicht behagen, und wirklich hatte sie auch die größte Beschwerde davon. Sie war es, welche die zuströmenden Gäste reichlich bewirten mußte, ohne sich für die literarische Einquartierung anders als durch die Ehre, die man ihrem Sohne antat, ihn zu beschmausen, entschädigt zu sehen. Ferner war es ihr klar, daß so viele junge Leute, sämtlich ohne Vermögen, nicht allein zum Wissen und Dichten, sondern auch zum lustigen Leben versammelt, sich untereinander und zuletzt am sichersten mir, dessen leichtsinnige Freigebigkeit und Verbürgungslust sie kannte, zur Last und zum Schaden gereichen würden.

Sie hielt daher die schon längst bezweckte italienische Reise, die der Vater wieder in Anregung brachte, für das sicherste Mittel, alle diese Verhältnisse auf einmal durchzuschneiden. Damit aber ja nicht wieder in der weiten Welt sich neues Gefährliche anschließen möge, so dachte sie vorher die schon eingeleitete Verbindung zu befestigen, damit eine Rückkehr ins Vaterland wünschenswerter und eine endliche Bestimmung entschieden werde. Ob ich ihr diesen Plan nun unterlege oder ob sie ihn deutlich, vielleicht mit der seligen Freundin, entworfen, möchte ich nicht entscheiden: genug, ihre Handlungen schienen auf einen bedachten Vorsatz gegründet. Denn ich hatte manchmal zu vernehmen, unser Familienkreis sei nach Verheiratung Corneliens doch gar zu eng; man wollte finden, daß mir eine Schwester, der Mutter eine Gehülfin, dem Vater ein Lehrling abgehe; und bei diesen Reden blieb es nicht. Es ergab sich wie von ungefähr, daß meine Eltern jenem Frauenzimmer auf einem Spaziergang begegneten, sie in den Garten einluden und sich mit ihr längere Zeit unterhielten. Hierüber ward nun beim Abendtische gescherzt und mit einem gewissen Behagen bemerkt, daß sie dem Vater wohlgefallen, indem sie die Haupteigenschaften, die er als ein Kenner von einem Frauenzimmer fordere, sämtlich besitze.

Hierauf ward im ersten Stock eins und das andere veranstaltet, eben als wenn man Gäste zu erwarten habe, das Leinwandgeräte gemustert und auch an einigen bisher vernachlässigten Hausrat gedacht. Da überraschte ich nun einst meine Mutter, als sie in einer Bodenkammer die alten Wiegen betrachtete, worunter eine übergroße von Nußbaum, mit Elfenbein und Ebenholz eingelegt, die mich ehemals geschwenkt hatte, besonders hervorstach. Sie schien nicht ganz zufrieden, als ich ihr bemerkte, daß solche Schaukelkasten nunmehr völlig aus der Mode seien und daß man die Kinder mit freien Gliedern in einem artigen Körbchen, an einem Bande über die Schulter, wie andre kurze Ware, zur Schau trage.

Genug, dergleichen Vorboten zu erneuernder Häuslichkeit zeigten sich öfter, und da ich mich dabei ganz leidend verhielt, so verbreitete sich durch den Gedanken an einen Zustand, der fürs Leben dauern sollte, ein solcher Friede über unser Haus und dessen Bewohner, dergleichen es lange nicht genossen hatte.

VIERTER TEIL

Nemo contra deum nisi deus ipse.

VORWORT

Bei Behandlung einer mannigfaltig vorschreitenden Lebensgeschichte, wie die ist, die wir zu unternehmen gewagt haben,
kommen wir, um gewisse Ereignisse faßlich und lesbar zu machen, in den Fall, einiges, was in der Zeit sich verschlingt, notwendig zu trennen, anderes, was nur durch eine Folge begriffen
werden kann, in sich selbst zusammenzuziehen und so das
Ganze in Teile zusammenzustellen, die man sinnig überschau-
end beurteilen und sich davon manches zueignen mag.

Mit dieser Betrachtung eröffnen wir den gegenwärtigen Band,
damit sie zu Rechtfertigung unsers Verfahrens beitrage, und
fügen die Bitte hinzu, unsre Leser möchten bedenken, daß sich
diese hier fortgesetzte Erzählung nicht gerade ans Ende des vorigen Buches anschließt, sondern daß sie die Hauptfäden sämtlich nach und nach wieder aufzunehmen und sowohl Personen
als Gesinnungen und Handlungen in einer redlich gründlichen
Folge vorzuführen die Absicht hat.

SECHZEHNTES BUCH

Wie man zu sagen pflegt, daß kein Unglück allein kommt, so läßt sich auch wohl bemerken, daß es mit dem Glück ähnlicherweise beschaffen sei; ja auch mit anderen Umständen, die sich auf eine harmonische Weise um uns versammeln; es sei nun, daß ein Schicksal dergleichen auf uns lege oder daß der Mensch die Kraft habe, das, was zusammengehört, an sich heranzuziehen.

Wenigstens machte ich diesmal die Erfahrung, daß alles übereinstimmte, um einen äußeren und inneren Frieden hervorzubringen. Jener ward mir zuteil, indem ich den Ausgang dessen gelassen abwartete, was man für mich im Sinne hegte und vornahm; zu diesem aber sollte ich durch erneute Studien gelangen.

Ich hatte lange nicht an Spinoza gedacht, und nun ward ich durch Widerrede zu ihm getrieben. In unsrer Bibliothek fand ich ein Büchlein, dessen Autor gegen jenen eigenen Denker heftig kämpfte und, um dabei recht wirksam zu Werke zu gehen, Spinozas Bildnis dem Titel gegenübergesetzt hatte mit der Unterschrift: Signum reprobationis in vultu gerens, daß er nämlich das Zeichen der Verwerfung und Verworfenheit im Angesicht trage. Dieses konnte man freilich bei Erblickung des Bildes nicht leugnen, denn der Kupferstich war erbärmlich schlecht und eine vollkommne Fratze; wobei mir denn jene Gegner einfallen mußten, die irgend jemand, dem sie mißwollen, zuvörderst entstellen und dann als ein Ungeheuer bekämpfen.

Dieses Büchlein jedoch machte keinen Eindruck auf mich, weil ich überhaupt Kontroversen nicht liebte, indem ich immer vorzog, von dem Menschen zu erfahren, wie er dachte, als von einem andern zu hören, wie er hätte denken sollen. Doch führte mich die Neugierde auf den Artikel ›Spinoza‹ in Bayles Wörterbuch, einem Werke, das wegen Gelehrsamkeit und Scharf-

743

sinn ebenso schätzbar und nützlich als wegen Klätscherei und Salbaderei lächerlich und schädlich ist.

Der Artikel ›Spinoza‹ erregte in mir Unbehagen und Mißtrauen. Zuerst wird der Mann als Atheist und seine Meinungen als höchst verwerflich angegeben; sodann aber zugestanden, daß er ein ruhig nachdenkender und seinen Studien obliegender Mann, ein guter Staatsbürger, ein mitteilender Mensch, ein ruhiger Partikulier gewesen; und so schien man ganz das evangelische Wort vergessen zu haben: An ihren Früchten sollt ihr sie erkennen! – denn wie will doch ein Menschen und Gott gefälliges Leben aus verderblichen Grundsätzen entspringen?

Ich erinnerte mich noch gar wohl, welche Beruhigung und Klarheit über mich gekommen, als ich einst die nachgelassenen Werke jenes merkwürdigen Mannes durchblättert. Diese Wirkung war mir noch ganz deutlich, ohne daß ich mich des einzelnen hätte erinnern können; ich eilte daher abermals zu den Werken, denen ich so viel schuldig geworden, und dieselbe Friedensluft wehte mich wieder an. Ich ergab mich dieser Lektüre und glaubte, indem ich in mich selbst schaute, die Welt niemals so deutlich erblickt zu haben.

Da über diesen Gegenstand so viel und auch in der neuern Zeit gestritten worden, so wünschte ich, nicht mißverstanden zu werden, und will hier einiges über jene so gefürchtete, ja verabscheute Vorstellungsart einzurücken nicht unterlassen.

Unser physisches sowohl als geselliges Leben, Sitten, Gewohnheiten, Weltklugheit, Philosophie, Religion, ja so manches zufällige Ereignis, alles ruft uns zu, daß wir *entsagen* sollen. So manches, was uns innerlich eigenst angehört, sollen wir nicht nach außen hervorbilden; was wir von außen zu Ergänzung unsres Wesens bedürfen, wird uns entzogen, dagegen aber so vieles aufgedrungen, das uns so fremd als lästig ist. Man beraubt uns des mühsam Erworbenen, des freundlich Gestatteten, und ehe wir hierüber recht ins klare sind, finden wir uns genötigt, unsere Persönlichkeit erst stückweis und dann völlig aufzuheben. Dabei ist es aber hergebracht, daß man denjenigen nicht achtet, der sich deshalb ungebärdig stellt; vielmehr soll man, je bittrer der Kelch ist, eine desto süßere Miene machen, damit ja der gelassene Zuschauer nicht durch irgendeine Grimasse beleidigt werde.

Diese schwere Aufgabe jedoch zu lösen, hat die Natur den Menschen mit reichlicher Kraft, Tätigkeit und Zähigkeit ausgestattet. Besonders aber kommt ihm der Leichtsinn zu Hülfe, der ihm unzerstörlich verliehen ist. Hierdurch wird er fähig, dem einzelnen in jedem Augenblick zu entsagen, wenn er nur im nächsten Moment nach etwas Neuem greifen darf; und so stellen wir uns unbewußt unser ganzes Leben immer wieder her. Wir setzen eine Leidenschaft an die Stelle der andern; Beschäftigungen, Neigungen, Liebhabereien, Steckenpferde, alles probieren wir durch, um zuletzt auszurufen, daß alles eitel sei. Niemand entsetzt sich vor diesem falschen, ja gotteslästerlichen Spruch; ja man glaubt etwas Weises und Unwiderlegliches gesagt zu haben. Nur wenige Menschen gibt es, die solche unerträgliche Empfindung vorausahnden und, um allen partiellen Resignationen auszuweichen, sich ein für allemal im ganzen resignieren.

Diese überzeugen sich von dem Ewigen, Notwendigen, Gesetzlichen und suchen sich solche Begriffe zu bilden, welche unverwüstlich sind, ja durch die Betrachtung des Vergänglichen nicht aufgehoben, sondern vielmehr bestätigt werden. Weil aber hierin wirklich etwas Übermenschliches liegt, so werden solche Personen gewöhnlich für Unmenschen gehalten, für Gott- und Weltlose; ja man weiß nicht, was man ihnen alles für Hörner und Klauen andichten soll.

Mein Zutrauen auf Spinoza ruhte auf der friedlichen Wirkung, die er in mir hervorbrachte, und es vermehrte sich nur, als man meine werten Mystiker des Spinozismus anklagte, als ich erfuhr, daß Leibniz selbst diesem Vorwurf nicht entgehen können, ja daß Boerhaave, wegen gleicher Gesinnungen verdächtig, von der Theologie zur Medizin übergehen müssen.

Denke man aber nicht, daß ich seine Schriften hätte unterschreiben und mich dazu buchstäblich bekennen mögen. Denn daß niemand den andern versteht, daß keiner bei denselben Worten dasselbe, was der andere denkt, daß ein Gespräch, eine Lektüre bei verschiedenen Personen verschiedene Gedankenfolgen aufregt, hatte ich schon allzu deutlich eingesehen, und man wird dem Verfasser von ›Werther‹ und ›Faust‹ wohl zutrauen, daß er, von solchen Mißverständnissen tief durchdrungen, nicht selbst den Dünkel gehegt, einen Mann vollkommen zu verstehen, der als Schüler von Descartes durch mathematische und rabbinische Kultur sich zu dem Gipfel des Denkens hervorgehoben; der bis auf den heutigen Tag noch das Ziel aller spekulativen Bemühungen zu sein scheint.

Was ich mir aber aus ihm zugeeignet, würde sich deutlich genug darstellen, wenn der Besuch, den der Ewige Jude bei Spinoza abgelegt und den ich als ein wertes Ingrediens zu jenem Gedichte mir ausgedacht hatte, niedergeschrieben übriggeblieben wäre. Ich gefiel mir aber in dem Gedanken so wohl und beschäftigte mich im stillen so gern damit, daß ich nicht dazu gelangte, etwas aufzuschreiben; dadurch erweiterte sich aber der Einfall, der als vorübergehender Scherz nicht ohne Verdienst gewesen wäre, dergestalt, daß er seine Anmut verlor und ich ihn als lästig aus dem Sinne schlug. Inwiefern mir aber die Hauptpunkte jenes Verhältnisses zu Spinoza unvergeßlich geblieben sind, indem sie eine große Wirkung auf die Folge meines Lebens ausübten, will ich so kurz und bündig als möglich eröffnen und darstellen.

Die Natur wirkt nach ewigen, notwendigen, dergestalt göttlichen Gesetzen, daß die Gottheit selbst daran nichts ändern könnte. Alle Menschen sind hierin unbewußt vollkommen einig. Man bedenke, wie eine Naturerscheinung, die auf Verstand, Vernunft, ja auch nur auf Willkür deutet, uns Erstaunen, ja Entsetzen bringt.

Wenn sich in Tieren etwas Vernunftähnliches hervortut, so können wir uns von unserer Verwunderung nicht erholen; denn ob sie uns gleich so nahe stehen, so scheinen sie doch durch eine unendliche Kluft von uns getrennt und in das Reich der Notwendigkeit verwiesen. Man kann es daher jenen Denkern nicht übelnehmen, welche die unendlich kunstreiche, aber doch genau beschränkte Technik jener Geschöpfe für ganz maschinenmäßig erklärten.

Wenden wir uns zu den Pflanzen, so wird unsre Behauptung noch auffallender bestätigt. Man gebe sich Rechenschaft von der Empfindung, die uns ergreift, wenn die berührte Mimosa ihre gefiederten Blätter paarweise zusammenfaltet und endlich das Stielchen wie an einem Gewerbe niederklappt. Noch höher steigt jene Empfindung, der ich keinen Namen geben will, bei Betrachtung des Hedysarum gyrans, das seine Blättchen, ohne sichtlich äußere Veranlassung, auf und nieder senkt und mit sich selbst wie mit unsern Begriffen zu spielen scheint. Denke man sich einen Pisang, dem diese Gabe zugeteilt wäre, so daß er die ungeheuren Blätterschirme für sich selbst wechselweise niedersenkte und aufhübe, jedermann, der es zum ersten Mal sähe, würde vor Entsetzen zurücktreten. So eingewurzelt ist bei uns der Begriff unsrer eignen Vorzüge, daß wir ein für allemal der Außenwelt keinen Teil daran gönnen mögen, ja daß wir dieselben, wenn es nur anginge, sogar unsresgleichen gerne verkümmerten.

Ein ähnliches Entsetzen überfällt uns dagegen, wenn wir den Menschen unvernünftig gegen allgemein anerkannte sittliche Gesetze, unverständlich gegen seinen eignen und fremden Vorteil handeln sehen. Um das Grauen loszuwerden, das wir dabei empfinden, verwandeln wir es sogleich in Tadel, in Abscheu, und wir suchen uns von einem solchen Menschen entweder wirklich oder in Gedanken zu befreien.

Diesen Gegensatz, welchen Spinoza so kräftig heraushebt, wendete ich aber auf mein eignes Wesen sehr wunderlich an, und das Vorhergesagte soll eigentlich nur dazu dienen, um das, was folgt, begreiflich zu machen.

Ich war dazu gelangt, das mir inwohnende dichterische Talent ganz als Natur zu betrachten, um so mehr, als ich darauf gewiesen war, die äußere Natur als den Gegenstand desselben anzusehen. Die Ausübung dieser Dichtergabe konnte zwar durch Veranlassung erregt und bestimmt werden; aber am freudigsten und reichlichsten trat sie unwillkürlich, ja wider Willen hervor.

> Durch Feld und Wald zu schweifen,
> Mein Liedchen wegzupfeifen,
> So gings den ganzen Tag.

Auch beim nächtlichen Erwachen trat derselbe Fall ein, und ich hatte oft Lust, wie einer meiner Vorgänger, mir ein ledernes Wams machen zu lassen und mich zu gewöhnen, im Finstern durchs Gefühl das, was unvermutet hervorbrach, zu fixieren. Ich war so gewohnt, mir ein Liedchen vorzusagen, ohne es wieder zusammenfinden zu können, daß ich einigemal an den Pult rannte und mir nicht die Zeit nahm, einen quer liegenden Bogen zurechtzurücken, sondern das Gedicht von Anfang bis zu Ende, ohne mich von der Stelle zu rühren, in der Diagonale herunterschrieb. In eben diesem Sinne griff ich weit lieber zum Bleistift, welcher williger die Züge hergab: denn es war mir einigemal begegnet, daß das Schnarren und Spritzen der Feder mich aus meinem nachtwandlerischen Dichten aufweckte, mich zerstreute und ein kleines Produkt in der Geburt erstickte. Für solche Poesien hatte ich eine besondere Ehrfurcht, weil ich mich doch ohngefähr gegen dieselben verhielt wie die Henne gegen die Küchlein, die sie ausgebrütet um sich her piepsen sieht. Meine frühere Lust, diese Dinge nur durch Vorlesungen mitzuteilen, erneute sich wieder; sie aber gegen Geld umzutauschen schien mir abscheulich.

Hiebei will ich eines Falles gedenken, der zwar später eintrat. Als nämlich meinen Arbeiten immer mehr nachgefragt, ja eine Sammlung derselben verlangt wurde, jene Gesinnungen aber mich abhielten, eine solche selbst zu veranstalten, so benutzte Himburg mein Zaudern, und ich erhielt unerwartet einige Exemplare meiner zusammengedruckten Werke. Mit großer Frechheit wußte sich dieser unberufene Verleger eines solchen dem Publikum erzeigten Dienstes gegen mich zu rühmen und erbot sich, mir dagegen, wenn ich es verlangte, etwas Berliner Porzellan zu senden. Bei dieser Gelegenheit mußte mir einfallen, daß die Berliner Juden, wenn sie sich verheirateten, eine gewisse Partie Porzellan zu nehmen verpflichtet waren, damit die königliche Fabrik einen sichern Absatz hätte. Die Verachtung, welche daraus gegen den unverschämten Nachdrucker entstand, ließ mich den Verdruß übertragen, den ich bei diesem Raub empfinden mußte. Ich antwortete ihm nicht, und indessen er sich an meinem Eigentum gar wohl behaben mochte, rächte ich mich im stillen mit folgenden Versen:

> Holde Zeugen süß verträumter Jahre,
> Falbe Blumen, abgeweihte Haare,
> Schleier, leicht geknickt, verblichne Bänder,
> Abgeklungener Liebe Trauerpfänder,
> Schon gewidmet meines Herdes Flammen,
> Rafft der freche Sosias zusammen,
> Eben als wenn Dichterwerk und Ehre
> Ihm durch Erbschaft zugefallen wäre;
> Und mir Lebendem soll sein Betragen
> Wohl am Tee- und Kaffeetisch behagen?
> Weg das Porzellan, das Zuckerbrot!
> Für die Himburgs bin ich tot.

Da jedoch eben die Natur, die dergleichen größere und kleinere

749

Werke unaufgefordert in mir hervorbrachte, manchmal in großen Pausen ruhte und ich in einer langen Zeitstrecke selbst mit Willen nichts hervorzubringen imstande war und daher öfters Langeweile empfand, so trat mir bei jenem strengen Gegensatz der Gedanke entgegen, ob ich nicht von der andern Seite das, was anderer Nutzen und Vorteil gebrauchen und die Zwischenzeit, wie ich es ja auch schon getan und wie ich immer stärker aufgefordert wurde, den Weltgeschäften widmen und dergestalt nichts von meinen Kräften ungebraucht lassen sollte. Ich fand dieses, was aus jenen allgemeinen Begriffen hervorzugehen schien, mit meinem Wesen, mit meiner Lage so übereinstimmend, daß ich den Entschluß faßte, auf diese Weise zu handeln und mein bisheriges Schwanken und Zaudern dadurch zu bestimmen. Sehr angenehm war mir zu denken, daß ich für wirkliche Dienste von den Menschen auch reellen Lohn fordern, jene liebliche Naturgabe dagegen als ein Heiliges uneigennützig auszuspenden fortfahren dürfte. Durch diese Betrachtung rettete ich mich von der Bitterkeit, die sich in mir hätte erzeugen können, wenn ich bemerken mußte, daß gerade das so sehr gesuchte und bewunderte Talent in Deutschland als außer dem Gesetz und vogelfrei behandelt werde. Denn nicht allein in Berlin hielt man den Nachdruck für etwas Zulässiges, ja Lustiges, sondern der ehrwürdige, wegen seiner Regententugenden gepriesene Markgraf von Baden, der zu so vielen Hoffnungen berechtigende Kaiser Joseph begünstigten, jener seinen Macklot, dieser seinen Edlen von Trattner, und es war ausgesprochen, daß die Rechte sowie das Eigentum des Genies dem Handwerker und Fabrikanten unbedingt preisgegeben seien. Als wir uns einst hierüber bei einem besuchenden Badenser beklagten, erzählte er uns folgende Geschichte: Die Frau Markgräfin, als eine tätige Dame, habe auch eine Papierfabrik angelegt, die Ware sei aber so schlecht geworden, daß man sie nirgends habe unterbringen können. Darauf habe Buchhändler Macklot den Vorschlag getan, die deutschen

Dichter und Prosaisten auf dieses Papier abzudrucken, um dadurch seinen Wert in etwas zu erhöhen. Mit beiden Händen habe man dieses angenommen.

Wir erklärten zwar diese böse Nachrede für ein Märchen, ergetzten uns aber doch daran. Der Name Macklot ward zu gleicher Zeit für einen Schimpfnamen erklärt und bei schlechten Begebenheiten wiederholt gebraucht. Und so fand sich eine leichtsinnige Jugend, welche gar manchmal borgen mußte, indes die Niederträchtigkeit sich an ihren Talenten bereicherte, durch ein paar gute Einfälle hinreichend entschädigt.

Glückliche Kinder und Jünglinge wandeln in einer Art von Trunkenheit vor sich hin, die sich dadurch besonders bemerklich macht, daß die Guten, Unschuldigen das Verhältnis der jedesmaligen Umgebung kaum zu bemerken, noch weniger anzuerkennen wissen. Sie sehen die Welt als einen Stoff an, den sie bilden, als einen Vorrat, dessen sie sich bemächtigen sollen. Alles gehört ihnen an, ihrem Willen scheint alles durchdringlich; gar oft verlieren sie sich deshalb in einem wilden wüsten Wesen. Bei den Bessern jedoch entfaltet sich diese Richtung zu einem sittlichen Enthusiasmus, der sich nach Gelegenheit zu irgendeinem wirklichen oder scheinbaren Guten aus eignem Triebe hinbewegt, sich aber auch öfters leiten, führen und verführen läßt.

Der Jüngling, von dem wir uns unterhalten, war in einem solchen Falle, und wenn er den Menschen auch seltsam vorkam, so erschien er doch gar manchem willkommen. Gleich bei dem ersten Zusammentreten fand man einen unbedingten Freisinn, eine heitere Offenherzigkeit im Gespräch und ein gelegentliches Handeln ohne Bedenken. Von letzterem einige Geschichten.

In der sehr eng ineinander gebauten Judengasse war ein heftiger Brand entstanden. Mein allgemeines Wohlwollen, die daraus entspringende Lust zu tätiger Hülfe trieb mich, gut angekleidet

wie ich ging und stand dahin. Man hatte von der Allerheiligen-
gasse her durchgebrochen; an diesen Zugang verfügt ich mich.
Ich fand daselbst eine große Anzahl Menschen mit Wassertra-
gen beschäftigt, mit vollen Eimern sich hindrängend, mit lee-
ren herwärts. Ich sah gar bald, daß, wenn man eine Gasse bildete, wo man die Eimer herauf- und herabreichte, die Hülfe die
doppelte sein würde. Ich ergriff zwei volle Eimer und blieb stehen, rief andere an mich heran, den Kommenden wurde die
Last abgenommen, und die Rückkehrenden reihten sich auf der
anderen Seite. Die Anstalt fand Beifall, mein Zureden und persönliche Teilnahme ward begünstigt, und die Gasse, vom
Eintritt bis zum brennenden Ziele, war bald vollendet und geschlossen. Kaum aber hatte die Heiterkeit, womit dies geschehen, eine frohe, man kann sagen eine lustige Stimmung in
dieser lebendigen zweckmäßig wirkenden Maschine aufgeregt,
als der Mutwille sich schon hervortat und der Schadenfreude
Raum gab. Armselige Flüchtende, ihre jammervolle Habe auf
dem Rücken schleppend, mußten, einmal in die bequeme
Gasse geraten, unausweichlich hindurch und blieben nicht un-
angefochten. Mutwillige Knaben-Jünglinge spritzten sie an
und fügten Verachtung und Unart noch dem Elend hinzu.
Gleich aber, durch mäßiges Zureden und rednerische Straf-
worte, mit Rücksicht wahrscheinlich auf meine reinlichen
Kleider, die ich vernachlässigte, ward der Frevel eingestellt.
Neugierige meiner Freunde waren herangetreten, den Unfall
zu beschauen, und schienen verwundert, ihren Gesellen in
Schuhen und seidenen Strümpfen – denn anders ging man damals nicht – in diesem feuchten Geschäfte zu sehen. Wenige
konnt ich heranziehen, andere lachten und schüttelten die
Köpfe. Wir hielten lange stand, denn bei manchen Abtretenden
verstanden sich auch manche dazu, sich anzuschließen; viele
Schaulustige folgten aufeinander, und so ward mein unschul-
diges Wagnis allgemein bekannt, und die wunderliche Lizenz
mußte zur Stadtgeschichte des Tages werden.

Ein solcher Leichtsinn im Handeln nach irgendeiner gutmütigen heitern Grille, hervortretend aus einem glücklichen Selbstgefühl, was von den Menschen leicht als Eitelkeit getadelt wird, machte unsern Freund auch noch durch andere Wunderlichkeiten bemerklich.

Ein sehr harter Winter hatte den Main völlig mit Eis bedeckt und in einen festen Boden verwandelt. Der lebhafteste, notwendige und lustig-gesellige Verkehr regte sich auf dem Eise. Grenzenlose Schrittschuhbahnen, glattgefrorne weite Flächen wimmelten von bewegter Versammlung. Ich fehlte nicht vom frühen Morgen an und war also, wie späterhin meine Mutter, dem Schauspiel zuzusehen, angefahren kam, als leicht gekleidet wirklich durchgefroren. Sie saß im Wagen in ihrem roten Sammetpelze, der, auf der Brust mit starken goldenen Schnüren und Quasten zusammengehalten, ganz stattlich aussah. – Geben Sie mir, liebe Mutter, Ihren Pelz! rief ich aus dem Stegreife, ohne mich weiter besonnen zu haben, mich friert grimmig. Auch sie bedachte nichts weiter; im Augenblicke hatte ich den Pelz an, der, purpurfarb, bis an die Waden reichend, mit Zobel verbrämt, mit Gold geschmückt, zu der braunen Pelzmütze, die ich trug, gar nicht übel kleidete. So fuhr ich sorglos auf und ab; auch war das Gedränge so groß, daß man die seltene Erscheinung nicht einmal sonderlich bemerkte, obschon einigermaßen: denn man rechnete mir sie später unter meinen Anomalien im Ernst und Scherze wohl einmal wieder vor.

Nach solchen Erinnerungen eines glücklichen unbedachten Handelns schreiten wir an dem eigentlichen Faden unsrer Erzählung fort.

Ein geistreicher Franzos hat schon gesagt: wenn irgendein guter Kopf die Aufmerksamkeit des Publikums durch ein verdienstliches Werk auf sich gezogen hat, so tut man das möglichste, um zu verhindern, daß er jemals dergleichen wieder hervorbringt.

Es ist so wahr: irgend etwas Gutes, Geistreiches wird in stiller abgesonderter Jugend hervorgebracht, der Beifall wird erworben, aber die Unabhängigkeit verloren; man zerrt das konzentrierte Talent in die Zerstreuung, weil man denkt, man könne von seiner Persönlichkeit etwas abzupfen und sich zueignen.

In diesem Sinne erhielt ich manche Einladungen, oder nicht sowohl Einladungen: ein Freund, ein Bekannter schlug mir vor, gar oft mehr als dringend, mich da oder dort einzuführen.

Der quasi Fremde, angekündigt als Bär, wegen oftmaligen unfreundlichen Abweisens, dann wieder als Hurone Voltaires, Cumberlands Westindier, als Naturkind bei so vielen Talenten, erregte die Neugierde, und so beschäftigte man sich in verschiedenen Häusern mit schicklichen Negotiationen, ihn zu sehen.

Unter andern ersuchte mich ein Freund eines Abends, mit ihm ein kleines Konzert zu besuchen, welches in einem angesehenen reformierten Handelshause gegeben wurde. Es war schon spät; doch weil ich alles aus dem Stegreife liebte, folgte ich ihm, wie gewöhnlich anständig angezogen. Wir traten in ein Zimmer gleicher Erde, in das eigentliche geräumige Wohnzimmer. Die Gesellschaft war zahlreich; ein Flügel stand in der Mitte, an den sich sogleich die einzige Tochter des Hauses niedersetzte und mit bedeutender Fertigkeit und Anmut spielte. Ich stand am unteren Ende des Flügels, um ihre Gestalt und Wesen nahe genug bemerken zu können; sie hatte etwas Kindartiges in ihrem Betragen; die Bewegungen, wozu das Spiel sie nötigte, waren ungezwungen und leicht. Nach geendigter Sonate trat sie ans Ende des Pianos gegen mir über; wir begrüßten uns ohne weitere Rede, denn ein Quartett war schon angegangen. Am Schlusse trat ich etwas näher und sagte einiges Verbindliche: wie sehr es mich freue, daß die erste Bekanntschaft mich auch zugleich mit ihrem Talent bekannt gemacht habe. Sie wußte sehr artig meine Worte zu erwidern, behielt ihre Stellung und ich die meinige. Ich konnte bemerken, daß sie mich

LILI

»Die Gesellschaft war zahlreich; ein Flügel stand in der Mitte, an den sich sogleich die einzige Tochter des Hauses niedersetzte und mit bedeutender Fertigkeit und Anmut spielte... ich konnte nicht ohne sie, sie nicht ohne mich sein; aber in den Umgebungen und bei den Einwirkungen einzelner Glieder ihres Kreises, was ergaben sich da oft für Mißtage und Fehlstunden!«

aufmerksam betrachtete und daß ich ganz eigentlich zur Schau stand, welches ich mir wohl konnte gefallen lassen, da man auch mir etwas gar Anmutiges zu schauen gab. Indessen blickten wir einander an, und ich will nicht leugnen, daß ich eine Anziehungskraft von der sanftesten Art zu empfinden glaubte. Das Hin- und Herwogen der Gesellschaft und ihrer Leistungen verhinderte jedoch jede andere Art von Annäherung diesen Abend. Doch muß ich eine angenehme Empfindung gestehen, als die Mutter beim Abschied zu erkennen gab, sie hofften mich bald wiederzusehen, und die Tochter mit einiger Freundlichkeit einzustimmen schien. Ich verfehlte nicht, nach schicklichen Pausen, meinen Besuch zu wiederholen, da sich denn ein heiteres verständiges Gespräch bildete, welches kein leidenschaftliches Verhältnis zu weissagen schien.

Indessen brachte die einmal eingeleitete Gastfreiheit unseres Hauses den guten Eltern und mir selbst manche Unbequemlichkeit; in meiner Richtung, die immer darauf hinging, das Höhere gewahr zu werden, es zu erkennen, es zu fördern und womöglich solches nachbildend zu gestalten, war ich dadurch in nichts weiter gebracht. Die Menschen, insofern sie gut waren, waren fromm, und insofern sie tätig waren, unklug und oft ungeschickt. Jenes konnte mir nichts helfen, und dieses verwirrte mich. Einen merkwürdigen Fall habe ich sorgfältig niedergeschrieben.

Im Anfang des Jahres 1775 meldete Jung, nachher Stilling genannt, vom Niederrhein, daß er nach Frankfurt komme, berufen, eine bedeutende Augenkur daselbst vorzunehmen; er war mir und meinen Eltern willkommen, und wir boten ihm das Quartier an.

Herr von Lersner, ein würdiger Mann in Jahren, durch Erziehung und Führung fürstlicher Kinder, verständiges Betragen bei Hof und auf Reisen überall geschätzt, erduldete schon lange das Unglück einer völligen Blindheit; doch konnte seine Sehnsucht nach Hülfe nicht ganz erlöschen. Nun hatte Jung seit einigen Jahren mit gutem Mut und frommer Dreistigkeit viele Staroperationen am Niederrhein vollbracht und sich dadurch einen ausgebreiteten Ruf erworben. Redlichkeit seiner Seele, Zuverlässigkeit des Charakters und reine Gottesfurcht bewirkten ihm ein allgemeines Zutrauen; dieses verbreitete sich stromaufwärts auf dem Wege vielfacher Handelsverbindungen. Herr von Lersner und die Seinigen, beraten von einem einsichtigen Arzte, entschlossen sich, den glücklichen Augenarzt kommen zu lassen, wenn schon ein Frankfurter Kaufmann, an dem die Kur mißglückt war, ernstlich abriet. Aber was bewies auch ein einzelner Fall gegen so viele gelungene! Doch Jung kam, nunmehr angelockt durch eine bedeutende Belohnung, deren er gewöhnlich bisher entbehrt hatte, er kam, seinen Ruf zu vermehren, getrost und freudig, und wir wünschten uns Glück zu einem so wackern und heitern Tischgenossen.

Nach mehreren ärztlichen Vorbereitungen ward nun endlich der Star auf beiden Augen gestochen; wir waren höchst gespannt; es hieß: der Patient habe nach der Operation sogleich gesehen, bis der Verband das Tageslicht wieder abgehalten. Allein es ließ sich bemerken, daß Jung nicht heiter war und daß ihm etwas auf dem Herzen lag; wie er mir denn auch auf weiteres Nachforschen bekannte, daß er wegen Ausgang der Kur in Sorgen sei. Gewöhnlich, und ich hatte selbst in Straßburg mehrmals zugesehen, schien nichts leichter in der Welt zu sein; wie es denn auch Stillingen hundertmal gelungen war. Nach vollbrachtem schmerzlosem Schnitt durch die unempfindliche Hornhaut sprang bei dem gelindesten Druck die trübe Linse von selbst heraus, der Patient erblickte sogleich die Gegenstände und mußte sich nur mit verbundenen Augen gedulden, bis eine vollbrachte Kur ihm erlaubte, sich des köstlichen Organs nach Willen und Bequemlichkeit zu bedienen. Wie mancher Arme, dem Jung dieses Glück verschafft, hatte dem Wohltäter Gottes Segen und Belohnung von oben herab gewünscht, welche nun durch diesen reichen Mann abgetragen werden sollte.

Jung bekannte, daß es diesmal so leicht und glücklich nicht hergegangen: die Linse sei nicht herausgesprungen, er habe sie holen, und zwar, weil sie angewachsen, ablösen müssen; dies sei nun nicht ohne einige Gewalt geschehen. Nun machte er sich Vorwürfe, daß er auch das andere Auge operiert habe. Allein man hatte sich fest vorgesetzt, beide zugleich vorzunehmen, an eine solche Zufälligkeit hatte man nicht gedacht und, da sie eingetreten, sich nicht sogleich erholt und besonnen. Genug, die zweite Linse kam nicht von selbst, sie mußte auch mit Unstatten abgelöst und herausgeholt werden.

Wie übel ein so gutmütiger, wohlgesinnter, gottesfürchtiger Mann in einem solchen Falle dran sei, läßt keine Beschreibung noch Entwickelung zu; etwas Allgemeines über eine solche Sinnesart steht vielleicht hier am rechten Platze.

Auf eigene moralische Bildung loszuarbeiten, ist das Einfachste und Tunlichste, was der Mensch vornehmen kann; der Trieb dazu ist ihm angeboren; er wird durch Menschenverstand und Liebe dazu im bürgerlichen Leben geleitet, ja gedrängt.

Stilling lebte in einem sittlich religiosen Liebesgefühl; ohne Mitteilung, ohne guten Gegenwillen konnte er nicht existieren: er forderte wechselseitige Neigung; wo man ihn nicht kannte, war er still; wo man den Bekannten nicht liebte, war er traurig; deswegen befand er sich am besten mit solchen wohlgesinnten Menschen, die in einem beschränkten ruhigen Berufskreise mit einiger Bequemlichkeit sich zu vollenden beschäftigt sind.

Diesen gelingt nun wohl, die Eitelkeit abzutun, dem Bestreben nach äußerer Ehre zu entsagen, Behutsamkeit im Sprechen sich anzueignen, gegen Genossen und Nachbarn ein freundliches gleiches Betragen auszuüben.

Oft liegt hier eine dunkle Geistesform zu Grunde, durch Individualität modifiziert; solche Personen, zufällig angeregt, legen große Wichtigkeit auf ihre empirische Laufbahn; man hält alles für übernatürliche Bestimmung, mit der Überzeugung, daß Gott unmittelbar einwirke.

Dabei ist im Menschen eine gewisse Neigung, in seinem Zustand zu verharren, zugleich aber auch sich stoßen und führen zu lassen, und eine gewisse Unentschlossenheit, selbst zu handeln. Diese vermehrt sich bei Mißlingen der verständigsten Plane sowie durch zufälliges Gelingen günstig zusammentreffender unvorhergesehener Umstände.

Wie nun durch eine solche Lebensweise ein aufmerksames männliches Betragen verkümmert wird, so ist die Art, in einen solchen Zustand zu geraten, gleichfalls bedenklich und der Betrachtung wert.

Wovon sich dergleichen Sinnesverwandte am liebsten unterhalten, sind die sogenannten Erweckungen, Sinnesveränderungen, denen wir ihren psychologischen Wert nicht absprechen. Es sind eigentlich, was wir in wissenschaftlichen und poetischen Angelegenheiten Aperçus nennen: das Gewahrwerden einer großen Maxime, welches immer eine genialische Geistesoperation ist; man kommt durch Anschauen dazu, weder durch Nachdenken noch durch Lehre oder Überlieferung. Hier ist es das Gewahrwerden der moralischen Kraft, die im Glauben ankert und so in stolzer Sicherheit mitten auf den Wogen sich empfinden wird.

Ein solches Aperçu gibt dem Entdecker die größte Freude, weil es auf originelle Weise nach dem Unendlichen hindeutet: es bedarf keiner Zeitfolge zur Überzeugung, es entspringt ganz und vollendet im Augenblick; daher das gutmütige altfranzösische Reimwort:

> En peu d'heure
> Dieu labeure.

Äußere Anstöße bewirken oft das gewaltsame Losbrechen solcher Sinnesänderung, man glaubt Zeichen und Wunder zu schauen.

Zutrauen und Liebe verband mich aufs herzlichste mit Stilling; ich hatte doch auch gut und glücklich auf seinen Lebensgang eingewirkt, und es war ganz seiner Natur gemäß, alles, was für ihn geschah, in einem dankbaren feinen Herzen zu behalten; aber sein Umgang war mir in meinem damaligen Lebensgange weder erfreulich noch förderlich. Zwar überließ ich gern einem jeden, wie er sich das Rätsel seiner Tage zurechtlegen und ausbilden wollte; aber die Art, auf einem abenteuerlichen Lebensgange alles, was uns vernünftigerweise Gutes begegnet, einer unmittelbaren göttlichen Einwirkung zuzuschreiben, schien mir doch zu anmaßlich, und die Vorstellungsart, daß alles, was aus unserm Leichtsinn und Dünkel, übereilt oder vernachlässigt, schlimme, schwer zu ertragende Folgen hat, gleichfalls für eine göttliche Pädagogik zu halten, wollte mir auch nicht in den Sinn. Ich konnte also den guten Freund nur anhören, ihm aber nichts Erfreuliches erwidern; doch ließ ich ihn, wie so viele andere, gern gewähren und schützte ihn, später wie früher, wenn man, gar zu weltlich gesinnt, sein zartes Wesen zu verletzen sich nicht scheute. Daher ich ihm auch den Einfall eines schalkischen Mannes nicht zu Ohren kommen ließ, der einmal ganz ernsthaft ausrief: ›Nein! fürwahr, wenn ich mit Gott so gut stünde wie Jung, so würde ich das höchste Wesen nicht um Geld bitten, sondern um Weisheit und guten Rat, damit ich nicht so viel dumme Streiche machte, die Geld kosten und elende Schuldenjahre nach sich ziehen.‹

Denn freilich war zu solchem Scherz und Frevel jetzt nicht die Zeit. Zwischen Furcht und Hoffnung gingen mehrere Tage hin; jene wuchs, diese schwand und verlor sich gänzlich: die Augen des braven geduldigen Mannes entzündeten sich, und es blieb kein Zweifel, daß die Kur mißlungen sei.

Der Zustand, in den unser Freund dadurch geriet, läßt keine Schilderung zu; er wehrte sich gegen die innerste tiefste Verzweiflung von der schlimmsten Art. Denn was war nicht in diesem Falle verloren! zuvörderst der größte Dank des zum Lichte wieder Genesenen, das Herrlichste, dessen sich der Arzt nur erfreuen kann; das Zutrauen so vieler andern Hülfsbedürftigen; der Kredit, indem die gestörte Ausübung dieser Kunst eine Familie im hülflosen Zustande zurückließ. Genug, wir spielten das unerfreuliche Drama Hiobs von Anfang bis zu Ende durch, da denn der treue Mann die Rolle der scheltenden Freunde selbst übernahm. Er wollte diesen Vorfall als Strafe bisheriger Fehler ansehen; es schien ihm, als habe er die ihm zufällig überkommenen Augenmittel frevelhaft als göttlichen Beruf zu diesem Geschäft betrachtet; er warf sich vor, dieses höchst wichtige Fach nicht durch und durch studiert, sondern seine Kuren nur so obenhin auf gut Glück behandelt zu haben; ihm kam augenblicklich vor die Seele, was Mißwollende ihm nachgeredet; er geriet in Zweifel, ob dies auch nicht Wahrheit sei? und dergleichen schmerzte um so tiefer, als er sich den für fromme Menschen so gefährlichen Leichtsinn, leider auch wohl Dünkel und Eitelkeit, in seinem Lebensgange mußte zuschulden kommen lassen. In solchen Augenblicken verlor er sich selbst, und wie wir uns auch verständigen mochtn, wir gelangten doch nur zuletzt auf das vernünftig notwendige Resultat, daß Gottes Ratschlüsse unerforschlich seien.

In meinem vorstrebend heitern Sinne wäre ich noch mehr verletzt gewesen, hätte ich nicht, nach herkömmlicher Weise, diese Seelenzustände ernster freundlicher Betrachtung unterworfen und sie mir nach meiner Weise zurechtgelegt; nur betrübte es mich, meine gute Mutter für ihre Sorgfalt und häusliche Bemühung so übel belohnt zu sehen; sie empfand es jedoch nicht bei ihrem unablässig tätigen Gleichmut. Der Vater dauerte mich am meisten. Um meinetwillen hatte er einen streng geschlossenen Haushalt mit Anstand erweitert und genoß besonders bei Tisch, wo die Gegenwart von Fremden auch einheimische Freunde und immer wieder sonstige Durchreisende heranzog, sehr gern eines muntern, ja paradoxen Gespräches, da ich ihm denn durch allerlei dialektisches Klopffechten großes Behagen und ein freundliches Lächeln bereitete: denn ich hatte die gottlose Art, alles zu bestreiten, aber nur insofern hartnäckig, daß derjenige, der recht behielt, auf alle Fälle lächerlich wurde. Hieran war nun in den letzten Wochen gar nicht zu denken; denn die glücklichsten heitersten Ereignisse, veranlaßt durch wohlgelungene Nebenkuren des durch die Hauptkur so unglücklichen Freundes, konnten nicht greifen, viel weniger der traurigen Stimmung eine andere Wendung geben.

Denn so machte uns im einzelnen ein alter blinder Betteljude aus dem Isenburgischen zu lachen, der, in dem höchsten Elend nach Frankfurt geführt, kaum ein Obdach, kaum eine kümmerliche Nahrung und Wartung finden konnte, dem aber die zähe orientalische Natur so gut nachhalf, daß er vollkommen und ohne die mindeste Beschwerde sich mit Entzücken geheilt sah. Als man ihn fragte, ob die Operation geschmerzt habe? so sagte er nach der hyperbolischen Weise: ›Wenn ich eine Million Augen hätte, so wollte ich sie jedesmal für ein halb Kopfstück sämtlich nach und nach operieren lassen.‹ Bei seinem Abwandern betrug er sich in der Fahrgasse ebenso exzentrisch; er dankte Gott auf gut alttestamentlich, pries den Herrn und den Wundermann, seinen Gesandten. So schritt er in dieser langen gewerbreichen Straße langsam der Brücke zu. Verkäufer und Käufer traten aus den Läden heraus, überrascht durch einen so seltenen frommen, leidenschaftlich vor aller Welt ausgesprochenen Enthusiasmus; alle waren angeregt zur Teilnahme, dergestalt, daß er, ohne irgend zu fordern oder zu heischen, mit reichlichen Gaben zur Wegzehrung beglückt wurde.

Eines solchen heitern Vorfalls durfte man in unserm Kreise aber kaum erwähnen; denn wenn der Ärmste, in seiner sandigen Heimat über Main, in häuslichem Elend höchst glücklich gedacht werden konnte, so vermißte dagegen ein Wohlhabender, Würdiger diesseits das unschätzbare, zunächst gehoffte Behagen.

Kränkend war daher für unsern guten Jung der Empfang der tausend Gulden, die, auf jeden Fall bedungen, von großmütigen Menschen edel bezahlt wurden. Diese Barschaft sollte bei seiner Rückkehr einen Teil der Schulden auslöschen, die auf traurigen, ja unseligen Zuständen lasteten.

Und so schied er trostlos von uns: denn er sah zurückkehrend den Empfang einer sorglichen Frau, das veränderte Begegnen von wohldenkenden Schwiegereltern, die sich, als Bürgen für so manche Schulden des allzu zuversichtlichen Mannes, in der Wahl eines Lebensgefährten für ihre Tochter vergriffen zu haben glauben konnten. Hohn und Spott der ohnehin im Glücke schon Mißwollenden konnte er in diesem und jenem Hause, aus diesem und jenem Fenster schon voraussehen; eine durch seine Abwesenheit schon verkümmerte, durch diesen Unfall in ihren Wurzeln bedrohte Praxis mußte ihn äußerst ängstigen.

So entließen wir ihn, von unserer Seite jedoch nicht ganz ohne Hoffnung; denn seine tüchtige Natur, gestützt auf den Glauben an übernatürliche Hülfe, mußte seinen Freunden eine stillbescheidene Zuversicht einflößen.

SIEBZEHNTES BUCH

Wenn ich die Geschichte meines Verhältnisses zu Lili wieder-
aufnehme, so hab ich mich zu erinnern, daß ich die angenehmsten Stunden teils in Gegenwart ihrer Mutter, teils allein mit ihr
zubrachte. Man traute mir aus meinen Schriften Kenntnis des
menschlichen Herzens, wie man es damals nannte, zu, und in
diesem Sinne waren unsere Gespräche sittlich interessant auf
jede Weise. Wie wollte man sich aber von dem Innern unterhalten, ohne sich gegenseitig aufzuschließen? Es währte daher
nicht lange, daß Lili mir in ruhiger Stunde die Geschichte ihrer
Jugend erzählte. Sie war im Genuß aller geselligen Vorteile und
Weltvergnügungen aufgewachsen. Sie schilderte mir ihre Brüder, ihre Verwandten sowie die nächsten Zustände; nur ihre
Mutter blieb in einem ehrwürdigen Dunkel.

Auch kleiner Schwächen wurde gedacht, und so konnte sie
nicht leugnen, daß sie eine gewisse Gabe, anzuziehen, an sich
habe bemerken müssen, womit zugleich eine gewisse Eigenschaft, fahrenzulassen, verbunden sei. Hierdurch gelangten wir
im Hin- und Widerreden auf den bedenklichen Punkt, daß sie
diese Gabe auch an mir geübt habe, jedoch bestraft worden sei,
indem sie auch von mir angezogen worden.

Diese Geständnisse gingen aus einer so reinen kindhaften Natur hervor, daß sie mich dadurch aufs allerstrengste sich zu eigen machte.

Ein wechselseitiges Bedürfnis, eine Gewohnheit, sich zu sehen,
trat nun ein; wie hätt ich aber manchen Tag, manchen Abend
bis in die Nacht hinein entbehren müssen, wenn ich mich nicht
hätte entschließen können, sie in ihren Zirkeln zu sehen! Hieraus erwuchs mir mannigfaltige Pein.

Mein Verhältnis zu ihr war von Person zu Person, zu einer
schönen, liebenswürdigen, gebildeten Tochter; es glich meinen
früheren Verhältnissen und war noch höherer Art. An die Äußerlichkeiten jedoch, an das Mischen und Wiedermischen eines

geselligen Zustandes hatte ich nicht gedacht. Ein unbezwingliches Verlangen war herrschend geworden; ich konnte nicht ohne sie, sie nicht ohne mich sein; aber in den Umgebungen und bei den Einwirkungen einzelner Glieder ihres Kreises, was ergaben sich da oft für Mißtage und Fehlstunden!

Die Geschichte von Lustpartien, die zur Unlust ausliefen; ein retardierender Bruder, mit dem ich nachfahren sollte, welcher seine Geschäfte erst mit der größten Gelassenheit, ich weiß nicht ob mit Schadenfreude, langsamst vollendete und dadurch die ganze wohldurchdachte Verabredung verdarb; auch sonstiges Antreffen und Verfehlen, Ungeduld und Entbehrung, alle diese Peinen, die, in irgendeinem Roman umständlicher mitgeteilt, gewiß teilnehmende Leser finden würden, muß ich hier beseitigen. Um aber doch diese betrachtende Darstellung einer lebendigen Anschauung, einem jugendlichen Mitgefühl anzunähern, mögen einige Lieder, zwar bekannt, aber vielleicht besonders hier eindrücklich, eingeschaltet stehen.

Herz, mein Herz, was soll das geben?
Was bedränget dich so sehr?
Welch ein fremdes, neues Leben!
Ich erkenne dich nicht mehr.
Weg ist alles, was du liebtest,
Weg, warum du dich betrübtest,
Weg dein Fleiß und deine Ruh –
Ach, wie kamst du nur dazu!

Fesselt dich die Jugendblüte,
Diese liebliche Gestalt,
Dieser Blick voll Treu und Güte
Mit unendlicher Gewalt?
Will ich rasch mich ihr entziehen,
Mich ermannen, ihr entfliehen,
Führet mich im Augenblick,
Ach, mein Weg zu ihr zurück.

Und an diesem Zauberfädchen,
Das sich nicht zerreißen läßt,
Hält das liebe, lose Mädchen
Mich so wider Willen fest:
Muß in ihrem Zauberkreise
Leben nun auf ihre Weise.
Die Verändrung, ach, wie groß!
Liebe! Liebe! laß mich los!

*

Warum ziehst du mich unwiderstehlich,
Ach, in jene Pracht?
War ich guter Junge nicht so selig
In der öden Nacht?

Heimlich in mein Zimmerchen verschlossen,
Lag im Mondenschein,
Ganz von seinem Schauerlicht umflossen,
Und ich dämmert ein.

Träumte da von vollen goldnen Stunden
Ungemischter Lust,
Hatte schon dein liebes Bild empfunden
Tief in meiner Brust.

Bin ichs noch, den du bei so viel Lichtern
An dem Spieltisch hältst?
Oft so unerträglichen Gesichtern
Gegenüberstellst?

Reizender ist mir des Frühlings Blüte
Nun nicht auf der Flur;
Wo du, Engel, bist, ist Lieb und Güte,
Wo du bist, Natur.

Hat man sich diese Lieder aufmerksam vorgelesen, lieber noch
mit Gefühl vorgesungen, so wird ein Hauch jener Fülle glücklicher Stunden gewiß vorüberwehen.

OFFENBACH AM MAIN

»Offenbach am Main zeigte schon damals bedeutende Anfänge einer
Stadt, die sich in der Folge zu bilden versprach.«

Doch wollen wir aus jener größeren, glänzenden Gesellschaft nicht eilig abscheiden, ohne vorher noch einige Bemerkungen hinzuzufügen; besonders den Schluß des zweiten Gedichtes zu erläutern.

Diejenige, die ich nur im einfachen, selten gewechselten Hauskleide zu sehen gewohnt war, trat mir im eleganten Modeputz nun glänzend entgegen, und doch war es ganz dieselbe. Ihre Anmut, ihre Freundlichkeit blieb sich gleich, nur möcht ich sagen, ihre Anziehungsgabe tat sich mehr hervor; es sei nun, weil sie hier gegen viele Menschen stand, daß sie sich lebhafter zu äußern, sich von mehreren Seiten, je nachdem ihr dieser oder jener entgegenkam, zu mannigfaltiger Ursache fand; genug, ich konnte mir nicht leugnen, daß diese Fremden mir zwar einerseits unbequem fielen, daß ich aber doch um vieles der Freude nicht entbehrt hätte, ihre geselligen Tugenden kennenzulernen und einzusehen, sie sei auch weiteren und allgemeineren Zuständen gewachsen.

War es doch derselbige nun durch Putz verhüllte Busen, der sein Inneres mir geöffnet hatte und in den ich so klar wie in den meinigen hineinsah; waren es doch dieselben Lippen, die mir so früh den Zustand schilderten, in dem sie herangewachsen, in dem sie ihre Jahre verbracht hatte. Jeder wechselseitige Blick, jedes begleitende Lächeln sprach ein verborgenes edles Verständnis aus, und ich staunte selbst hier in der Menge über die geheime unschuldige Verabredung, die sich auf das menschlichste, auf das natürlichste gefunden hatte.

Doch sollte bei eintretendem Frühling eine anständige ländliche Freiheit dergleichen Verhältnisse enger knüpfen. Offenbach am Main zeigte schon damals bedeutende Anfänge einer Stadt, die sich in der Folge zu bilden versprach. Schöne, für die damalige Zeit prächtige Gebäude hatten sich schon hervorgetan; Onkel Bernard, wie ich ihn gleich mit seinem Familientitel nennen will, bewohnte das größte; weitläufige Fabrikgebäude schlossen sich an; d'Orville, ein jüngerer lebhafter Mann von liebenswürdigen Eigenheiten, wohnte gegenüber. Anstoßende Gärten, Terrassen, bis an den Main reichend, überall freien Ausgang nach der holden Umgebung erlaubend, setzten den Eintretenden und Verweilenden in ein stattliches Behagen. Der Liebende konnte für seine Gefühle keinen erwünschteren Raum finden.

Ich wohnte bei Johann André, und indem ich diesen Mann, der sich nachher genugsam bekannt gemacht, hier zu nennen habe, muß ich mir eine kleine Abschweifung erlauben, um von dem damaligen Opernwesen einigen Begriff zu geben.

In Frankfurt dirigierte zu der Zeit Marchand das Theater und suchte durch seine eigene Person das mögliche zu leisten. Es war ein schöner, groß- und wohlgestalteter Mann in den besten Jahren; das Behagliche, Weichliche erschien bei ihm vorwaltend; seine Gegenwart auf dem Theater war daher angenehm genug. Er mochte so viel Stimme haben, als man damals zur Ausführung musikalischer Werke wohl allenfalls bedurfte; deshalb er denn die kleineren und größeren französischen Opern herüber zu bequemen bemüht war.

Der Vater in der Grétryschen Oper ›Die Schöne bei dem Ungeheuer‹ gelang ihm besonders wohl, wo er sich in der hinter dem Flor veranstalteten Vision gar ausdrücklich zu gebärden wußte. Diese in ihrer Art wohlgelungene Oper näherte sich jedoch dem edlen Stil und war geeignet, die zartesten Gefühle zu erregen. Dagegen hatte sich ein realistischer Dämon des Opernteaters bemächtigt; Zustands- und Handwerksopern taten sich hervor. ›Die Jäger‹, ›Der Faßbinder‹, und ich weiß nicht was alles, waren vorausgegangen: André wählte sich den ›Töpfer‹. Er hatte sich das Gedicht selbst geschrieben und in den Text, der ihm angehörte, sein ganzes musikalisches Talent verwendet.

Ich war bei ihm einquartiert und will von diesem allzeit fertigen Dichter und Komponisten nur so viel sagen, als hier gefordert wird.

Er war ein Mann von angebornem lebhaftem Talente, eigentlich als Techniker und Fabrikant in Offenbach ansässig; er schwebte zwischen dem Kapellmeister und Dilettanten. In Hoffnung, jenes Verdienst zu erreichen, bemühte er sich ernstlich, in der Musik gründlichen Fuß zu fassen; als letzterer war er geneigt, seine Kompositionen ins Unendliche zu wiederholen.

Unter den Personen, welche damals den Kreis zu füllen und zu beleben sich höchst tätig erwiesen, ist der Pfarrer Ewald zu nennen, der, geistreich heiter in Gesellschaft, die Studien seiner Pflichten, seines Standes im stillen für sich durchzuführen wußte, wie er denn auch in der Folge innerhalb des theologischen Feldes sich ehrenvoll bekannt gemacht; er muß in dem damaligen Kreise als unentbehrlich, auffassend und erwidernd, mitgedacht werden.

Lilis Pianospiel fesselte unsern guten André vollkommen an unsre Gesellschaft, als unterrichtend, meisternd, ausführend, waren wenige Stunden des Tags und der Nacht, wo er nicht in das Familienwesen, in die gesellige Tagesreihe mit eingriff. Bürgers ›Lenore‹, damals ganz frisch bekannt und mit Enthusiasmus von den Deutschen aufgenommen, war von ihm komponiert; er trug sie gern und wiederholt vor.

Auch ich, der viel und lebhaft rezitierend vortrug, war sie zu deklamieren bereit; man langweilte sich damals noch nicht an wiederholtem Einerlei. War der Gesellschaft die Wahl gelassen, welchen von uns beiden sie hören wolle, so fiel die Entscheidung oft zu meinen Gunsten.

Dieses alles aber, wie es auch sei, diente den Liebenden nur zur Verlängerung des Zusammenseins; sie wissen kein Ende zu finden, und der gute Johann André war durch wechselsweise Verführung der beiden gar leicht in ununterbrochene Bewegung zu setzen, um bis nach Mitternacht seine Musik wiederholend zu verlängern. Die beiden Liebenden versicherten sich dadurch einer werten unentbehrlichen Gegenwart.

Trat man am Morgen in aller Frühe aus dem Hause, so fand man

JOHANN ANDRÉ

»Er war ein Mann von angebornem lebhaftem Talente, eigentlich als Techniker und Fabrikant in Offenbach ansässig; er schwebte zwischen dem Kapellmeister und Dilettanten. In Hoffnung, jenes Verdienst zu erreichen, bemühte er sich ernstlich, in der Musik gründlichen Fuß zu fassen; als letzterer war er geneigt, seine Kompositionen ins Unendliche zu wiederholen.«

sich in der freiesten Luft, aber nicht eigentlich auf dem Lande. Ansehnliche Gebäude, die zu jener Zeit einer Stadt Ehre gemacht hätten; Gärten, parterreartig übersehbar, mit flachen Blumen- und sonstigen Prunkbeeten; freie Übersicht über den Fluß bis ans jenseitige Ufer; oft schon früh eine tätige Schiffahrt von Flößen und gelenkten Marktschiffen und Kähnen; eine sanft hingleitende lebendige Welt, mit liebevollen zarten Empfindungen im Einklang. Selbst das einsame Vorüberwogen und Schilfgeflüster eines leise bewegten Stromes ward höchst erquicklich und verfehlte nicht, einen entschieden beruhigenden Zauber über den Herantretenden zu verbreiten. Ein heiterer Himmel der schönsten Jahreszeit überwölbte das Ganze, und wie angenehm mußte sich eine traute Gesellschaft, von solchen Szenen umgeben, morgendlich wiederfinden!

Sollte jedoch einem ernsten Leser eine solche Lebensweise gar zu lose, zu leichtfertig erscheinen, so möge er bedenken, daß zwischen dasjenige, was hier ›des Vortrags halben‹ wie im Zusammenhange geschildert ist, sich Tage und Wochen des Entbehrens, andere Bestimmungen und Tätigkeiten, sogar unerträgliche Langeweile widerwärtig einstellten.

Männer und Frauen waren in ihrem Pflichtkreise eifrig beschäftigt. Auch ich versäumte nicht, in Betracht der Gegenwart und Zukunft, das mir Obliegende zu besorgen, und fand noch Zeit genug, dasjenige zu vollbringen, wohin mich Talent und Leidenschaft unwiderstehlich hindrängten.

Die frühesten Morgenstunden war ich der Dichtkunst schuldig; der wachsende Tag gehörte den weltlichen Geschäften, die auf eine ganz eigene Art behandelt wurden. Mein Vater, ein gründlicher, ja eleganter Jurist, führte seine Geschäfte selbst, die ihm sowohl die Verwaltung seines Vermögens als die Verbindung mit wertgeschätzten Freunden auferlegte; und ob ihm gleich sein Charakter als kaiserlicher Rat zu praktizieren nicht erlaubte, so war er doch manchem Vertrauten als Rechtsfreund zur Hand, indem die ausgefertigten Schriften von einem ordinierten Advokaten unterzeichnet wurden, dem denn jede solche Signatur ein Billiges einbrachte.

Diese seine Tätigkeit war nur lebhafter geworden durch mein Herantreten, und ich konnte gar wohl bemerken, daß er mein Talent höher schätzte als meine Praxis und deswegen alles tat, um mir Zeit genug zu meinen poetischen Studien und Arbeiten zu lassen. Gründlich und tüchtig, aber von langsamer Konzeption und Ausführung, studierte er die Akten als geheimer Referendar, und wenn wir zusammentraten, legte er mir die Sache vor, und die Ausfertigung ward von mir mit solcher Leichtigkeit vollbracht, daß es ihm zur höchsten Vaterfreude gedieh und er auch wohl einmal auszusprechen nicht unterließ: wenn ich ihm fremd wäre, er würde mich beneiden.

Diese Angelegenheiten noch mehr zu erleichtern, hatte sich ein Schreiber zu uns gesellt, dessen Charakter und Wesen, wohl durchgeführt, leicht einen Roman fördern und schmücken könnte. Nach wohlgenutzten Schuljahren, worin er des Lateins völlig mächtig geworden, auch sonstige gute Kenntnisse erlangt hatte, unterbrach ein allzu leichtfertiges akademisches Leben den übrigen Gang seiner Tage; er schleppte sich eine Weile mit siechem Körper in Dürftigkeit hin und kam erst später in bessere Umstände durch Hülfe einer sehr schönen Handschrift und Rechnungsfertigkeit. Von einigen Advokaten unterhalten, ward er nach und nach mit den Förmlichkeiten des Rechtsganges genau bekannt und erwarb sich alle, denen er diente, durch Rechtlichkeit und Pünktlichkeit zu Gönnern. Auch unserem Hause hatte er sich verpflichtet und war in allen Rechts- und Rechnungssachen bei der Hand.

Dieser hielt nun von seiner Seite unser sich immer mehr ausdehnendes Geschäft, das sich sowohl auf Rechtsangelegenheiten als auf mancherlei Aufträge, Bestellungen und Speditionen bezog, zusammen. Auf dem Rathause wußte er alle Wege und Schliche; in den beiden burgemeisterlichen Audienzen war er auf seine Weise gelitten; und da er manchen neuen Ratsherrn, worunter einige gar bald zu Schöffen herangestiegen waren, von seinem ersten Eintritt ins Amt her, in seinem noch unsichern Benehmen wohl kannte, so hatte er sich ein gewisses Vertrauen erworben, das man wohl eine Art von Einfluß nennen konnte. Das alles wußte er zum Nutzen seiner Gönner zu verwenden, und da ihn seine Gesundheit nötigte, seine Tätigkeit mit Maß zu üben, so fand man ihn immer bereit, jeden Auftrag, jede Bestellung sorgfältig auszurichten.

Seine Gegenwart war nicht unangenehm, von Körper schlank und regelmäßiger Gesichtsbildung; sein Betragen nicht zudringlich, aber doch mit einem Ausdruck von Sicherheit seiner Überzeugung, was zu tun sei, auch wohl heiter und gewandt bei wegzuräumenden Hindernissen. Er mochte stark in den Vierzigen sein, und es reut mich noch (ich darf das Obengesagte wiederholen), daß ich ihn nicht als Triebrad in den Mechanismus irgendeiner Novelle eingefügt habe.

In Hoffnung, meine ernsten Leser durch das Vorgetragene einigermaßen befriedigt zu haben, darf ich mich wohl wieder zu denen glänzenden Tagespunkten hinwenden, wo Freundschaft und Liebe sich in ihrem schönsten Lichte zeigten.

Daß Geburtstage sorgfältig, froh und mit mancher Abwechslung gefeiert wurden, liegt in der Natur solcher Verbindungen; dem Geburtstage des Pfarrers Ewald zugunsten ward das Lied gedichtet:

> In allen guten Stunden,
> Erhöht von Lieb und Wein,
> Soll dieses Lied verbunden
> Von uns gesungen sein!
> Uns hält der Gott zusammen,
> Der uns hierhergebracht,
> Erneuert unsre Flammen;
> Er hat sie angefacht.

Da dies Lied sich bis auf den heutigen Tag erhalten hat und

nicht leicht eine muntere Gesellschaft beim Gastmahl sich versammelt, ohne daß es freudig wieder aufgefrischt werde, so empfehlen wir es auch unsern Nachkommen und wünschen allen, die es aussprechen und singen, gleiche Lust und Behagen von innen heraus, wie wir damals, ohne irgendeiner weitern Welt zu gedenken, uns im beschränkten Kreise zu einer Welt ausgedehnt empfanden. Nun aber wird man erwarten, daß Lilis Geburtstag, welcher den 23sten Juni 1775 sich zum siebzehntenmal wiederholte, besonders sollte gefeiert werden. Sie hatten versprochen, am Mittag nach Offenbach zu kommen, und ich muß gestehen, daß die Freunde mit glücklicher Übereinkunft von diesem Feste alle herkömmlichen Verzierungsphrasen abgelehnt und sich nur allein mit Herzlichkeiten, die ihrer würdig wären, zu Empfang und Unterhaltung vorbereitet hatten.

Mit solchen angenehmen Pflichten beschäftigt, sah ich die Sonne untergehen, die einen folgenden heitern Tag verkündigte und unserm Feste ihre frohe glänzende Gegenwart versprach, als Lilis Bruder George, der sich nicht vorstellen konnte, ziemlich ungebärdig ins Zimmer trat und ohne Schonung zu erkennen gab, daß unser morgendes Fest gestört sei; er wisse selbst weder wie noch wodurch, aber die Schwester lasse sagen, daß es ihr völlig unmöglich sei, morgen mittag nach Offenbach zu kommen und an dem ihr zugedachten Feste teilzunehmen; erst gegen Abend hoffe sie ihre Ankunft bewirken zu können. Nun fühle und wisse sie recht gut, wie unangenehm es mir und unsern Freunden fallen müsse, bitte mich aber so herzlich dringend, als sie könne, etwas zu erfinden, wodurch das Unangenehme dieser Nachricht, die sie mir überlasse hinauszumelden, gemildert, ja versöhnt werde; sie wolle mirs zum allerbesten danken.

Ich schwieg einen Augenblick, hatte mich auch sogleich gefaßt und wie durch himmlische Eingebung gefunden, was zu tun war. Eile, rief ich, George! sag ihr, sie solle sich ganz beruhigen, möglich machen, daß sie gegen Abend komme; ich verspräche: gerade dieses Unheil solle zum Fest werden! Der Knabe war neugierig und wünschte zu wissen, wie? dies wurde ihm standhaft verweigert, ob er gleich alle Künste und Gewalt zu Hülfe rief, die ein Bruder unserer Geliebten auszuüben sich anmaßt. Kaum war er weg, so ging ich mit sonderbarer Selbstgefälligkeit in meiner Stube auf und ab, und mit dem frohen, freien Gefühl, daß hier Gelegenheit sei, mich als ihren Diener auf eine glänzende Weise zu zeigen, heftete ich mehrere Bogen mit schöner Seide, wie es dem Gelegenheitsgedicht ziemt, zusammen und eilte, den Titel zu schreiben:

>*Sie kommt nicht!*
ein jammervolles Familienstück, welches, geklagt sei es Gott, den 23sten Juni 1775 in Offenbach am Main auf das allernatürlichste wird aufgeführt werden. Die Handlung dauert vom Morgen bis auf'n Abend.<

Da von diesem Scherze weder Konzept noch Abschrift vorhanden, habe ich mich oft darnach erkundigt, aber nie etwas davon wieder erfahren können; ich muß daher es wieder aufs neue zusammendichten, welches im allgemeinen nicht schwerfällt.

Der Schauplatz ist d'Orvilles Haus und Garten in Offenbach; die Handlung eröffnet sich durch die Domestiken, wobei jedes genau seine Rolle spielt und die Anstalten zum Fest vollkommen deutlich werden. Die Kinder mischen sich drein, nach dem Leben gebildet; dann der Herr, die Frau mit eigentümlichen Tätigkeiten und Einwirkungen; dann kommt, indem alles sich in einer gewissen hastigen Geschäftigkeit durcheinandertreibt, der unermüdliche Nachbar, Komponist Hans André; er setzt sich an den Flügel und ruft alles zusammen, sein eben fertig gewordenes Festlied anzuhören und durchzuprobieren. Das ganze Haus zieht er heran, aber alles macht sich wieder fort, dringenden Geschäften nachzugehen; eins wird vom andern abgerufen, eins bedarf des andern, und die Dazwischenkunft des Gärtners macht aufmerksam auf die Garten- und Wasserszenen; Kränze, Banderolen mit Inschriften zierlichster Art, nichts ist vergessen.

Als man sich nun eben um die erfreulichsten Gegenstände versammelt, tritt ein Bote herein, der, als eine Art von lustigem Hin- und Widerträger, berechtigt war, auch eine Charakterrolle mitzuspielen, und der durch manches allzu gute Trinkgeld wohl ungefähr merken konnte, was für Verhältnisse obwalteten. Er tut sich auf sein Paket etwas zugute, hofft ein Glas Wein und Semmelbrot und übergibt nun nach einigem schalkhaften Weigern die Depesche. Dem Hausherrn sinken die Arme, die Papiere fallen zu Boden, er ruft: ›Laßt mich zum Tisch! laßt mich, zur Kommode, damit ich nur *streichen* kann.‹ Das geistreiche Zusammensein lebelustiger Menschen zeichnet sich vor allem aus durch eine Sprach- und Gebärdensymbolik. Es entsteht eine Art Gauneridiom, welches, indem es die Eingeweihten höchst glücklich macht, den Fremden unbemerkt bleibt oder, bemerkt, verdrießlich wird.

Es gehörte zu Lilis anmutigsten Eigenheiten eine, die hier durch Wort und Gebärde als *Streichen* ausgedrückt ist und welche stattfand, wenn etwas Anstößiges gesagt oder gesprochen wurde, besonders indem man bei Tische saß oder in der Nähe von einer Fläche sich befand.

Es hatte dieses seinen Ursprung von einer unendlich lieblichen Unart, die sie einmal begangen, als ein Fremder, bei Tafel neben ihr sitzend, etwas Unziemliches vorbrachte. Ohne das holde Gesicht zu verändern, strich sie mit ihrer rechten Hand gar lieblich über das Tischtuch weg und schob alles, was sie mit dieser sanften Bewegung erreichte, gelassen auf den Boden. Ich weiß nicht was alles, Messer, Gabel, Brot, Salzfaß, auch etwas zum Gebrauch ihres Nachbars gehörig; es war jedermann erschreckt, die Bedienten liefen zu, niemand wußte, was das heißen sollte, als die Umsichtigen, die sich erfreuten, daß sie eine

Unschicklichkeit auf eine so zierliche Weise erwidert und aus-
gelöscht.

Hier war nun also ein Symbol gefunden für das Ablehnen eines
Widerwärtigen, was doch manchmal in tüchtiger, braver,
schätzenswerter, wohlgesinnter, aber nicht durch und durch
gebildeter Gesellschaft vorzukommen pflegt. Die Bewegung
mit der rechten Hand als ablehnend erlaubten wir uns alle; das
wirkliche Streichen der Gegenstände hatte sie selbst in der
Folge sich nur mäßig und mit Geschmack erlaubt.

Wenn der Dichter nun also dem Hausherrn diese Begierde, zu
streichen, eine uns zur Natur gewordene Gewohnheit, als Mimik aufgibt, so sieht man das Bedeutende, das Effektvolle:
denn indem er alles von allen Flächen herunter zu streichen
droht, so hält ihn alles ab; man sucht ihn zu beruhigen, bis er
sich endlich ganz ermattet in den Sessel wirft.

›Was ist begegnet?‹ ruft man aus. ›Ist sie krank? Ist jemand gestorben?‹ ›Lest! lest!‹ ruft d'Orville, ›dort liegts auf der Erde.‹
Die Depesche wird aufgehoben, man liest, man ruft: ›*Sie kommt
nicht!*‹

Der große Schreck hatte auf einen größern vorbereitet; – aber
sie war doch wohl! – es war ihr nichts begegnet! Niemand von
der Familie hatte Schaden genommen; Hoffnung blieb auf den
Abend.

André, der indessen immerfort musiziert hatte, kam doch
endlich auch herbeigelaufen, tröstete und suchte sich zu trö-
sten. Pfarrer Ewald und seine Gattin traten gleichfalls charakteristisch ein, mit Verdruß und Verstand, mit unwilligem
Entbehren und gemäßigtem Zurechtlegen. Alles ging aber
noch bunt durcheinander, bis der musterhaft ruhige Onkel
Bernard endlich herankommt, ein gutes Frühstück, ein löbliches Mittagsfest erwartend, und der einzige ist, der die Sache
aus dem rechten Gesichtspunkte ansieht, beschwichtigende,
vernünftige Reden äußert und alles ins gleiche bringt, völlig
wie in der griechischen Tragödie ein Gott die Verworren-

heiten der größten Helden mit wenigen Worten aufzulösen weiß.

Dies alles ward während eines Teiles der Nacht mit laufender Feder niedergeschrieben und einem Boten übergeben, der am nächsten Morgen Punkt zehn Uhr mit der Depesche in Offenbach einzutreffen unterrichtet war.

Den hellsten Morgen erblickend, wacht ich auf, mit Vorsatz und Einrichtung, genau mittag gleichfalls in Offenbach anzulangen. Ich ward empfangen mit dem wunderlichsten Charivari von Entgegnungen; das gestörte Fest verlautete kaum; sie schalten und schimpften, daß ich sie so gut getroffen hätte. Die Dienerschaft war zufrieden, mit der Herrschaft auf gleichem Theater aufgetreten zu sein; nur die Kinder, als die entschiedensten unbestechbarsten Realisten, versicherten hartnäckig: so hätten sie nicht gesprochen, und es sei überhaupt alles ganz anders gewesen, als wie es hier geschrieben stünde. Ich beschwichtigte sie mit einigen Vorgaben des Nachtisches, und sie hatten mich wie immer lieb. Ein fröhliches Mittagsmahl, eine Mäßigung aller Feierlichkeiten gab uns die Stimmung, Lili ohne Prunk, aber vielleicht um desto lieblicher zu empfangen. Sie kam und ward von heitern, ja lustigen Gesichtern bewillkommt, beinahe betroffen, daß ihr Außenbleiben so viel Heiterkeit erlaube. Man erzählte ihr alles, man trug ihr alles vor, und sie, nach ihrer lieben und süßen Art, dankte, mir, wie sie allein nur konnte.

Es bedurfte keines sonderlichen Scharfsinns, um zu bemerken, daß ihr Ausbleiben von dem ihr gewidmeten Feste nicht zufällig, sondern durch Hin- und Herreden über unser Verhältnis verursacht war. Indessen hatte dies weder auf unsre Gesinnungen noch auf unser Betragen den mindesten Einfluß.

Ein vielfach geselliger Zudrang aus der Stadt konnte in dieser Jahreszeit nicht fehlen. Oft kam ich nur spät des Abends zur Gesellschaft und fand sie dem Scheine nach teilnehmend, und da ich nur oft auf wenige Stunden erschien, so mocht ich ihr gern in irgend etwas nützlich sein, indem ich ihr Größeres oder Kleineres besorgt hatte oder irgendeinen Auftrag zu übernehmen kam. Und es ist wohl diese Dienstschaft das Erfreulichste, was einem Menschen begegnen kann; wie uns die alten Ritterromane dergleichen zwar auf eine dunkle, aber kräftige Weise zu überliefern verstehen. Daß sie mich beherrsche, war nicht zu verbergen, und sie durfte sich diesen Stolz gar wohl erlauben; hier triumphieren Überwinder und Überwundene, und beide behagen sich in gleichem Stolze.

Dies mein wiederholtes, oft nur kurzes Einwirken war aber immer desto kräftiger. Johann André hatte immer Musikvorrat; auch ich brachte fremdes und eignes Neue; poetische und musikalische Blüten regneten herab. Es war eine durchaus glänzende Zeit; eine gewisse Exaltation waltete in der Gesellschaft, man traf niemals auf nüchterne Momente. Ganz ohne Frage teilte sich dies den übrigen aus unserm Verhältnis mit. Denn wo Neigung und Leidenschaft in ihrer eignen kühnen Natur hervortreten, geben sie verschüchterten Gemütern Mut, die nunmehr nicht begreifen, warum sie ihre gleichen Rechte verheimlichen sollten. Daher gewahrte man mehr oder weniger versteckte Verhältnisse, die sich nunmehr ohne Scheu durchschlangen; andere, die sich nicht gut bekennen ließen, schlichen doch behaglich unter der Decke mit durch.

Konnt ich denn auch wegen vermannigfaltigter Geschäfte die Tage dort draußen bei ihr nicht zubringen, so gaben die heiteren Abende Gelegenheit zu verlängertem Zusammensein im Freien. Liebende Seelen werden nachstehendes Ereignis mit Wohlgefallen aufnehmen.

Es war ein Zustand, von welchem geschrieben steht: ›Ich schlafe, aber mein Herz wacht.‹ Die hellen wie die dunkeln Stunden waren einander gleich; das Licht des Tages konnte das Licht der Liebe nicht überscheinen, und die Nacht wurde durch den Glanz der Neigung zum hellsten Tage.

Wir waren beim klarsten Sternhimmel bis spät in der freien

Gegend umherspaziert; und nachdem ich sie und die Gesellschaft von Türe zu Türe nach Hause begleitet und von ihr zuletzt Abschied genommen hatte, fühlte ich mir so wenig Schlaf,
daß ich eine frische Spazierwanderung anzutreten nicht säumte. Ich ging die Landstraße nach Frankfurt zu, mich meinen
Gedanken und Hoffnungen zu überlassen; ich setzte mich auf
eine Bank, in der reinsten Nachtstille, unter dem blendenden
Sternhimmel mir selbst und ihr anzugehören.

Bemerkenswert schien mir ein schwer zu erklärender Ton,
ganz nahe bei mir; es war kein Rascheln, kein Rauschen, und
bei näherer Aufmerksamkeit entdeckte ich, daß es unter der
Erde und das Arbeiten von kleinem Getier sei. Es mochten Igel
oder Wieseln sein, oder was in solcher Stunde dergleichen Geschäft vornimmt. Ich war darauf weiter nach der Stadt zugegangen und an den Röderberg gelangt, wo ich die Stufen, welche nach den Weingärten hinaufführten, an ihrem kalkweißen
Scheine erkannte. Ich stieg hinauf, setzte mich nieder und
schlief ein.

Als ich wieder aufwachte, hatte die Dämmerung sich schon
verbreitet; ich sah mich gegen dem hohen Wall über, welcher
in frühern Zeiten als Schutzwehr wider die hüben stehenden
Berge aufgerichtet war. Sachsenhausen lag vor mir, leichte
Nebel deuteten den Weg des Flusses an; es war frisch, mir willkommen.

Da verharrt ich, bis die Sonne, nach und nach hinter mir aufge-
hend, das Gegenüber erleuchtete. Es war die Gegend, wo ich
die Geliebte wiedersehen sollte, und ich kehrte langsam in das
Paradies zurück, das sie, die noch Schlafende, umgab.

Je mehr aber, um des wachsenden Geschäftskreises willen, den
ich aus Liebe zu ihr zu erweitern und zu beherrschen trachtete,
meine Besuche in Offenbach sparsamer werden und dadurch
eine gewisse peinliche Verlegenheit hervorbringen mußten, so
ließ sich wohl bemerken, daß man eigentlich um der Zukunft
willen das Gegenwärtige hintansetze und verliere.

Wie nun meine Aussichten sich nach und nach verbesserten, hielt ich sie für bedeutender, als sie wirklich waren, und dachte um so mehr auf eine baldige Entscheidung, als ein so öffentliches Verhältnis nicht länger ohne Mißbehagen fortzuführen war. Und wie es in solchen Fällen zu gehen pflegt, sprachen wir es nicht ausdrücklich gegeneinander aus; aber das Gefühl eines wechselseitigen unbedingten Behagens, die volle Überzeugung, eine Trennung sei unmöglich, das ineinander gleichmäßig gesetzte Vertrauen – das alles brachte einen solchen Ernst hervor, daß ich, der ich mir fest vorgenommen hatte, kein schleppendes Verhältnis wieder anzuknüpfen, und mich doch in dieses, ohne Sicherheit eines günstigen Erfolges, wieder verschlungen fand, wirklich von einem Stumpfsinn befangen war, von dem ich mich zu retten, mich immer mehr in gleichgültige weltliche Geschäfte verwickelte, aus denen ich auch nur wieder Vorteil und Zufriedenheit an der Hand der Geliebten zu gewinnen hoffen durfte.

In diesem wunderlichen Zustande, dergleichen doch auch mancher peinlich empfunden haben mag, kam uns eine Hausfreundin zu Hülfe, welche die sämtlichen Bezüge der Personen und Zustände sehr wohl durchsah. Man nannte sie Demoiselle Delph; sie stand mit ihrer ältern Schwester einem kleinen Handelshaus in Heidelberg vor und war der größern Frankfurter Wechselhandlung bei verschiedenen Vorfällen vielen Dank schuldig geworden. Sie kannte und liebte Lili von Jugend auf; es war eine eigne Person, ernsten männlichen Ansehens und gleichen, derben, hastigen Schrittes vor sich hin. Sie hatte sich in die Welt besonders zu fügen Ursache gehabt und kannte sie daher wenigstens in gewissem Sinne. Man konnte sie nicht intrigant nennen; sie pflegte den Verhältnissen lange zuzusehen und ihre Absichten stille mit sich fortzutragen; dann aber hatte sie die Gabe, die Gelegenheit zu ersehen, und wenn sie die Gesinnungen der Personen zwischen Zweifel und Entschluß schwanken sah, wenn alles auf Entschiedenheit ankam, so wußte sie eine solche Kraft der Charaktertüchtigkeit einzusetzen, daß es ihr nicht leicht mißlang, ihr Vorhaben auszuführen. Eigentlich hatte sie keine egoistischen Zwecke; etwas getan, etwas vollbracht, besonders eine Heirat gestiftet zu haben, war ihr schon Belohnung. Unsern Zustand hatte sie längst durchblickt, bei wiederholtem Hiersein durchforscht, so daß sie sich endlich überzeugte: diese Neigung sei zu begünstigen, diese Vorsätze, redlich, aber nicht genugsam verfolgt und angegriffen, müßten unterstützt und dieser kleine Roman fördersamst abgeschlossen werden.

Seit vielen Jahren hatte sie das Vertrauen von Lilis Mutter. In meinem Hause durch mich eingeführt, hatte sie sich den Eltern angenehm zu machen gewußt; denn gerade dieses barsche Wesen ist in einer Reichsstadt nicht widerwärtig und, mit Verstand im Hintergrunde, sogar willkommen. Sie kannte sehr wohl unsre Wünsche, unsre Hoffnungen; ihre Lust, zu wirken, sah darin einen Auftrag; kurz, sie unterhandelte mit den Eltern. Wie sie es begonnen, wie sie die Schwierigkeiten, die sich ihr entgegenstellen mochten, beseitigt – genug, sie tritt eines Abends zu uns und bringt die Einwilligung. ›Gebt euch die Hände!‹ rief sie mit ihrem pathetisch gebieterischen Wesen. Ich stand gegen Lili über und reichte meine Hand dar; sie legte die ihre, zwar nicht zaudernd, aber doch langsam, hinein. Nach einem tiefen Atemholen fielen wir einander lebhaft bewegt in die Arme.

Es war ein seltsamer Beschluß des hohen über uns Waltenden, daß ich in dem Verlaufe meines wundersamen Lebensganges doch auch erfahren sollte, wie es einem Bräutigam zumute sei. Ich darf wohl sagen, daß es für einen gesitteten Mann die angenehmste aller Erinnerungen sei. Es ist erfreulich, sich jene Gefühle zu wiederholen, die sich schwer aussprechen und kaum erklären lassen. Der vorhergehende Zustand ist durchaus verändert; die schroffsten Gegensätze sind gehoben, der hartnäkkigste Zwiespalt geschlichtet, die vordringliche Natur, die ewig warnende Vernunft, die tyrannisierenden Triebe, das verständige Gesetz, welche sonst in immerwährendem Zwist uns bestritten, alle diese treten nunmehr in freundlicher Einigkeit heran, und bei allgemein gefeiertem frommem Feste wird das Verbotene gefordert und das Verpönte zur unerläßlichen Pflicht erhoben.

Mit sittlichem Beifall aber wird man vernehmen, daß von dem Augenblick an eine gewisse Sinnesveränderung in mir vorging. War die Geliebte mir bisher schön, anmutig, anziehend vorgekommen, so erschien sie mir nun als würdig und bedeutend. Sie war eine doppelte Person; ihre Anmut und Liebenswürdigkeit gehörten mein, das fühlt ich wie sonst; aber der Wert ihres Charakters, die Sicherheit in sich selbst, ihre Zuverlässigkeit in allem, das blieb ihr eigen. Ich schaute es, ich durchblickte es und freute mich dessen als eines Kapitels, von dem ich zeitlebens die Zinsen mitzugenießen hätte.

Es ist schon längst mit Grund und Bedeutung ausgesprochen: auf dem Gipfel der Zustände hält man sich nicht lange. Die ganz eigentlich durch Demoiselle Delph eroberte Zustimmung beiderseitiger Eltern ward nunmehr als obwaltend anerkannt, stillschweigend und ohne weitere Förmlichkeit. Denn sobald etwas Ideelles, wie man ein solches Verlöbnis wirklich nennen kann, in die Wirklichkeit eintritt, so entsteht, wenn man völlig abgeschlossen zu haben glaubt, eine Krise. Die Außenwelt ist durchaus unbarmherzig, und sie hat recht, denn sie muß sich ein für allemal selbst behaupten; die Zuversicht der Leidenschaft ist groß, aber wir sehen sie doch gar oft an dem ihr entgegenstehenden Wirklichen scheitern. Junge Gatten, die, besonders in der spätern Zeit, mit nicht genugsamen Gütern versehen, in diese Zustände sich einlassen, mögen ja sich keine Honigmonde versprechen; unmittelbar droht ihnen eine Welt mit unverträglichen Forderungen, welche, nicht befriedigt, ein junges Ehepaar absurd erscheinen lassen.

Die Unzulänglichkeit der Mittel, die ich zur Erreichung meines

Zwecks mit Ernst ergriffen hatte, konnte ich früher nicht gewahr werden, weil sie bis auf einen gewissen Punkt zugereicht hätten; nun der Zweck näher heranrückte, wollte es hüben und drüben nicht vollkommen passen.

Der Trugschluß, den die Leidenschaft so bequem findet, trat nun in seiner völligen Inkongruenz nach und nach hervor. Mit einiger Nüchternheit mußte mein Haus, meine häusliche Lage in ihrem ganz Besondern betrachtet werden. Das Bewußtsein, das Ganze sei auf eine Schwiegertochter eingerichtet, lag freilich zugrunde; aber auf ein Frauenzimmer welcher Art war dabei gerechnet?

Wir haben die Mäßige, Liebe, Verständige, Schöne, Tüchtige, sich immer Gleiche, Neigungsvolle und Leidenschaftslose zu Ende des dritten Bandes kennen lernen; sie war der passende Schlußstein zu einem schon aufgemarterten zugerundeten Gewölbe; aber hier hatte man bei ruhiger unbefangener Betrachtung sich nicht leugnen können, daß, um diese neue Geworbene in solche Funktion gleichfalls einzusetzen, man ein neues Gewölbe hätte zurichten müssen.

Indessen war mir dies noch nicht deutlich geworden und ihr ebensowenig. Betrachtete ich nun aber mich in meinem Hause und gedacht ich sie hereinzuführen, so schien sie mir nicht zu passen, wie ich ja schon in ihren Zirkeln zu erscheinen, um gegen die Tags- und Modemenschen nicht abzustechen, meine Kleidung von Zeit zu Zeit verändern, ja wieder verändern mußte. Das konnte aber doch mit einer häuslichen Einrichtung nicht geschehen, wo in einem neugebauten stattlichen Bürgerhause ein nunmehr veralteter Prunk gleichsam rückwärts die Einrichtung geleitet hatte

So hatte sich auch, selbst nach dieser gewonnenen Einwilligung, kein Verhältnis der Eltern untereinander bilden und einleiten können, kein Familienzusammenhang. Andere Religionsgebräuche, andere Sitten! und wollte die Liebenswürdige einigermaßen ihre Lebensweise fortsetzen, so fand sie in dem anständig geräumigen Hause keine Gelegenheit, keinen Raum. Hatte ich bisher von allem diesem abgesehen, so waren mir zur Beruhigung und Stärkung von außen her schöne Ansichten eröffnet, zu irgendeiner gedeihlichen Anstellung zu gelangen. Ein rühriger Geist faßt überall Fuß; Fähigkeiten, Talente erregen Vertrauen; jedermann denkt, es komme ja nur auf eine veränderte Richtung an. Zudringliche Jugend findet Gunst; dem Genie traut man alles zu, da es doch nur ein Gewisses vermag. Das deutsche geistig-literarische Terrain war damals ganz eigentlich als ein Neubruch anzusehen. Es fanden sich unter den Geschäftsleuten kluge Menschen, die für den neu aufzuwühlenden Boden tüchtige Anbauer und kluge Haushälter wünschten. Selbst die angesehene wohlgegründete Freimaurerloge, mit deren vornehmsten Gliedern ich eben durch mein Verhältnis zu Lili bekannt geworden war, wußte auf schickliche Weise meine Annäherung einzuleiten; ich aber, aus einem Unabhängigkeitsgefühl, welches mir später als Verrücktheit erschien, lehnte jede nähere Verknüpfung ab, nicht gewahrend, daß diese Männer, wenn schon in höherem Sinne verbunden, mir doch bei meinen, den ihrigen so nah verwandten Zwecken hätten förderlich sein müssen.

Ich gehe zu dem Besondersten zurück.

In solchen Städten wie Frankfurt gibt es kollektive Stellen: Residentschaften, Agentschaften, die sich durch Tätigkeit grenzenlos erweitern lassen. Dergleichen bot sich auch mir dar, beim ersten Anblick vorteilhaft und ehrenvoll zugleich. Man setzte voraus, daß ich für sie passe; es wäre auch gegangen unter der Bedingung jener geschilderten Kanzlei-Dreiheit. Man verschweigt sich die Zweifel, man teilt sich das Günstige mit, man überwindet jedes Schwanken durch gewaltsame Tätigkeit; es kommt dadurch etwas Unwahres in den Zustand, ohne daß die Leidenschaft deshalb gemildert werde.

In Friedenszeiten ist für die Menge wohl kein erfreulicheres Lesen als die öffentlichen Blätter, welche uns von den neusten Weltereignissen eilige Nachricht geben. Der ruhige, wohlbehaltene Bürger übt daran auf eine unschuldige Weise den Parteigeist, den wir in unserer Beschränktheit weder loswerden können noch sollen. Jeder behagliche Mensch erschafft sich alsdann, wie bei einer Wette, ein willkürliches Interesse, unwesentlichen Gewinn und Verlust und nimmt, wie im Theater, einen sehr lebhaften, jedoch nur imaginären Teil an fremdem Glück und Unglück. Diese Teilnahme erscheint oft willkürlich, jedoch beruht sie auf sittlichen Gründen. Denn bald geben wir löblichen Absichten einen verdienten Beifall; bald aber, von glänzendem Erfolg hingerissen, wenden wir uns demjenigen, dessen Vorsätze wir würden getadelt haben. Zu allem diesem verschaffte uns jene Zeit reichlichen Stoff.

Friedrich der Zweite, auf seiner Kraft ruhend, schien noch immer das Schicksal Europens und der Welt abzuwiegen; Katharina, eine große Frau, die sich selbst des Thrones würdig gehalten, gab tüchtigen hochbegünstigten Männern einen großen Spielraum, der Herrscherin Macht immer weiter auszubreiten; und da dies über die Türken geschah, denen wir die Verachtung, mit welcher sie auf uns herniederblicken, reichlich zu vergelten gewohnt sind, so schien es, als wenn keine Menschen aufgeopfert würden, indem diese Unchristen zu Tausenden fielen. Die brennende Flotte in dem Hafen von Tschesme verursachte ein allgemeines Freudenfest über die gebildete Welt, und jedermann nahm teil an dem siegerischen Übermut, als man, um ein wahrhaftes Bild jener großen Begebenheit übrigzubehalten, zum Behuf eines künstlerischen Studiums, auf der Reede von Livorno sogar ein Kriegsschiff in die Luft sprengte. Nicht lange darauf ergreift ein junger nordischer König, gleichfalls aus eigner Gewalt, die Zügel des Regiments. Die Aristokraten, die er unterdrückt, werden nicht bedauert, denn die Aristokratie überhaupt hatte keine Gunst bei dem Publikum, weil sie ihrer Natur nach im stillen wirkt und um desto sicherer ist, je weniger sie von sich reden macht; und in diesem Falle dachte man von dem jungen König um desto besser, weil er, um dem obersten Stande das Gleichgewicht zu halten, die unteren begünstigen und an sich knüpfen mußte.

Noch lebhafter aber war die Welt interessiert, als ein ganzes Volk sich zu befreien Miene machte. Schon früher hatte man demselben Schauspiel im kleinen gern zugesehn; Korsika war lange der Punkt gewesen, auf den sich aller Augen richteten: Paoli, als er, sein patriotisches Vorhaben nicht weiter durchzusetzen imstande, durch Deutschland nach England ging, zog aller Herzen an sich; es war ein schöner, schlanker, blonder Mann voll Anmut und Freundlichkeit; ich sah ihn in dem Bethmannschen Hause, wo er kurze Zeit verweilte und den Neugierigen, die sich zu ihm drängten, mit heiterer Gefälligkeit begegnete. Nun aber sollten sich in dem entfernteren Weltteil ähnliche Auftritte wiederholen; man wünschte den Amerikanern alles Glück, und die Namen Franklin und Washington fingen an, am politischen und kriegerischen Himmel zu glänzen und zu funkeln. Manches zu Erleichterung der Menschheit war geschehen, und als nun gar ein neuer wohlwollender König von Frankreich die besten Absichten zeigte, sich selbst zu Beseitigung so mancher Mißbräuche und zu den edelsten Zwecken zu beschränken, eine regelmäßig auslangende Staatswirtschaft einzuführen, sich aller willkürlichen Gewalt zu begeben und durch Ordnung wie durch Recht allein zu herrschen, so verbreitete sich die heiterste Hoffnung über die ganze Welt, und die zutrauliche Jugend glaubte sich und ihrem ganzen Zeitgeschlechte eine schöne, ja herrliche Zukunft versprechen zu dürfen. An allen diesen Ereignissen nahm ich jedoch nur insofern teil, als sie die größere Gesellschaft interessierten. Ich selbst und mein engerer Kreis befaßten uns nicht mit Zeitungen und Neuigkeiten: uns war darum zu tun, den Menschen kennenzulernen; die Menschen überhaupt ließen wir gern gewähren.

Der beruhigte Zustand des deutschen Vaterlandes, in welchem sich auch meine Vaterstadt schon über hundert Jahre eingefügt sah, hatte sich trotz manchen Kriegen und Erschütterungen in seiner Gestalt vollkommen erhalten. Einem gewissen Behagen günstig war, daß von dem Höchsten bis zu dem Tiefsten, von dem Kaiser bis zu dem Juden herunter die mannigfaltigste Abstufung alle Persönlichkeiten, anstatt sie zu trennen, zu verbinden schien. Wenn dem Kaiser sich Könige subordinierten, so gab diesen ihr Wahlrecht und die dabei erworbenen und behaupteten Gerechtsame ein entschiedenes Gleichgewicht. Nun aber war der hohe Adel in die erste königliche Reihe verschränkt, so daß er, seiner bedeutenden Vorrechte gedenkend, sich ebenbürtig mit dem Höchsten achten konnte, ja im gewissen Sinne noch höher, indem ja die geistlichen Kurfürsten allen andern vorangingen und als Sprößlinge der Hierarchie einen unangefochtenen ehrwürdigen Raum behaupteten. Gedenke man nun der außerordentlichen Vorteile, welche diese altgegründeten Familien zugleich und außerdem in Stiftern, Ritterorden, Ministerien, Vereinigungen und Verbrüderungen genossen haben, so wird man leicht denken können, daß diese große Masse von bedeutenden Menschen, welche sich zugleich als subordiniert und als koordiniert fühlten, in höchster Zufriedenheit und geregelter Welttätigkeit ihre Tage zubrachten und ein gleiches Behagen ihren Nachkommen ohne besondere Mühe vorbereiteten und überließen. Auch fehlte es dieser Klasse nicht an geistiger Kultur; denn schon seit hundert Jahren hatte sich erst die hohe Militär- und Geschäftsbildung bedeutend hervorgetan und sich des ganzen vornehmen sowie des diplomatischen Kreises bemächtigt, zugleich aber auch durch Literatur und Philosophie die Geister zu gewinnen und auf einen hohen, der Gegenwart nicht allzu günstigen Standpunkt zu versetzen gewußt.

In Deutschland war es noch kaum jemand eingefallen, jene ungeheure privilegierte Masse zu beneiden oder ihr die glücklichen Weltvorzüge zu mißgönnen. Der Mittelstand hatte sich ungestört dem Handel und den Wissenschaften gewidmet und hatte freilich dadurch, sowie durch die nahverwandte Technik, sich zu einem bedeutenden Gegengewicht erhoben; ganz oder halb freie Städte begünstigten diese Tätigkeit, so wie die Menschen darin ein gewisses ruhiges Behagen empfanden. Wer seinen Reichtum vermehrt, seine geistige Tätigkeit besonders im juristischen und Staatsfache gesteigert sah, der konnte sich überall eines bedeutenden Einflusses erfreuen. Setzte man doch bei den höchsten Reichsgerichten und auch wohl sonst der adeligen Bank eine Gelehrtenbank gegenüber; die freiere Übersicht der einen mochte sich mit der tiefern Einsicht der andern gern befreunden, und man hatte im Leben durchaus keine Spur von Rivalität; der Adel war sicher in seinen unerreichbaren, durch die Zeit geheiligten Vorrechten, und der Bürger hielt es unter seiner Würde, durch eine seinem Namen vorgesetzte Partikel nach dem Schein derselben zu streben. Der Handelsmann, der Techniker hatte genug zu tun, um mit den schneller vorschreitenden Nationen einigermaßen zu wetteifern. Wenn man die gewöhnlichen Schwankungen des Tages nicht beachten will, so durfte man wohl sagen, es war im ganzen eine Zeit eines reinen Bestrebens, wie sie früher nicht erschienen, noch auch in der Folge wegen äußerer und innerer Steigerungen sich lange erhalten konnte.

In dieser Zeit war meine Stellung gegen die obern Stände sehr günstig. Wenn auch im ›Werther‹ die Unannehmlichkeiten an der Grenze zweier bestimmter Verhältnisse mit Ungeduld ausgesprochen sind, so ließ man das in Betracht der übrigen Leidenschaftlichkeiten des Buches gelten, indem jedermann wohl fühlte, daß es hier auf keine unmittelbare Wirkung abgesehen sei.

Durch ›Götz von Berlichingen‹ aber war ich gegen die obern Stände sehr gut gestellt; was auch an Schicklichkeiten bisheriger Literatur mochte verletzt sein, so war doch auf eine kenntnisreiche und tüchtige Weise das altdeutsche Verhältnis, den unverletzbaren Kaiser an der Spitze, mit manchen andern Stufen und ein Ritter dargestellt, der im allgemein gesetzlosen Zustande als einzelner Privatmann wo nicht gesetzlich, doch rechtlich zu handeln dachte und dadurch in sehr schlimme Lagen gerät. Dieser Kompex aber war nicht aus der Luft gegriffen, sondern durchaus heiter lebendig und deshalb auch wohl hie und da ein wenig modern, aber doch immer in dem Sinne vorgeführt, wie der wackere tüchtige Mann sich selbst, und also wohl zu leidlichen Gunsten, in eigner Erzählung dargestellt hatte.

Die Familie blühte noch, ihr Verhältnis zu der fränkischen Ritterschaft war in ihrer Integrität geblieben, wenngleich diese Beziehungen, wie manches andere jener Zeit, bleicher und unwirksamer mochten geworden sein.

Nun erhielt auf einmal das Flüßlein Jags, die Burg Jagshausen eine poetische Bedeutung; sie wurden besucht, so wie das Rathaus zu Heilbronn.

Man wußte, daß ich noch andere Punkte jener Zeitgeschichte mir in den Sinn genommen hatte, und manche Familie, die sich aus jener Zeit noch tüchtig herschrieb, hatte die Aussicht, ihren Ältervater gleichsam ans Tageslicht hervorgezogen zu sehen. Es entsteht ein eigenes allgemeines Behagen, wenn man einer Nation ihre Geschichte auf eine geistreiche Weise wieder zur Erinnerung bringt; sie erfreut sich der Tugenden ihrer Vorfahren und belächelt die Mängel derselben, welche sie längst überwunden zu haben glaubt. Teilnahme und Beifall kann daher einer solchen Darstellung nicht fehlen, und ich hatte mich in diesem Sinne einer vielfachen Wirkung zu erfreuen.

Merkwürdig möchte es jedoch sein, daß unter den zahlreichen Annäherungen und in der Menge der jungen Leute, die sich an mich anschlossen, sich kein Edelmann befand; aber dagegen waren manche, die, schon in die Dreißig gelangt, mich aufsuchten, besuchten und in deren Wollen und Bestreben eine freudige Hoffnung sich durchzog, sich in vaterländischem und allgemein menschlicherem Sinne ernstlich auszubilden.

Zu dieser Zeit war denn überhaupt die Richtung nach der Epoche zwischen dem fünfzehnten und sechzehnten Jahrhundert eröffnet und lebendig. Die Werke Ulrichs von Hutten kamen mir in die Hände, und es schien wundersam genug, daß in unsern neuern Tagen sich das Ähnliche, was dort hervorgetreten, hier gleichfalls wieder zu manifestieren schien.

Folgender Brief Ulrichs von Hutten an Willibald Pirkheimer dürfte demnach hier eine schickliche Stelle finden.

›Was uns das Glück gegeben, nimmt es meist wieder weg, und das nicht allein; auch alles andere, was sich an den Menschen von außen anschließt, sehen wir dem Zufall unterworfen. Nun aber streb ich nach Ehren, die ich ohne Mißgunst zu erlangen wünschte, ja, welcher Weise es auch sei; denn es besitzt mich ein heftiger Durst nach dem Ruhm, daß ich soviel als möglich geadelt zu sein wünschte. Es würde schlecht mit mir stehen, teurer Willibald, wenn ich mich schon jetzt für einen Edelmann hielte, ob ich gleich in diesem Rang; dieser Familie, von solchen Eltern geboren worden, wenn ich mich nicht durch eigenes Bestreben geadelt hätte. Ein so großes Werk hab ich im Sinn! ich denke höher! nicht etwa daß ich mich in einen vornehmeren, glänzendern Stand versetzt sehen möchte, sondern anderwärts möcht ich eine Quelle suchen, aus der ich einen besondern Adel schöpfte und nicht unter die wahnhaften Edelleute gezählt würde, zufrieden mit dem, was ich von meinen Voreltern empfangen; sondern daß ich zu jenen Gütern noch etwas selbst hinzugefügt hätte, was von mir auf meine Nachkommen hinüberginge.

Daher ich denn mit meinen Studien und Bemühungen mich dahin wende und bestrebe, entgegengesetzt in Meinung denenjenigen, die alles das, was ist, für genug achten; denn mir ist nichts dergleichen genug, wie ich dir denn meinen Ehrgeiz dieser Art bekannt habe. Und so gesteh ich denn, daß ich diejenigen nicht beneide, die, von den untersten Ständen ausgegangen, über meine Zustände hinausgeschritten sind; und hier bin ich mit den Männern meines Standes keineswegs übereindenkend, welche Personen eines niedrigen Ursprungs, die sich durch Tüchtigkeit hervorgetan haben, zu schimpfen pflegen. Denn mit vollkommenem Rechte werden diejenigen uns vorgezogen, welche den Stoff des Ruhms, den wir selbst vernachlässigt, für sich ergriffen und in Besitz genommen, sie mögen Söhne von Walkern oder Gerbern sein; haben sie doch mit mehr Schwierigkeit, als wir gefunden hätten, dergleichen zu erlangen gewußt. Nicht allein ein Tor ist der Ungelehrte zu nennen, welcher den beneidet, der durch Kenntnisse sich hervorgetan, sondern unter die Elenden, ja unter die Elendesten zu zählen; und an diesem Fehler kranket unser Adel ganz besonders, daß er solche Zieraten quer ansehe. Denn was, bei Gott! heißt es, den beneiden, der das besitzt, was wir vernachlässigten? Warum haben wir uns der Gesetze nicht befleißiget? die schöne Gelahrtheit, die besten Künste warum nicht selbst gelernt? Da sind uns nun Walker, Schuster und Wagner vorgelaufen. Warum haben wir die Stellung verlassen, warum die freisten Studien den Dienstleuten und, schändlich für uns! ihrem Schmutz überlassen? Ganz rechtmäßig hat das Erbteil des Adels, das wir verschmähten, ein jeder Gewandter, Fleißiger in Besitz nehmen und durch Tätigkeit benutzen können. Wir Elenden, die das vernachlässigen, was einen jeden Untersten sich über uns zu erheben genügt, hören wir doch auf zu beneiden und suchen dasjenige auch zu erlangen, was, zu unsrer schimpflichen Beschämung, andere sich anmaßen.

Jedes Verlangen nach Ruhm ist ehrbar, aller Kampf um das Tüchtige lobenswürdig. Mag doch jedem Stand seine eigene Ehre bleiben, ihm eine eigene Zierde gewährt sein! Jene Ahnenbilder will ich nicht verachten, sowenig als die wohlausgestatteten Stammbäume; aber was auch deren Wert sei, ist nicht unser eigen, wenn wir es nicht durch Verdienste erst eigen machen; auch kann es nicht bestehen, wenn der Adel nicht Sitten, die ihm geziemen, annimmt. Vergebens wird ein fetter und beleibter jener Hausväter die Standbilder seiner Vorfahren dir aufzeigen, indes er selbst untätig, eher einem Klotz ähnlich, als daß er jenen, die ihm mit Tüchtigkeit voranleuchteten, zu vergleichen wäre.

So viel hab ich dir von meinem Ehrgeiz und seiner Beschaffenheit so weitläufig als aufrichtig vertrauen wollen.‹

Wenn auch nicht in solchem Flusse des Zusammenhangs, so hatte ich doch von meinen vornehmen Freunden und Bekannten dergleichen tüchtige und kräftige Gesinnungen zu vernehmen, von welchen der Erfolg sich in einer redlichen Tätigkeit erwies. Es war zum Kredo geworden, man müsse sich einen persönlichen Adel erwerben, und zeigte sich in jenen schönen Tagen irgendeine Rivalität, so war es von oben herunter.

Wir andern dagegen hatten, was wir wollten: freien und gebilligten Gebrauch unsrer von der Natur verliehenen Talente, wie er wohl ebenfalls mit unsern bürgerlichen Verhältnissen bestehen konnte.

Denn meine Vaterstadt hatte darin eine ganz eigene nicht genugsam beachtete Lage. Wenn die nordischen freien Reichsstädte auf einen ausgebreiteten Handel und die südlichern, bei zurücktretenden Handelsverhältnissen, auf Kunst und Technik gegründet standen, so war in Frankfurt am Main ein gewisser Komplex zu bemerken, welcher aus Handel, Kapitalvermögen, Haus- und Grundbesitz, aus Wissen- und Sammlerlust zusammengeflochten schien.

Die lutherische Konfession führte das Regiment; die alte Ganerbschaft, vom Hause Limpurg den Namen führend, das Haus Frauenstein, mit seinen Anfängen nur ein Klub, bei den Erschütterungen, durch die untern Stände herbeigeführt, dem Verständigen getreu, der Jurist, der sonstige Wohlhabende und Wohldenkende, niemand war von der Magistratur ausgeschlossen; selbst diejenigen Handwerker, welche zu bedenklicher Zeit an der Ordnung gehalten, waren ratsfähig, wenn auch nur stationär auf ihrem Platze. Die andern verfassungsmäßigen Gegengewichte, formelle Einrichtungen und was sich alles an eine solche Verfassung anschließt, gaben vielen Menschen einen Spielraum zur Tätigkeit, indem Handel und Technik bei einer glücklich örtlichen Lage sich auszubreiten in keinem Sinne gehindert waren.

Der höhere Adel wirkte für sich unbeneidet und fast unbemerkt: ein zweiter sich annähernder Stand mußte schon strebsamer sein, und auf alten vermögenden Familienfundamenten beruhend, suchte er sich durch rechtliche und Staatsgelehrsamkeit bemerklich zu machen.

Die sogenannten Reformierten bildeten, wie auch an andern Orten die Refugiés, eine ausgezeichnete Klasse, und selbst wenn sie zu ihrem Gottesdienst in Bockenheim sonntags in schönen Equipagen hinausfuhren, war es immer eine Art von Triumph über die Bürgerabteilung, welche berechtigt war, bei gutem wie bei schlechtem Wetter in die Kirche zu Fuß zu gehen.

Die Katholiken bemerkte man kaum; aber auch sie waren die Vorteile gewahr geworden, welche die beiden andern Konfessionen sich zugeeignet hatten.

ACHTZEHNTES BUCH

Zu literarischen Angelegenheiten zurückkehrend, muß ich einen Umstand hervorheben, der auf die deutsche Poesie der damaligen Epoche großen Einfluß hatte und besonders zu beachten ist, weil eben diese Einwirkung in den ganzen Verlauf unsrer Dichtkunst bis zum heutigen Tag gedauert hat und auch in der Zukunft sich nicht verlieren kann.

Die Deutschen waren von den älteren Zeiten her an den Reim gewöhnt; er brachte den Vorteil, daß man auf eine sehr naive Weise verfahren und fast nur die Silben zählen durfte. Achtete man bei fortschreitender Bildung mehr oder weniger instinktmäßig auch auf Sinn und Bedeutung der Silben, so verdiente man Lob, welches sich manche Dichter anzueignen wußten. Der Reim zeigte den Abschluß des poetischen Satzes, bei kürzeren Zeilen waren sogar die kleineren Einschnitte merklich, und ein natürlich wohlgebildetes Ohr sorgte für Abwechselung und Anmut. Nun aber nahm man auf einmal den Reim weg, ohne zu bedenken, daß über den Silbenwert noch nicht entschieden, ja schwer zu entscheiden war. Klopstock ging voran. Wie sehr er sich bemüht und was er geleistet, ist bekannt. Jedermann fühlte die Unsicherheit der Sache, man wollte sich nicht gerne wagen, und aufgefordert durch jene Naturtendenz, griff man nach einer poetischen Prosa. Geßners höchst liebliche Idyllen öffneten eine unendliche Bahn. Klopstock schrieb den Dialog von ›Hermanns Schlacht‹ in Prosa sowie den ›Tod Adams‹. Durch die bürgerlichen Trauerspiele sowie durch die Dramen bemächtigte sich ein empfindungsvoller höherer Stil des Theaters, und umgekehrt zog der fünffüßige Jambus, der sich durch Einfluß der Engländer bei uns verbreitete, die Poesie zur Prosa herunter. Allein die Forderungen an Rhythmus und Reim konnte man im allgemeinen nicht aufgeben. Ramler, obgleich nach unsichern Grundsätzen, streng gegen seine eigenen Sachen, konnte nicht unterlassen, diese Strenge auch gegen fremde Werke geltend zu machen. Er verwandelte Prosa in Verse, veränderte und verbesserte die Arbeit anderer, wodurch er sich wenig Dank verdiente und die Sache noch mehr verwirrte. Am besten aber gelang es denen, die sich des herkömmlichen Reims mit einer gewissen Beobachtung des Silbenwertes bedienten und, durch natürlichen Geschmack geleitet, unausgesprochene und unentschiedene Gesetze beobachteten; wie z. B. Wieland, der, obgleich unnachahmlich, eine lange Zeit mäßigern Talenten zum Muster diente.

Unsicher aber blieb die Ausübung auf jeden Fall, und es war keiner, auch der Besten, der nicht augenblicklich irregeworden wäre. Daher entstand das Unglück, daß die eigentliche geniale Epoche unsrer Poesie weniges hervorbrachte, was man in seiner Art korrekt nennen könnte; denn auch hier war die Zeit strömend, fordernd und tätig, aber nicht betrachtend und sich selbst genugtuend.

Um jedoch einen Boden zu finden, worauf man poetisch fußen, um ein Element zu entdecken, in dem man freisinnig atmen könnte, war man einige Jahrhunderte zurückgegangen, wo sich aus einem chaotischen Zustande ernste Tüchtigkeiten glänzend hervortaten, und so befreundete man sich auch mit der Dichtkunst jener Zeiten. Die Minnesänger lagen zu weit von uns ab; die Sprache hätte man erst studieren müssen, und das war nicht unsre Sache: wir wollten leben und nicht lernen. Hans Sachs, der wirklich meisterliche Dichter, lag uns am nächsten. Ein wahres Talent, freilich nicht wie jene Ritter und Hofmänner, sondern ein schlichter Bürger, wie wir uns auch zu sein rühmten. Ein didaktischer Realism sagte uns zu, und wir benutzten den leichten Rhythmus, den sich willig anbietenden Reim bei manchen Gelegenheiten. Es schien diese Art so bequem zur Poesie des Tages, und deren bedurften wir jede Stunde.

Wenn nun bedeutende Werke, welche eine jahrelange, ja eine lebenslängliche Aufmerksamkeit und Arbeit erforderten, auf so verwegenem Grunde, bei leichtsinnigen Anlässen mehr oder weniger aufgebaut wurden, so kann man sich denken, wie freventlich mitunter andere vorübergehende Produktionen sich gestalteten, z. B. die poetischen Episteln, Parabeln und Invektiven aller Formen, womit wir fortfuhren uns innerlich zu bekriegen und nach außen Händel zu suchen.

Außer dem schon Abgedruckten ist nur weniges davon übrig; es mag erhalten bleiben. Kurze Notizen mögen Ursprung und Absicht denkenden Männern etwas deutlicher enthüllen. Tiefer Eindringende, denen diese Dinge künftig zu Gesicht kommen, werden doch geneigt bemerken, daß allen solchen Exzentrizitäten ein redliches Bestreben zugrunde lag. Aufrichtiges Wollen streitet mit Anmaßung, Natur gegen Herkömmlichkeiten, Talent gegen Formen, Genie mit sich selbst, Kraft gegen Weichlichkeit, unentwickeltes Tüchtiges gegen entfaltete Mittelmäßigkeit, so daß man jenes ganze Betragen als ein Vorpostengefecht ansehen kann, das auf eine Kriegserklärung folgt und eine gewaltsame Fehde verkündigt. Denn genau besehen, so ist der Kampf in diesen funfzig Jahren noch nicht ausgekämpft, er setzt sich noch immer fort, nur in einer höhern Region.

Ich hatte, nach Anleitung eines ältern deutschen Puppen- und Budenspiels, ein tolles Fratzenwesen ersonnen, welches den Titel ›Hanswursts Hochzeit‹ führen sollte. Das Schema war folgendes: Hanswurst, ein reicher elternloser Bauerssohn, welcher soeben mündig geworden, will ein reiches Mädchen, namens Ursel Blandine, heiraten. Sein Vormund, Kilian Brustfleck, und ihre Mutter Ursel usw. sind es höchlich zufrieden. Ihr vieljähriger Plan, ihre höchsten Wünsche werden dadurch endlich erreicht und erfüllt. Hier findet sich nicht das mindeste Hindernis, und das Ganze beruht eigentlich nur darauf, daß das Verlangen der jungen Leute, sich zu besitzen, durch die Anstalten der Hochzeit und dabei vorwaltenden unerläßlichen Umständlichkeiten hingehalten wird. Als Prologus tritt der Hochzeitbitter auf, hält seine herkömmliche banale Rede und endigt mit den Reimen:

> Bei dem Wirt zur Goldnen Laus,
> Da wird sein der Hochzeitsschmaus.

Um dem Vorwurf der verletzten Einheit des Orts zu entgehen, war im Hintergrunde des Theaters gedachtes Wirtshaus mit seinen Insignien glänzend zu sehen, aber so, als wenn es, auf einem Zapfen umgedreht, nach allen vier Seiten könnte vorgestellt werden; wobei sich jedoch die vordern Kulissen des Theaters schicklich zu verändern hatten.

Im ersten Akt stand die Vorderseite nach der Straße zu, mit den goldnen nach dem Sonnenmikroskop gearbeiteten Insignien; im zweiten Akt die Seite nach dem Hausgarten; die dritte nach einem Wäldchen; die vierte nach einem nahe liegenden See, wodurch denn geweissagt war, daß in folgenden Zeiten es dem Dekorateur geringe Mühe machen werde, einen Wellenschlag über das ganze Theater bis an das Souffleurloch zu führen. Durch alles dieses aber ist das eigentliche Interesse des Stücks noch nicht ausgesprochen; denn der gründliche Scherz ward bis zur Tollheit gesteigert, daß das sämtliche Personal des Schauspiels aus lauter deutsch herkömmlichen Schimpf- und Ekelnamen bestand, wodurch der Charakter der einzelnen sogleich ausgesprochen und das Verhältnis zueinander gegeben war.

Da wir hoffen dürfen, daß Gegenwärtiges in guter Gesellschaft, auch wohl in anständigem Familienkreise vorgelesen werde, so dürfen wir nicht einmal, wie doch auf jedem Theateranschlag Sitte ist, unsre Personen hier der Reihe nach nennen, noch auch die Stellen, wo sie sich am klarsten und eminentesten beweisen, hier am Ort aufführen, obgleich auf dem einfachsten Wege heitere, neckische, unverfängliche Beziehungen und geistreiche Scherze sich hervortun müßten. Zum Versuche legen wir ein Blatt bei, unsern Herausgebern die Zulässigkeit zu beurteilen anheimstellend.

Vetter Schuft hatte das Recht, durch sein Verhältnis zur Familie, zu dem Fest geladen zu werden, niemand hatte dabei etwas zu erinnern: denn wenn er auch gleich durchaus im Leben untauglich war, so war er doch da, und weil er da war, konnte man ihn schicklich nicht verleugnen; auch durfte man an so einem Festtage sich nicht erinnern, daß man zuweilen unzufrieden mit ihm gewesen wäre.

Mit Herrn Schurke war es schon eine bedenklichere Sache: er hatte der Familie wohl genutzt, wenn es ihm gerade auch nutzte; dagegen ihr auch wieder geschadet, vielleicht zu seinem eignen Vorteil, vielleicht auch, weil er es eben gelegen fand. Die mehr oder minder Klugen stimmten für seine Zulässigkeit, die wenigen, die ihn wollten ausgeschlossen haben, wurden überstimmt.

Nun aber war noch eine dritte Person, über die sich schwerer entscheiden ließ: in der Gesellschaft ein ordentlicher Mensch, nicht weniger als andere, nachgiebig, gefällig und zu mancherlei zu gebrauchen; er hatte den einzigen Fehler, daß er seinen Namen nicht hören konnte und, sobald er ihn vernahm, in eine Heldenwut, wie der Norde sie Berserkerwut benennt, augenblicklich geriet, alles rechts und links totzuschlagen drohte und in solchem Raptus teils beschädigte, teils beschädigt ward; wie denn auch der zweite Akt des Stücks durch ihn ein sehr verworrenes Ende nahm.

Hier konnte nun der Anlaß unmöglich versäumt werden, den räuberischen Macklot zu züchtigen. Er geht nämlich hausieren mit seiner Macklotur, und wie er die Anstalten zur Hochzeit gewahr wird, kann er dem Triebe nicht widerstehen, auch hier zu schmarutzen und auf anderer Leute Kosten seine ausgehungerten Gedärme zu erquicken. Er meldet sich; Kilian Brustfleck

CHRISTIAN GRAF ZU STOLBERG

FRIEDRICH LEOPOLD GRAF ZU STOLBERG

»Um diese Zeit meldeten sich die Grafen Stolberg an, die, auf einer
Schweizerreise begriffen, bei uns einsprechen wollten.«

untersucht seine Ansprüche, muß ihn aber abweisen, denn alle Gäste, heißt es, seien anerkannte öffentliche Charaktere, woran der Supplikant doch keinen Anspruch machen könne. Macklot versucht sein möglichstes, um zu beweisen, daß er ebenso berühmt sei als jene. Da aber Kilian Brustfleck als strenger Zeremonienmeister sich nicht will bewegen lassen, nimmt sich jener Nichtgenannte, der von seiner Berserkerwut am Schlusse des zweiten Akts sich wieder erholt hat, des ihm so nahe verwandten Nachdruckers so nachdrücklich an, daß dieser unter die übrigen Gäste schließlich aufgenommen wird.

Um diese Zeit meldeten sich die Grafen Stolberg an, die, auf einer Schweizerreise begriffen, bei uns einsprechen wollten. Ich war durch das früheste Auftauchen meines Talents im ›Göttinger Musenalmanach‹ mit ihnen und sämtlichen jungen Männern, deren Wesen und Wirken bekannt genug ist, in ein gar freundliches Verhältnis geraten. Zu der damaligen Zeit hatte man sich ziemlich wunderliche Begriffe von Freundschaft und Liebe gemacht. Eigentlich war es eine lebhafte Jugend, die sich gegeneinander aufknöpfte und ein talentvolles, aber ungebildetes Innere hervorkehrte. Einen solchen Bezug gegeneinander, der freilich wie Vertrauen aussah, hielt man für Liebe, für wahrhafte Neigung; ich betrog mich darin so gut wie die andern und habe davon viele Jahre auf mehr als eine Weise gelitten. Es ist noch ein Brief von Bürgern aus jener Zeit vorhanden, woraus zu ersehen ist, daß von Sittlich-Ästhetischem unter diesen Gesellen keineswegs die Rede war. Jeder fühlte sich aufgeregt und glaubte gar wohl hiernach handeln und dichten zu dürfen.
Die Gebrüder kamen an, Graf Haugwitz mit ihnen. Von mir wurden sie mit offener Brust empfangen, mit gemütlicher Schicklichkeit. Sie wohnten im Gasthofe, waren zu Tische jedoch meistens bei uns. Das erste heitere Zusammensein zeigte sich höchst erfreulich; allein gar bald traten exzentrische Äußerungen hervor. Zu meiner Mutter machte sich ein eigenes Ver-

CHRISTIAN GRAF HAUGWITZ

»Die Gebrüder kamen an, Graf Haugwitz mit ihnen. Von mir wurden
sie mit offener Brust empfangen...«

hältnis. Sie wußte in ihrer tüchtigen graden Art sich gleich ins Mittelalter zurückzusetzen, um als Aja bei irgendeiner lombardischen oder byzantinischen Prinzessin angestellt zu sein. Nicht anders als Frau Aja ward sie genannt, und sie gefiel sich in dem Scherze und ging so eher in die Phantastereien der Jugend mit ein, als sie schon in Götz von Berlichingens Hausfrau ihr Ebenbild zu erblicken glaubte.

Doch hiebei sollte es nicht lange bleiben; denn man hatte nur einige Male zusammen getafelt, als schon nach ein und der andern genossenen Flasche Wein der poetische Tyrannenhaß zum Vorschein kam und man nach dem Blute solcher Wütriche lechzend sich erwies. Mein Vater schüttelte lächelnd den Kopf; meine Mutter hatte in ihrem Leben kaum von Tyrannen gehört, doch erinnerte sie sich, in Gottfrieds ›Chronik‹ dergleichen Unmenschen in Kupfer abgebildet gesehen zu haben: den König Kambyses, der in Gegenwart des Vaters das Herz des Söhnchens mit dem Pfeil getroffen zu haben triumphiert, wie ihr solches noch im Gedächtnis geblieben war. Diese und ähnliche, aber immer heftiger werdende Äußerungen ins Heitere zu wenden, verfügte sie sich in ihren Keller, wo ihr von den ältesten Weinen wohlunterhaltene große Fässer verwahrt lagen. Nicht geringere befanden sich daselbst als die Jahrgänge 1706, 19, 26, 48, von ihr selbst gewartet und gepflegt, selten und nur bei feierlich-bedeutenden Gelegenheiten angesprochen.

Indem sie nun in geschliffener Flasche den hochfarbigen Wein hinsetzte, rief sie aus: ›Hier ist das wahre Tyrannenblut! Daran ergetzt euch, aber alle Mordgedanken laßt mir aus dem Hause!‹ Jawohl, Tyrannenblut! rief ich aus: keinen größeren Tyrannen gibt es als den, dessen Herzblut man euch vorsetzt. Labt euch daran, aber mäßig! denn ihr müßt befürchten, daß er euch durch Wohlgeschmack und Geist unterjoche. Der Weinstock ist der Universaltyrann, der ausgerottet werden sollte; zum Patron sollten wir deshalb den heiligen Lykurgus, den Thrazier, wählen und verehren: er griff das fromme Werk kräftig an, aber, vom betörenden Dämon Bacchus verblendet und verderbt, verdient er in der Zahl der Märtyrer obenan zu stehen.

Dieser Weinstock ist der allerschlimmste Tyrann, zugleich Heuchler, Schmeichler und Gewaltsamer. Die ersten Züge seines Blutes munden euch, aber ein Tropfen lockt den andern unaufhaltsam nach; sie folgen sich wie eine Perlenschnur, die man zu zerreißen fürchtet.

Wenn ich hier, wie die besten Historiker getan, eine fingierte Rede statt jener Unterhaltung einzuschieben in Verdacht geraten könnte, so darf ich den Wunsch aussprechen, es möchte gleich ein Geschwindschreiber diese Peroration aufgefaßt und uns überliefert haben. Man würde die Motive genau dieselbigen und den Fluß der Rede vielleicht anmutiger und einladender finden. Überhaupt fehlt dieser gegenwärtigen Darstellung im ganzen die weitläuftige Redseligkeit und Fülle einer Jugend, die sich fühlt und nicht weiß, wo sie mit Kraft und Vermögen hinaus soll.

In einer Stadt wie Frankfurt befindet man sich in einer wunderlichen Lage; immer sich kreuzende Fremde deuten nach allen Weltgegenden hin und erwecken Reiselust. Früher war ich schon bei manchem Anlaß mobil geworden, und gerade jetzt im Augenblicke, wo es darauf ankam, einen Versuch zu machen, ob ich Lili entbehren könne, wo eine gewisse peinliche Unruhe mich zu allem bestimmten Geschäft unfähig machte, war mir die Aufforderung der Stolberge, sie nach der Schweiz zu begleiten, willkommen. Begünstigt durch das Zureden meines Vaters, welcher eine Reise in jener Richtung sehr gerne sah und mir empfahl, einen Übergang nach Italien, wie es sich fügen und schicken wollte, nicht zu versäumen, entschloß ich mich daher schnell, und es war bald gepackt. Mit einiger Andeutung, aber ohne Abschied, trennt ich mich von Lili; sie war mir so ins Herz gewachsen, daß ich mich gar nicht von ihr zu entfernen glaubte.

In wenigen Stunden sah ich mich mit meinen lustigen Gefährten in Darmstadt. Bei Hofe daselbst sollte man sich noch ganz schicklich betragen; hier hatte Graf Haugwitz eigentlich die Führung und Leitung. Er war der Jüngste von uns, wohlgestaltet, von zartem, edlem Ansehen, weichen, freundlichen Zügen, sich immer gleich, teilnehmend, aber mit solchem Maße, daß er gegen die andern als impassibel abstach. Er mußte deshalb von ihnen allerlei Spottreden und Benamsungen erdulden. Dies mochte gelten, solange sie glaubten, als Naturkinder sich zeigen zu können; wo es aber denn doch auf Schicklichkeit ankam und man, nicht ungern, genötigt war, wieder einmal als Graf aufzutreten, da wußte er alles einzuleiten und zu schlichten, daß wir wenn nicht mit dem besten, doch mit leidlichem Rufe davonkamen.

Ich brachte unterdessen meine Zeit bei Merck zu, welcher meine vorgenommene Reise mephistophelisch querblickend ansah und meine Gefährten, die ihn auch besucht hatten, mit schonungsloser Verständigkeit zu schildern wußte. Er kannte mich nach seiner Art durchaus, die unüberwindliche naive Gutmütigkeit meines Wesens war ihm schmerzlich; das ewige Geltenlassen, das Leben und Lebenlassen war ihm ein Greuel. ›Daß du mit diesen Burschen ziehst‹, rief er aus, ›ist ein dummer Streich‹, und er schilderte sie sodann treffend, aber nicht ganz richtig. Durchaus fehlte ein Wohlwollen, daher ich glauben konnte, ihn zu übersehen, obschon ich ihn nicht sowohl übersah, als nur die Seiten zu schätzen wußte, die außer seinem Gesichtskreise lagen.

›Du wirst nicht lange bei ihnen bleiben!‹ das war das Resultat seiner Unterhaltungen. Dabei erinnere ich mich eines merkwürdigen Wortes, das er mir später wiederholte, das ich mir selbst wiederholte und oft im Leben bedeutend fand. ›Dein Bestreben‹, sagte er, ›deine unablenkbare Richtung ist, dem Wirklichen eine poetische Gestalt zu geben; die andern suchen das sogenannte Poetische, das Imaginative zu verwirklichen, und das gibt nichts wie dummes Zeug.‹ Faßt man die ungeheure

Differenz dieser beiden Handlungsweisen, hält man sie fest und wendet sie an, so erlangt man viel Aufschluß über tausend andere Dinge.

Unglücklicherweise, eh sich die Gesellschaft von Darmstadt loslöste, gab es noch Anlaß, Mercks Meinung unumstößlich zu bekräftigen.

Unter die damaligen Verrücktheiten, die aus dem Begriff entstanden, man müsse sich in einen Naturzustand zu versetzen suchen, gehörte denn auch das Baden im freien Wasser, unter offnem Himmel; und unsere Freunde konnten auch hier, nach allenfalls überstandener Schicklichkeit, auch dieses Unschickliche nicht unterlassen. Darmstadt, ohne fließendes Gewässer, in einer sandigen Fläche gelegen, mag doch einen Teich in der Nähe haben, von dem ich nur bei dieser Gelegenheit gehört. Die heiß genaturten und sich immer mehr erhitzenden Freunde suchten Labsal in diesem Weiher; nackte Jünglinge bei hellem Sonnenschein zu sehen, mochte wohl in dieser Gegend als etwas Besonderes erscheinen; es gab Skandal auf alle Fälle. Merck schärfte seine Konklusionen, und ich leugne nicht, ich beeilte unsre Abreise.

Schon auf dem Wege nach Mannheim zeigte sich, ohngeachtet aller guten und edlen gemeinsamen Gefühle, doch schon eine gewisse Differenz in Gesinnung und Betragen. Leopold Stolberg äußerte mit Leidenschaft: wie er genötigt worden, ein herzliches Liebesverhältnis mit einer schönen Engländerin aufzugeben, und deswegen eine so weite Reise unternommen habe. Wenn man ihm nun dagegen teilnehmend entdeckte, daß man solchen Empfindungen auch nicht fremd sei, so brach bei ihm das grenzenlose Gefühl der Jugend heraus: seiner Leidenschaft, seinen Schmerzen sowie der Schönheit und Liebenswürdigkeit seiner Geliebten dürfe sich in der Welt nichts gleichstellen. Wollte man solche Behauptung, wie es sich unter guten Gesellen wohl ziemt, durch mäßige Rede ins Gleichgewicht bringen, so schien sich die Sache nur zu verschlimmern, und Graf Haugwitz wie auch ich mußten zuletzt geneigt werden, dieses Thema fallenzulassen. Angelangt in Mannheim, bezogen wir schöne Zimmer eines anständigen Gasthofes, und beim Dessert des ersten Mittagessens, wo der Wein nicht war geschont worden, forderte uns Leopold auf, seiner Schönen Gesundheit zu trinken, welches denn unter ziemlichem Getöse geschah. Nach geleerten Gläsern rief er aus: ›Nun aber ist aus solchen geheiligten Bechern kein Trunk mehr erlaubt, eine zweite Gesundheit wäre Entweihung, deshalb vernichten wir diese Gefäße!‹ und warf sogleich sein Stengelglas hinter sich wider die Wand. Wir andern folgten, und ich bildete mir denn doch ein, als wenn mich Merck am Kragen zupfte.

Allein die Jugend nimmt das aus der Kindheit mit herüber, daß sie guten Gesellen nichts nachträgt, daß eine unbefangene Wohlgewogenheit zwar unangenehm berührt werden kann, aber nicht zu verletzen ist.

Nachdem die nunmehr als englisch angesprochenen Gläser unsre Zeche verstärkt hatten, eilten wir nach Karlsruhe getrost und heiter, um uns zutraulich und sorglos in einen neuen Kreis zu begeben. Wir fanden Klopstock daselbst, welcher seine alte sittliche Herrschaft über die ihn so hoch verehrenden Schüler gar anständig ausübte, dem ich denn auch mich gern unterwarf, so daß ich, mit den andern nach Hof gebeten, mich für einen Neuling ganz leidlich mag betragen haben. Auch ward man gewissermaßen aufgefordert, natürlich und doch bedeutend zu sein.

Der regierende Herr Markgraf, als einer der fürstlichen Senioren, besonders aber wegen seiner vortrefflichen Regierungszwecke unter den deutschen Regenten hoch verehrt, unterhielt sich gern von staatswirtlichen Angelegenheiten. Die Frau Markgräfin, in Künsten und mancherlei guten Kenntnissen tätig und bewandert, wollte auch mit anmutigen Reden eine gewisse Teilnahme beweisen; wogegen wir uns zwar dankbar verhielten, konnten aber doch zu Hause ihre schlechte Papierfabrikation und Begünstigung des Nachdruckers Macklot nicht ungeneckt lassen.

Am bedeutendsten war für mich, daß der junge Herzog von Sachsen-Weimar mit seiner edlen Braut, der Prinzessin Luise von Hessen-Darmstadt, hier zusammenkamen, um ein förmliches Ehebündnis einzugehen; wie denn auch deshalb Präsident von Moser bereits hier angelangt war, um so bedeutende Verhältnisse ins klare zu setzen und mit dem Oberhofmeister Grafen Görtz völlig abzuschließen. Meine Gespräche mit beiden hohen Personen waren die gemütlichsten, und sie schlossen sich bei der Abschiedsaudienz wiederholt mit der Versicherung: es würde ihnen beiderseits angenehm sein, mich bald in Weimar zu sehen.

Einige besondere Gespräche mit Klopstock erregten gegen ihn, bei der Freundlichkeit, die er mir erwies, Offenheit und Vertrauen; ich teilte ihm die neusten Szenen des ›Faust‹ mit, die er wohl aufzunehmen schien, sie auch, wie ich nachher vernahm, gegen andere Personen mit entschiedenem Beifall, der sonst nicht leicht in seiner Art war, beehrt und die Vollendung des Stücks gewünscht hatte.

Jenes ungebildete, damals mitunter genial genannte Betragen ward in Karlsruhe, auf einem anständigen, gleichsam heiligen Boden einigermaßen beschwichtigt. Ich trennte mich von meinen Gesellen, indem ich einen Seitenweg einzuschlagen hatte, um nach Emmendingen zu gehen, wo mein Schwager Oberamtmann war. Ich achtete diesen Schritt, meine Schwester zu sehen, für eine wahrhafte Prüfung. Ich wußte, sie lebte nicht glücklich, ohne daß man es ihr, ihrem Gatten oder den Zuständen hätte schuld geben können. Sie war ein eigenes Wesen, von dem schwer zu sprechen ist; wir wollen suchen, das Mitteilbare hier zusammenzufassen.

Ein schöner Körperbau begünstigte sie; nicht so die Gesichtszüge, welche, obgleich Güte, Verstand, Teilnahme deutlich genug ausdrückend, doch einer gewissen Regelmäßigkeit und Anmut ermangelten.

Dazu kam noch, daß eine hohe stark gewölbte Stirn durch die leidige Mode, die Haare aus dem Gesicht zu streichen und zu zwängen, einen gewissen unangenehmen Eindruck machte, wenn sie gleich für die sittlichen und geistigen Eigenschaften das beste Zeugnis gab. Ich kann mir denken, daß, wenn sie, wie es die neuere Zeit eingeführt hat, den obern Teil ihres Gesichtes mit Locken umwölken, ihre Schläfe und Wangen mit gleichen Ringeln hätte bekleiden können, sie vor dem Spiegel sich angenehmer würde gefunden haben, ohne Besorgnis, andern zu mißfallen wie sich selbst. Rechne man hiezu noch das Unheil, daß ihre Haut selten rein war, ein Übel, das sich durch ein dämonisches Mißgeschick schon von Jugend auf gewöhnlich an Festtagen einzufinden pflegte, an Tagen von Konzerten, Bällen und sonstigen Einladungen.

Diese Zustände hatte sie nach und nach durchgekämpft, indes ihre übrigen herrlichen Eigenschaften sich immer mehr und mehr ausbildeten.

Ein fester, nicht leicht bezwinglicher Charakter, eine teilnehmende, Teilnahme bedürfende Seele, vorzügliche Geistesbildung, schöne Kenntnisse sowie Talente, einige Sprachen, eine gewandte Feder, so daß, wäre sie von außen begünstigt worden, sie unter den gesuchtesten Frauen ihrer Zeit würde gegolten haben.

Zu allem diesem ist noch ein Wundersames zu offenbaren: in ihrem Wesen lag nicht die mindeste Sinnlichkeit. Sie war neben mir heraufgewachsen und wünschte ihr Leben in dieser geschwisterlichen Harmonie fortzusetzen und zuzubringen. Wir waren nach meiner Rückkunft von der Akademie unzertrennlich geblieben; im innersten Vertrauen hatten wir Gedanken, Empfindungen und Grillen, die Eindrücke alles Zufälligen in Gemeinschaft. Als ich nach Wetzlar ging, schien ihr die Einsamkeit unerträglich; mein Freund Schlosser, der Guten weder unbekannt noch zuwider, trat in meine Stelle. Leider verwandelte sich bei ihm die Brüderlichkeit in eine entschiedene und, bei seinem strengen gewissenhaften Wesen, vielleicht erste Leidenschaft. Hier fand sich, wie man zu sagen pflegt, eine sehr gätliche, erwünschte Partie, welche sie, nachdem sie verschiedene bedeutende Anträge, aber von unbedeutenden Männern, von solchen, die sie verabscheute, standhaft ausgeschlagen hatte, endlich anzunehmen sich, ich darf wohl sagen, bereden ließ. Aufrichtig habe ich zu gestehen, daß ich mir, wenn ich manchmal über ihr Schicksal phantasierte, sie nicht gern als Hausfrau, wohl aber als Äbtissin, als Vorsteherin einer edlen Gemeine gar gern denken mochte. Sie besaß alles, was ein solcher höherer Zustand verlangt; ihr fehlte, was die Welt unerläßlich fordert. Über weibliche Seelen übte sie durchaus eine unwiderstehliche Gewalt; junge Gemüter zog sie liebevoll an und beherrschte sie durch den Geist innerer Vorzüge. Wie sie nun die allgemeine Duldung des Guten, Menschlichen, mit allen seinen Wunderlichkeiten, wenn es nur nicht ins Verkehrte ging, mit mir gemein hatte, so brauchte nichts Eigentümliches, wodurch irgendein bedeutendes Naturell ausgezeichnet war, sich vor ihr zu verbergen oder sich vor ihr zu genieren; weswegen unsere Geselligkeiten, wie wir schon früher gesehn, immer mannigfaltig, frei, artig, wenn auch gleich manchmal ans Kühne heran, sich bewegen mochten. Die Gewohnheit, mit jungen Frauenzimmern anständig und verbindlich umzugehen, ohne daß sogleich eine entscheidende Beschränkung und Aneignung erfolgt wäre, hatte ich nur ihr zu danken. Nun aber wird der einsichtige Leser, welcher fähig ist, zwischen diese Zeilen hineinzulesen, was nicht geschrieben steht, aber angedeutet ist, sich eine Ahnung der ernsten Gefühle gewinnen, mit welchen ich damals Emmendingen betrat.

Allein beim Abschiede nach kurzem Aufenthalte lag es mir noch schwerer auf dem Herzen, daß meine Schwester mir auf das ernsteste eine Trennung von Lili empfohlen, ja befohlen

CORNELIA GOETHE, VERH. SCHLOSSER

»Aufrichtig habe ich zu gestehen, daß ich mir, wenn ich manchmal über ihr Schicksal phantasierte, sie nicht gern als Hausfrau, wohl aber als Äbtissin, als Vorsteherin einer edlen Gemeine gar gern denken mochte. Sie besaß alles, was ein solcher höherer Zustand verlangt; ihr fehlte, was die Welt unerläßlich fordert.«

hatte. Sie selbst hatte an einem langwierigen Brautstande viel gelitten; Schlosser, nach seiner Redlichkeit, verlobte sich nicht eher mit ihr, als bis er seiner Anstellung im Großherzogtum Baden gewiß, ja, wenn man es so nehmen wollte, schon angestellt war. Die eigentliche Bestimmung aber verzögerte sich auf eine undenkliche Weise. Soll ich meine Vermutung hierüber eröffnen, so war der wackere Schlosser, wie tüchtig er zum Geschäft sein mochte, doch wegen seiner schroffen Rechtlichkeit weder dem Fürsten als unmittelbar berührender Diener noch weniger den Ministern als naher Mitarbeiter wünschenswert. Seine gehoffte und dringend gewünschte Anstellung in Karlsruhe kam nicht zustande. Mir aber klärte sich diese Zögerung auf, als die Stelle eines Oberamtmanns in Emmendingen ledig ward und man ihn alsobald dahin versetzte. Es war ein stattliches einträgliches Amt nunmehr ihm übertragen, dem er sich völlig gewachsen zeigte. Seinem Sinn, seiner Handlungsweise deuchte es ganz gemäß, hier allein zu stehen, nach Überzeugung zu handeln und über alles, man mochte ihn loben oder tadeln, Rechenschaft zu geben.

Dagegen ließ sich nichts einwenden, meine Schwester mußte ihm folgen, freilich nicht in eine Residenz, wie sie gehofft hatte, sondern an einen Ort, der ihr eine Einsamkeit, eine Einöde scheinen mußte; in eine Wohnung, zwar geräumig, amtsherrlich, stattlich, aber aller Geselligkeit entbehrend. Einige junge Frauenzimmer, mit denen sie früher Freundschaft gepflogen, folgten ihr nach, und da die Familie Gerock mit Töchtern gesegnet war, wechselten diese ab, so daß sie wenigstens bei so vieler Entbehrung eines längstvertrauten Umgangs genoß. Diese Zustände, diese Erfahrungen waren es, wodurch sie sich berechtigt glaubte, mir aufs ernsteste eine Trennung von Lili zu befehlen. Es schien ihr hart, ein solches Frauenzimmer, von dem sie sich die höchsten Begriffe gemacht hatte, aus einer wo nicht glänzenden, doch lebhaft bewegten Existenz herauszuzerren in unser zwar löbliches, aber doch nicht zu bedeutenden

Gesellschaften eingerichtetes Haus, zwischen einen wohlwollenden, ungesprächigen, aber gern didaktischen Vater und eine in ihrer Art höchst häuslich tätige Mutter, welche doch nach vollbrachtem Geschäft bei einer bequemen Handarbeit nicht gestört sein wollte in einem gemütlichen Gespräch mit jungen herangezogenen und auserwählten Persönlichkeiten.

Dagegen setzte sie mir Lilis Verhältnisse lebhaft ins klare; denn ich hatte ihr teils schon in Briefen, teils aber in leidenschaftlich geschwätziger Vertraulichkeit alles haarklein vorgetragen.

Leider war ihre Schilderung nur eine umständliche wohlgesinnte Ausführung dessen, was ein Ohrenbläser von Freund, dem man nach und nach nichts Gutes zutraute, mit wenigen charakteristischen Zügen einzuflüstern bemüht gewesen.

Versprechen konnt ich ihr nichts, ob ich gleich gestehen mußte, sie habe mich überzeugt. Ich ging mit dem rätselhaften Gefühl im Herzen, woran die Leidenschaft sich fortnährt: denn Amor, das Kind, hält sich noch hartnäckig fest am Kleide der Hoffnung, eben als sie schon starken Schrittes sich zu entfernen den Anlauf nimmt.

Das einzige, was ich mir zwischen da und Zürich noch deutlich erinnere, ist der Rheinfall bei Schaffhausen. Hier wird durch einen mächtigen Stromsturz merklich die erste Stufe bezeichnet, die ein Bergland andeutet, in das wir zu treten gewillet sind; wo wir denn nach und nach, Stufe für Stufe immer in wachsendem Verhältnis, die Höhen mühsam erreichen sollen.

Der Anblick des Züricher Sees, von dem Tore des ›Schwertes‹ genossen, ist mir auch noch gegenwärtig; ich sage: von dem Tore des Gasthauses, denn ich trat nicht hinein, sondern ich eilte zu Lavatern. Der Empfang war heiter und herzlich, und man muß gestehen, anmutig ohnegleichen; zutraulich, schonend, segnend, erhebend, anders konnte man sich seine Gegenwart nicht denken. Seine Gattin, mit etwas sonderbaren, aber friedlichen, zartfrommen Zügen, stimmte völlig, wie alles andere um ihn her, in seine Sinnes- und Lebensweise.

Unsre nächste und fast ununterbrochene Unterhaltung war seine ›Physiognomik‹. Der erste Teil dieses seltsamen Werkes war, wenn ich nicht irre, schon völlig abgedruckt oder wenigstens seiner Vollständigkeit nahe. Man darf es wohl als genialempirisch, als methodisch-kollektiv ansprechen. Ich hatte dazu das sonderbarste Verhältnis. Lavater wollte die ganze Welt zu Mitarbeitern und Teilnehmern; schon hatte er auf seiner Rheinreise so viel bedeutende Menschen porträtieren lassen, um durch ihre Persönlichkeit sie in das Interesse eines Werks zu ziehen, in welchem sie selbst auftreten sollten. Ebenso verfuhr er mit Künstlern; er rief einen jeden auf, ihm für seine Zwecke Zeichnungen zu senden. Sie kamen an und taugten nicht entschieden zu ihrer Bestimmung. Gleicherweise ließ er rechts und links in Kupfer stechen, und auch dieses gelang selten charakteristisch. Eine große Arbeit war von seiner Seite geleistet, mit Geld und Anstrengung aller Art ein bedeutendes Werk vorgearbeitet, der Physiognomik alle Ehre geboten; und wie nun daraus ein Band werden sollte, die Physiognomik, durch Lehre gegründet, durch Beispiele belegt, sich der Würde einer Wissenschaft nähern sollte, so sagte keine Tafel, was sie zu sagen hatte: alle Platten mußten getadelt, bedingt, nicht einmal gelobt, nur zugegeben, manche gar durch die Erklärungen weggelöscht werden. Es war für mich, der, eh er fortschritt, immer Fuß zu fassen suchte, eine der penibelsten Aufgaben, die meiner Tätigkeit auferlegt werden konnte. Man urteile selbst. Das Manuskript mit den zum Text eingeschobenen Plattenabdrücken ging an mich nach Frankfurt. Ich hatte das Recht, alles zu tilgen, was mir mißfiel, zu ändern und einzuschalten, was mir beliebte, wovon ich freilich sehr mäßig Gebrauch machte. Ein einzig Mal hatte er eine gewisse leidenschaftliche Kontrovers gegen einen ungerechten Tadler eingeschoben, die ich wegließ und ein heiteres Naturgedicht dafür einlegte; weswegen er mich schalt, jedoch später, als er abgekühlt war, mein Verfahren billigte.

ZÜRICH MIT BLICK AUF DEN ZÜRCHER SEE

»Der Anblick des Züricher Sees, von dem Tore des ›Schwertes‹ genossen, ist mir noch gegenwärtig.«

Wer die vier Bände der ›Physiognomik‹ durchblättert und, was ihn nicht reuen wird, durchliest, mag bedenken, welches Interesse unser Zusammensein gehabt habe, indem die meisten der darin vorkommenden Blätter schon gezeichnet und ein Teil gestochen waren, vorgelegt und beurteilt wurden und man die geistreichen Mittel überlegte, womit selbst das Untaugliche in diesem Falle lehrreich und also tauglich gemacht werden könnte.

Geh ich das Lavaterische Werk nochmals durch, so macht es mir eine komisch-heitere Empfindung; es ist mir, als sähe ich die Schatten mir ehemals sehr bekannter Menschen vor mir, über die ich mich schon einmal geärgert und über die ich mich jetzt nicht erfreuen sollte.

Die Möglichkeit aber, so vieles unschicklich Gebildete einigermaßen zusammenzuhalten, lag in dem schönen und entschiedenen Talente des Zeichners und Kupferstechers Lips; er war in der Tat zur freien prosaischen Darstellung des Wirklichen geboren, worauf es denn doch eigentlich hier ankam. Er arbeitete unter dem wunderlich fordernden Physiognomisten und mußte deshalb genau aufpassen, um sich den Forderungen seines Meisters anzunähern; der talentreiche Bauernknabe fühlte die ganze Verpflichtung, die er einem geistlichen Herrn aus der so hoch privilegierten Stadt schuldig war, und besorgte sein Geschäft aufs beste.

In getrennter Wohnung von meinen Gesellen lebend, ward ich täglich, ohne daß wir im geringsten Arges daran gehabt hätten, denselben immer fremder; unsre Landpartien paßten nicht mehr zusammen, obgleich in der Stadt noch einiges Verkehr übriggeblieben war. Sie hatten sich mit allem jugendlich gräflichen Übermut auch bei Lavatern gemeldet, welchem gewandten Physiognomisten sie freilich etwas anders vorkamen als der übrigen Welt. Er äußerte sich gegen mich darüber, und ich erinnere mich ganz deutlich, daß er, von Leopold Stolberg sprechend, ausrief: ›Ich weiß nicht, was ihr alle wollt; es ist ein edler, trefflicher, talentvoller Jüngling, aber sie haben mir ihn als einen Heroen, als einen Herkules beschrieben, und ich habe in meinem Leben keinen weichern, zarteren und, wenn es darauf ankommt, bestimmbareren jungen Mann gesehen. Ich bin noch weit von sicherer physiognomischer Einsicht entfernt, aber wie es mit euch und der Menge aussieht, ist doch gar zu betrübt.‹

Seit der Reise Lavaters an den Niederrhein hatte sich das Interesse an ihm und seinen physiognomischen Studien sehr lebhaft gesteigert; vielfache Gegenbesuche drängten sich zu ihm, so daß er sich einigermaßen in Verlegenheit fühlte, als der erste geistlicher und geistreicher Männer angesehen und als einer betrachtet zu werden, der die Fremden allein nach sich hinzöge; daher er denn, um allem Neid und Mißgunst auszuweichen, alle diejenigen, die ihn besuchten, zu erinnern und anzutreiben wußte, auch die übrigen bedeutenden Männer freundlich und ehrerbietig anzugehen.

Der alte Bodmer ward hiebei vorzüglich beachtet, und wir mußten uns auf den Weg machen, ihn zu besuchen und jugendlich zu verehren. Er wohnte in einer Höhe über der am rechten Ufer, wo der See seine Wasser als Limmat zusammendrängt, gelegenen größern oder alten Stadt; diese durchkreuzten wir und erstiegen zuletzt auf immer steileren Pfaden die Höhe hinter den Wällen, wo sich zwischen den Festungswerken und der alten Stadtmauer gar anmutig eine Vorstadt, teils in aneinander geschlossen, teils einzelnen Häusern, halb ländlich gebildet hatte. Hier nun stand Bodmers Haus, der Aufenthalt seines ganzen Lebens, in der freisten, heitersten Umgebung, die wir bei der Schönheit und Klarheit des Tages schon vor dem Eintritt höchst vergnüglich zu überschauen hatten.

Wir wurden eine Stiege hoch in ein rings getäfeltes Zimmer geführt, wo uns ein muntrer Greis von mittlerer Statur entgegenkam. Er empfing uns mit einem Gruße, mit dem er die besuchenden Jüngern anzusprechen pflegte: wir würden es ihm als eine Artigkeit anrechnen, daß er mit seinem Abscheiden aus dieser Zeitlichkeit so lange gezögert habe, um uns noch freundlich aufzunehmen, uns kennenzulernen, sich an unsern Talenten zu erfreuen und Glück auf unsern fernern Lebensgang zu wünschen.

Wir dagegen priesen ihn glücklich, daß er als Dichter, der patriarchalischen Welt angehörig und doch in der Nähe der höchst gebildeten Stadt, eine wahrhaft idyllische Wohnung zeitlebens besessen und in hoher freier Luft sich einer solchen Fernsicht mit stetem Wohlbehagen der Augen so lange Jahre erfreut habe.

Es schien ihm nicht unangenehm, daß wir eine Übersicht aus seinem Fenster zu nehmen uns ausbaten, welche denn wirklich bei heiterem Sonnenschein in der besten Jahreszeit ganz unvergleichlich erschien. Man übersah vieles von dem, was sich von der großen Stadt nach der Tiefe senkte, die kleinere Stadt über der Limmat sowie die Fruchtbarkeit des Sihlfeldes gegen Abend. Rückwärts links einen Teil des Zürichsees mit seiner glänzend bewegten Fläche und seiner unendlichen Mannigfaltigkeit von abwechselnden Berg- und Talufern, Erhöhungen, dem Auge unfaßlichen Mannigfaltigkeiten; worauf man denn, geblendet von allem diesem, in der Ferne die blaue Reihe der höheren Gebirgsrücken, deren Gipfel zu benamsen man sich getraute, mit größter Sehnsucht zu schauen hatte.

Die Entzückung junger Männer über das Außerordentliche, was ihm so viele Jahre her täglich geworden war, schien ihm zu behagen; er ward, wenn man so sagen darf, ironisch teilnehmend, und wir schieden als die besten Freune, wennschon in unsern Geistern die Sehnsucht nach jenen blauen Gebirgshöhen die Überhand gewonnen hatte.

Indem ich nun im Begriff stehe, mich von unserm würdigen Patriarchen zu beurlauben, so merk ich erst, daß ich von seiner Gestalt und Gesichtsbildung, von seinen Bewegungen und seiner Art, sich zu benehmen, noch nichts ausgesprochen.

JOHANN JACOB BODMER

»Der alte Bodmer ward hierbei vorzüglich beachtet, und wir mußten
uns auf den Weg machen, ihn zu besuchen und jugendlich zu verehren.«

Überhaupt zwar finde ich nicht ganz schicklich, daß Reisende einen bedeutenden Mann, den sie besuchen, gleichsam signalisieren, als wenn sie Stoff zu einem Steckbriefe geben wollten. Niemand bedenkt, daß es eigentlich nur ein Augenblick ist, wo er, vorgetreten, neugierig beobachtet und doch nur auf seine eigene Weise; und so kann der Besuchte bald wirklich, bald scheinbar als stolz oder demütig, als schweigsam oder gesprächig, als heiter oder verdrießlich erscheinen. In diesem besondern Falle aber möcht ich mich damit entschuldigen, daß Bodmers ehrwürdige Person, in Worten geschildert, keinen gleich günstigen Eindruck machen dürfte. Glücklicherweise existiert das Bild nach Graff von Bause, welches vollkommen den Mann darstellt, wie er auch uns erschienen und zwar mit seinem Blick der Beschauung und Betrachtung. Ein besonderes, zwar nicht unerwartetes, aber höchst erwünschtes Vergnügen empfing mich in Zürich, als ich meinen jungen Freund Passavant daselbst antraf. Sohn eines angesehenen reformierten Hauses meiner Vaterstadt, lebte er in der Schweiz, an der Quelle derjenigen Lehre, die er dereinst als Prediger verkündigen sollte. Nicht von großer, aber gewandter Gestalt, versprach sein Gesicht und sein ganzes Wesen eine anmutige rasche Entschlossenheit. Schwarzes Haar und Bart, lebhafte Augen. Im ganzen eine teilnehmende mäßige Geschäftigkeit. Kaum hatten wir, uns umarmend, die ersten Grüße gewechselt, als er mir gleich den Vorschlag tat, die kleinen Kantone zu besuchen, die er schon mit großem Entzücken durchwandert habe und mit deren Anblick er mich nun ergötzen und entzücken wolle.

Indes ich mit Lavatern die nächsten und wichtigsten Gegenstände durchgesprochen und wir unsre gemeinschaftlichen Angelegenheiten beinah erschöpft hatten, waren meine muntern Reisegesellen schon auf mancherlei Wegen ausgezogen und hatten nach ihrer Weise sich in der Gegend umgetan. Passavant, mich mit herzlicher Freundschaft umfangend, glaubte dadurch ein Recht zu dem ausschließenden Besitz meines Umgangs erworben zu haben und wußte daher, in Abwesenheit jener, mich um so eher in die Gebirge zu locken, als ich selbst entschieden geneigt war, in größter Ruhe und auf meine eigne Weise diese längst ersehnte Wanderung zu vollbringen. Wir schifften uns ein und fuhren an einem glänzenden Morgen den herrlichen See hinauf.

Möge ein eingeschaltetes Gedicht von jenen glücklichen Momenten einige Ahnung herüberbringen:

> Und frische Nahrung, neues Blut
> Saug ich aus freier Welt;
> Wie ist Natur so hold und gut,
> Die mich am Busen hält!
> Die Welle wieget unsern Kahn
> Im Rudertakt hinauf,
> Und Berge, wolkig himmelan,
> Begegnen unserm Lauf.
>
> Aug, mein Aug, was sinkst du nieder?
> Goldne Träume, kommt ihr wieder?
> Weg, du Traum! so Gold du bist;
> Hier auch Lieb und Leben ist.
>
> Auf der Welle blinken
> Tausend schwebende Sterne,
> Weiche Nebel trinken
> Rings die türmende Ferne;
> Morgenwind umflügelt
> Die beschattete Bucht,
> Und im See bespiegelt
> Sich die reifende Frucht.

Wir landeten in Richterswyl, wo wir an Doktor Hotze durch Lavater empfohlen waren. Er besaß als Arzt, als höchst verständiger, wohlwollender Mann ein ehrwürdiges Ansehn an seinem Orte und in der ganzen Gegend, und wir glauben sein Andenken nicht besser zu ehren, als wenn wir auf die Stelle aus Lavaters ›Physiognomik‹ hinweisen, die ihn bezeichnet.

Aufs beste bewirtet, aufs anmutigste und nützlichste auch über die nächsten Stationen unsrer Wanderung unterhalten, erstiegen wir die dahinter liegenden Berge. Als wir in das Tal von Schindellegi wieder hinabsteigen sollten, kehrten wir uns nochmals um, die entzückende Aussicht über den Züricher See in uns aufzunehmen.

Wie mir zumute gewesen, deuten folgende Zeilen an, wie sie damals geschrieben noch in einem Gedenkheftchen aufbewahrt sind:

> Wenn ich, liebe Lili, dich nicht liebte,
> Welche Wonne gäb mir dieser Blick!
> Und doch, wenn ich, Lili, dich nicht liebte,
> Wär, was wär mein Glück?

Ausdrucksvoller find ich hier diese kleine Interjektion, als wie sie in der Sammlung meiner Gedichte abgedruckt ist.

Die rauhen Wege, die von da nach Maria Einsiedeln führten, konnten unserm guten Mut nichts anhaben. Eine Anzahl von Wallfahrern, die, schon unten am See von uns bemerkt, mit Gebet und Gesang regelmäßig fortschritten, hatten uns eingeholt; wir ließen sie begrüßend vorbei, und sie belebten, indem sie uns zur Einstimmung in ihre frommen Zwecke beriefen, diese öden Höhen anmutig charakteristisch. Wir sahen lebendig den schlängelnden Pfad bezeichnet, den auch wir zu wandern hatten, und schienen freudiger zu folgen; wie denn die Gebräuche der römischen Kirche dem Protestanten durchaus bedeutend und imposant sind, indem er nur das Erste, Innere, wodurch sie hervorgerufen, das Menschliche, wodurch sie sich von Geschlecht zu Geschlecht fortpflanzen, und also auf den Kern dringend, anerkennt, ohne sich gerade in dem Augenblick mit der Schale, der Fruchthülle, ja dem Baume selbst, seinen Zweigen, Blättern, seiner Rinde und seinen Wurzeln zu befassen.

Nun sahen wir in einem öden baumlosen Tale die prächtige Kirche hervorsteigen, das Kloster, von weitem ansehnlichem Umfang, in der Mitte von reinlicher Ansiedelung, um eine so große und mannigfaltige Anzahl von Gästen einigermaßen schicklich aufzunehmen.

Das Kirchlein in der Kirche, die ehemalige Einsiedlerwohnung des Heiligen, mit Marmor inkrustiert und soviel als möglich zu einer anständigen Kapelle verwandelt, war etwas Neues, von mir noch nie Gesehenes, dieses kleine Gefäß, umbaut und überbaut von Pfeilern und Gewölben. Es mußte ernste Betrachtungen erregen, daß ein einzelner Funke von Sittlichkeit und Gottesfurcht hier ein immer brennendes leuchtendes Flämmchen angezündet, zu welchem gläubige Scharen mit großer Beschwerlichkeit heranpilgern sollten, um an dieser heiligen Flamme auch ihr Kerzlein anzuzünden. Wie dem auch sei, so deutet es auf ein grenzenloses Bedürfnis der Menschheit nach gleichem Licht, gleicher Wärme, wie es jener erste im tiefsten Gefühl und sicherster Überzeugung gehegt und genossen. Man führte uns in die Schatzkammer, welche, reich und imposant genug, vor allem lebensgroße, wohl gar kolossale Büsten von Heiligen und Ordensstiftern dem staunenden Auge darbot.

Doch ganz andere Aufmerksamkeit erregte der Anblick eines darauf eröffneten Schrankes. Er enthielt altertümliche Kostbarkeiten, hierher gewidmet und verehrt. Verschiedene Kronen von merkwürdiger Goldschmiedsarbeit hielten meinen Blick fest, unter denen wieder eine ausschließlich betrachtet wurde. Eine Zackenkrone im Kunstsinne der Vorzeit, wie man wohl ähnliche auf den Häuptern altertümlicher Königinnen gesehen, aber von so geschmackvoller Zeichnung, von solcher Ausführung einer unermüdeten Arbeit, selbst die eingefügten farbigen Steine mit solcher Wahl und Geschicklichkeit verteilt und gegeneinander gestellt – genug, ein Werk der Art, daß man es bei dem ersten Anblick für vollkommen erklärte, ohne diesen Eindruck kunstmäßig entwickeln zu können.

Auch ist in solchen Fällen, wo die Kunst nicht erkannt, sondern gefühlt wird, Geist und Gemüt zur Anwendung geneigt: man möchte das Kleinod besitzen, um damit Freude zu machen. Ich erbat mir die Erlaubnis, das Krönchen hervorzunehmen, und als ich solches in der Hand anständig haltend in die Höhe hob, dacht ich mir nicht anders, als ich müßte es Lili auf die hellglänzenden Locken aufdrücken, sie vor den Spiegel führen und ihre Freude über sich selbst und das Glück, das sie verbreitet, gewahr werden. Ich habe mir nachher oft gedacht, diese Szene, durch einen talentvollen Maler verwirklicht, müßte einen höchst sinn- und gemütvollen Anblick geben. Da wäre es wohl der Mühe wert, der junge König zu sein, der sich auf diese Weise eine Braut und ein neues Reich erwürbe.

Um uns die Besitztümer des Klosters vollständig sehen zu lassen, führte man uns in ein Kunst-, Kuriositäten- und Naturalienkabinett. Ich hatte damals von dem Wert solcher Dinge wenig Begriff: noch hatte mich die zwar höchst löbliche, aber doch den Eindruck der schönen Erdoberfläche vor dem Anschauen des Geistes zerstückelnde Geognosie nicht angelockt, noch weniger eine phantastische Geologie mich in ihre Irrsale verschlungen; jedoch nötigte mich der herumführende Geistliche, einem fossilen, von Kennern, wie er sagte, höchst geschätzten, in einem blauen Schieferton wohl erhaltenen kleinen wilden Schweinskopf einige Aufmerksamkeit zu schenken, der auch, schwarz wie er war, für alle Folgezeit in der Einbildungskraft geblieben ist. Man hatte ihn in der Gegend von Rapperswyl gefunden, in einer Gegend, die, morastig von Urzeiten her, gar wohl dergleichen Mumien für die Nachwelt aufnehmen und bewahren konnte.

Ganz anders aber zog mich unter Rahmen und Glas ein Kupferstich von Martin Schön an, das Abscheiden der Maria vorstellend. Freilich kann nur ein vollkommenes Exemplar uns einen Begriff von der Kunst eines solchen Meisters geben, aber alsdann werden wir auch, wie von dem Vollkommenen in jeder Art, dergestalt ergriffen, daß wir die Begierde, das gleiche zu besitzen, den Anblick immer wiederholen zu können – es mag noch so viel Zeit dazwischen verfließen –, nicht wieder loswerden. Warum sollt ich nicht vorgreifen und hier gestehen, daß ich später nicht eher nachließ, als bis ich ebenfalls zu einem trefflichen Abdruck dieses Blattes gelangt war?

Am 16ten Juni 1775, denn hier find ich zuerst das Datum verzeichnet, traten wir einen beschwerlichen Weg an; wilde steinige Höhen mußten überstiegen werden, und zwar in vollkommener Einsamkeit und Öde. Abends drei Viertel auf achte standen wir den Schwyzer Haggen gegenüber, zweien Berggipfeln, die nebeneinander mächtig in die Luft ragen. Wir fanden auf unsern Wegen zum ersten Mal Schnee, und an jenen zackigen Felsgipfeln hing er noch vom Winter her. Ernsthaft und fürchterlich füllte ein uralter Fichtenwald die unabsehlichen Schluchten, in die wir hinab sollten. Nach kurzer Rast, frisch und mit mutwilliger Behendigkeit, sprangen wir den von Klippe zu Klippe, von Platte zu Platte in die Tiefe sich stürzenden Fußpfad hinab und gelangten um zehn Uhr nach Schwyz. Wir waren zugleich müde und munter geworden, hinfällig und aufgeregt; wir löschten gähling unsern heftigen Durst und fühlten uns noch mehr begeistert. Man denke sich den jungen Mann, der etwa vor zwei Jahren den ›Werther‹ schrieb, einen jüngern Freund, der sich schon an dem Manuskript jenes wunderbaren Werks entzündet hatte, beide ohne Wissen und Wollen gewissermaßen in einen Naturzustand versetzt, lebhaft gedenkend vorübergegangener Leidenschaften, nachhängend den gegenwärtigen, folgelose Plane bildend, im Gefühl behaglicher Kraft das Reich der Phantasie durchschwelgend – dann nähert man sich der Vorstellung jenes Zustandes, den ich nicht zu schildern wüßte, stünde nicht im Tagebuche: ›Lachen und Jauchzen dauerte bis um Mitternacht.‹ Den 17ten morgens sahen wir die Schwyzer Haggen vor unsern Fenstern. An diesen ungeheuren unregelmäßigen Naturpyramiden stiegen Wolken nach Wolken hinauf. Um ein Uhr nachmittags von Schwyz weg, gegen den Rigi zu; um zwei Uhr auf dem Lauerzer See herrlicher Sonnenschein. Vor lauter Wonne sah man gar nichts. Zwei tüchtige Mädchen führten das Schiff; das war anmutig, wir ließen es geschehen. Auf der Insel langten wir an, wo sie sagen: hier habe der ehemalige Zwingherr gehaust; wie ihm auch sei, jetzt zwischen die Ruinen hat sich die Hütte des Waldbruders eingeschoben.

Wir bestiegen den Rigi; um halb achte standen wir bei der Mutter Gottes im Schnee; sodann an der Kapelle, am Kloster vorbei, im Wirtshaus ›Zum Ochsen‹.

Den 18ten sonntags früh die Kapelle vom ›Ochsen‹ aus gezeichnet. Um zwölf Uhr nach dem Kalten Bad oder zum Drei-Schwestern-Brunnen. Ein Viertel nach zwei hatten wir die Höhe erstiegen; wir fanden uns in Wolken, diesmal uns doppelt unangenehm: als die Aussicht hindernd und als niedergehender Nebel netzend. Aber als sie hie und da auseinanderrissen und uns, von wallenden Rahmen umgeben, eine klare, herrliche, sonnenbeschienene Welt als vortretende und wechselnde Bilder sehen ließen, bedauerten wir nicht mehr diese Zufälligkeiten; denn es war ein nie gesehener, nie wieder zu schauender Anblick, und wir verharrten lange in dieser gewissermaßen unbequemen Lage, um durch die Ritzen und Klüfte der immer bewegten Wolkenballen einen kleinen Zipfel besonnter Erde, einen schmalen Uferzug und ein Endchen See zu gewinnen.

Um acht Uhr abends waren wir wieder vor der Wirtshaustüre zurück und stellten uns an gebackenen Fischen und Eiern und genugsamem Wein wieder her.

Wie es denn nun dämmerte und allmählich nachtete, beschäftigten ahndungsvoll zusammenstimmende Töne unser Ohr;

das Glockengebimmel der Kapelle, das Plätschern des Brunnens, das Säuseln wechselnder Lüftchen, in der Ferne Waldhörner – es waren wohltätige, beruhigende, einlullende Momente.

Am 19ten früh halb sieben erst aufwärts, dann hinab an den Waldstätter See, nach Vitznau; von da zu Wasser nach Gersau. Mittags im Wirtshaus am See. Gegen zwei Uhr dem Grütli gegenüber, wo die drei Tellen schwuren, darauf an der Platte, wo der Held aussprang und wo ihm zu Ehren die Legende seines Daseins und seiner Taten durch Malerei verewigt ist. Um drei Uhr in Flüellen, wo er eingeschifft ward, um vier Uhr in Altdorf, wo er den Apfel abschoß.

An diesem poetischen Faden schlingt man sich billig durch das Labyrinth dieser Felsenwände, die, steil bis in das Wasser hinabreichend, uns nichts zu sagen haben. Sie, die Unerschütterlichen, stehen so ruhig da wie die Kulissen eines Theaters; Glück oder Unglück, Lust oder Trauer ist bloß den Personen zugedacht, die heute auf dem Zettel stehen.

Dergleichen Betrachtungen jedoch waren gänzlich außer dem Gesichtskreis jener Jünglinge; das Kurzvergangene hatten sie aus dem Sinne geschlagen, und die Zukunft lag so wunderbar unerforschlich vor ihnen wie das Gebirg, in das sie hineinstreben.

Am 20sten brachen wir nach Amsteg auf, wo man uns gebackene Fische gar schmackhaft bereitete. Hier nun, an diesem schon genugsam wilden Angebirge, wo die Reuß aus schrofferen Felsklüften hervordrang und das frische Schneewasser über die reinlichen Kiesbänke hinspielte, enthielt ich mich nicht, die gewünschte Gelegenheit zu nützen und mich in den rauschenden Wellen zu erquicken.

Um drei Uhr gingen wir von da weiter; eine Reihe Saumrosse zog vor uns her, wir schritten mit ihr über eine breite Schneemasse und erfuhren erst nachher, daß sie unten hohl sei. Hier hatte sich der Winterschnee in eine Bergschlucht eingelegt, um die man sonst herumziehen mußte, und diente nunmehr zu einem geraden verkürzten Wege. Die unten durchströmenden Wasser hatten sie nach und nach ausgehöhlt, durch die milde Sommerluft war das Gewölb immer mehr abgeschmolzen, so daß sie nunmehr als ein breiter Brückenbogen das Hüben und Drüben natürlich zusammenhielt. Wir überzeugten uns von diesem wundersamen Naturereignis, indem wir uns etwas oberhalb hinunter in die breitere Schlucht wagten.

Wie wir uns nun immer weiter erhuben, blieben Fichtenwälder im Abgrund, durch welche die schäumende Reuß über Felsenstürze sich von Zeit zu Zeit sehen ließ.

Um halb acht Uhr gelangten wir nach Wasen, wo wir, uns mit dem roten, schweren, sauren lombardischen Wein zu erquikken, erst mit Wasser nachhelfen und mit vielem Zucker das Ingrediens ersetzen mußten, was die Natur in der Traube auszukochen versagt hatte. Der Wirt zeigte schöne Kristalle vor; ich war aber damals so entfernt von solchen Naturstudien, daß ich mich nicht einmal für den geringen Preis mit diesen Bergerzeugnissen beschweren mochte.

Den 21sten halb sieben Uhr aufwärts; die Felsen wurden immer mächtiger und schrecklicher; der Weg bis zum Teufelsstein, bis zum Anblick der Teufelsbrücke immer mühseliger. Meinem Gefährten beliebte es, hier auszuruhen; er munterte mich auf, die bedeutenden Ansichten zu zeichnen. Die Umrisse mochten mir gelingen, aber es trat nichts hervor, nichts zurück; für dergleichen Gegenstände hatte ich keine Sprache. Wir mühten uns weiter; das ungeheure Wilde schien sich immer zu steigern. Platten wurden zu Gebirgen und Vertiefungen zu Abgründen. So geleitete mich mein Führer bis ans Urserner Loch, durch welches ich gewissermaßen verdrießlich hindurchging: was man bisher gesehen, war doch erhaben, diese Finsternis hob alles auf.

Aber freilich hatte sich der schelmische Führer das freudige Erstaunen voraus vorgestellt, das mich beim Austritt überraschen mußte. Der mäßig schäumende Fluß schlängelte sich hier milde durch ein flaches, von Bergen zwar umschlossenes, aber doch genugsam weites, zur Bewohnung einladendes Tal. Über dem reinlichen Örtchen Urseren und seiner Kirche, die uns auf ebenem Boden entgegenstanden, erhob sich ein Fichtenwäldchen, heilig geachtet, weil es die am Fuße Angesiedelten vor höher herabrollenden Schneelawinen schützte. Die grünenden Wiesen des Tales waren wieder am Fluß mit kurzen Weiden geschmückt; man erfreute sich hier einer lange vermißten Vegetation. Die Beruhigung war groß; man fühlte auf flachen Pfaden die Kräfte wieder belebt, und mein Reisegefährte tat sich nicht wenig zugute auf die Überraschung, die er so schicklich eingeleitet hatte.

An der Matte fand sich der berühmte Urserner Käse, und die exaltierten jungen Leute ließen sich einen leidlichen Wein trefflich schmecken, um ihr Behagen noch mehr zu erhöhen und ihren Projekten einen phantastischeren Schwung zu verleihen.

Den 22sten, halb vier Uhr, verließen wir unsere Herberge, um aus dem glatten Urserner Tal ins steinichte Liviner Tal einzutreten. Auch hier ward sogleich alle Fruchtbarkeit vermißt; nackte wie bemooste Felsen mit Schnee bedeckt, ruckweiser Sturmwind, Wolken heran- und vorbeiführend, Geräusch der Wasserfälle, das Klingeln der Saumrosse in der höchsten Öde, wo man weder die Herankommenden noch die Scheidenden erblickte. Hier kostet es der Einbildungskraft nicht viel, sich Drachennester in den Klüften zu denken. Aber doch erheitert und erhoben fühlte man sich durch einen der schönsten, am meisten zu Bilde sich eignenden, in allen Abstufungen grandios mannigfaltigen Wasserfall, der, gerade in dieser Jahreszeit vom geschmolzenen Schnee überreich begabt, von Wolken bald verhüllt, bald enthüllt, uns geraume Zeit an die Stelle fesselte. Endlich gelangten wir an kleine Nebelseen, wie ich sie nennen möchte, weil sie von den atmosphärischen Streifen kaum zu unterscheiden waren. Nicht lange, so trat aus dem Dunste ein Gebäude entgegen: es war das Hospiz, und wir fühlten große Zufriedenheit, uns zunächst unter seinem gastlichen Dache schirmen zu können.

NEUNZEHNTES BUCH

Durch das leichte Kläffen eines uns entgegenkommenden Hündchens angemeldet, wurden wir von einer ältlichen, aber rüstigen Frauensperson an der Türe freundlich empfangen. Sie entschuldigte den Herrn Pater, welcher nach Mailand gegangen sei, jedoch diesen Abend wieder erwartet werde; alsdann aber sorgte sie, ohne viel Worte zu machen, für Bequemlichkeit und Bedürfnis. Eine warme geräumige Stube nahm uns auf; Brot, Käse und trinkbarer Wein wurden aufgesetzt, auch ein hinreichendes Abendessen versprochen. Nun wurden die Überraschungen des Tags wieder aufgenommen, und der Freund tat sich höchlich darauf zugute, daß alles so wohl gelungen und ein Tag zurückgelegt sei, dessen Eindrücke weder Poesie noch Prosa wiederherzustellen imstande.

Bei spät einbrechender Dämmerung trat endlich der ansehnliche Pater herein, begrüßte mit freundlich vertraulicher Würde seine Gäste und empfahl mit wenigen Worten der Köchin alle mögliche Aufmerksamkeit. Als wir unsere Bewunderung nicht zurückhielten, daß er hier oben, in so völliger Wüste, entfernt von aller Gesellschaft, sein Leben zubringen gewollt, versicherte er: an Gesellschaft fehle es ihm nie, wie wir denn ja auch gekommen wären, ihn mit unserm Besuche zu erfreuen. Gar stark sei der wechselseitige Warentransport zwischen Italien und Deutschland. Dieser immerfortwährende Speditionswechsel setze ihn mit den ersten Handelshäusern in Verhältnis. Er steige oft nach Mailand hinab, komme seltener nach Luzern, von woher ihm aber aus den Häusern, welche das Postgeschäft dieser Hauptstraße zu besorgen hätten, zum öftern junge Leute zugeschickt würden, die hier oben auf dem Scheidepunkt mit allen in diese Angelegenheiten eingreifenden Umständen und Vorfallenheiten bekannt werden sollten. Unter solchen mannigfaltigen Gesprächen ging der Abend hin, und wir schliefen eine ruhige Nacht in etwas kurzen, an der Wand befestigten, eher an Repositorien als Bettstellen erinnernden Schlafstätten. Früh aufgestanden, befand ich mich bald zwar unter freiem Himmel, jedoch in engen, von hohen Gebirgskuppen umschlossenen Räumen. Ich hatte mich an den Fußpfad, der nach Italien hinunterging, niedergelassen und zeichnete, nach Art der Dilettanten, was nicht zu zeichnen war und was noch weniger ein Bild geben konnte: die nächsten Gebirgskuppen, deren Seiten der herabschmelzende Schnee mit weißen Furchen und schwarzen Rücken sehen ließ. Indessen ist mir durch diese fruchtlose Bemühung jenes Bild im Gedächtnis unauslöschlich geblieben.

Mein Gefährte trat mutig zu mir und begann: ›Was sagst du zu der Erzählung unsres geistlichen Wirts von gestern abend? Hast du nicht, wie ich, Lust bekommen, dich von diesem Drachengipfel hinab in jene entzückenden Gegenden zu begeben? Die Wanderung durch diese Schluchten hinab muß herrlich sein und mühelos; und wann sichs dann bei Bellinzona öffnen mag, was würde das für eine Lust sein! Die Inseln des großen Sees sind mir durch die Worte des Paters wieder lebendig in die Seele getreten. Man hat seit Keyßlers Reisen so viel davon gehört und gesehen, daß ich der Versuchung nicht widerstehen kann.‹

›Ist dirs nicht auch so?‹ fuhr er fort. ›Du sitzest gerade am rechten Fleck; schon einmal stand ich hier und hatte nicht den Mut hinabzuspringen. Geh voran ohne weiteres, in Airolo wartest du auf mich; ich komme mit dem Boten nach, wenn ich vom guten Pater Abschied genommen und alles berichtigt habe.‹

So ganz aus dem Stegreif ein solches Unternehmen will mir doch nicht gefallen, antwortete ich. – ›Was soll da viel Bedenken!‹ rief jener. ›Geld haben wir genug, nach Mailand zu kommen; Kredit wird sich finden, mir sind von unsern Messen her dort mehr als *ein* Handelsfreund bekannt.‹ Er ward noch dringender. Geh! sagte ich; mach alles zum Abschied fertig, entschließen wollen wir uns alsdann.

SCHEIDEBLICK NACH ITALIEN VOM GOTTHARD

»Ich hatte mich an den Fußpfad, der nach Italien hinunterging, niedergelassen und zeichnete, nach Art der Dilettanten, was nicht zu zeichnen
war und was noch weniger ein Bild geben konnte: die nächsten Gebirgskuppen, deren Seiten der herabschmelzende Schnee mit weißen
Furchen und schwarzen Rücken sehen ließ.«

Mir kommt vor, als wenn der Mensch in solchen Augenblikken keine Entschiedenheit in sich fühlte, vielmehr von früheren Eindrücken regiert und bestimmt werde. Die Lombardie und Italien lag als ein ganz Fremdes vor mir; Deutschland als ein Bekanntes, Liebwertes, voller freundlichen einheimischen Aussichten, und, sei es nur gestanden: das, was mich so lange ganz umfangen, meine Existenz getragen hatte, blieb auch jetzt das unentbehrlichste Element, aus dessen Grenzen zu treten ich mich nicht getraute. Ein goldnes Herzchen, das ich in schönsten Stunden von ihr erhalten hatte, hing noch an demselben Bändchen, an welchem sie es umknüpfte, lieberwärmt an meinem Halse. Ich faßte es an und küßte es; mag ein dadurch veranlaßtes Gedicht auch hier eingeschaltet sein:

Angedenken du verklungner Freude,
Das ich immer noch am Halse trage,
Hältst du länger als das Seelenband uns beide?
Verlängerst du der Liebe kurze Tage?

Flieh ich, Lili, vor dir! Muß noch an deinem Bande
Durch fremde Lande,
Durch ferne Täler und Wälder wallen!
Ach, Lilis Herz konnte so bald nicht
Von meinem Herzen fallen.

Wie ein Vogel, der den Faden bricht
Und zum Walde kehrt,
Er schleppt, des Gefängnisses Schmach,
Noch ein Stückchen des Fadens nach:
Er ist der alte freigeborne Vogel nicht,
Er hat schon jemand angehört.

Schnell stand ich auf, damit ich von der schroffen Stelle wegkäme und der mit dem refftragenden Boten heranstürmende Freund mich in den Abgrund nicht mit fortrisse. Auch ich begrüßte den frommen Pater und wendete mich, ohne ein Wort zu verlieren, dem Pfade zu, woher wir gekommen waren. Etwas zaudernd folgte mir der Freund, und ohngeachtet seiner Liebe und Anhänglichkeit an mich, blieb er eine Zeitlang eine Strecke zurück, bis uns endlich jener herrliche Wasserfall wieder zusammenbrachte, zusammenhielt und das einmal Beschlossene endlich auch für gut und heilsam gelten sollte.

Von dem Herabstieg sah ich nichts weiter, als daß wir jene Schneebrücke, über die wir in schwerbeladener Gesellschaft vor wenig Tagen ruhig hinzogen, völlig zusammengestürzt fanden und nun, da wir einen Umweg durch die eröffnete Bucht machen mußten, die kolossalen Trümmer einer natürlichen Baukunst anzustaunen und zu bewundern hatten.

Ganz konnte mein Freund die rückgängige Wanderung nach Italien nicht verschmerzen; er mochte sich solche früher ausgedacht und mit liebevoller Arglist mich an Ort und Stelle zu überraschen gehofft haben. Deshalb ließ sich die Rückkehr nicht so heiter vollführen; ich aber war auf meinen stummen Pfaden um desto anhaltender beschäftigt, das Ungeheure, das sich in unserem Geiste mit der Zeit zusammenzuziehen pflegt, wenigstens in seinen faßlichen charakteristischen Einzelheiten festzuhalten.

Nicht ohne manche neue wie erneuerte Empfindungen und Gedanken gelangten wir durch die bedeutenden Höhen des Vierwaldstätter Sees nach Küßnacht, wo wir, landend und unsre Wanderung fortsetzend, die am Wege stehende Tellenkapelle zu begrüßen und jenen der ganzen Welt als heroisch-patriotisch-rühmlich geltenden Meuchelmord zu gedenken hatten. Ebenso fuhren wir über den Zuger See, den wir schon vom Rigi herab aus der Ferne hatten kennen lernen. In Zug erinnere ich mich nur einiger im Gasthofzimmer nicht gar großer, aber in ihrer Art vorzüglicher, in die Fensterflügel eingefügter gemalter Scheiben. Dann ging unser Weg über den Albis in das Sihltal, wo wir einen jungen, in der Einsamkeit sich gefallenden Hannoveraner, von Lindau, besuchten, um seinen Verdruß zu beschwichtigen, den er früher in Zürich über eine von mir nicht aufs freundlichste und schicklichste abgelehnte Begleitung empfunden hatte. Die eifersüchtige Freundschaft des trefflichen Passavant war eigentlich Ursache an dem Ablehnen einer zwar lieben, aber doch unbequemen Gegenwart.

Ehe wir aber von diesen herrlichen Höhen wieder zum See und zur freundlich liegenden Stadt hinabsteigen, muß ich noch eine Bemerkung machen über meine Versuche, durch Zeichnen und Skizzieren der Gegend etwas abzugewinnen. Die Gewohnheit, von Jugend auf die Landschaft als Bild zu sehen, verführte mich zu dem Unternehmen, wenn ich in der Natur die Gegend als Bild erblickte, sie fixieren, mir ein sichres Andenken von solchen Augenblicken festhalten zu wollen. Sonst nur an beschränkten Gegenständen mich einigermaßen übend, fühlt ich in einer solchen Welt gar bald meine Unzulänglichkeit.

Drang und Eile zugleich nötigten mich zu einem wunderbaren Hülfsmittel: kaum hatte ich einen interessanten Gegenstand gefaßt und ihn mit wenigen Strichen im allgemeinsten auf dem Papier angedeutet, so führte ich das Detail, das ich mit dem Bleistift nicht erreichen noch durchführen konnte, in Worten gleich daneben aus und gewann mir auf diese Weise eine solche innere Gegenwart von dergleichen Ansichten, daß eine jede Lokalität, wie ich sie nachher in Gedicht oder Erzählung nur etwa brauchen mochte, mir alsobald vorschwebte und zu Gebote stand.

Bei meiner Rückkunft in Zürich fand ich die Stolberge nicht mehr; ihr Aufenthalt in dieser Stadt hatte sich auf eine wunderliche Weise verkürzt.

Gestehen wir überhaupt, daß Reisende, die sich aus ihrer häuslichen Beschränkung entfernen, gewissermaßen in eine nicht nur fremde, sondern völlig freie Natur einzutreten glauben; welchen Wahn man damals um so eher hegen konnte, als man noch nicht durch polizeiliche Untersuchung der Pässe, durch

Zollabgaben und andere dergleichen Hindernisse jeden Augenblick erinnert wurde, es sei draußen noch bedingter und schlimmer als zu Hause. Vergegenwärtige man sich zunächst jene unbedingte Richtung nach einer verwirklichten Naturfreiheit, so wird man den jungen Gemütern verzeihen, welche die Schweiz gerade als das rechte Lokal ansahen, ihre frische Jünglingsnatur zu idyllisieren. Hatten doch Geßners zarte Gedichte sowie seine allerliebsten Radierungen hiezu am entschiedensten berechtigt.

In der Wirklichkeit nun scheint sich für solche poetische Äußerungen das Baden in unbeengten Gewässern am allerersten zu qualifizieren. Schon unterwegs wollten dergleichen Naturübungen nicht gut zu den modernen Sitten paßlich erscheinen; man hatte sich ihrer auch einigermaßen enthalten. In der Schweiz aber, beim Anblick und Feuchtgefühl des rinnenden, laufenden, stürzenden, in der Fläche sich sammelnden, nach und nach zum See sich ausbreitenden Gewässers, war der Versuchung nicht zu widerstehen. Ich selbst will nicht leugnen, daß ich mich, im klaren See zu baden, mit meinen Gesellen vereinte und, wie es schien, weit genug von allen menschlichen Blicken. Nackte Körper jedoch leuchten weit, und wer es auch mochte gesehen haben, nahm Ärgernis daran. Die guten harmlosen Jünglinge, welche gar nichts Anstößiges fanden, halb nackt wie ein poetischer Schäfer oder ganz nackt wie eine heidnische Gottheit sich zu sehen, wurden von Freunden erinnert, dergleichen zu unterlassen. Man machte ihnen begreiflich, sie weseten nicht in der uranfänglichen Natur, sondern in einem Lande, das für gut und nützlich erachtet habe, an ältern, aus der Mittelzeit sich herschreibenden Einrichtungen und Sitten festzuhalten. Sie waren nicht abgeneigt, dies einzusehen, besonders da vom Mittelalter die Rede war, welches ihnen als eine zweite Natur verehrlich schien. Sie verließen daher die allzu taghaften Seeufer und fanden auf ihren Spaziergängen durch das Gebirg so klare, rauschende, erfrischende Gewässer, daß in der Mitte Juli es ihnen unmöglich schien, einer solchen Erquickung zu widerstehen. So waren sie auf ihren weitschweifenden Spaziergängen in das düstere Tal gelangt, wo hinter dem Albis die Sihl strömend herabschießt, um sich unterhalb Zürich in die Limmat zu ergießen. Entfernt von aller Wohnung, ja von allem betretenen Fußpfad, fanden sie es hier ganz unverfänglich, die Kleider abzuwerfen und sich kühnlich den schäumenden Stromwellen entgegenzusetzen; dies geschah freilich nicht ohne Geschrei, nicht ohne ein wildes, teils von der Kühlung, teils von dem Behagen aufgeregtes Lustjauchzen, wodurch sie diese düster bewaldeten Felsen zur idyllischen Szene einzuweihen den Begriff hatten.

Allein ob ihnen frühere Mißwollende nachgeschlichen oder ob sie sich durch diesen dichterischen Tumult in der Einsamkeit selbst Gegner aufgerufen, ist nicht zu bestimmen. Genug, sie mußten aus dem oberen stummen Gebüsch herab Steinwurf auf Steinwurf erfahren, ungewiß, ob von wenigen oder mehreren, ob zufällig oder absichtlich, und sie fanden daher für das klügste, das erquickende Element zu verlassen und ihre Kleider zu suchen.

Keiner war getroffen, Überraschung und Verdruß war die geistige Beschädigung, die sie erlitten hatten, und sie wußten, als lebenslustige Jünglinge, die Erinnerung daran leicht abzuschütteln.

Auf Lavatern jedoch erstreckten sich die unangenehmsten Folgen, daß er junge Leute von dieser Frechheit bei sich freundlich aufgenommen, mit ihnen Spazierfahrten angestellt und sie sonst begünstigt, deren wildes, unbändiges, unchristliches, ja heidnisches Naturell einen solchen Skandal in einer gesitteten, wohlgeregelten Gegend anrichte.

Der geistliche Freund jedoch, wohl verstehend, solche Vorkommenheiten zu beschwichtigen, wußte dies auch beizulegen, und nach Abzug dieser meteorisch Reisenden war schon bei unsrer Rückkehr alles ins gleiche gebracht.

In dem Fragment von Werthers Reisen, welches in dem XVI. Bande meiner Werke neuerlich wieder mit abgedruckt ist, habe ich diesen Gegensatz der schweizerischen löblichen Ordnung und gesetzlichen Beschränkung mit einem solchen im jugendlichen Wahn geforderten Naturleben zu schildern gesucht. Weil man aber alles, was der Dichter unbewunden darstellt, gleich als entschiedene Meinung, als didaktischen Tadel aufzunehmen pflegt, so waren die Schweizer deshalb sehr unwillig, und ich unterließ die intentionierte Fortsetzung, welche das Herankommen Werthers bis zur Epoche, wo seine Leiden geschildert sind, einigermaßen darstellen und dadurch gewiß den Menschenkennern willkommen sein sollte.

In Zürich angelangt, gehörte ich Lavatern, dessen Gastfreundschaft ich wieder ansprach, die meiste Zeit ganz allein. Die ›Physiognomik‹ lag mit allen ihren Gebilden und Unbilden dem trefflichen Manne mit immer sich vermehrenden Lasten auf den Schultern. Wir verhandelten alles den Umständen nach gründlich genug, und ich versprach ihm dabei nach meiner Rückkehr die bisherige Teilnahme.

Hiezu verleitete mich das jugendlich unbedingte Vertrauen auf eine schnelle Fassungskraft, mehr noch das Gefühl der willigsten Bildsamkeit; denn eigentlich war die Art, womit Lavater die Physiognomien zergliederte, nicht in meinem Wesen. Der Eindruck, den der Mensch beim ersten Begegnen auf mich machte, bestimmte gewissermaßen mein Verhältnis zu ihm; obgleich das allgemeine Wohlwollen, das in mir wirkte, gesellt zu dem Leichtsinn der Jugend, eigentlich immer vorwaltete und mich die Gegenstände in einer gewissen dämmernden Atmosphäre schauen ließ. Lavaters Geist war durchaus imposant; in seiner Nähe konnte man sich einer entscheidenden Einwirkung nicht erwehren, und so mußt ich mir denn gefallen lassen, Stirn und Nase, Augen und Mund einzeln zu betrachten und ebenso ihre Verhältnisse und Bezüge zu erwägen. Jener Seher tat dies notgedrungen, um sich von dem, was er so klar anschaute, vollkommene Rechenschaft zu geben; mir kam es immer als eine Tücke, als ein Spionieren vor, wenn ich einen gegenwärtigen Menschen in seine Elemente zerlegen und seinen sittlichen Eigenschaften dadurch auf die Spur kommen wollte. Lieber hielt ich mich an sein Gespräch, in welchem er nach Belieben sich selbst enthüllte. Hiernach will ich denn nicht leugnen, daß es in Lavaters Nähe gewissermaßen bänglich war: denn indem er sich auf physiognomischem Wege unsrer Eigenschaften bemächtigte, so war er in der Unterredung Herr unsrer Gedanken, die er im Wechsel des Gespräches mit einigem Scharfsinn gar leicht erraten konnte.

Wer eine Synthese recht prägnant in sich fühlt, der hat eigentlich das Recht, zu analysieren, weil er am äußeren Einzelnen sein inneres Ganze prüft und legitimiert. Wie Lavater sich hiebei benommen, sei nur *ein* Beispiel gegeben.

Sonntags, nach der Predigt, hatte er als Geistlicher die Verpflichtung, den kurzgestielten Sammetbeutel jedem Heraustretenden vorzuhalten und die milde Gabe segnend zu empfangen. Nun setzte er sich z. B. diesen Sonntag die Aufgabe, keine Person anzusehen, sondern nur auf die Hände zu achten und ihre Gestalt sich auszulegen. Aber nicht allein die Form der Finger, sondern auch die Miene derselben beim Niederlassen der Gabe entging nicht seiner Aufmerksamkeit, und er hatte mir viel davon zu eröffnen. Wie belehrend und aufregend mußten mir solche Unterhaltungen werden, mir, der ich doch auch auf dem Wege war, mich zum Menschenmaler zu qualifizieren! Manche Epoche meines bisherigen Lebens ward ich veranlaßt, über diesen Mann zu denken, welcher unter die Vorzüglichsten gehört, mit denen ich zu einem so vertrauten Verhältnis gelangte. Und so sind nachstehende Äußerungen über ihn zu verschiedenen Zeiten geschrieben. Nach unsern auseinander strebenden Richtungen mußten wir uns allmählich ganz und gar fremd werden, und doch wollt ich mir den Begriff von seinem vorzüglichen Wesen nicht verkümmern lassen. Ich vergegenwärtigte mir ihn mehrmals, und so entstanden diese Blätter ganz unabhängig voneinander, in denen man Wiederholung, aber hoffentlich keinen Widerspruch finden wird.

Lavater war eigentlich ganz real gesinnt und kannte nichts Ideelles als unter der moralischen Form; wenn man diesen Begriff festhält, wird man sich über einen seltenen und seltsamen Mann am ersten aufklären.

Seine ›Aussichten in die Ewigkeit‹ sind eigentlich nur Fortsetzungen des gegenwärtigen Daseins, unter leichteren Bedingungen als die sind, welche wir hier zu erdulden haben. Seine Physiognomik ruht auf der Überzeugung, daß die sinnliche Gegenwart mit der geistigen durchaus zusammenfalle, ein Zeugnis von ihr ablege, ja sie selbst vorstelle.

Mit den Kunstidealen konnte er sich nicht leicht befreunden, weil er bei seinem scharfen Blick solchen Wesen die Unmöglichkeit, lebendig organisiert zu sein, nur allzusehr ansah und sie daher ins Fabelreich, ja in das Reich des Monstrosen verwies. Seine unaufhaltsame Neigung, das Ideelle verwirklichen zu wollen, brachte ihn in den Ruf eines Schwärmers, ob er sich gleich überzeugt fühlte, daß niemand mehr auf das Wirkliche dringe als er; deswegen er denn auch den Mißgriff in seiner Denk- und Handelsweise niemals entdecken konnte.

Nicht leicht war jemand leidenschaftlicher bemüht, anerkannt zu werden, als er, und vorzüglich dadurch eignete er sich zum Lehrer; gingen aber seine Bemühungen auch wohl auf Sinnes- und Sittenbesserung anderer, so war doch dies keineswegs das letzte, worauf er hinarbeitete.

Um die Verwirklichung der Person Christi war es ihm am meisten zu tun; daher jenes beinahe unsinnige Treiben, ein Christusbild nach dem andern fertigen, kopieren, nachbilden zu lassen, wovon ihm denn, wie natürlich, keines genugtat.

Seine Schriften sind schon jetzt schwer zu verstehen, denn nicht leicht kann jemand eindringen in das, was er eigentlich will. Niemand hat so viel aus der Zeit und in die Zeit geschrieben als er; seine Schriften sind wahre Tagesblätter, welche die eigentlichste Erläuterung aus der Zeitgeschichte fordern; sie sind in einer Koteriesprache geschrieben, die man kennen muß, um gerecht gegen sie zu sein, sonst wird dem verständigen Leser manches ganz toll und abgeschmackt erscheinen; wie denn auch dem Manne schon bei seinem Leben und nach demselben hierüber genugsame Vorwürfe gemacht wurden.

So hatten wir ihm z. B. mit unserm Dramatisieren den Kopf so warm gemacht, indem wir alles Vorkömmliche nur unter dieser Form darstellten und keine andere wollten gelten lassen, daß er, hierdurch aufgeregt, in seinem ›Pontius Pilatus‹ mit Heftigkeit zu zeigen bemüht ist: es gebe doch kein dramatischeres Werk als die Bibel; besonders aber die Leidensgeschichte Christi sei für das Drama aller Dramen zu erklären. In diesem Kapitel des Büchleins, ja in dem ganzen Werke überhaupt, erscheint Lavater dem Pater Abraham von Santa Clara sehr ähnlich; denn in diese Manier muß jeder Geistreiche verfallen, der auf den Augenblick wirken will. Er hat sich nach den gegenwärtigen Neigungen, Leidenschaften, nach Sprache und Terminologie zu erkundigen, um solche alsdann zu seinen Zwecken zu brauchen und sich der Masse anzunähern, die er an sich heranziehen will.

Da er nun Christum buchstäblich auffaßte, wie ihn die Schrift, wie ihn manche Ausleger geben, so diente ihm diese Vorstellung dergestalt zum Supplement seines eignen Wesens, daß er den Gottmenschen seiner individuellen Menschheit so lange ideell einverleibte, bis er zuletzt mit demselben wirklich in eins zusammengeschmolzen, mit ihm vereinigt, ja ebenderselbe zu sein wähnen durfte.

Durch diesen entschiedenen bibelbuchstäblichen Glauben mußte er auch eine völlige Überzeugung gewinnen, daß man ebensogut noch heutzutage als zu jener Zeit Wunder müsse ausüben können, und da es ihm vollends schon früh gelungen war, in bedeutenden und dringenden Angelegenheiten durch brünstiges, ja gewaltsames Gebet im Augenblick eine günstige Umwendung schwer bedrohender Unfälle zu erzwingen, so konnte ihn keine kalte Verstandeinwendung im mindesten irremachen. Durchdrungen ferner von dem großen Werte der durch Christum wiederhergestellten und einer glücklichen Ewigkeit gewidmeten Menschheit, aber zugleich auch bekannt mit den mannigfaltigen Bedürfnissen des Geistes und Herzens, mit dem grenzenlosen Verlangen nach Wissen, selbst fühlend jene Lust, sich ins Unendliche auszudehnen, wozu uns der gestirnte Himmel sogar sinnlich einlädt, entwarf er seine ›Aussichten in die Ewigkeit‹, welche indes dem größten Teil der Zeitgenossen sehr wunderlich vorkommen mochten.

Alles dieses Streben jedoch, alle Wünsche, alles Unternehmen ward von dem physiognomischen Genie überwogen, das ihm die Natur zugeteilt hatte. Denn wie der Probierstein durch Schwärze und rauhglatte Eigenschaft seiner Oberfläche den Unterschied der aufgestrichenen Metalle anzuzeigen am geschicktesten ist, so war auch er durch den reinen Begriff der Menschheit, den er in sich trug, und durch die scharf-zarte Bemerkungsgabe, die er erst aus Naturtrieb, nur obenhin, zufällig, dann mit Überlegung, vorsätzlich und geregelt ausübte, im höchsten Grade geeignet, die Besonderheiten einzelner Menschen zu gewahren, zu kennen, zu unterscheiden, ja auszusprechen.

Jedes Talent, das sich auf eine entschiedene Naturanlage gründet, scheint uns etwas Magisches zu haben, weil wir weder es selbst noch seine Wirkungen einem Begriffe unterordnen können. Und wirklich ging Lavaters Einsicht in die einzelnen Menschen über alle Begriffe; man erstaunte, ihn zu hören, wenn man über diesen oder jenen vertraulich sprach, ja es war furchtbar, in der Nähe des Mannes zu leben, dem jede Grenze deutlich erschien, in welche die Natur uns Individuen einzuschränken beliebt hat.

Jedermann glaubt dasjenige mitteilbar, was er selbst besitzt, und so wollte Lavater nicht nur für sich von dieser großen Gabe Gebrauch machen, sondern sie sollte auch in andern aufgefunden, angeregt, sie sollte sogar auf die Menge übertragen werden. Zu welchen dunklen und boshaften Mißdeutungen, zu welchen albernen Späßen und niederträchtigen Verspottungen diese auffallende Lehre reichlichen Anlaß gegeben, ist wohl noch in einiger Menschen Gedächtnis, und es geschah dieses nicht ganz ohne Schuld des vorzüglichen Mannes selbst. Denn obzwar die Einsicht seines innern Wesens auf einer hohen Sittlichkeit ruhte, so konnte er doch mit seinen mannigfaltigen Bestrebungen nicht zur äußeren Einheit gelangen, weil in ihm sich weder Anlage zur philosophischen Sinnesweise noch zum Kunsttalent finden wollte.

Er war weder Denker noch Dichter, ja nicht einmal Redner im eigentlichen Sinne. Keineswegs imstande, etwas methodisch anzufassen, griff er das einzelne einzeln sicher auf, und so stellte er es auch kühn nebeneinander. Sein großes physiognomisches Werk ist hiervon ein auffallendes Beispiel und Zeugnis. In ihm selbst mochte wohl der Begriff des sittlichen und sinnlichen Menschen ein Ganzes bilden; aber außer sich wußte er diesen Begriff nicht darzustellen als nur wieder praktisch im einzelnen, so wie er das einzelne im Leben aufgefaßt hatte.

Eben jenes Werk zeigt uns zum Bedauern, wie ein so scharfsinniger Mann in der gemeinsten Erfahrung umhertappt, alle lebenden Künstler und Pfuscher anruft, für charakterlose Zeichnungen und Kupfer ein unglaubliches Geld ausgibt, um hinterdrein im Buche zu sagen, daß diese und jene Platte mehr oder weniger mißlungen, unbedeutend und unnütz sei. Freilich schärfte er dadurch sein Urteil und das Urteil anderer; allein es beweist auch, daß ihn seine Neigung trieb, Erfahrungen mehr aufzuhäufen als sich in ihnen Luft und Licht zu machen. Eben daher konnte er niemals auf Resultate losgehn, um die ich ihn öfters und dringend bat. Was er als solche in späterer Zeit Freunden vertraulich mitteilte, waren für mich keine; denn sie bestanden aus einer Sammlung von gewissen Linien und Zügen, ja Warzen und Leberflecken, mit denen er bestimmte sittliche, öfters unsittliche Eigenschaften verbunden gesehn. Es waren darunter Bemerkungen zum Entsetzen; allein es machte keine Reihe, alles stand vielmehr zufällig durcheinander, nirgends war eine Anleitung zu sehen oder eine Rückweisung zu finden. Ebensowenig schriftstellerische Methode oder Künstlersinn herrschte in seinen übrigen Schriften, welche vielmehr stets eine leidenschaftlich heftige Darstellung seines Denkens und Wollens enthielten und das, was sie im ganzen nicht leisteten, durch die herzlichsten geistreichsten Einzelnheiten jederzeit ersetzten.

Nachfolgende Betrachtungen möchten wohl, gleichfalls auf jene Zustände bezüglich, hier am rechten Orte eingeschaltet stehen.

Niemand räumt gern andern einen Vorzug ein, solang er ihn nur einigermaßen leugnen kann. Naturvorzüge aller Art sind am wenigsten zu leugnen, und doch gestand der gemeine Redegebrauch damaliger Zeit nur dem Dichter Genie zu. Nun aber schien auf einmal eine andere Welt aufzugehen: man verlangte Genie vom Arzt, vom Feldherrn, vom Staatsmann und bald von allen Menschen, die sich theoretisch oder praktisch hervorzutun dachten. Zimmermann vorzüglich hatte diese Forderungen zur Sprache gebracht. Lavater in seiner ›Physiognomik‹ mußte notwendig auf eine allgemeinere Verteilung der Geistesgaben aller Art hinweisen; das Wort Genie ward eine allgemeine Losung, und weil man es so oft aussprechen hörte, so dachte man auch, das, was es bedeuten sollte, sei gewöhnlich vorhanden. Da nun aber jedermann Genie von andern zu fordern berechtigt war, so glaubte er es auch endlich selbst besitzen zu müssen. Es war noch lange hin bis zu der Zeit, wo ausgesprochen werden konnte: daß Genie diejenige Kraft des Menschen sei, welche, durch Handeln und Tun, Gesetz und Regel gibt. Damals manifestierte sich nur, indem es die vorhandenen Gesetze überschritt, die eingeführten Regeln umwarf und sich für grenzenlos erklärte. Daher war es leicht, genialisch zu sein, und nichts natürlicher, als daß der Mißbrauch in Wort und Tat alle geregelten Menschen aufrief, sich einem solchen Unwesen zu widersetzen.

Wenn einer zu Fuße, ohne recht zu wissen warum und wohin, in die Welt lief, so hieß dies eine Geniereise, und wenn einer etwas Verkehrtes ohne Zweck und Nutzen unternahm, ein Geniestreich. Jüngere lebhafte, oft wahrhaft begabte Menschen verloren sich ins Grenzenlose; ältere verständige, vielleicht aber talent- und geistlose, wußten dann mit höchster Schadenfreude ein gar mannigfaltiges Mißlingen vor den Augen des Publikums lächerlich darzustellen.

Und so fand ich mich fast mehr gehindert, mich zu entwickeln und zu äußern, durch falsche Mit- und Einwirkung der Sinnesverwandten als durch den Widerstand der Entgegengesinnten. Worte, Beiworte, Phrasen zuungunsten der höchsten Geistesgaben verbreiteten sich unter der geistlos nachsprechenden Menge dergestalt, daß man sie noch jetzt im gemeinen Leben hie und da von Ungebildeten vernimmt, ja daß sie sogar in die Wörterbücher eindrangen und das Wort Genie eine solche Mißdeutung erlitt, aus der man die Notwendigkeit ableiten wollte, es gänzlich aus der deutschen Sprache zu verbannen. Und so hätten sich die Deutschen, bei denen überhaupt das Gemeine weit mehr überhand zu nehmen Gelegenheit findet als bei andern Nationen, um die schönste Blüte der Sprache, um das nur scheinbar fremde, aber allen Völkern gleich angehörige Wort vielleicht gebracht, wenn nicht der durch eine tiefere Philosophie wieder neu gegründete Sinn fürs Höchste und Beste sich wieder glücklich hergestellt hätte.

In dem Vorhergehenden ist von dem Jünglingsalter zweier Männer die Rede gewesen, deren Andenken aus der deutschen

Literatur- und Sittengeschichte sich nimmer verlieren wird. In gemeldeter Epoche jedoch lernen wir sie gewissermaßen nur aus ihren Irrschritten kennen, zu denen sie durch eine falsche Tagsmaxime in Gesellschaft ihrer gleichjährigen Zeitgenossen verleitet worden. Nunmehr aber ist nichts billiger, als daß wir ihre natürliche Gestalt, ihr eigentliches Wesen geschätzt und geehrt vorführen, wie solches eben damals in unmittelbarer Gegenwart von dem durchdringenden Lavater geschehen; deshalb wir denn, weil die schweren und teuren Bände des großen physiognomischen Werkes nur wenigen unsrer Leser gleich zur Hand sein möchten, die merkwürdigen Stellen, welche sich auf beide beziehen, aus dem zweiten Teile gedachten Werkes und dessen dreißigstem Fragmente, Seite 244, hier einzurücken kein Bedenken tragen. Die Jünglinge, deren Bilder und Silhouetten wir hier von uns haben, sind die ersten Menschen, die mir zur physiognomischen Beschreibung saßen und standen, wie, wer sich malen läßt, dem Maler sitzt.

Ich kannte sie sonst, die edeln – und ich machte den ersten Versuch, nach der Natur und mit aller sonstigen Kenntnis ihren Charakter zu beobachten und zu beschreiben. –

Hier ist die Beschreibung des ganzen Menschen. –

Erstlich des jüngeren:

Siehe den blühenden Jüngling von 25 Jahren! das leichtschwebende, schwimmende elastische Geschöpfe! Es liegt nicht; es steht nicht; es stemmt sich nicht; es fliegt nicht; es schwebt oder schwimmt. Zu lebendig, um zu ruhen; zu locker, um fest zu stehen; zu schwer und zu weich, um zu fliegen.

Ein Schwebendes also, das die Erde nicht berührt! In seinem ganzen Umrisse keine völlig schlaffe Linie, aber auch keine gerade, keine gespannte, keine fest gewölbte, hart gebogene; – kein eckichter Einschnitt, kein felsiges Vorgebürge der Stirn; keine Härte; keine Steifigkeit; keine zürnende Rohigkeit; keine drohende Obermacht; kein eiserner Mut – elastisch reizbarer wohl, aber kein eiserner; kein fester, forschender Tiefsinn; keine langsame Überlegung oder kluge Bedächtigkeit; nirgends der Raisonneur mit der festgehaltenen Waagschale in der einen, dem Schwerte in der andern Hand, und doch auch nicht die mindeste Steifheit im Blicke und Urteile! und doch die völligste Geradheit des Verstandes oder vielmehr der unbefleckteste Wahrheitssinn! Immer der innige Empfinder, nie der tiefe Ausdenker; nie der Erfinder, nie der prüfende Entwickler der so schnellerblickten, schnellerkannten, schnellgeliebten, schnellergriffenen Wahrheit. Ewiger Schweber! Seher! Idealisierer! Verschönerer! – Gestalter aller seiner Ideen! Immer halbtrunkener Dichter, der sieht, was er sehen will; – nicht der trübsinnig schmachtende – nicht der hartzermalmende; – aber der hohe, edle, gewaltige! der mit gemäßigtem ›Sonnendurst‹ in den Regionen der Luft hin und her wallt, über sich strebt und wieder – nicht zur Erde sinkt! zur Erde sich stürzt, in des ›Felsenstromes‹ Fluten sich taucht und sich wiegt ›im Donner der hallenden Felsen umher‹ – Sein Blick nicht Flammenblick des Adlers! seine Stirn und Nase nicht Mut des Löwen! seine Brust – nicht Festigkeit des Streit wiehernden Pferdes! Im ganzen aber viel von der schwebenden Gelenksamkeit des Elefanten . . .

Die Aufgezogenheit seiner vorragenden Oberlippe gegen die unbeschnittene, uneckige, vorhängende Nase zeigt, bei dieser Beschlossenheit des Mundes, viel Geschmack und feine Empfindsamkeit; der untere Teil des Gesichtes viel Sinnlichkeit, Trägheit, Achtlosigkeit. Der ganze Umriß des Halbgesichtes Offenheit, Redlichkeit, Menschlichkeit, aber zugleich leichte Verführbarkeit und einen hohen Grad von gutherziger Unbedachtsamkeit, die niemandem als ihm selber schadet. Die Mittellinie des Mundes ist in seiner Ruhe eines geraden, planlosen, weichgeschaffenen, guten; in seiner Bewegung eines zärtlichen, feinfühlenden, äußerst reizbaren, gütigen, edlen Menschen. Im Bogen der Augenlider und im Glanze der Augen sitzt nicht Homer, aber der tiefste, innigste, schnellste

Empfinder, Ergreifer Homers; nicht der epische, aber der Odendichter; Genie, das quillt, umschafft, veredelt, bildet, schwebt, alles in Heldengestalt zaubert, alles vergöttlicht. – Die halbsichtbaren Augenlider, von einem solchen Bogen, sind immer mehr feinfühlender Dichter als nach Plan schaffender, als langsam arbeitender Künstler; mehr der verliebten als der strengen. – Das ganze Angesicht des Jünglings ist viel einnehmender und anziehender als das um etwas zu lockere, zu gedehnte Halbgesicht; das Vordergesicht zeugt bei der geringsten Bewegung von empfindsamer, sorgfältiger, erfindender, ungelernter, innerer Güte und sanft zitternder, Unrecht verabscheuender, freiheitdürstender Lebendigkeit. Es kann nicht den geringsten Eindruck von den vielen verbergen, die es auf einmal, die es unaufhörlich empfängt. – Jeder Gegenstand, der ein nahes Verhältnis zu ihm hat, treibt das Geblüt in die Wangen und Nase; die jungfräulichste Schamhaftigkeit in dem Punkte der Ehre verbreitet sich mit der Schnelle des Blitzes über die zart bewegliche Haut. –

Die Gesichtsfarbe, sie ist nicht die blasse des alles erschaffenden und alles verzehrenden Genius; nicht die wildglühende des verachtenden Zertreters; nicht die milchweiße des Blöden, nicht die gelbe des Harten und Zähen; nicht die bräunliche des langsam fleißigen Arbeiters; aber die weißrötliche, violette, so sprechend und so untereinander wallend, so glücklich gemischt wie die Stärke und Schwäche des ganzen Charakters. – Die Seele des Ganzen und eines jeden besondern Zuges ist Freiheit, ist elastische Betriebsamkeit, die leicht fortstößt und leicht zurückgestoßen wird. Großmut und aufrichtige Heiterkeit leuchten aus dem ganzen Vordergesichte und der Stellung des Kopfes – Unverderblichkeit der Empfindung, Feinheit des Geschmacks, Reinheit des Geistes, Güte und Adel der Seele, betriebsame Kraft, Gefühl von Kraft und Schwäche scheinen so allzu durchdringend im ganzen Gesichte durch, daß das sonst mutige Selbstgefühl sich dadurch in edle Bescheidenheit auflöst und der natürliche Stolz und die Jünglingseitelkeit sich ohne Zwang und Kunst in diesem herrlich spielenden All liebenswert verdämmert. – Das weißliche Haar, die Länge und Unbehaglichkeit der Gestalt, die sanfte Leichtigkeit des Auftritts, das Hin- und Herschweben des Ganges, die Fläche der Brust, die weiße faltenlose Stirn und noch verschiedene andere Ausdrücke verbreiten über den ganzen Menschen eine gewisse Weiblichkeit, wodurch die innere Schnellkraft gemäßigt und dem Herzen jede vorsätzliche Beleidigung und Niederträchtigkeit ewig unmöglich gemacht, zugleich aber auch offenbar wird, daß der mut- und feuervolle Poet, mit allem seinem unaffektierten Durste nach Freiheit und Befreiung, nicht bestimmt ist, für sich allein ein fester, Plan durchsetzender, ausharrender Geschäftsmann, oder in der blutigen Schlacht unsterblich zu werden. Und nun erst am Ende merk ich, daß ich von dem Auffallendsten noch nicht gesagt; nichts von der edlen, von aller Affektation reinen Simplizität! Nichts von der Kindheit des Herzens! Nichts von dem gänzlichen Nichtgefühle seines äußeren Adels! Nichts von der unaussprechlichen Bonhomie, mit welcher er Warnung und Tadel, sogar Vorwürfe und Unrecht, annimmt und duldet. –

Doch, wer will ein Ende finden, von einem guten Menschen, in dem so viele reine Menschheit ist, alles zu sagen, was an ihm wahrgenommen oder empfunden wird!

Beschreibung des älteren:

Was ich von dem jüngeren Bruder gesagt – wieviel davon kann auch von diesem gesagt werden! Das Vornehmste, das ich anmerken kann, ist dies: Diese Figur und dieser Charakter sind mehr gepackt und weniger gedehnt als die vorige. Dort alles länger und flächer; hier alles kürzer, breiter, gewölbter, gebogener; dort alles lockerer, hier beschnittener. So die Stirn, so die Nase; so die Brust; zusammengedrängter, lebendiger, weniger verbreitete, mehr zielende Kraft und Lebendigkeit! Sonst dieselbe Liebenswürdigkeit und Bonhomie! Nicht die auffallende Offenheit; mehr Verschlagenheit, aber im Grunde, oder vielmehr in der Tat, ebendieselbe Ehrlichkeit. Derselbe unbezwingbare Abscheu gegen Unrecht und Bosheit; dieselbe Unversöhnlichkeit mit allem, was Ränk' und Tücke heißt; dieselbe Unerbittlichkeit gegen Tyrannei und Despotisme; dasselbe reine, unbestechliche Gefühl für alles Edle, Gute, Große; dasselbe Bedürfnis der Freundschaft und Freiheit; dieselbe Empfindsamkeit und edle Ruhmbegierde; dieselbe Allgemeinheit des Herzens für alle gute, weise, einfältige, kraftvolle, berühmte oder unberühmte, gekannte oder mißkannte Menschen; – und – dieselbe leichtsinnige Unbedachtsamkeit. Nein! nicht gerade dieselbe. Das Gesicht ist beschnittener, angezogener, fester; hat mehr innere, sich leicht entwickelnde Geschicklichkeit zu Geschäften und praktischen Beratschlagungen; mehr durchsetzenden Mut, der sich besonders in den stark vordringenden, stumpfabgerundeten Knochen der Augen zeigt. Nicht das aufquillende, reiche, reine, hohe Dichtergefühl; nicht die schnelle Leichtigkeit der produktiven Kraft des andern. Aber dennoch, wiewohl in tiefern Regionen, lebendig, richtig, innig. Nicht das luftige, in morgenrötlichem Himmel dahinschwebende, Gestalten bildende Lichtgenie. – Mehr innere Kraft, vielleicht weniger Ausdruck! mehr gewaltig und fruchtbar – weniger prächtig und rund; obgleich seinem Pinsel weder Färbung noch Zauber fehlt. – Mehr Witz und rasende Laune; drollichter Satyr; Stirn, Nase, Blick – alles so herab, so vorhängend; recht entscheidend für originellen, allbelebenden Witz, der nicht von außenher einsammelt, sondern von innen herauswirft. Überhaupt ist alles an diesem Charakter vordringender, eckiger, angreifender, stürmender! – Nirgends Plattheit, nirgends Erschlaffung, ausgenommen im zusinkenden Auge, wo Wollust, wie in Stirn und Nase – hervorspringt. Sonst selbst in dieser Stirne, dieser Gedrängtheit von allem – diesem Blick sogar – untrügbarer Ausdruck von ungelernter

Größe; Stärke; Drang der Menschheit; Ständigkeit; Einfachheit; Bestimmtheit! –

Nachdem ich sodann in Darmstadt Mercken seinen Triumph gönnen müssen, daß er die baldige Trennung von der fröhlichen Gesellschaft vorausgesagt hatte, fand ich mich wieder in Frankfurt, wohl empfangen von jedermann, auch von meinem Vater, ob dieser gleich seine Mißbilligung, daß ich nicht nach Airolo hinabgestiegen, ihm meine Ankunft in Mailand gemeldet habe, zwar nicht ausdrücklich, aber stillschweigend merken ließ, besonders auch keine Teilnahme an jenen wilden Felsen, Nebelseen und Drachennestern im mindesten beweisen konnte. Nicht im Gegensatz, aber gelegentlich ließ er doch merken, was denn eigentlich an allem dem zu haben sei; wer Neapel nicht gesehen, habe nicht gelebt.

Ich vermied nicht und konnte nicht vermeiden, Lili zu sehen; es war ein schonender zarter Zustand zwischen uns beiden. Ich war unterrichtet, man habe sie in meiner Abwesenheit völlig überzeugt, sie müsse sich von mir trennen, und dieses sei um so notwendiger, ja tunlicher, weil ich durch meine Reise und eine ganz willkürliche Abwesenheit mich genugsam selbst erklärt habe. Dieselben Lokalitäten jedoch in Stadt und auf dem Land, dieselben Personen, mit allem Bisherigen vertraut, ließen denn doch kaum die beiden noch immer Liebenden, obgleich auf eine wundersame Weise auseinander Gezogenen, ohne Berührung. Es war ein verwünschter Zustand, der sich in einem gewissen Sinne dem Hades, dem Zusammensein jener glücklich-unglücklichen Abgeschiedenheit verglich.

Es waren Augenblicke, wo die vergangenen Tage sich wiederherzustellen schienen, aber gleich, wie wetterleuchtende Gespenster, verschwanden.

Wohlwollende hatten mir vertraut, Lili habe geäußert, indem alle die Hindernisse unsrer Verbindung ihr vorgetragen worden: sie unternehme wohl, aus Neigung zu mir, alle dermaligen Zustände und Verhältnisse aufzugeben und mit nach Amerika zu gehen. Amerika war damals vielleicht noch mehr als jetzt das Eldorado derjenigen, die in ihrer augenblicklichen Lage sich bedrängt fanden.

Aber eben das, was meine Hoffnungen hätte beleben sollen, drückte sie nieder. Mein schönes väterliches Haus, nur wenig hundert Schritte von dem ihrigen, war doch immer ein leidlicher zu gewinnender Zustand als die über das Meer entfernte ungewisse Umgebung; aber ich leugne nicht, in ihrer Gegenwart traten alle Hoffnungen, alle Wünsche wieder hervor, und neue Unsicherheiten bewegten sich in mir.

Freilich sehr verbietend und bestimmt waren die Gebote meiner Schwester; sie hatte mir mit allem verständigen Gefühl, dessen sie fähig war, die Lage nicht nur ins klare gesetzt, sondern ihre wahrhaft schmerzlich mächtigen Briefe verfolgten immer mit kräftigerer Ausführung denselben Text. ›Gut‹, sagte sie, ›wenn ihrs nicht vermeiden könntet, so müßtet ihrs ertragen; dergleichen muß man *dulden,* aber nicht *wählen.*‹ Einige Monate gingen hin in dieser unseligsten aller Lagen, alle Umgebungen hatten sich gegen diese Verbindung gestimmt; in *ihr* allein, glaubt ich, wußt ich, lag eine Kraft, die alles überwältigt hätte.

Beide Liebende, sich ihres Zustandes bewußt, vermieden, sich allein zu begegnen; aber herkömmlicherweise konnte man nicht umgehen, sich in Gesellschaft zu finden. Da war mir denn die stärkste Prüfung auferlegt, wie eine edel fühlende Seele einstimmen wird, wenn ich mich näher erkläre.

Gestehen wir im allgemeinen, daß bei einer neuen Bekanntschaft, einer neu sich anknüpfenden Neigung über das Vorhergegangene der Liebende gern einen Schleier zieht. Die Neigung kümmert sich um keine Antezedenzien, und wie sie blitzschnell genialisch hervortritt, so mag sie weder von Vergangenheit noch Zukunft wissen. Zwar hatte sich meine nähere Vertraulichkeit zu Lili gerade dadurch eingeleitet, daß sie mir von ihrer frühern Jugend erzählte: wie sie von Kind auf durchaus manche Neigung und Anhänglichkeit, besonders auch in fremden ihr lebhaftes Haus Besuchenden, erregt und sich daran ergetzt habe, obgleich ohne weitere Folge und Verknüpfung.

Wahrhaft Liebende betrachten alles, was sie bisher empfunden, nur als Vorbereitung zu ihrem gegenwärtigen Glück, nur als Base, worauf sich erst ihr Lebensgebäude erheben soll. Vergangene Neigungen erscheinen wie Nachtgespenster, die sich vor dem anbrechenden Tage wegschleichen.

Aber was ereignete sich! Die Messe kam, und so erschien der Schwarm jener Gespenster in ihrer Wirklichkeit; alle Handelsfreunde des bedeutenden Hauses kamen nach und nach heran, und es offenbarte sich schnell, daß keiner einen gewissen Anteil an der liebenswürdigen Tochter völlig aufgeben wollte noch konnte. Die Jüngeren, ohne zudringlich zu sein, erschienen doch als Wohlbekannte; die Mittleren, mit einem gewissen verbindlichen Anstand, wie solche, die sich beliebt machen und allenfalls mit höheren Ansprüchen hervortreten möchten. Es waren schöne Männer darunter, mit dem Behagen eines gründlichen Wohlstandes.

Nun aber, die alten Herren waren ganz unerträglich mit ihren Onkelsmanieren, die ihre Hände nicht im Zaum hielten und bei widerwärtigem Tätscheln sogar einen Kuß verlangten, welchem die Wange nicht versagt wurde. Ihr war so natürlich, dem allem anständig zu genügen. Allein auch die Gespräche erregten manches bedenkliche Erinnern. Von jenen Lustfahrten wurde gesprochen zu Wasser und zu Lande, von mancherlei Fährlichkeiten mit heiterm Ausgang, von Bällen und Abendpromenaden, von Verspottung lächerlicher Werber, und was nur eifersüchtigen Ärger in dem Herzen des trostlos Liebenden aufregen konnte, der gleichsam das Fazit so vieler Jahre auf eine Zeitlang an sich gerissen hatte. Aber unter diesem Zudrang, in dieser Bewegung versäumte sie den Freund nicht, und wenn sie sich zu ihm wendete, so wußte sie mit wenigem das Zarteste zu äußern, was der gegenseitigen Lage völlig geeignet schien.

Doch! wenden wir uns von dieser noch in der Erinnerung beinahe unerträglichen Qual zur Poesie, wodurch einige geistreich-herzliche Linderung in den Zustand eingeleitet wurde. ›Lilis Park‹ mag ohngefähr in diese Epoche gehören; ich füge das Gedicht hier nicht ein, weil es jenen zarten empfindlichen Zustand nicht ausdrückt, sondern nur, mit genialer Heftigkeit, das Widerwärtige zu erhöhn und durch komisch ärgerliche Bilder das Entsagen in Verzweiflung umzuwandeln trachtet. Nachstehendes Lied drückt eher die Anmut jenes Unglücks aus und sei deshalb hier eingeschaltet:

> Ihr verblühet, süße Rosen,
> Meine Liebe trug euch nicht;
> Blühet, ach, dem Hoffnungslosen,
> Dem der Gram die Seele bricht!
>
> Jener Tage denk ich trauernd,
> Als ich, Engel, an dir hing,
> Auf das erste Knöspchen lauernd
> Früh zu meinem Garten ging;
>
> Alle Blüten, alle Früchte
> Noch zu deinen Füßen trug,
> Und vor deinem Angesichte
> Hoffnung in dem Herzen schlug.
>
> Ihr verblühet, süße Rosen,
> Meine Liebe trug euch nicht;
> Blühet, ach, dem Hoffnungslosen,
> Dem der Gram die Seele bricht!

Die Oper ›Erwin und Elmire‹ war aus Goldsmiths liebenswürdiger, im ›Landprediger von Wakefield‹ eingefügter Romanze entstanden, die uns in den besten Zeiten vergnügt hatte, wo wir nicht ahneten, daß uns etwas Ähnliches bevorstehe.

Schon früher hab ich einige poetische Erzeugnisse jener Epoche eingeschaltet und wünschte nur, es hätten sich alle zusammen erhalten. Eine fortwährende Aufregung in glücklicher Liebeszeit, gesteigert durch eintretende Sorge, gab Anlaß zu Liedern, die durchaus nichts Überspanntes, sondern immer das Gefühl des Augenblicks aussprachen. Von geselligen Festliedern bis zur kleinsten Geschenksgabe, alles war lebendig, mitgefühlt von einer gebildeten Gesellschaft; erst froh, dann schmerzlich, und zuletzt kein Gipfel des Glücks, kein Abgrund des Wehes, dem nicht ein Laut wäre gewidmet gewesen.

Alle diese innern und äußern Ereignisse, insofern sie meinen Vater hätten unangenehm berühren können, welcher jene erste, ihm anmutig zusagende Schwiegertochter immer weniger hoffen konnte in sein Haus eingeführt zu sehen, wußte meine Mutter auf das klügste und tätigste abzuwenden. Diese Staatsdame aber, wie er sie im Vertrauen gegen seine Gattin zu nennen pflegte, wollte ihn keineswegs anmuten.

Indessen ließ er dem Handel seinen Gang und setzte seine kleine Kanzlei recht emsig fort. Der junge Rechtsfreund sowie der gewandte Schreiber gewannen unter seiner Firma immer mehr Ausdehnung des Bodens. Da nun, wie bekannt, der Abwesende nicht vermißt wird, so gönnten sie mir meine Pfade und suchten sich immer mehr auf einem Boden festzusetzen, auf dem ich nicht gedeihen sollte.

Glücklicherweise trafen meine Richtungen mit des Vaters Gesinnungen und Wünschen zusammen. Er hatte einen so großen Begriff von meinem dichterischen Talent, so viel eigene Freude an der Gunst, die meine ersten Arbeiten erworben hatten, daß er mich oft unterhielt über Neues und fernerhin Vorzunehmendes. Hingegen von diesen geselligen Scherzen, leidenschaftlichen Dichtungen durft ich ihn nichts merken lassen. Nachdem ich im ›Götz von Berlichingen‹ das Symbol einer bedeutenden Weltepoche nach meiner Art abgespiegelt hatte, sah ich mich nach einem ähnlichen Wendepunkt der Staatengeschichte sorgfältig um. Der Aufstand der Niederlande gewann meine Aufmerksamkeit. Im ›Götz‹ war es ein tüchtiger Mann, der untergeht in dem Wahn: zu Zeiten der Anarchie sei der wohlwollende Kräftige von einiger Bedeutung. Im ›Egmont‹ waren es festgegründete Zustände, die sich vor strenger, gut berechneter Despotie nicht halten können. Meinen Vater hatte ich davon auf das lebhafteste unterhalten, was zu tun sei, was ich tun wolle, daß ihm dies so unüberwindliche Verlangen gab, dieses in meinem Kopf schon fertige Stück auf dem Papiere, es gedruckt, es bewundert zu sehen.

Hatt ich in den frühern Zeiten, da ich noch hoffte, Lili mir zuzueignen, meine ganze Tätigkeit auf Einsicht und Ausübung bürgerlicher Geschäfte gewendet, so traf es gerade jetzt, daß ich die fürchterliche Lücke, die mich von ihr trennte, durch Geistreiches und Seelenvolles auszufüllen hatte. Ich fing also wirklich ›Egmont‹ zu schreiben an, und zwar nicht wie den ersten ›Götz von Berlichingen‹ in Reih und Folge, sondern ich griff nach der ersten Einleitung gleich die Hauptszenen an, ohne mich um die allenfallsigen Verbindungen zu bekümmern. Damit gelangte ich weit, indem ich bei meiner läßlichen Art zu arbeiten von meinem Vater, es ist nicht übertrieben, Tag und Nacht angespornt wurde, da er das so leicht Entstehende auch leicht vollendet zu sehen glaubte.

ZWANZIGSTES BUCH

So fuhr ich denn am ›Egmont‹ zu arbeiten fort, und wenn dadurch in meinen leidenschaftlichen Zustand einige Beschwichtigung eintrat, so half mir auch die Gegenwart eines wackren Künstlers über manche böse Stunden hinweg, und ich verdankte hier, wie schon so oft, einem unsichern Streben nach praktischer Ausbildung einen heimlichen Frieden der Seele in Tagen, wo er sonst nicht wäre zu hoffen gewesen.

Georg Melchior Kraus, in Frankfurt geboren, in Paris gebildet, kam eben von einer kleinen Reise ins nördliche Deutschland zurück; er suchte mich auf, und ich fühlte sogleich Trieb und Bedürfnis, mich ihm anzuschließen. Er war ein heiterer Lebemann, dessen leichtes erfreuliches Talent in Paris die rechte Schule gefunden hatte.

Für den Deutschen gab es zu jener Zeit daselbst ein angenehmes Unterkommen. Philipp Hackert lebte dort in gutem Ansehen und Wohlstand; das treue deutsche Verfahren, womit er Landschaften, nach der Natur zeichnend, in Gouache- und Ölfarbe glücklich ausführte, war als Gegensatz einer praktischen Manier, der sich die Franzosen hingegeben hatten, sehr willkommen. Wille, hochgeehrt als Kupferstecher, gab dem deutschen Verdienste Grund und Boden; Grimm, schon einflußreich, nützte seinen Landsleuten nicht wenig. Angenehme Fußreisen, um unmittelbar nach der Natur zu zeichnen, wurden unternommen und so manches Gute geleistet und vorbereitet.

Boucher und Watteau, zwei wahrhaft geborne Künstler, deren Werke, wenn schon verflatternd im Geist und Sinn der Zeit, doch immer noch höchst respektabel gefunden werden, waren der neuen Erscheinung geneigt und selbst, obgleich nur zu Scherz und Versuch, tätig eingreifend. Greuze, im Familienkreise still für sich hinlebend, der gleichen bürgerliche

GEORG MELCHIOR KRAUS

»Georg Melchior Kraus, in Frankfurt geboren, in Paris gebildet...
suchte mich auf, und ich fühlte sogleich Trieb und Bedürfnis, mich ihm
anzuschließen... Er selbst war der angenehmste Gesellschafter:
gleichmütige Heiterkeit begleitete ihn durchaus; dienstfertig ohne
Demut, gehalten ohne Stolz, fand er sich überall zu Hause, überall beliebt, der tätigste und zugleich der bequemste aller Sterblichen.«

Szenen gern darstellend, von seinen eigenen Werken entzückt, erfreute sich eines ehrenhaften leichten Pinsels.

Alles dergleichen konnte unser Kraus in sein Talent sehr wohl aufnehmen; er bildete sich an der Gesellschaft zur Gesellschaft und wußte gar zierlich häusliche freundschaftliche Vereine porträtmäßig darzustellen; nicht weniger glückten ihm landschaftliche Zeichnungen, die sich durch reinliche Umrisse, massenhafte Tusche, angenehmes Kolorit dem Auge freundlich empfahlen; dem innern Sinn genügte eine gewisse naive Wahrheit, und besonders dem Kunstfreund sein Geschick, alles, was er selbst nach der Natur zeichnete, sogleich zum Tableau einzuleiten und einzurichten.

Er selbst war der angenehmste Gesellschafter: gleichmütige Heiterkeit begleitete ihn durchaus; dienstfertig ohne Demut, gehalten ohne Stolz, fand er sich überall zu Hause, überall beliebt, der tätigste und zugleich der bequemste aller Sterblichen.

Mit solchem Talent und Charakter begabt, empfahl er sich bald in höhern Kreisen und war besonders in dem freiherrlichen von Steinschen Schlosse zu Nassau an der Lahn wohl aufgenommen, eine talentvolle, höchst liebenswürdige Tochter in ihrem künstlerischen Bestreben unterstützend und zugleich die Geselligkeit auf mancherlei Weise belebend.

Nach Verheiratung dieser vorzüglichen jungen Dame an den Grafen von Werthern nahm das neue Ehepaar den Künstler mit auf ihre bedeutenden Güter in Thüringen, und so gelangte er auch nach Weimar. Hier ward er bekannt, anerkannt und von dem dasigen hochgebildeten Kreise sein Bleiben gewünscht. Wie er nun überall zutätig war, so förderte er bei seiner nunmehrigen Rückkehr nach Frankfurt meine bisher nur sammelnde Kunstliebe zu praktischer Übung. Dem Dilettanten ist die Nähe des Künstlers unerläßlich, denn er sieht in diesem das Komplement seines eigenen Daseins; die Wünsche des Liebhabers erfüllen sich im Artisten.

Durch eine gewisse Naturanlage und Übung gelang mir wohl

ein Umriß, auch gestaltete sich leicht zum Bilde, was ich in der Natur vor mir sah; allein es fehlte mir die eigentlich plastische Kraft, das tüchtige Bestreben, dem Umriß Körper zu verleihen durch wohlabgestuftes Hell und Dunkel. Meine Nachbildungen waren mehr ferne Ahnungen irgendeiner Gestalt, und meine Figuren glichen den leichten Luftwesen in Dantes Purgatorio, die, keine Schatten werfend, vor dem Schatten wirklicher Körper sich entsetzen.

Durch Lavaters physiognomische Hetzerei – denn so darf man die ungestüme Anregung wohl nennen, womit er alle Menschen nicht allein zur Kontemplation der Physiognomien, sondern auch zur künstlerischen oder pfuscherhaften praktischen Nachbildung der Gesichtsformen zu nötigen bemüht war – hatte ich mir eine Übung verschafft, die Porträte von Freunden auf grau Papier mit schwarzer und weißer Kreide darzustellen. Die Ähnlichkeit war nicht zu verkennen, aber es bedurfte die Hand meines künstlerischen Freundes, um sie aus dem düstern Grunde hervortreten zu machen.

Beim Durchblättern und Durchschauen der reichlichen Portefeuilles, welche der gute Kraus von seinen Reisen mitgebracht hatte, war die liebste Unterhaltung, wenn er landschaftliche oder persönliche Darstellungen vorlegte, der weimarische Kreis und dessen Umgebung. Auch ich verweilte sehr gerne dabei, weil es dem Jüngling schmeicheln mußte, so viele Bilder nur als Text zu betrachten von einer umständlichen wiederholten Ausführung: daß man mich dort zu sehen wünsche. Sehr anmutig wußte er seine Grüße, seine Einladungen durch nachgebildete Persönlichkeiten zu beleben. Ein wohlgelungenes Ölbild stellte den Kapellmeister Wolf am Flügel und seine Frau hinter ihm zum Singen sich bereitend vor; der Künstler selbst wußte zugleich gar dringend auszulegen, wie freundlich dieses werte Paar mich empfangen würde. Unter seinen Zeichnungen fanden sich mehrere bezüglich auf die Wald- und Berggegend um Bürgel. Ein wackerer Forstmann hatte daselbst, vielleicht mehr seinen anmutigen Töchtern als sich selbst zuliebe, rauh-gestaltete Felspartien, Gebüsch und Waldstrecken durch Brük-ken, Geländer und sanfte Pfade gesellig wandelbar gemacht; man sah die Frauenzimmer in weißen Kleidern auf anmutigen Wegen, nicht ohne Begleitung. An dem einen jungen Manne sollte man Bertuch erkennen, dessen ernste Absichten auf die älteste nicht geleugnet wurden, und Kraus nahm nicht übel, wenn man einen zweiten jungen Mann auf ihn und seine auf-keimende Neigung für die Schwester zu beziehen wagte.

Bertuch, als Zögling Wielands, hatte sich in Kenntnissen und Tätigkeit dergestalt hervorgetan, daß er, als Geheimsekretär des Herzogs schon angestellt, das Allerbeste für die Zukunft erwarten ließ. Von Wielands Rechtlichkeit, Heiterkeit, Gutmütigkeit war durchaus die Rede; auf seine schönen litera-rischen und poetischen Vorsätze ward schon ausführlich hin-gedeutet und die Wirkung des ›Merkur‹ durch Deutschland besprochen; gar manche Namen in literarischer, staatsgeschäft-licher und geselliger Hinsicht hervorgehoben und in solchem Sinne Musäus, Kirms, Berendis und Ludecus genannt. Von Frauen war Wolfs Gattin und eine Witwe Kotzebue, mit einer liebenswürdigen Tochter und einem heitern Knaben, nebst manchen andern rühmlich und charakteristisch bezeichnet. Al-les deutete auf ein frisch tätiges literarisches und Künstlerleben. Und so schilderte sich nach und nach das Element, worauf der junge Herzog nach seiner Rückkehr wirken sollte; einen sol-chen Zustand hatte die Frau Obervormünderin vorbereitet; was aber die Ausführung wichtiger Geschäfte betraf, war, wie es unter solchen provisorischen Verwaltungen Pflicht ist, der Überzeugung, der Tatkraft des künftigen Regenten überlassen. Die durch den Schloßbrand bewirkten greulichen Ruinen be-trachtete man schon als Anlaß zu neuen Tätigkeiten. Das in Stocken geratene Bergwerk zu Ilmenau, dem man durch kost-spielige Unterhaltung des tiefen Stollens eine mögliche Wie-deraufnahme zu sichern gewußt, die Akademie Jena, die hinter dem Zeitsinn einigermaßen zurückgeblieben und mit dem Verlust gerade sehr tüchtiger Lehrer bedroht war, wie so vieles andere, regte einen edlen Gemeinsinn auf. Man blickte nach Persönlichkeiten umher, die in dem aufstrebenden Deutschland so mannigfaches Gute zu fördern berufen sein könnten, und so zeigte sich durchaus eine frische Aussicht, wie eine kräftige und lebhafte Jugend sie nur wünschen konnte. Und schien es traurig zu sein, eine junge Fürstin ohne die Würde eines schicklichen Gebäudes in eine sehr mäßige, zu ganz andern Zwecken erbaute Wohnung einzuladen, so gaben die schöngelegenen wohleingerichteten Landhäuser, Ettersburg, Belvedere und andere vorteilhafte Lustsitze Genuß des Gegenwärtigen und Hoffnung, auch in diesem damals zur Notwendigkeit gewordenen Naturleben sich produktiv und angenehm tätig zu erweisen. Man hat im Verlaufe dieses biographischen Vortrags umständlich gesehen, wie das Kind, der Knabe, der Jüngling sich auf verschiedenen Wegen dem Übersinnlichen zu nähern gesucht; erst mit Neigung nach einer natürlichen Religion hingeblickt; dann mit Liebe sich an eine positive festgeschlossen; ferner durch Zusammenziehung in sich selbst seine eignen Kräfte versucht und sich endlich dem allgemeinen Glauben freudig hingegeben. Als er in den Zwischenräumen dieser Religionen hin und wider wanderte, suchte, sich umsah, begegnete ihm manches, was zu keiner von allen gehören mochte, und er glaubte mehr und mehr einzusehen, daß es besser sei, den Gedanken von dem Ungeheuren, Unfaßlichen abzuwenden.

Er glaubte in der Natur, der belebten und unbelebten, der beseelten und unbeseelten, etwas zu entdecken, das sich nur in Widersprüchen manifestierte und deshalb unter keinen Begriff, noch viel weniger unter ein Wort gefaßt werden könnte. Es war nicht göttlich, denn es schien unvernünftig; nicht menschlich, denn es hatte keinen Verstand; nicht teuflisch, denn es war wohltätig; nicht englisch, denn es ließ oft Schadenfreude merken. Es glich dem Zufall, denn es bewies keine Folge; es ähnelte der Vorsehung, denn es deutete auf Zusammenhang. Alles, was uns begrenzt, schien für dasselbe durchdringbar; es schien mit den notwendigen Elementen unsres Daseins willkürlich zu schalten; es zog die Zeit zusammen und dehnte den Raum aus. Nur im Unmöglichen schien es sich zu gefallen und das Mögliche mit Verachtung von sich zu stoßen.

Dieses Wesen, das zwischen alle übrigen hineinzutreten, sie zu sondern, sie zu verbinden schien, nannte ich dämonisch, nach dem Beispiel der Alten und derer, die etwas Ähnliches gewahrt hatten. Ich suchte mich vor diesem furchtbaren Wesen zu retten, indem ich mich nach meiner Gewohnheit hinter ein Bild flüchtete. Unter die einzelnen Teile der Weltgeschichte, die ich sorgfältiger studierte, gehörten auch die Ereignisse, welche die nachher vereinigten Niederlande so berühmt gemacht. Ich hatte die Quellen fleißig erforscht und mich möglichst unmittelbar zu unterrichten und mir alles lebendig zu vergegenwärtigen gesucht. Höchst dramatisch waren mir die Situationen erschienen, und als Hauptfigur, um welche sich die übrigen am glücklichsten versammeln ließen, war mir Graf Egmont aufgefallen, dessen menschlich ritterliche Größe mir am meisten behagte.

Allein zu meinem Gebrauche mußte ich ihn in einen Charakter umwandeln, der solche Eigenschaften besaß, die einen Jüngling besser zieren als einen Mann in Jahren, einen Unbeweibten besser als einen Hausvater, einen Unabhängigen mehr als einen, der, noch so frei gesinnt, durch mancherlei Verhältnisse begrenzt ist.

Als ich ihn nun so in meinen Gedanken verjüngt und von allen Bedingungen losgebunden hatte, gab ich ihm die ungemessene Lebenslust, das grenzenlose Zutrauen zu sich selbst, die Gabe, alle Menschen an sich zu ziehen (attrattiva) und so die Gunst des Volks, die stille Neigung einer Fürstin, die ausgesprochene eines Naturmädchens, die Teilnahme eines Staatsklugen zu gewinnen, ja selbst den Sohn seines größten Widersachers für sich einzunehmen.

Die persönliche Tapferkeit, die den Helden auszeichnet, ist die Base, auf der sein ganzes Wesen ruht, der Grund und Boden, aus dem es hervorsproßt. Er kennt keine Gefahr und verblendet sich über die größte, die sich ihm nähert. Durch Feinde, die uns umzingeln, schlagen wir uns allenfalls durch; die Netze der Staatsklugheit sind schwerer zu durchbrechen. Das Dämonische, was von beiden Seiten im Spiel ist, in welchem Konflikt das Liebenswürdige untergeht und das Gehaßte triumphiert, sodann die Aussicht, daß hieraus ein Drittes hervorgehe, das dem Wunsch aller Menschen entsprechen werde, dieses ist es wohl, was dem Stücke, freilich nicht gleich bei seiner Erscheinung, aber doch später und zur rechten Zeit die Gunst verschafft hat, deren es noch jetzt genießt. Und so will ich denn auch hier, um mancher geliebten Leser willen, mir selbst vorgreifen und, weil ich nicht weiß, ob ich so bald wieder zur Rede gelange, etwas aussprechen, wovon ich mich erst viel später überzeugte.

Obgleich jenes Dämonische sich in allem Körperlichen und Unkörperlichen manifestieren kann, ja bei den Tieren sich aufs merkwürdigste ausspricht, so steht es vorzüglich mit dem Menschen im wunderbarsten Zusammenhang und bildet eine der moralischen Weltordnung wo nicht entgegengesetzte, doch sie durchkreuzende Macht, so daß man die eine für den Zettel, die andere für den Einschlag könnte gelten lassen.

Für die Phänomene, welche hiedurch hervorgebracht werden, gibt es unzählige Namen: denn alle Philosophien und Religionen haben prosaisch und poetisch dieses Rätsel zu lösen und die Sache schließlich abzutun gesucht, welches ihnen noch fernerhin unbenommen bleibe.

Am furchtbarsten aber erscheint dieses Dämonische, wenn es in irgendeinem Menschen überwiegend hervortritt. Während meines Lebensganges habe ich mehrere teils in der Nähe, teils in der Ferne beobachten können. Es sind nicht immer die vorzüglichsten Menschen, weder an Geist noch an Talenten, selten durch Herzensgüte sich empfehlend; aber eine ungeheuere Kraft geht von ihnen aus, und sie üben eine unglaubliche Gewalt über alle Geschöpfe, ja sogar über die Elemente, und wer kann sagen, wie weit sich eine solche Wirkung erstrecken wird? Alle vereinten sittlichen Kräfte vermögen nichts gegen sie; vergebens, daß der hellere Teil der Menschen sie als Betrogene oder als Betrüger verdächtig machen will, die Masse wird von ihnen angezogen. Selten oder nie finden sich Gleichzeitige ihresgleichen, und sie sind durch nichts zu überwinden als durch das Universum selbst, mit dem sie den Kampf begonnen; und aus solchen Bemerkungen mag wohl jener sonderbare, aber ungeheure Spruch entstanden sein: Nemo contra deum nisi deus ipse.

Von diesen höheren Betrachtungen kehre ich wieder in mein kleines Leben zurück, dem aber doch auch seltsame Ereignisse, wenigstens mit einem dämonischen Schein bekleidet, bevorstanden. Ich war von dem Gipfel des Gotthard, Italien den Rücken wendend, nach Hause gekehrt, weil ich Lili nicht entbehren konnte. Eine Neigung, die auf die Hoffnung eines wechselseitigen Besitzes, eines dauernden Zusammenlebens gegründet ist, stirbt nicht auf einmal ab; ja sie nährt sich an der Betrachtung rechtmäßiger Wünsche und redlicher Hoffnungen, die man hegt.

Es liegt in der Natur der Sache, daß sich in solchen Fällen das Mädchen eher bescheidet als der Jüngling. Als Abkömmlingen Pandorens ist den schönen Kindern die wünschenswerte Gabe verliehen, anzureizen, anzulocken und mehr durch Natur mit Halbvorsatz als durch Neigung, ja mit Frevel um sich zu versammeln, wobei sie denn oft in Gefahr kommen, wie jener Zauberlehrling, vor dem Schwall der Verehrer zu erschrecken. Und dann soll zuletzt denn doch hier gewählt sein, einer soll ausschließlich vorgezogen werden, einer die Braut nach Hause führen.

Und wie zufällig ist es, was hier der Wahl eine Richtung gibt, die Auswählende bestimmt! Ich hatte auf Lili mit Überzeugung Verzicht getan, aber die Liebe machte mir diese Überzeugung verdächtig. Lili hatte in gleichem Sinne von mir Abschied genommen, und ich hatte die schöne, zerstreuende Reise angetreten; aber sie bewirkte gerade das Umgekehrte.

Solange ich abwesend war, glaubte ich an die Trennung, glaubte nicht an die Scheidung. Alle Erinnerungen, Hoffnungen und Wünsche hatten ein freies Spiel. Nun kam ich zurück, und wie das Wiedersehn der frei und freudig Liebenden ein Himmel ist, so ist das Wiedersehn von zwei nur durch Vernunftgründe getrennten Personen ein unleidliches Fegefeuer, ein Vorhof der Hölle. Als ich in die Umgebung Lilis zurückkam, fühlte ich alle jene Mißhelligkeiten doppelt, die unser Verhältnis gestört hatten; als ich wieder vor sie selbst hintrat, fiel mirs hart aufs Herz, daß sie für mich verloren sei.

Ich entschloß mich daher abermals zur Flucht, und es konnte mir deshalb nichts erwünschter sein, als daß das junge herzoglich weimarische Paar von Karlsruhe nach Frankfurt kommen und ich, früheren und späteren Einladungen gemäß, ihnen nach Weimar folgen sollte. Von seiten jener Herrschaften hatte sich ein gnädiges, ja zutrauliches Betragen immer gleich erhalten, das ich von meiner Seite mit leidenschaftlichem Danke erwiderte. Meine Anhänglichkeit an den Herzog von dem ersten Augenblicke an, meine Verehrung gegen die Prinzessin, die ich schon so lange, obgleich nur von Ansehn, kannte, mein Wunsch, Wielanden, der sich so liberal gegen mich betragen hatte, persönlich etwas Freundliches zu erzeigen und an Ort und Stelle meine halb mutwilligen, halb zufälligen Unarten wiedergutzumachen, waren Beweggründe genug, die auch einen leidenschaftslosen Jüngling hätten aufreizen, ja antreiben sollen. Nun kam aber noch hinzu, daß ich, auf welchem Wege

858

es wolle, vor Lili flüchten mußte, es sei nun nach Süden, wo mir die täglichen Erzählungen meines Vaters den herrlichsten Kunst- und Naturhimmel vorbildeten, oder nach Norden, wo mich ein so bedeutender Kreis vorzüglicher Menschen einlud.

Das junge fürstliche Paar erreichte nunmehr auf seinem Rückwege Frankfurt. Der herzoglich meiningische Hof war zu gleicher Zeit daselbst, und auch von diesem und dem die jungen Prinzen geleitenden Geheimenrat von Dürckheim ward ich aufs freundlichste aufgenommen. Damit aber ja, nach jugendlicher Weise, es nicht an einem seltsamen Ereignis fehlen möchte, so setzte mich ein Mißverständnis in eine unglaubliche, obgleich ziemlich heitere Verlegenheit. Die weimarischen und meiningischen Herrschaften wohnten in *einem* Gasthof. Ich ward zur Tafel gebeten. Der weimarische Hof lag mir dergestalt im Sinne, daß mir nicht einfiel, mich näher zu erkundigen, weil ich auch nicht einmal einbildisch genug war zu glauben, man wolle von meiningischer Seite auch einige Notiz von mir nehmen. Ich gehe wohlangezogen in den ›Römischen Kaiser‹, finde die Zimmer der weimarischen Herrschaften leer, und da es heißt, sie wären bei den meiningischen, verfüge ich mich dorthin und werde freundlich empfangen. Ich denke, dies sei ein Besuch vor Tafel, oder man speise vielleicht zusammen, und erwarte den Ausgang. Allein auf einmal setzt sich die weimarische Suite in Bewegung, der ich denn auch folge; allein sie geht nicht etwa in ihre Gemächer, sondern gerade die Treppe hinunter in ihre Wägen, und ich finde mich eben allein auf der Straße.

Anstatt mich nun gewandt und klug nach der Sache umzutun und irgendeinen Aufschluß zu suchen, ging ich, nach meiner entschlossenen Weise, sogleich meinen Weg nach Hause, wo ich meine Eltern beim Nachtische fand. Mein Vater schüttelte den Kopf, indem meine Mutter mich so gut als möglich zu entschädigen suchte. Sie vertraute mir abends: als sie weggegangen, habe mein Vater sich geäußert, er wundre sich höchlich,

CARL AUGUST HERZOG VON SACHSEN-WEIMAR-EISENACH
UND SEINE GEMAHLIN
LOUISE

»...das junge herzoglich weimarische Paar... Meine Anhänglichkeit
an den Herzog von dem ersten Augenblicke an, meine Verehrung gegen die Prinzessin, die ich schon so lange, obgleich nur vom Ansehn,
kannte...«

wie ich, doch sonst nicht auf den Kopf gefallen, nicht einsehen wollte, daß man nur von jener Seite mich zu necken und mich zu beschämen gedächte. Aber dieses konnte mich nicht rühren: denn ich war schon Herrn von Dürckheim begegnet, der mich, nach seiner milden Art, mit anmutigen scherzhaften Vorwürfen zur Rede stellte. Nun war ich aus meinem Traum erwacht und hatte Gelegenheit, für die mir gegen mein Hoffen und Erwarten zugedachte Gnade recht artig zu danken und mir Verzeihung zu erbitten.

Nachdem ich daher so freundlichen Anträgen aus guten Gründen nachgegeben hatte, so ward folgendes verabredet. Ein in Karlsruhe zurückgebliebener Kavalier, welcher einen in Straßburg verfertigten Landauer Wagen erwarte, werde an einem bestimmten Tage in Frankfurt eintreffen, ich solle mich bereit halten, mit ihm nach Weimar sogleich abzureisen. Der heitere und gnädige Abschied, den ich von den jungen Herrschaften erfuhr, das freundliche Betragen der Hofleute machten mir diese Reise höchst wünschenswert, wozu sich der Weg so angenehm zu ebnen schien.

Aber auch hier sollte durch Zufälligkeiten eine so einfache Angelegenheit verwickelt, durch Leidenschaftlichkeit verwirrt und nahezu völlig vernichtet werden: denn nachdem ich überall Abschied genommen und den Tag meiner Abreise verkündet, sodann aber eilig eingepackt und dabei meiner ungedruckten Schriften nicht vergessen, erwartete ich die Stunde, die den gedachten Freund im neuen Wagen herbeiführen und mich in eine neue Gegend, in neue Verhältnisse bringen sollte. Die Stunde verging, der Tag auch, und da ich, um nicht zweimal Abschied zu nehmen, und überhaupt, um nicht durch Zulauf und Besuch überhäuft zu sein, mich seit dem besagten Morgen als abwesend angegeben hatte, so mußte ich mich im Hause, ja in meinem Zimmer stillhalten und befand mich daher in einer sonderbaren Lage.

Weil aber die Einsamkeit und Enge jederzeit für mich etwas

CHRISTOPH MARTIN WIELAND

»...mein Wunsch, Wielanden, der sich so liberal gegen mich betragen
hatte, persönlich etwas Freundliches zu erzeigen und an Ort und Stelle
meine halb mutwilligen, halb zufälligen Unarten wiedergutzumachen...«

sehr Günstiges hatte, indem ich solche Stunden zu nutzen gedrängt war, so schrieb ich an meinem ›Egmont‹ fort und brachte ihn beinahe zustande. Ich las ihn meinem Vater vor, der eine ganz eigne Neigung zu diesem Stück gewann und nichts mehr wünschte, als es fertig und gedruckt zu sehen, weil er hoffte, daß der gute Ruf seines Sohnes dadurch sollte vermehrt werden. Eine solche Beruhigung und neue Zufriedenheit war ihm aber auch nötig: denn er machte über das Außenbleiben des Wagens die bedenklichsten Glossen. Er hielt das Ganze abermals nur für eine Erfindung, glaubte an keinen neuen Landauer, hielt den zurückgebliebenen Kavalier für ein Luftgespenst; welches er mir zwar nur indirekt zu verstehen gab, dagegen aber sich und meine Mutter desto ausführlicher quälte, indem er das Ganze als einen lustigen Hofstreich ansah, den man in Gefolg meiner Unarten habe ausgehen lassen, um mich zu kränken und zu beschämen, wenn ich nunmehr statt jener gehofften Ehre schimpflich sitzengeblieben.

Ich selbst hielt zwar anfangs am Glauben fest, freute mich über die eingezogenen Stunden, die mir weder von Freunden noch Fremden, noch sonst einer geselligen Zerstreuung verkümmert wurden, und schrieb, wenn auch nicht ohne innere Agitation, am ›Egmont‹ rüstig fort. Und diese Gemütsstimmung mochte wohl dem Stück selbst zugute kommen, das, von so viel Leidenschaften bewegt, nicht wohl von einem ganz Leidenschaftslosen hätte geschrieben werden können.

So vergingen acht Tage, und ich weiß nicht, wieviel drüber, und diese völlige Einkerkerung fing an, mir beschwerlich zu werden. Seit mehreren Jahren gewohnt, unter freiem Himmel zu leben, gesellt zu Freunden, mit denen ich in dem aufrichtigsten, geschäftigsten Wechselverhältnisse stand, in der Nähe einer Geliebten, von der ich zwar mich zu trennen den Vorsatz gefaßt, die mich aber doch, solange noch die Möglichkeit war, mich ihr zu nähern, gewaltsam zu sich forderte – alles dieses fing an, mich dergestalt zu beunruhigen, daß die Anziehungskraft meiner Tragödie sich zu vermindern und die poetische Produktionskraft durch Ungeduld aufgehoben zu werden drohte. Schon einige Abende war es mir nicht möglich gewesen, zu Haus zu bleiben. In einen großen Mantel gehüllt, schlich ich in der Stadt umher, an den Häusern meiner Freunde und Bekannten vorbei, und versäumte nicht, auch an Lilis Fenster zu treten. Sie wohnte im Erdgeschoß eines Eckhauses, die grünen Rouleaus waren niedergelassen; ich konnte aber recht gut bemerken, daß die Lichter am gewöhnlichen Platze standen. Bald hörte ich sie zum Klaviere singen; es war das Lied ›Warum ziehst du mich unwiderstehlich!‹, das nicht ganz vor einem Jahr an sie gedichtet ward. Es mußte mir scheinen, daß sie es ausdrucksvoller sänge als jemals, ich konnte es deutlich Wort vor Wort verstehn; ich hatte das Ohr so nahe angedrückt, wie nur das auswärts gebogene Gitter erlaubte. Nachdem sie es zu Ende gesungen, sah ich an dem Schatten, der auf die Rouleaus fiel, daß sie aufgestanden war; sie ging hin und wider, aber vergebens suchte ich den Umriß ihres lieblichen Wesens durch das dichte Gewebe zu erhaschen. Nur der feste Vorsatz, mich wegzubegeben, ihr nicht durch meine Gegenwart beschwerlich zu sein, ihr wirklich zu entsagen, und die Vorstellung, was für ein seltsames Aufsehen mein Wiedererscheinen machen müßte, konnte mich entscheiden, die so liebe Nähe zu verlassen. Noch einige Tage verstrichen, und die Hypothese meines Vaters gewann immer mehr Wahrscheinlichkeit, da auch nicht einmal ein Brief von Karlsruhe kam, welcher die Ursachen der Verzögerung des Wagens angegeben hätte. Meine Dichtung geriet ins Stocken, und nun hatte mein Vater gutes Spiel bei der Unruhe, von der ich innerlich zerarbeitet war. Er stellte mir vor: die Sache sei nun einmal nicht zu ändern, mein Koffer sei gepackt, er wolle mir Geld und Kredit geben, nach Italien zu gehn; ich müsse mich aber gleich entschließen aufzubrechen. In einer so wichtigen Sache zweifelnd und zaudernd, ging ich endlich darauf ein: daß, wenn zu einer bestimmten Stunde weder Wagen noch Nachricht eingelaufen sei, ich abreisen, und zwar zuerst nach Heidelberg, von dannen aber nicht wieder durch die Schweiz, sondern nunmehr durch Graubünden oder Tirol über die Alpen gehen wolle.

Wunderbare Dinge müssen freilich entstehen, wenn eine planlose Jugend, die sich selbst so leicht mißleitet, noch durch einen leidenschaftlichen Irrtum des Alters auf einen falschen Weg getrieben wird. Doch darum ist es Jugend und Leben überhaupt, daß wir die Strategie gewöhnlich erst einsehen lernen, wenn der Feldzug vorbei ist. Im reinen Geschäftsgang wär ein solches Zufälliges leicht aufzuklären gewesen, aber wir verschwören uns gar zu gern mit dem Irrtum gegen das Natürlichwahre, so wie wir die Karten mischen, eh wir sie herumgeben, damit ja dem Zufall sein Anteil an der Tat nicht verkümmert werde; und so entsteht gerade das Element, worin und worauf das Dämonische so gern wirkt und uns nur desto schlimmer mitspielt, je mehr wir Ahndung von seiner Nähe haben.

Der letzte Tag war verstrichen, den andern Morgen sollte ich abreisen, und nun drängte es mich unendlich, meinen Freund Passavant, der eben aus der Schweiz zurückgekehrt war, noch einmal zu sehen, weil er wirklich Ursache gehabt hätte zu zürnen, wenn ich unser inniges Vertrauen durch völlige Geheimhaltung verletzt hätte. Ich beschied ihn daher durch einen Unbekannten nachts an einen gewissen Platz, wo ich, in meinen Mantel gewickelt, eher eintraf als er, der auch nicht ausblieb und, wenn er schon verwundert über die Bestellung gewesen war, sich noch mehr über den verwunderte, den er am Platze fand. Die Freude war dem Erstaunen gleich, an Beredung und Beratung war nicht zu denken; er wünschte mir Glück zur italienischen Reise, wir schieden, und den andern Tag sah ich mich schon bei guter Zeit an der Bergstraße.

Daß ich mich nach Heidelberg begab, dazu hatte ich mehrere Ursachen: eine verständige, denn ich hatte gehört, der weimarische Freund würde von Karlsruhe über Heidelberg kommen;

und sogleich gab ich, angelangt, auf der Post ein Billett ab, das man einem auf bezeichnete Weise durchreisenden Kavalier einhändigen sollte; die zweite Ursache war leidenschaftlich und bezog sich auf mein früheres Verhältnis zu Lili. Demoiselle Delph nämlich, welche die Vertraute unserer Neigung, ja die Vermittlerin einer ernstlichen Verbindung bei den Eltern gewesen war, wohnte daselbst, und ich schätzte mir es für das größte Glück, ehe ich Deutschland verließ, noch einmal jene glücklichen Zeiten mit einer werten geduldigen und nachsichtigen Freundin durchschwätzen zu können.

Ich ward wohl empfangen und in manche Familie eingeführt, wie ich mir denn in dem Hause des Oberforstmeisters von W . . . sehr wohlgefiel. Die Eltern waren anständig behagliche Personen, die eine Tochter ähnelte Friedriken. Es war gerade die Zeit der Weinlese, das Wetter schön, und alle die elsassischen Gefühle lebten in dem schönen Rhein- und Neckartale in mir wieder auf. Ich hatte diese Zeit an mir und andern Wunderliches erlebt, aber es war noch alles im Werden, kein Resultat des Lebens hatte sich in mir hervorgetan, und das Unendliche, was ich gewahrt hatte, verwirrte mich vielmehr. Aber in Gesellschaft war ich noch wie sonst, ja vielleicht gefälliger und unterhaltender. Hier unter diesem freien Himmel, unter den frohen Menschen suchte ich die alten Spiele wieder auf, die der Jugend immer neu und reizend bleiben. Eine frühere, noch nicht erloschene Liebe im Herzen, erregte ich Anteil, ohne es zu wollen, auch wenn ich sie verschwieg, und so ward ich auch in diesem Kreise bald einheimisch, ja notwendig und vergaß, daß ich nach ein paar verschwätzten Abenden meine Reise fortzusetzen den Plan hatte.

Demoiselle Delph war eine von den Personen, die, ohne gerade intrigant zu sein, immer ein Geschäft haben, andere beschäftigen und bald diese, bald jene Zwecke durchführen wollen. Sie hatte eine tüchtige Freundschaft zu mir gefaßt und konnte mich um so eher verleiten, länger zu verweilen, da ich in ihrem

ANSICHT VON WEIMAR

»Der Wagen stand vor der Tür; aufgepackt war; der Postillon ließ das
gewöhnliche Zeichen der Ungeduld erschallen; ich riß mich los...:
›Wie von unsichtbaren Geistern gepeitscht, gehen die Sonnenpferde
der Zeit mit unsers Schicksals leichtem Wagen durch, und uns bleibt
nichts, als mutig gefaßt die Zügel festzuhalten und bald rechts, bald
links, vom Steine hier, vom Sturze da, die Räder wegzulenken. Wohin
es geht, wer weiß es?...‹«

Hause wohnte, wo sie meinem Dableiben allerlei Vergnügliches vorhalten und meiner Abreise allerlei Hindernisse in den Weg legen konnte. Wenn ich das Gespräch auf Lili lenken wollte, war sie nicht so gefällig und teilnehmend, wie ich gehofft hatte. Sie lobte vielmehr unsern beiderseitigen Vorsatz, uns unter den bewandten Umständen zu trennen, und behauptete, man müsse sich in das Unvermeidliche ergeben, das Unmögliche aus dem Sinne schlagen und sich nach einem neuen Lebensinteresse umsehn. Planvoll, wie sie war, hatte sie dies nicht dem Zufall überlassen wollen, sondern sich schon zu meinem künftigen Unterkommen einen Entwurf gebildet, aus dem ich nun wohl sah, daß ihre letzte Einladung nach Heidelberg nicht so absichtslos gewesen, als es schien.

Kurfürst Karl Theodor nämlich, der für die Künste und Wissenschaften so viel getan, residierte noch zu Mannheim, und gerade weil der Hof katholisch, das Land aber protestantisch war, so hatte die letztere Partei alle Ursache, sich durch rüstige und hoffnungsvolle Männer zu verstärken. Nun sollte ich in Gottes Namen nach Italien gehn und dort meine Einsichten in dem Kunstfach ausbilden; indessen wolle man für mich arbeiten, es werde sich bei meiner Rückkunft ausweisen, ob die aufkeimende Neigung der Fräulein von W . . . gewachsen oder erloschen und ob es rätlich sei, durch die Verbindung mit einer angesehenen Familie mich und mein Glück in einem neuen Vaterlande zu begründen.

Dieses alles lehnte ich zwar nicht ab, allein mein planloses Wesen konnte sich mit der Planmäßigkeit meiner Freundin nicht ganz vereinigen; ich genoß das Wohlwollen des Augenblicks, Lilis Bild schwebte mir wachend und träumend vor und mischte sich in alles andre, was mir hätte gefallen oder mich zerstreuen können. Nun rief ich mir aber den Ernst meines großen Reiseunternehmens vor die Seele und beschloß, auf eine sanfte und artige Weise mich loszulösen und in einigen Tagen meinen Weg weiter fortzusetzen.

Bis tief in die Nacht hinein hatte Demoiselle Delph mir ihre Pläne und was man für mich zu tun willens war, im einzelnen dargestellt, und ich konnte nicht anders als dankbar solche Gesinnungen verehren, obgleich die Absicht eines gewissen Kreises, sich durch mich und meine mögliche Gunst bei Hofe zu verstärken, nicht ganz zu verkennen war. Wir trennten uns erst gegen eins. Ich hatte nicht lange, aber tief geschlafen, als das Horn eines Postillons mich weckte, der reitend vor dem Hause hielt. Bald darauf erschien Demoiselle Delph mit einem Licht und Brief in den Händen und trat vor mein Lager. ›Da haben wirs!‹ rief sie aus. ›Lesen Sie, sagen Sie mir, was es ist. Gewiß kommt es von den Weimarischen. Ist es eine Einladung, so folgen Sie ihr nicht und erinnern sich an unsre Gespräche.‹ Ich bat sie um das Licht und um eine Viertelstunde Einsamkeit. Sie verließ mich ungern. Ohne den Brief zu eröffnen, sah ich eine Weile vor mich hin. Die Stafette kam von Frankfurt, ich kannte Siegel und Hand; der Freund war also dort angekommen; er lud mich ein, und der Unglaube und Ungewißheit hatten uns übereilt. Warum sollte man nicht in einem ruhigen bürgerlichen Zustande auf einen sicher angekündigten Mann warten, dessen Reise durch so manche Zufälle verspätet werden konnte? Es fiel mir wie Schuppen von den Augen. Alle vorhergegangene Güte, Gnade, Zutrauen stellte sich mir lebhaft wieder vor, ich schämte mich fast meines wunderlichen Seitensprungs. Nun eröffnete ich den Brief, und alles war ganz natürlich zugegangen. Mein ausgebliebener Geleitsmann hatte auf den neuen Wagen, der von Straßburg kommen sollte, Tag für Tag, Stunde für Stunde, wie wir auf ihn geharrt; war alsdann Geschäfts wegen über Mannheim nach Frankfurt gegangen und hatte dort zu seinem Schreck mich nicht gefunden. Durch eine Stafette sendete er gleich das eilige Blatt ab, worin er voraussetzte, daß ich sofort nach aufgeklärtem Irrtum zurückkehren und ihm nicht die Beschämung bereiten wolle, ohne mich in Weimar anzukommen.

Sosehr sich auch mein Verstand und Gemüt gleich auf diese Seite neigte, so fehlte es doch meiner neuen Richtung auch nicht an einem bedeutenden Gegengewicht. Mein Vater hatte mir einen gar hübschen Reiseplan aufgesetzt, und mir eine kleine Bibliothek mitgegeben, durch die ich mich vorbereiten und an Ort und Stelle leiten könnte. In müßigen Stunden hatte ich bisher keine andere Unterhaltung gehabt, sogar auf meiner letzten kleinen Reise im Wagen nichts anderes gedacht. Jene herrlichen Gegenstände, die ich von Jugend auf durch Erzählung und Nachbildung aller Art kennengelernt, sammelten sich vor meiner Seele, und ich kannte nichts Erwünschteres, als mich ihnen zu nähern, indem ich mich entschieden von Lili entfernte.

Ich hatte mich indes angezogen und ging in der Stube auf und ab. Meine ernste Wirtin trat herein. ›Was soll ich hoffen?‹ rief sie aus. Meine Beste, sagte ich, reden Sie mir nichts ein, ich bin entschlossen, zurückzukehren; die Gründe habe ich selbst bei mir abgewogen, sie zu wiederholen würde nichts fruchten. Der Entschluß am Ende muß gefaßt werden, und wer soll ihn fassen als der, den er zuletzt angeht?

Ich war bewegt, sie auch, und es gab eine heftige Szene, die ich dadurch endigte, daß ich meinem Burschen befahl, Post zu bestellen. Vergebens bat ich meine Wirtin, sich zu beruhigen und den scherzhaften Abschied, den ich gestern abend bei der Gesellschaft genommen hatte, in einen wahren zu verwandeln; zu bedenken, daß es nur auf einen Besuch, auf eine Aufwartung für kurze Zeit angesehn sei; daß meine italienische Reise nicht aufgehoben, meine Rückkehr hierher nicht abgeschnitten sei. Sie wollte von nichts wissen und beunruhigte den schon Bewegten noch immer mehr. Der Wagen stand vor der Tür; aufgepackt war; der Postillon ließ das gewöhnliche Zeichen der Ungeduld erschallen; ich riß mich los; sie wollte mich noch nicht fahren lassen und brachte künstlich genug die Argumente der Gegenwart alle vor, so daß ich endlich leidenschaftlich und begeistert die Worte Egmonts ausrief:

›Kind, Kind! nicht weiter! Wie von unsichtbaren Geistern gepeitscht, gehen die Sonnenpferde der Zeit mit unsers Schicksals leichtem Wagen durch, und uns bleibt nichts, als mutig gefaßt die Zügel festzuhalten und bald rechts, bald links, vom Steine hier, vom Sturze da, die Räder wegzulenken. Wohin es geht, wer weiß es? Erinnert es sich doch kaum, woher es kam.‹

GOETHE

Goethe. Getuschte Silhouette aus der Nicolaischen Sammlung, um
1775. (Goethe-Museum Düsseldorf)

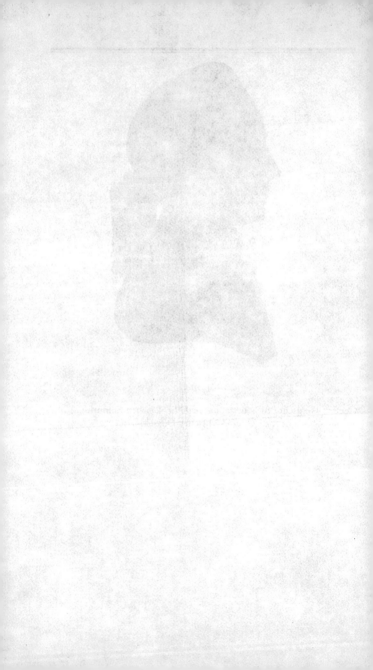

ANHANG

ERLÄUTERUNGEN
DICHTUNG UND WAHRHEIT

Mit »Dichtung und Wahrheit« erreicht die Geschichte der Autobiographie ihren Höhepunkt. Ein Dichter von höchstem Rang konnte eine reiche Tradition aufnehmen, gab ihr aber in souveräner Weise in seinem Werke eine Gestaltung, wie sie seiner Zeit und dem eigenen Denken und Sein entsprach.

Nach noch wenig ausgeprägten Anfängen war in der Spätantike in den »Confessiones« des Augustin aus religiösem Erleben ein erstes, unabsehbar wirkendes Werk über das eigene Ich entstanden. Gott und die zu Gott hin geschaffene Seele sind in ihm Grund der bewegten Fragen, der philosophischen Spekulationen und hymnischen Erhebungen. Die mittelalterliche Mystik setzte diese Art, über das eigene, auf Gott bezogene Ich zu sprechen, fort. Ebenfalls aus religiösem Erleben erwachsend, entwickelte sich in der pietistischen Bewegung des 18. Jahrhunderts aus peinlich genauer Gewissenserforschung eine sorgfältige Selbstbeobachtung und führte zu einem reichen autobiographischen Schrifttum.

Eine grundsätzlich andere Art, über sich selbst zu berichten, bildete sich in der Renaissance aus. Der autonom gewordene Mensch fühlte Bedeutung genug in sich, um der Nachwelt ein Bild von der eigenen Person und den vollbrachten Leistungen zu überliefern. Nicht die Seele in ihrem Verhältnis zu Gott ist Grund und Inhalt der Selbstaussagen, sondern das Leben in der Welt.

Zu Goethes Lebzeiten brachten dann Rousseau in seinen »Confessions«, die »einen Menschen zeigen in der ganzen Wahrheit der Natur«, und Karl Philipp Moritz in seinem autobiographischen Roman »Anton Reiser«, einem Werk, das in genauer psychologischer Beobachtung die Entwicklung eines jungen Menschen darstellt, einen modernen subjektivistischen Zug in die Autobiographie.

Goethe kannte viele Autobiographien und besaß für die Gattung ein starkes Interesse. Er übersetzte die Lebensbeschreibung des Benvenuto Cellini und nahm sie in seine eigenen Werke auf. Seinen Straßburger Jugendfreund Jung-Stilling forderte er zur Niederschrift von dessen Jugenderlebnissen auf und gab selbst den ersten Teil des Werkes heraus. Die »Bekenntnisse einer schönen Seele« im 6. Buch von »Wilhelm Meisters Lehrjahre« zeigen die Vertrautheit des Dichters mit dem autobiographischen Schrifttum der pietistischen Kreise.

Bei der Abfassung der eigenen Lebensbeschreibung folgte Goethe in einzelnen Motiven der autobiographischen Tradition, im ganzen aber ging er seinen eigenen, ihm gemäßen Weg. Überhaupt war Goethe lange Zeit einer derartigen Arbeit abgeneigt, weil ihn Dichtung, Wissenschaft und tätiges Leben beanspruchten. Vieles mußte zusammenwirken, bis der Plan einer Biographie reif erschien. In den schweren napoleonischen Kriegsjahren, nach dem frühen Tode Schillers, überkam den alternden Dichter manchmal das Gefühl, die große Zeit sei nun vorbei. Er sah wohl auch, daß manche seiner Werke, von denen er eben, dem sechzigsten Jahr sich nähernd, eine neue umfassende Sammlung bei Cotta veranstaltete, der Erklärung aus ihrer Entstehung heraus bedurften, da sie teilweise bereits seinem eigenen Kunstbegriff fremd geworden waren. Die Lebensgeschichte sollte den besten Wegweiser zum Verständnis seines ganzen Schaffens und der darin wirkenden und sich wandelnden Persönlichkeit geben. Schließlich ließ ihn die Beschäftigung mit fremden Biographien daran denken, das auch für sich selbst zu tun, was er für andere tat.

Am 28. August 1808, als das neunundfünfzigste Jahr vollendet war, sprach er zum ersten Mal von dem Plan zu seiner Lebensgeschichte, der aber im Drang mannigfacher Arbeit vorerst vertagt wurde. Einen Monat später starb seine Mutter, und mit ihr schied die liebevollste und kenntnisreichste Zeugin seiner Kindheit.

Persönliche Erinnerungen an Kindheit und Jugend sind naturgemäß die Hauptquelle für die Darstellung. Vieles aus den ersten Kinderjahren brachte Bettina Brentano bei, die junge begeisterte Freundin der Frau Rat, die den Erzählungen der Mutter zugehört hatte und so durch ihre Aufzeichnungen die mütterlichen Berichte vergegenwärtigen helfen konnte. Überdies hatte Goethe manche Stätten der Jugendjahre später wiedergesehen und war mit vielen Personen in Verbindung geblieben. Dazu betrieb er bei der Abfassung von »Dichtung und Wahrheit« ein intensives Quellenstudium. Er vergewisserte sich in den einschlägigen Werken über die Personen und Ereignisse, die er in seine Lebensbeschreibung aufnehmen wollte, las viele Schriften aus der Zeit und über die Zeit und sah zugängliche Briefe und alte Papiere ein. Entscheidend blieb aber immer wieder das eigene Gedächtnis, auf das er sich in erstaunlicher Weise verlassen konnte. Besonders war ihm die Gabe eigen, die Eindrücke durch das Auge aufzunehmen und derartige bildhafte Erinnerungen anschaulich wiederzugeben. Charakteristisch dafür ist es, daß er bei der Schilderung von Personen in »Dichtung und Wahrheit« meist von einer Beschreibung der äußeren Gestalt ausgeht, die ihm stets lebhaft im Gedächtnis geblieben war.

Bei den Vorarbeiten ist Goethe sorgfältig und planmäßig verfahren. Am 11. Oktober 1809 legte er ein erstes Schema an, das chronologische

Aufzeichnungen von 1742 bis 1809 bot und dadurch zeigt, daß er den Plan der Lebensbeschreibung ursprünglich viel weiter gezogen hatte, als ihn die spätere Ausführung verwirklichte. Im Sommer 1810 schrieb er in Karlsbad ein zweites Schema. In beiden bietet er in knappen Worten den Grundriß des Ganzen und spricht stichwortartig rücksichtslose Wahrheit, ohne »Konfessionen« und ohne »Dichtung«. Ende des Jahres 1810 schreibt er: »Ich bin genötigt, in die Welt- und Literaturgeschichte zurückzugehen, und sehe mich selbst zum ersten Mal in den Verhältnissen, die auf mich gewirkt und auf die ich gewirkt habe; und dies gibt zu sonderbaren Reflexionen Anlaß.« So studiert er im Winter eine Reihe von literarischen Werken und beginnt Anfang 1811 mit der ersten Niederschrift. Er liest sie am Hofe einem auserwählten Kreise vor, ergänzt sie in einer zweiten Niederschrift nach den Quellen und in künstlerischer Einteilung und schließt sie im Juli ab. Im Oktober 1811 bereits kann der erste Teil, fünf Bücher umfassend, erscheinen. Ohne Pause geht er an den zweiten Teil, die Bücher sechs bis zehn, der die Erweiterung des Gesichtskreises von der Frankfurter Kindheit in die Welt nach Leipzig und Straßburg brachte. Er konnte im Oktober 1812 erscheinen. Der dritte Teil, bis Buch fünfzehn, die Geniezeit enthaltend, folgte im Mai 1814. Der vierte Teil wurde zwar auch in Angriff genommen und einige Abschnitte wie die Schilderung von Lilis Geburtstag 1816 niedergeschrieben, das Ganze aber erst im hohen Alter im Herbst 1831 abgeschlossen und nach Goethes Bestimmung erst nach seinem Tode als nachgelassene Gabe 1833 veröffentlicht. Dieses Stocken erklärt sich vornehmlich aus dem Zudrang neuer Aufgaben und der gebieterischen Rücksichtnahme auf noch lebende Persönlichkeiten.

Das endgültige Werk bietet ein hohes, partienweise meisterlich aufgebautes Kunstwerk dar, in einer planvoll durchgeführten Komposition.

Der erste Teil zeigt weniger die Welt, in der der Knabe lebte, als die Welt, die ihn früh bildete. Den ersten Kindheitseindrücken im Elternhaus folgen allgemeinere Ausblicke auf den Krieg zwischen Preußen und Österreich, unterbrochen durch das reizende Märchen vom neuen Paris, sodann das Erlebnis der Franzosen in Frankfurt und des Grafen Thoranc im Elternhause, was Gelegenheit bietet, von den Frankfurter Malern und den ersten Eindrücken des französischen Theaters zu sprechen. Wundervoll ist das laute, bunte Treiben der Kaiserkrönung mit Gretchens stillem und bänglichem Kreise verschränkt.

Der zweite Teil führt nach Leipzig und Straßburg. Die neuen Eindrücke haben etwas Wechselhaftes, Zufälliges, Ungewiß-Schweifendes. Die Wissenschaft an der Universität Leipzig bietet ihm wenig. Gellert ist nicht eine Persönlichkeit, die ihn zu fesseln weiß. Im Anschluß an ihn aber äußert sich Goethe bedeutungsvoll über die Bibel, den Protestantismus und die Lehre von den Sakramenten. Zu Beginn des siebenten Buches bringt er »die erste Literaturgeschichte, die mehr gibt als Namen, Buchtitel und Jahreszahlen«. Wichtig wird für ihn die Einführung in die Kunst durch Oeser. Nach der Rückkehr, in Frankfurt, werden die pietistisch-herrnhutischen Kreise um Fräulein von Klettenberg und die alchimistischen Studien von Bedeutung.

Den Schluß des zweiten Teils bildet die entscheidende Zeit in Straßburg, wo Goethe vom April 1770 bis Herbst 1771 blieb. Hier fand er sich selbst. Er erlebt die Landschaft des Rheins und des Elsaß, das Künstlerisch-Historische im Münster, den großen Anreger Herder mit seinen Hinweisen auf Bibel, Homer, Shakespeare, Ossian, Volkslied, Urpoesie, und vor allem trifft er Friederike Brion. Der ganze Zauber einer dichterisch vollendeten Darstellung lebt in der tragischen Sesenheimer Idylle, in der die Tatsachen freilich aus künstlerischen Gründen zeitlich etwas zurechtgeschoben sind. Dies empfindet man auch, ohne zu wissen, daß Goethe die Unheil verkündende Geschichte der Straßburger Tanzmeistertöchter vorschob und den ersten Besuch bei Friederike aus dem Herbst in den Frühling verlegte und Goldsmith' erst später gelesenen »Landpriester von Wakefield« vorwegnahm, als habe er die Gestalten dieses englischen Romans gleich danach in einer elsässischen Dorfpfarre leibhaft gefunden.

Straßburg ist einer der Höhepunkte des Werkes. Äußerlich reicht es bis in den dritten Teil hinüber, dessen elftes Buch noch ganz dort spielt. Dieser Teil zeigt die Kräfte auf, die Goethes Leben entscheidend bestimmen: Liebe, Leidenschaft, schöpferische Kraft. Er umfaßt Goethes Lebenszeit vom Herbst 1771 bis 1774 und spricht zum ersten Mal ausführlicher von seinem dichterischen Schaffen. Da ist der Hymnus auf Erwin von Steinbach und die deutsche Baukunst, da ist vor allem der »Götz« und der »Werther«, wobei freilich manches in der zeitlichen Wiedergabe ungenau ist. Da ist der »Ewige Jude«, »Prometheus«, »Mahomet«, die Künstlerdramen. Dazu treten in diesem Teil die herrlichen Charakteristiken von Hamann, Lavater, Basedow, Jung-Stilling, Lenz, Klinger und anderen.

Der vierte Teil, das letzte Frankfurter Jahr bis zur Übersiedlung nach Weimar darstellend, hat zum Mittelpunkt die Liebe zu Lili Schönemann, deren erstes Finden und schmerzvollen Abschied Goethe dichterisch ausgemalt hat, diese Liebe, die dem Achtzigjährigen noch die Strophen des Gedichts »Der Bräutigam« eingegeben hat. In engem

Zusammenhang mit diesem Hauptthema steht die Schweizer Reise. Die Beschäftigung mit Spinoza gibt ihm unter all den ihn bewegenden Gefühlen des Ahnungsvollen, Schicksalhaften, Unumgehbaren zwar eine gewisse Ruhe. Das Dämonische aber, »diese geheimnisvolle Stimme des Schicksals im eigenen Herzen«, treibt ihn wie Egmont vorwärts zu neuen Aufgaben, die das Leben ihm stellen wird. Goethe hat einmal gesagt: »Was fruchtbar ist, allein ist wahr.« In diesem Sinne soll die Autobiographie die Werke des Dichters begreiflich machen. Um der Nachwelt ein Bild seiner Zeit zu vermitteln, stellt er große Ereignisse und bedeutende Persönlichkeiten aus eigener Kenntnis dar. Nicht das Mißlungene will er herausstellen, sondern das Erreichte, den Wert des diesseitigen Lebens, die geistig-ethische Bildung. Irrwege werden zurückgedrängt. Er weiß sich in fremde Zustände und fremde Menschen einzufühlen, sie zu verstehen, und ist daher auch gegen ihm fremdartige Charaktere duldsam und begütigend, auch wo es später Zerwürfnisse gegeben hat. Offenes Zutrauen zu Menschen und Dingen flößte ihm eine Abneigung ein gegen Kritik, Satire und Karikatur.

Er war für ein tätiges Leben geboren, das in Gegenwart und Zukunft wirken sollte. Lebensbeichten lagen ihm fern. Selbstbeobachtung, Analyse der eigenen Gefühle, nur um diese zu sezieren, war gegen seine Natur. Er hatte eine Abneigung gegen Zerknirschung und Selbstquälerei, wie auch gegen unaufrichtige und beschönigende Nekrologe. Wohl aber hält er es für berechtigt, zurückzuschauen, um zu sehen, »wie weit er gekommen ist«, was künftig zu vermeiden, was noch zu leisten ist. »Gesundes Hineinblicken in sich selbst, ohne sich zu untergraben, nicht mit Wahn und Fabelei, sondern mit reinem Schauen in die unerforschliche Tiefe sich wagen«, das erscheint ihm als die Aufgabe einer Autobiographie. Dem dienen seine Tagebücher und die dichterischen Bekenntnisse.

Über die letzten geistigen und religiösen Meinungen, Anschauungen und Erlebnisse hat Goethe immer einen Schleier gezogen, er hat sie in einsamer Stille in sich getragen und zu anderen geschwiegen. Bei seiner »Scheu vor der Öffentlichkeit« vermeidet er es, sein Inneres vor aller Welt zu zeigen.

Den geistesgeschichtlichen Entwicklungen der eigenen Zeit, wie sie sich vor allem unter dem Einfluß seines Freundes Herder vollzogen, verdankt Goethe die Fähigkeit, die Ereignisse und Personen, auch die eigene, »historisch« zu sehen. Bei allem Vertrauen auf die gesetzmäßige, einmalige und einzigartige Entwicklung des eigenen Wesens weiß er von der Bedingtheit durch Zeit und Umstände. Daher soll sich, wer das eigene Leben darstellt, immer nur im Zusammenhang mit den Zeitereignissen und bedeutenden Männern sehen. Er soll darstellen: wie bin ich geworden, und wie habe ich auf andere gewirkt? »Denn dieses scheint die Hauptaufgabe der Biographie zu sein, den Menschen in seinen Zeitverhältnissen darzustellen, um zu zeigen, inwiefern ihm das Ganze widerstrebt, inwiefern es ihn begünstigt, wie er sich eine Welt- und Menschenansicht daraus gebildet und wie er sie, wenn er Künstler, Dichter, Schriftsteller ist, wieder nach außen abgespiegelt... ein jeder, nur zehn Jahre früher oder später geboren, dürfte, was seine eigene Bildung und die Wirkung nach außen betrifft, ein ganz anderer geworden sein.«

Goethe war bei der Darstellung seines Lebens auf historische Treue bedacht, zugleich aber war er sich auch der Unmöglichkeit bewußt, das Leben in seiner Tatsächlichkeit darzustellen. So kann er in den »Tag- und Jahresheften« sagen: »Ich hatte die Entwicklung eines bedeutend gewordenen Kindes, wie es sich unter gegebenen Umständen hervorgetan, aber doch wie sie im Allgemeinen dem Menschenkenner und dessen Einsichten gemäß wäre, darzustellen. In diesem Sinne nannt' ich bescheiden genug ein solches mit sorgfältiger Treue behandeltes Werk: Wahrheit und Dichtung, innigst überzeugt, daß der Mensch in der Gegenwart, ja vielmehr noch in der Erinnerung die Außenwelt nach seinen Eigenheiten bildend modele.« Den ursprünglichen Titel »Wahrheit und Dichtung« änderte er später des Wohlklanges wegen in »Dichtung und Wahrheit«. Das besagt nicht: teils Wahrheit, teils Dichtung, sondern bedeutet vielmehr eine künstlerisch gestaltete Wahrheit, ein Aufzeigen des Wesentlichen und nicht des Zufälligen, Auswahl und Verbindung des Zusammengehörenden und nicht des zufällig Zusammentreffenden. »Das Wiederbeleben einer jeden Vergangenheit ist also Dichterarbeit; seine Notwendigkeit rechtfertigt den Titel.«

Hier liegt der große dichterische Erfolg des Werkes: der ruhige Glanz der Kindheit, die flackernde Unruhe der Studentenzeit, das helle Licht der Straßburger Tage, die Wärme der Wetzlarer Epoche und schließlich die Weißglut jener Frankfurter Sturm- und Drangzeit, oft im Detail und in den berichteten Tatsachen kaum erkennbar, erscheint als Nachbild im Auge jedes empfänglichen Lesers und bestätigt die Hoffnung des Dichters, daß es ihm gelungen sei, das »eigentlich Grundwahre« seines Lebens, wie er es jetzt anschaute, in seiner Autobiographie hervortreten zu lassen. Es erscheint ihm als eine Grundwahrheit: »Der Mensch mag sich wenden, wohin er will, er mag unternehmen, was es auch sei, stets wird er auf jenen Weg wieder zurückkehren, den ihm die Natur einmal vorgezeichnet hat.«

876

Goethe war durchdrungen vom Eigenwert seiner Persönlichkeit, zugleich wußte er aber von den fördernden und hemmenden Einflüssen der Zeit und Umgebung, von den Kräften, die ihn bildeten. Da ist die Erziehung im Hause des Vaters, die Ausbildung in der Schule, bei Privatlehrern und auf der Universität. Wurde er dadurch entscheidend bestimmt? Goethe verneint es. Er hält vielmehr die eigene Arbeit an sich selbst für bedeutsamer als die von außen an ihn herangetragenen Bildungsfaktoren. Er erwägt die Lektüre seiner Frühzeit von den ersten Kinderbüchern an. Er betont sein frühes aufmerksames Beobachten der Natur, um zu erklären, wie er in der Erforschung und Verehrung der Natur auch in späteren Jahren seinen eigenen Weg gegangen ist. Er spricht von seinem wachsenden Interesse für die Kunst, vom Umbau des Elternhauses, den vom Grafen Thoranc beschäftigten Malern, den eigenen frühen Zeichenversuchen, den Studien bei Oeser, der Dresdener Galerie, dem »Koloß« des Straßburger Münsters, den Antiken zu Mannheim. Die Dichtung zur Zeit seiner Jugend nimmt einen breiten Raum ein, alle die Einwirkungen von Klopstock, Wieland, Lessing, Shakespeare – bis er dann zur eigenen Produktion gelangt. Vor allem ist es seine Stellung zur Religion, die das ganze Werk durchzieht: von der frühen Erschütterung des Knaben durch das Erdbeben von Lissabon, das den optimistischen Glauben an den allgütigen Gott ins Wanken brachte, über das Erlebnis der Bibel in den Patriarchengeschichten zu dem Offenbarungsglauben und der pietistischen Frömmigkeit des Herzens bis zur Beruhigung in einem pantheistischen Weltsinn, der von Ehrfurcht vor dem Göttlichen durchdrungen ist. In einem Schema hat er es knapp zusammengefaßt: »Aperçu, daß alles zuletzt ethisch ist.« In diesem Sinne stellt er das Werden des Menschen aus dem Angeborenen und vielfach Erlebten dar, wie es noch niemals bisher in einer Biographie in solchem Maße geschehen war.
Indem Goethe sich seiner Zeit einordnet, wird »Dichtung und Wahrheit« zu einem ungemeinen Geschichtswerk. Ist es allgemein ein Kennzeichen der großen Autobiographie, daß die Darstellung des eigenen Lebens zu einer Darstellung der Zeit wird, so hat das bei Goethe eine höhere Bedeutung, hat er doch wie kaum ein anderer auf die eigene Zeit gewirkt, so sehr, daß sie zu der seinen wurde, zur »Goethe-Zeit«.

Erster Teil

Das Motto: ein Vers des griechischen Lustspieldichters Menander: »Der nicht geschundene Mensch wird nicht erzogen.«

S. 9. Als Vorwort… der Brief eines Freundes: der Brief ist fingiert, inhaltlich entspricht er aber Vorstellungen, wie sie tatsächlich an den Dichter herangetragen wurden. – die zwölf Teile: Goethes Werke in 12 Bänden, Tübingen, Cotta, 1806–1808. – temporär: zeitbedingt. – verjährt: langjährig. – S. 10. aufregen: anregen. – S. 12. die halb poetische, halb historische Behandlung: vgl. den Titel.

Erstes Buch. S. 15. Konstellation: Stellung der Gestirne bei der Geburt. Ein beliebtes Motiv der Autobiographie ist hier symbolisch gestaltet. Der Glaube an ein schicksalhaftes Gesetz, nach dem der Mensch antritt, findet in Goethes Werken wiederholt Ausdruck. – Planetenstunde: Sonne und Mond galten den Astrologen auch als Planeten; jede Tagesstunde hat ihren herrschenden Planeten, daraus ergibt sich »seine Planetenstunde«. – Aspekt: Stellung der Planeten zueinander. – eine jüngere Schwester: Cornelia, geb. 7. Dezember 1750. – Geräms: Rahmenwerk, Gitterwerk. – S. 17. Vaters Mutter: Cornelia, geb. Walter. – S. 19. Piranesi: G. B. Piranesi (1707–1778), italienischer Kupferstecher, der 1756 ein Prachtwerk über römische Baudenkmäler herausgab. – S. 20. Solitario bosco ombroso: »Einsames schattiges Gehölz«, italienische Arie. Text von Metastasio, Musik von Corri. – Puppenspiel: vgl. Wilhelm Meisters Lehrjahre. – S. 23. Bartholomäuskirche: jetzt Dom; in ihm fanden die Kaiserkrönungen statt. – Pfarreisen: durch ein eisernes Gitter abschließbarer Fußweg an der Kirche. Die neue Kräm… die Zeil: Straßen Frankfurts. – der Nürnberger Hof: ursprünglich Herberge der Nürnberger Kaufleute. – Kompostell: hier war das kurmainzische Quartier. – das Braunfels: zu Goethes Zeit Sitz der Gesellschaft Frauenstein. – Gravschen Holzschnitt: Hans Grav aus Amsterdam, der den Frankfurter Stadtplan von 1552 in Holz geschnitten hat. – Zwinger: Raum zwischen der Stadtmauer und den Häusern. – S. 24. Der hinkende Teufel: Anspielung auf den 1707 erschienenen Roman »Le diable boiteux« von Le Sage. – Zeugherren: Verwalter des Zeugamtes. – S. 26. Goldene Bulle: die in Frankfurt aufbewahrte »Goldene Bulle« ist das von Kaiser Karl IV. 1356 gegebene Reichsgesetz; die »peinliche Halsgerichtsordnung« (Carolina) ist erst von Kaiser Karl V. erlassen. – Günther von Schwarzburg: war im Januar 1349 zum Gegenkaiser Karls IV. gewählt worden, starb aber schon im Juni desselben Jahres. – Konklave: Wahlkapelle. – S. 27. Gesperr: Gerümpel. – Krönung Karls VII.: 1742, die Franz' I.: 1745. – der Aachener Friede: beendete 1748 den Österreichischen Erbfolgekrieg; in der Schlacht bei Dettingen in Unterfranken, 1743, besiegten Österreicher und Engländer die für Karl VII. kämpfenden Franzosen. – S. 29. Geleitstag: Donnerstag nach Ägidi (1. Sept.). – Rezeß: Vertrag, Vergleich. – S. 30. Reichsstände: wer

auf dem Reichstag Sitz und Stimme hat. – Bartholomäimesse: nach
dem Bartholomäustag (24. August), also Herbstmesse. – Anstand: Ansehen, Würde. – S. 31. Prokurator: Anwalt. – Pommer: auch Bom-
mert, ein dumpf tönendes Blasinstrument; aus franz.: bombarde
(Donnerbüchse); ital.: bombarda. – S. 32. Räder-Albus: Weißpfennig
(8 Heller = 2 Kreuzer) mit dem mainzischen Rade als Prägung. –
Schwefelbrunnen: als Heilquelle benutzt. – gute Leute: Insassen des
Siechenhauses. – S. 34. holländische Ausgaben: besonders berühmt
sind die Ausgaben der Buchhändlerfamilie Elzevier. – elegantere Juris-
prudenz: die wissenschaftliche, nicht einseitig praktisch ausgerichtete.
– Keyßler und Nemeitz: Verfasser von Reiseberichten über Deutsch-
land und Italien aus dem 18. Jahrhundert. – S. 35. Rembrandt: seine
Malerei zeichnet sich besonders durch wirkungsvolle Behandlung von
Licht und Schatten aus. – Sachtleben: auch Zaftleeven (1609–1685),
Holländer, malte Bauernszenen, besonders aus Rheingegenden. – S.
35. Joh. Konr. Seekatz: (1719–1768), Hofmaler in Darmstadt, malte das
Goethesche Familienbild. – S. 38. Electa…: Ausgewählte Kapitel über
das Erbrecht. – S. 39. der gereimte angehende Lateiner: lateinisches
Lehrbuch in Gedächtnisversen »Liber memorialis Latinitatis probatae
et exercitae« (1724) vom Halleschen Professor Christoph Cellarius
(1638–1707). Von demselben eine »Erleichterte lateinische Gramma-
tik« (1724). – S. 40. Chrie: Aufsatz nach festem Schema. – Wetzlar: Sitz
des Reichskammergerichts; Regensburg: Sitz des Reichstages; Wien:
Kaiserstadt. – S. 41. Chrestomathie: Beispiel-, Mustersammlung. – S.
42. »Orbis pictus« des Amos Comenius: ein im 18. Jahrhundert sehr
beliebtes und verbreitetes Werk, erstmalig erschienen 1658, stellt in
Bildern, denen lateinische und deutsche Texte beigegeben sind, die
verschiedenen Wissensgebiete anschaulich dar. – Gottfrieds Chronik:
»Historische Chronica«, 1633 erschienen. – Acerra philologica: »Philo-
logisches Weihrauchkästchen«, Anthologie aus klassischen Schriftstellern; es gibt deren einige im 17. und 18. Jahrh. – die ovidischen Verwandlungen: die »Metamorphosen« des Ovid. – Fénelons Telemach:
»Télémaque« (1717); Neukirchs Übertragung erschien 1727–1739. –
Robinson Crusoe: von Daniel Defoe, erschienen 1719. – Insel Felsen-
burg: ein utopischer Roman unter dem Einfluß Defoes von Joh. Gottfr.
Schnabel (1690–1750), erschien 1731 ff. – Lord Anson: Georg Lord A.
(1697–1762) unternahm eine Reise um die Welt, besonders nach Peru
und den Philippinen, deren englische Darstellung 1749 ins Deutsche
übersetzt wurde. – S. 43. Der Verlag der Volksbücher befand sich in
Frankfurt bei Johann Spies. – Einimpfung: 1754 zuerst von einem Gen-
fer Arzt empfohlen. – S. 45. Bruder: Herman Jakob, der 1759 an den

Pocken starb. – S. 47. in Triplo: in drei Exemplaren. – Alkinous und Laertes: An König Alkinoos in Homers »Odyssee« erinnert der Großvater durch seine Amtswürde, an Laertes, den alten Vater des Odysseus, durch die Gartenarbeit und den Schutz der Hände. – Registrande: Eintragebuch. – Proponenden: Antragsteller. – S. 49. stören: stockern, stöbern. – S. 49. Zeltlein: kleine Süßigkeiten, Pastillen. – sich wissen: stolz sein, sich einer Sache bewußt sein. – eine zweite Tante: Anna Maria Starck, geb. Textor (1738–1794), seit 1756 mit dem Prediger Johann Jakob Starck verheiratet. – S. 51. Virgil: hat in seiner »Aeneis« die Einnahme Trojas erzählt. – S. 52. Stufen: Metallstufen.

Zweites Buch: S. 54. Karl VII.: aus bayrischem Hause, wurde von den Preußen unterstützt. – gemütlich: gemütvoll. – S. 55. tüschen: dämpfen, unterdrücken, vertuschen. – »Romeo und Julia«: Shakespeares Drama beginnt mit einem Zusammenstoß der Mannschaften zweier feindlicher Familien. – S. 57, die Franzosen Frankfurt besetzten: Januar 1759. – Proszenium: Vorbühne. – S. 59. Pylades: benannt nach dem treuen Freunde des Orest; vgl. Iphigenie. – S. 60. Der neue Paris: ist der Entstehung nach kein Knabenwerk, sondern ein Gebilde reifer Kunst vom Sommer 1811, mag Goethe auch den Stoff jahrelang mit sich herumgetragen haben. Zur Deutung: dem Götterliebling öffnet sich die Pforte zum prächtigen Garten der Dichtung; er springt über die goldene Brücke, kann aber die Schönen noch nicht gewinnen; ihn treibt vielmehr ein das eigene Spielzeug zerstörender kindischer Übermut zurück, und die kalten Wasserstrahlen der Wirklichkeit kühlen ihn ab. Doch ein Götterliebling bleibt er: die zertrümmerten Figürchen beleben sich ihm, dem Wächter erstirbt das Scheltwort auf den Lippen; das Pförtchen wird sich dereinst auftun, er soll dann den drei Holden würdige Gatten zuführen und selbst der schöpferischen Einbildungskraft sich verbinden. Ein heiterer Glaube an den Dichterberuf und eine entsagende Gewißheit einsamer Größe sind beisammen in diesem bunten sinnvollen Märchenspiel. – Sarsche: leichtes Atlasgewebe aus Seide oder Wolle. – Berkan: Wollstoff (Barakan). – Ballett: Einfassung der Knopflöcher. – Merkur: der Götterbote. – S. 63. Tritonen: Meergötter. – Paris: der trojanische Königssohn, der einst den Apfel der Eris der schönsten unter den drei Göttinnen zu geben hatte. – Narziß: der schöne Jüngling der Sage, der sich in sein eigenes Spiegelbild verliebte. – S. 64. Partisane: Spieß mit Seitenzacken. – S. 68. Alerte: die Muntere. – Sylphide: Luftgeist. – S. 70. Königin der Amazonen: Penthesilea, die mit ihren kriegerischen Jungfrauen gegen die Griechen vor Troja, persönlich gegen den jungen Helden Achill kämpfte. – S. 71.

Centaurinnen: insofern, als auch hier, wie beim Zentaur, Mensch und Pferd eine unzertrennliche Einheit bilden. – S. 74. Kragstein: aus der Wand ragender Stein. – S. 79. wie der Pfau auf seine Füße: der prachtstrotzende Pfau wird nach mittelalterlichem Bilde durch seine häßlichen Füße zur Demut gemahnt. – Großvater väterlicher Seite: Friedrich Georg Goethe (1658–1730), Gastwirt in Frankfurt. – S. 80. Friedberg: Stadt in der Wetterau, nördlich von Frankfurt. – S. 81. von gleichem Alter: unrichtig, siehe Personenverzeichnis. – S. 83. Begebenheiten: Schlachten bei Prag, Kolin, Großjägerndorf, Roßbach, Leuthen; dazwischen Einfall der Russen, Franzosen, Schweden; Eroberung Berlins. – S. 84. Drei Religionen: lutherische, reformierte und katholische. Die Juden bildeten eine Welt für sich. – Emolument: Vorteil, Einkommen. – Ballotage: Abstimmung durch schwarze und weiße Kugeln (Bälle). – Auch von dieser Seite von dem Rate ausgeschlossen: wer Verwandte im Rat hatte, verlor die Anwartschaft auf die führenden Ämter. – S. 86. Voltaire: mußte 1753 Preußen verlassen. Er wurde in Frankfurt festgehalten, bis er widerrechtlich mitgenommene Gedichte des Königs zurückgegeben hatte. – Requisition: Ersuchen, Begehren. – preußischer Resident: diplomatischer Vertreter Preußens. – S. 87. die sogenannte Frankfurter Reformation: Sammlung von Statuten und Gewohnheitsrechten; 1509 zuerst erschienen, 1611 erweitert. – S. 88. vaterländisch: Frankfurt, die Vaterstadt, betreffend. – Senckenbergische Familie: der Vater Johann Hartmann S. (1655–1730) war Arzt in Frankfurt; der älteste Sohn Heinrich Christian (1704–1768) war Jurist und später Reichshofrat in Wien; der zweite (bei Goethe dritter) Johann Christian (1707–1772) Arzt in Frankfurt und Begründer des Senckenbergischen Institutes, der dritte (bei Goethe zweiter) Johann Erasmus (1717–1795) Rechtsanwalt in Frankfurt. – S. 89. rabulistisch: spitzfindig. – anatomisches Theater: Hörsaal der Anatomie. – S. 90. Debitkommission: Schuldenausschuß. – Karl Friedrich von Moser: sein »Herr und Diener« (1759) stellt das Ideal eines Staates auf. »Daniel in der Löwengrube« (1763) ist ein Heldengedicht in Prosa, die »Reliquien« (1766) sind eine Aufsatzsammlung. – S. 91. Befreites Jerusalem: Tassos »Befreites Jerusalem«, 1744 von Kopp übersetzt. – einschwärzen: heimlich hereinbringen, hereinschmuggeln. – Von Klopstocks »Messias« waren die ersten drei Gesänge 1748 erschienen. – S. 92. Proselyten machen: zum Glaubensübertritt veranlassen. – Portia: die Gemahlin des Pilatus. – Adramelech: ein gefallener Engel.

Drittes Buch. S. 94. Zinken: eine Art Blasinstrument. – S. 95. Graf Thoranc: Thoranc hatte Polizei- und Strafgewalt an der Spitze der französischen Heeresabteilung. – S. 97. Dolmetscher: Joh. Heinrich Diene aus Frankfurt. – S. 99. Herzog von Osuna: spanischer Vizekönig in Sizilien und Neapel (1579–1624), wegen seines beißenden Witzes gefürchtet. – S. 100. Grasse: Stadt in Südfrankreich. – S. 103. Alexandriner: sechsfüßiger jambischer Vers des französischen Dramas und Epos' mit Einschnitt (Zäsur) in der Mitte. – S. 104. Le Devin du village: Singspiel von J. J. Rousseau (1753). – Rose et Colas: Lustspiel von Sedaine (1764). – Annette et Lubin: Singspiel von Madame Favart (1762). – S. 106. Ligieren: dem Gegner die Waffe aus der Hand schlagen. – Proszenium: Plätze auf beiden Seiten der vordersten Bühne. – strack: straff aufgereckt. – S. 107. Diderot: sein Stück »Der Hausvater« wurde 1760 von Lessing übersetzt. – S. 109. Lauferschürzen: Laufburschenschürzen. – S. 110. Prinz Soubise: wurde am 5. Nov. 1757 bei Roßbach geschlagen. – S. 111. Bergen: Bei B. zwischen Hanau und Frankfurt fand die Schlacht am 13. April 1759 statt. – S. 112. Orakel: die Frommen holten sich gern Rat und Weissagung, indem sie mit Nadel oder Daumen (»däumelnd«) in die Bibel oder wie hier in Bogatzkys »Güldenes Schatzkästlein« stachen. – S. 113. Kollation: Imbiß. – S. 115. Reichsfeind: Friedrich der Große als Gegner der Kaiserin Maria Theresia. – S. 117. Pekingtapeten: Tapeten nach chinesischen Mustern. – S. 119. abstrus: schwer zugänglich. – Monseigneur: Titel des ältesten Bruders des Königs von Frankreich. – S. 120. Miß Sara Sampson: von Lessing (1755); erstes deutsches bürgerliches Trauerspiel. – der Kaufmann von London: »The London Merchant« von George Lillo (1731), fand in Deutschland großen Beifall und beeinflußte auch Lessings »Miß Sara Sampson«. – Schelmenstreiche Scapins: »Les fourberies de Scapin« (1671) von Molière. – S. 121. Danae: wurde von Zeus in Gestalt eines goldenen Regens besucht und gebar ihm Perseus. – Ovids Verwandlungen: siehe Anm. zu S. 42. – Pomeys Pantheon Mythicum: ein mythologisches Handbuch der französischen Jesuiten François-Antoine Pomey (1659). – S. 122. Pièce: Stück, Theaterstück. – Die drei Einheiten des Aristoteles: Einheit des Ortes, der Zeit und der Handlung. – wie der Knabe: in Goethes Parabel »Dilettant und Kritiker«. – S. 123. Corneilles Abhandlung über die drei Einheiten war 1660 erschienen, sein Cid 1635. – Racines Britannicus erschien 1669. – Kardinal: Richelieu (1585–1642). – S. 124. Bahne für Bahne: streifenweise. – S. 128. Westindien: Graf Thoranc ist vielmehr in Grasse gestorben.

Viertes Buch. S. 129. Kaiserliche Kommissionen: zur Erledigung von Schuldprozessen fürstlicher Häuser. – Zeichenmeister: Joh. Michael Eben (1716–1761). – S. 130. Qui pro quo: etwas (Falsches) für etwas

(Richtiges). – Affekten von Lebrun: Lebrun schrieb ein Werk mit kennzeichnenden Bildern von Leidenschaften und Gemütserregungen, wie Zorn, Freude usw. – S. 131. Applikatur: Fingersatz. – Humor: Stimmung. – S. 132. Claves: Tasten. – S. 133. bewaffneter Magnetstein: ein Magnet, der zur Erhaltung seiner Kraft mit einem Stück weichen Eisens versehen (armiert) ist. – S. 135. Zustand: feste Stellung. – Friedericischer Flügel: Flügel der Geraer Firma Friederici. – S. 139. Siegwart, Eine Klostergeschichte: rührseliger Liebesroman des Schwaben Joh. Martin Miller, erschienen 1777 im Gefolge von Goethes »Werther«. – Nestquackelchen: Nesthühnchen. – S. 140. barock: unförmig, seltsam. – übersetzt: aus dem Griechischen. – S. 141. Äsop: buckliger Fabeldichter der Griechen. – Chorrock und Perücke: die Amtstracht des geistlichen Rektors. – Translokation: Versetzung. – praemia: Belohnungen, Preise für gutes Betragen und Fleiß. – Scholarchen: Herren des Schulvorstandes. – S. 142. Einstand: Lehrgeld beim Eintritt. – S. 143. Stütze und Widerlage: fulcra lectionis, Lesestützen, Anhalt fürs Auge. – Kaiser, Könige und Herzoge: Hauptakzente im Hebräischen. – S. 144. Gibeon... Ajalon: vgl. Buch Josua 10, 12 f. – Inkongruenzen: Widersprüche. – S. 145. englisches Bibelwerk: Bibelerklärung nach englischen Autoren, aber von deutschen Theologen 1749–1770 zu Leipzig herausgegeben; bis 1760 waren neun Bände erschienen. – Im Exkurs über die biblische Urgeschichte folgt Goethe den Erzählungen des 1. Buch Mosis (Genesis). – S. 146. zwischen vier benannten Flüssen: Pison, Gihon, Hidekel, Phrath. – Elohim: der Form nach Mehrzahl, von Luther mit »Gott« übersetzt. – Der Name des ersten blieb: Phrath – Euphrat. – schien seinen Lauf zu bezeichnen: Hidekel – Tigris: gedeutet als »der Tiger« (wegen der Form seines Laufes) oder als »der Pfeil« (wegen seiner Schnelligkeit). – einen hohen Turm: Turm zu Babel. – S. 147. ein Stammvater: Abraham. – Lot: eigentlich Abrahams Neffe. – chaldäische Brüder: Abraham und Lot. – S. 148. Weichlinge und Frevler: gemeint sind die Einwohner von Sodom und Gomorrha. – S. 151. schwerste Prüfung: Opferung Isaaks. – eine natürliche allgemeine... eine besondere geoffenbarte: für das 18. Jahrhundert bezeichnende Unterscheidung zwischen vernunftgemäßer Naturreglion, die allen Menschen gemeinsam sei, und geoffenbarter Religion. – S. 156. eine Gattin, die er nicht liebt: Jakob hatte sieben Jahre um Rahel gedient. Laban führte ihm aber deren Schwester Lea zu. – S. 157. Verlust seines Sohnes Joseph: Jakob hielt Joseph, den seine Brüder verkauft hatten, für tot; er sah ihn erst in seinem hohen Alter wieder. – jenes Märchen: Der neue Paris. – S. 158. Klopstock: in seinem »Messias«. – Bodmer: schrieb mehrere biblische Epen. – Moser: vgl. Anm. zu S. 90. – S. 159. Inzidenzien: Zwischenhandlungen. – ein junger Mann: er hieß Clauer (1732–1796). – expedit: flink. – S. 160. Anakreontische Gedichte: unter dem Namen des griechischen Dichters Anakreon gehen spätgriechische kleine Lieder von Wein und Liebe in tändelnden Kurzzeilen, die im 18. Jahrhundert eifrig nachgeahmt wurden. – Elias Schlegel: die Zurückführung auf ihn ist ein Irrtum; nur im allgemeinen ist an Klopstocks Kreis zu denken. – Höllenfahrt Christi: »Poetische Gedanken über die Höllenfahrt Christi«, erschienen 1766. – S. 161. Ministeriums: der Frankfurter Geistlichen. – Marburg: vielmehr Rinteln. – S. 163. Bower: »Unparteiische Historie der Römischen Päpste«, deutsch 1751 bis 1779. – ein kleines Buch: »Examen institutionum imperialium« von Hoppe (1684). – Institutionen: Titel kurzgefaßter Rechtssysteme für Anfänger; besonders: Institutiones Justiniani, ein Teil des Corpus Juris. – Katechet… Katechumen: fragender Lehrer… befragter Schüler. – der kleine Struve: »Jurisprudentia Romano-Germanica forensis«, ein sehr beliebtes Lehrbuch, zuerst 1670 erschienen. – S. 165. Battieren: anschlagen; vorstoßen, um den Gegner zu einer Blöße zu verlocken; es handelt sich um Florettfechten. – Renegat: Abtrünniger. – Humor: Stimmung, Laune. – S. 166. wieder ruhiger: Februar 1763 zogen die Franzosen ab. – die Lersnersche Chronik: »Der Welt berühmten Freien Reichs-, Wahl- und Handelsstadt Frankfurt a. M. Chronica«. I. 1706, II. 1734. – S. 167. Fettmilch: Vincenz F. hatte 1616 einen Aufstand gemacht und war hingerichtet worden. – Ballotage: das Wählen mit Kugeln (Bällen). – S. 168. Anstalt: Veranstaltung. – Fischerfeld: abgelegene und vernachlässigte Anlagen, daher den Juden zugänglich, denen die meisten Spaziergänge der Stadt verboten waren. – S. 169. Verlag: Auflage, die vorhandenen Exemplare. – S. 172. Hubertusburg: wo 1763 der Frieden zwischen Preußen und Österreich geschlossen wurde. – Tischer: ältere Form für Tischler. – S. 176. Olenschlager: seine »Erläuterung der Goldenen Bulle Kaiser Karls IV.« erschien 1766. – S. 177. Aeneide: Aeneis des Vergil. – Metamorphosen: von Ovid. – »Omne regnum in se divisum…«: Jedes Reich, das in sich gespalten ist, geht zugrunde, denn seine Fürsten sind zu Genossen der Diebe geworden. – Canut: Trauerspiel (1747) von Joh. Elias Schlegel. – Britannicus: Trauerspiel von Racine. – S. 178. Timon: T. von Athen, Menschenfeind, Held eines nach ihm benannten Shakespeareschen Dramas. – Heautontimorumenos: Selbstquäler, Held eines Lustspiels von Terenz. – Saline: Salzbergwerk zu Soden am Taunus. – S. 179. oculis…: für die Augen, nicht für die Hände. – S. 180. Apprehension: Scheu, Abscheu. – Kalmank: gemustertes Wollzeug. – S. 181. Agrippa: A. von Nettesheim, »Über die Nichtigkeit der Wissenschaften« (1531).

– Timonischer Mentor: Lehrer von Timons menschenfeindlicher Art.

Fünftes Buch. S. 185. Knittelvers: alte Reimpaare mit vier Hebungen. – Madrigal: ursprünglich italienische Form; in der deutschen Dichtung eine freie Mischung längerer und kürzerer Verse. – Trivialschulen: niedere Schulen. – S. 186. Mystifikation: Täuschung, Fopperei. – läßlich: verzeihlich. – S. 189. mystifizieren: jemanden zum besten haben. – S. 191. Gemeines: Gewöhnliches, Alltägliches. – S. 193 Carmen: Gedicht. – S. 194. Beiläufer: Laufbursche. – S. 199. Wahlkapitulation: Vertrag über die Bedingungen, unter denen die Wahl zugesagt wird. – Diarien: Tagebücher. – S. 202. Kollegialtag: Zusammenkunftstag der Kurfürsten für die von ihnen vorzunehmende Kaiserwahl. – kurpfälzischer Sprengel: Stadtviertel, in welchem Kurpfalz Anspruch auf Quartierräume hatte. – S. 203. nachher: am 11. Februar. – S. 204. insinuieren: überreichen, aushändigen. – S. 205. Ratsverwandter: zum Rat gehörig. – Lersnersche Chronik: vgl. Anm. zu S. 134. – S. 206. Kollegialhandlungen: Verhandlungen des Kurfürstenkollegs bei der Wahl. – Wahlkapitulation: vgl. Anm. zu S. 161 – Monita: Mahnungen, Einwände. – Monenten: Mahner. – Präjudiz: Rechtsnachteil, Vorentscheidung. – kurfürstliche Bezirke: die den einzelnen Kurfürsten für ihre Quartiere zugewiesenen Stadtteile. – Rekurs: Berufung auf einen Höheren. – S. 207. Kurfürst von Mainz: seit 1763 Emmerich Joseph Freiherr von Breidbach. – Paraphrase: verdeutlichende Umschreibung; gemeint ist Lavaters »Jesus Messias oder die Zukunft des Herrn nach der Offenbarung Johannis« (1786), 19. Buch. – Kompostell: der Fronhof, das kurmainzische Reichsquartier. – S. 210. Abälard: der berühmte Scholastiker Abälard hatte ein Liebesverhältnis mit seiner Schülerin Heloise; mit der neuen meint Goethe den Liebhaber in Rousseaus Roman »Die neue Heloise«. – S. 211. Waldrappe: kostbare Satteldecke, Schabracke. – Allerheiligste: Konklave. – S. 212. Tedeum: der ambrosianische Lobgesang »Te Deum laudamus…«: Herr Gott, wir loben dich… – S. 213. Offiziant: Bedienter, Beamter. – S. 214. Heiduck: eigentlich Bezeichnung eines ungarischen Volksstammes, dann eines Bedienten in ungarischer Tracht. – S. 215. sahen: sahen aus. – Hatschiergarde: Leibwache des Kaisers, Bogenschütze, von franz.: archer; lat.: arcus. – galonieren: mit Tressen besetzen, verbrämen. – Kamisol: Westchen, Ärmeljacke. – S. 216. Kollation: Mahlzeit, Erfrischung. – der Friede: der Friede zu Aachen (1748). – S. 218. Landgraf von Darmstadt: Ludwig VIII.; 74 Jahre alt. – S. 219. Vorsprache: Fürsprache, Verwendung zugunsten jemandes. – S. 226. bahnenweise: streifenweise. – Menächmen: völlig gleiche Zwillingsbrüder in einem Lustspiel von Plautus. – S. 227.

Dalmatika: perlenbesetztes Obergewand von blauseidenem Stoff, zum Ornat hoher Geistlicher und zum Krönungsgewand der Kaiser gehörend. – Stola: breiter, kreuzweise gelegter Überschlag, durch eingewirkte goldene Adler verziert, ebenfalls zum priesterlichen Ornat gehörend. – Handquehle: Handtuch. – S. 229. Weinschröter: Weinverlader. – S. 231. anstandshalber: wegen Rangstreitigkeiten. – S. 232. Pagliasso: Bajazzo, Possenreißer. – S. 239. Kurverein: der 1338 zu Rhense gegründete Bund der Kurfürsten wurde neu beschworen.

Zweiter Teil

Zum Motto s. neuntes Buch S. 430.
Sechstes Buch. S. 245. allein auf die Akademie: gewöhnlich begleitete der Hofmeister seinen Zögling während der ersten Semester. – Mystifikation: Täuschung, Fopperei. – S. 248. kränkenden: krank machenden. – S. 249. Skeptiker: in der Antike eine philosophische Richtung, deren Anhänger an der Möglichkeit menschlicher Erkenntnis zweifeln und daher das eigene Urteil zurückhalten. – Orphische und Hesiodische Gesänge: nach dem mythischen Sänger Orpheus und dem Dichter Hesiod. – der kleine Brucker: (1747) Auszug aus einer umfangreichen Geschichte der Philosophie von Brucker. – S. 255. Drusenstein: ein dem römischen Feldherrn Drusus errichteter Gedenkstein. – S. 257. Richardsonschen Romane: »Clarissa« und »Pamela«, Briefromane, in denen feine Seelengemälde gegeben werden. – S. 260. Pfeilische Pension: s. S. 135–136. – S. 261. ein Freund: wahrscheinlich Bernhard Crespel (1747–1813), der Held in E. T. A. Hoffmanns Novelle »Rat Crespel«. – perorieren: nachdrücklich reden. – S. 264. Antistes: Obergeistlicher, Titel des Stadtpfarrers und Kirchenvorstehers bei den Reformierten in der Schweiz. – ite…: geht, die Gemeinde ist entlassen; Schluß der katholischen Messe. – S. 266. Proselyt: Neubekehrter. – scharmutzieren: Scharmützel liefern, kämpfen. – S. 267. Popes Lockenraub: (1712) behandelt in gehobener Sprache einen gewöhnlichen Stoff. – S. 268. Schlittenrecht: der Schlittenführer darf am Schluß der Fahrt seine Dame küssen. – S. 268. Walpurgisnacht von Löwen: (1756) zeigt u. a. Faust auf dem Blocksberg. – Renommiste von Zachariä: (1744) vgl. Anm. zu S. 283. – der kleine Hoppe: s. Anm. zu S. 163. – Institutionen: Lehrbuch des römischen Rechts. – Gesners Isagoge: eine Einführung in sämtliche Wissenschaften, 1756 zuerst erschienen. – Morhofs Polyhistor: eine systematische Darstellung aller Wissenschaften und ihrer Geschichte, Lübeck 1688–1692. – Redekunst: Rhetorik als Schulfach. – S. 270. Rigorist: strenger, unduldsamer Sittenlehrer. –

S. 272. Einstand: Eintritt in einen Dienst. – S. 274. Quäker: englische
Sekte. – S. 275. vaterländisch: heimatlich, mit der Vaterstadt verbunden. – Feuerkugel: Wahrzeichen eines Hauses zwischen Universitäts-
straße und Neumarkt. – S. 276. Parrhesie: Freimut, Offenheit. – S. 277.
eleganten Juristen: s. Anm. zu S. 34. – Reservation: Vorbehalt. –
S. 278. regulieren: einrichten, in Ordnung bringen. – Institutionen: vgl.
Anm. zu S. 163. – Gellerts Literaturgeschichte: er legte seiner Vorlesung ein Lehrbuch Stockhausens über Philosophie und schöne Wissenschaften zugrunde. – Praktikum: Stil- und Denkübungen an lateinischen und deutschen Ausarbeitungen. – Famuli: ältere Studenten, die
den Verkehr zwischen Professor und Studenten vermittelten, Gehilfen
eines Gelehrten. – Logik: diese Erfahrungen wirken in der Schüler-
szene des »Faust« nach. – Von dem Dinge: der unsichtbaren Substanz
(philosophischer Begriff). – Kräpfel: Pfannkuchen. – S. 279. Realitäten:
Realien, Naturwissenschaften, Geschichte, Altertümer und Kultur-
kunde, im Gegensatz zur reinen Philologie mehr praktische Wissenschaften. – fix: fertig, feststehend. – Einstand: Eintritt in einen Dienst,
Abgabe beim Eintritt, Lehrgeld. – equipieren: ausrüsten, ausstatten. –
S. 280. Sarsche: Gewebe aus Seide oder Wolle, franz.: »serge«. – S. 281.
Herr von Masuren: Hauptfigur in dem Lustspiel »Der poetische Dorf-
junker«. Das Stück wurde von Luise Adelgunde Gottsched nach Des-
touches »Le poète campagnard« bearbeitet (1741). – Idiom: Eigenheit
der Sprache, Mundart. – S. 282. vaterländisch: heimatlich (von Frankfurt her vertraut). – paralysieren: lähmen, hemmen. – S. 283. Zachariä:
Sein »Renommist« ist ein komisches Epos, in dem die Umwandlung
eines rohen Jenenser Studenten in einen galanten Leipziger Modejüng-
ling geschildert wird. – S. 284. Halbchaise: Halbkutsche, leichter Wagen. – Glacis: Promenade am Wall. – S. 285. Pikett, L'hombre: Karten-
spiele der guten Gesellschaft. – S. 286. Das Gottschedische Gewässer:
das Ansehen des frühere Jahrzehnte hindurch in der Literatur sehr
mächtigen Professors Gottsched lag damals schon darnieder. – Weiße:
Chr. F. Weißes »Poet nach der Mode« war ein Lustspiel, in dem Anhänger Klopstocks und Gottscheds verspottet wurden. – Parnaß: Apoll
und den Musen heiliges Gebirge in Mittelgriechenland; übertragen:
Reich der Dichtung. – S. 287. Jeremiaden: Klagelieder. – S. 288. Orator:
Der Redner, Titel einer Schrift Ciceros.

Siebentes Buch. S. 291. Idiom: Eigenheit der Sprache, Mundart. –
S. 294. Gottscheds »Kritische Dichtkunst« erschien 1730, die Breitin-
gers 1740. – Horazens Dichtkunst: De arte poetica. – Die Schweizer:
Joh. Jacob Bodmer (1698–1783) und Joh. Jacob Breitinger (1701–1776).

– Antagonist: Gegner, Nebenbuhler. – S. 296. König: von Königs Gedicht »August im Lager, ein Heldengedicht« erschien nur der erste Gesang, der das Lustlager bei Mühlberg behandelte. – S. 298. Hof- und Staatskalender: im 18. Jahrhundert gebräuchlich. Sie bringen in sorgfältiger Beachtung der Rangordnung ein Verzeichnis aller Persönlichkeiten, die mit dem Hof in Verbindung stehen. – Herzog Friedrich Eugen von Württemberg befehligte ein preußisches Dragonerregiment in Treptow an der Rega in Pommern. An Rousseau schrieb sein in französischen Diensten stehender Bruder Ludwig. – Rousseau: Si j'avais… Hätte ich das Unglück, als Prinz geboren zu sein. – S. 299. Brühl: eine Straße in Leipzig. – S. 300. Versuch über den Menschen: Popes »Essay on Man« erschien 1733. – Deismus: vernunftgemäße, natürliche Religion, im 17. und 18. Jahrh. in England gepflegt. – S. 301. Pfeils Roman: »Geschichte des Grafen P.« erschien 1755. – Gellerts »Schwedische Gräfin«: vielgelesener abenteuerlicher Roman, auch von Richardson beeinflußt. – Falstaff: Gestalt in Shakespeares Heinrich IV. – S. 302. Haller: berühmt besonders als Verfasser des Gedichts »Die Alpen«. – Ramler war vor allem Dichter von Oden. – Wieland schrieb Prosaromane und Verserzählungen. – prolix: weitschweifig. – S. 303. konzis: gedrängt, bündig, kurzgefaßt. – S. 304. Musarion: Versepos von Wieland, 1768. – Phanias-Timon: Gestalt in Wielands genanntem Werk. – »Allgemeine deutsche Bibliothek«: Nicolais bedeutende Zeitschrift, seit 1765. – S. 305. Übersetzung Shakespeares: Wieland übersetzte zweiundzwanzig Dramen Shakespeares (1762–66). – Jüdische Schäfergedichte: von P. A. von Breitenbauch, 1765. – Bodmers »Noah« erschien 1752. – Anakreontisches Gegängel: Leichte Lieder von Wein und Liebe im Stil Anakreons. – Gottscheds »Kritische Dichtkunst« erschien 1730. – S. 306. Lokat: Fach. – Wir besaßen… Virgile und Miltone: Anspielung auf die Mode, deutschen Dichtern die Namen großer Vorbilder beizulegen. – S. 307. natürliche Religion: s. Anm. zu S. 151. – Profanskribenten: Weltliche Schriftsteller gegenüber biblischen und kirchlichen. – S. 309. Konjekturen: Vermutungen, Berichtigungen einer verdorbenen Lesart. – Bengels »Erklärte Offenbarung Johannis« erschien 1740. – S. 310. Expedition: Ausfertigung. – barock: unförmig, seltsam. – S. 311. Die »Briefe, die neueste Literatur betreffend« (1759–66) wurden hauptsächlich von Lessing, Mendelssohn und Nicolai herausgegeben. – Die »Allgemeine deutsche Bibliothek« (1765 ff.) wurde von Nicolai, die »Bibliothek der schönen Wissenschaften« (1757–65) von Nicolai, Mendelssohn und Weiße herausgegeben. – S. 312. Apels Garten: Parkanlagen. – Annette: Anna Katharina Schönkopf. – S. 313. Epopöe: Heldengedicht. – Gleims »Preußische Kriegslieder von einem Grenadier« erschienen 1758. – Ramler besang die Taten Friedrichs des Großen. – S. 315. temporär: zeitbedingt. – Lessings »Minna von Barnhelm« erschien 1767 und wurde im November 1767 in Leipzig aufgeführt. – Lessing war von 1760 bis 1765 Sekretär des Generals Tauentzien. – S. 316. desultorisch: sprungweise verfahrend, flüchtig. – S. 317. Ännchen: Kätchen Schönkopf (Annette). – In Krügers Lustspiel »Herzog Michel« baut Knecht Michel auf den Kauf einer gefangenen Nachtigall Luftschlösser. – S. 319. Das andere Paar sind Goethes Freund Horn und Konstanze Breitkopf. – »Die Laune des Verliebten« und S. 320 »Die Mitschuldigen«: Jugenddramen Goethes, beide 1768 in Leipzig entstanden. – S. 321. Suite: lustiger, mutwilliger Streich. – Wirkungen seiner Figaros: im »Barbier von Sevilla« und in der »Hochzeit des Figaro«. – Der Wasserträger: Oper von Cherubini nach dem Text von Bouilly (1800). Graf Armand, auf dessen Kopf ein hoher Preis gesetzt ist, wird vom Wasserträger Micheli in einem Wasserfaß verborgen und so aus Paris gebracht. – S. 324. Akkomodation: Anpassung, Anbequemung. – S. 327. apokryphisch: ungewiß, untergeschoben. – Paraphrase: verdeutlichende Umschreibung. – S. 328. Barfüßerchor: in der Paulskirche (früher Barfüßerkirche). – S. 329. Mittelzeit: Mittelalter. – S. 330. Laissez…: Laßt ihn gewähren, er bildet Dumme für uns. – Nepotismus: Verwandtenbegünstigung. – S. 331. Der Kurfürst: es war vielmehr Prinz Heinrich von Preußen. – S. 333. attachieren: anhängen. – S. 334. ein allerliebstes Manuskript: es ist das lang verschollene Büchlein »Annette«, das sich jetzt in Weimar befindet. – sächsische Handschrift: steile Schriftzüge. – Vignette: dem Inhalt entsprechendes Verzierungsbild. – S. 336. Themis: Göttin des Rechts. – S. 337. Pantheon: Tempel aller Götter. – Luna: der Mond als Göttin. – S. 338. Parnaß: s. Anm. zu S. 286. – Päan: feierliches, altgriechisches Chorlied. – Hymettus: Berg bei Athen, berühmt durch seinen Honig. – S. 339. Kothurn: hochgeschnürter Halbstiefel der Schauspieler in der antiken Tragödie, übertragen für Tragödie. – Katakombe: Grab. – Torus: Ehebett. – Phalanx: Schlachtreihe. – Ballisten: Wurfgeschütze. – Medon: »Medon oder die Rache des Weisen« (1767). – S. 340. Cronegk und Rost: hatten Gottsched in Spottgedichten angegriffen. – S. 342. Erbprinz von Dessau: Leopold III., Fürst von Anhalt-Dessau (1740–1817). – S. 345. supplieren: ergänzen.

Achtes Buch. S. 346. Portefeuille: hier Zeichenmappe. – S. 347. Lazzaroni: Leute aus den niederen Volksklassen Neapels. – S. 349. Musarion: Verserzählung Wielands. – S. 350. »Das Leben der Maler« wurde 1767 von Joh. Jac. Vollmann übersetzt. – S. 353. nach Südosten: Griechenland, Italien. – Die Winklerschen und Richterschen Sammlungen: Kunstsammlungen Leipziger Kaufleute. – S. 354. Lessings »Laokoon oder über die Grenzen der Malerei und Poesie« erschien 1766. – ut pictura poesis: die Dichtung gleicht der Malerei (Horaz: De arte poetica, V., 361). – Schönheit jenes Gedankens: ausgeführt in Lessings Schrift »Wie die Alten den Tod gebildet« (1769). – Menächmen: Zwillinge, Ebenbilder. – S. 356. Hospitalitas: Gastfreundschaft, Gastfreiheit. – ablegen: an Kraft verlieren, versagen. – S. 357. Matrikel: Aufnahmeschein des Studenten (als Legitimation), Ausweis. – S. 358. in der äußeren Galerie: bei den Niederländern. – S. 359. Mystifikation: Fopperei, Täuschung. – S. 361. Die Antiken: Abgüsse plastischer Werke des Altertums. – S. 362. Mohrenstraße: richtig: Moritzstraße. – der Feind: Dresden war im Jahre 1760 von den Preußen belagert worden. – S. 363. Konjektur: Vermutung. – S. 364. gedruckt: Neue Lieder, in Melodien gesetzt von Bernh. Theod. Breitkopf, Leipzig, 1770. – Schwefelsamm lung: Sammlung von Gemmenabdrücken aus Schwefel. – unmustern: unpäßlich, unbehaglich. – S. 365. Ätzwasser... Grabstichel: die Zeichnung wurde auf der mit einer Fettschicht überzogenen Kupferplatte eingeritzt, diese dann in eine Säure gelegt, welche nur in die von Fett freigewordenen Linien der Zeichnung dringen und dort ätzend auf die Platte wirken konnte; die so in die Platte eingeätzte Zeichnung konnte danach mit dem Stichel oder der Nadel noch beliebig vertieft werden. – zwei Töchter: Minna und Dora Stock. – grundieren: mit der fetten Grundschicht versehen. – Weißanstreichen: weil die Fettschicht als Untergrund zum Zeichnen ungeeignet war, wurde sie noch mit Weiß überzogen. – S. 366. Druckerstock: Holzplatte mit der darauf geschnittenen Zeichnung. – Theaterstücke: Weißes und Hillers Opern waren »Lottchen am Hofe«, »Die Liebe auf dem Lande«, »Die Jagd«. – Winckelmann: der Neuschöpfer der Kunstgeschichte des Altertums hatte schon durch seine »Gedanken über die Nachahmung griechischer Werke« das Evangelium von der Schönheit, »Einfalt und Stille« dieser Bildwerke begeistert verkündigt. – S. 367. sibyllinisch: prophetisch, geheimnisvoll; Goethe denkt dabei an Hamann. – Klotzsche Händel: Lessing hatte in seinen »Briefen antiquarischen Inhalts« 1768 und 1769 Angriffe von Klotz scharf und schonungslos beantwortet. – Fürst von Dessau: Leopold Friedrich von Anhalt-Dessau. – Park: von Wörlitz. – exaltieren: spannen, entzücken, begeistern. – S. 368. Winckelmanns Tod: er wurde am 8. Juni 1768 in Triest ermordet. – S. 369. paralysieren: lähmen, hemmen. – S. 370. Assessor: Amt des Beisitzers, Beisitzerstelle. – S. 371. Weidicht: Weidengebüsch. – Deputat: besoldungsmäßiger Anteil in Naturalien. – S. 373. Glaukus und Diomedes: Glaukus tauscht in Homers »Ilias« seine goldene Rüstung gegen die erzene des Diomedes um. – S. 375. Proselyt: Neubekehrter. – Seelenkonzent: Einklang der Seelen. – peripatetisch: im Gehen philosophierend. – S. 376. Hauderer: Mietskutscher. – viele Jahre nachher: Schlacht bei Jena und Auerstädt (1806). – in Gotha: wo Goethe von Weimar aus oft als Gast des herzoglichen Hauses von Sachsen-Gotha und Altenburg weilte. – S. 377. indefinibel: unbestimmbar, unerklärlich. – S. 378. Koteriesprache: Geheimsprache, wie sie in kleineren Zirkeln zuweilen gebraucht wird. – Rotwelsch: Gauner- und Geheimsprache. – expedieren: beeilen. – S. 380. Rektor: Albrecht, s. S. 141. – Exkreszenz: Auswuchs. – hektisch: schwindsüchtig. – S. 381. Dispensation: Bereiten der Arzneien. – Digestiv: verdauungsförderndes Mittel. – Wellings »Opus mago-cabbalisticum et theosophicum« (1735) war ein mystisch-theosophisches Lehrbuch. – S. 382. inokulieren: einimpfen. – Neuplatonische Schule: ihre wichtigsten Vertreter sind Plotin (205–270) und seine Schüler; die Welt wird als ein aus Gott ausfließendes Stufenreich gesehen. – Aurea Catena Homeri: (Goldene Kette Homers), ein 1723 anonym erschienenes Werk; Verfasser ist wahrscheinlich der Physikus Anton Joseph Kirchweger (gest. 1746). Das Buch stellt den Zusammenhang aller Bereiche der Welt dar; sein Titel ist nach einem Bild in Homers Ilias gewählt. – S. 383. alkalisch: laugensalzig. – Windofen: kleiner, freistehender Schmelzofen. – Mittelsalz per se: Mittelsalz ist in der Alchemie ein Stoff zwischen der belebten und der unbelebten Welt, in der Chemie ein neutrales Salz. – Sandbad: ein erhitztes Gefäß mit Sand, auf dem Lösungen der Wärme ausgesetzt werden, bis sich feste Rückstände ergeben. – Makrokosmus und Mikrokosmus: der große und der kleine Organismus, die Welt und der Mensch. – S. 384. jungfräuliche Erde: ein Stoff, der zur Umwandlung von Metallen dienen soll. – Halbadept: halb Eingeweihter. – S. 389. Idiosynkrasie: Eigenheit der Empfindung, unwiderstehliche Neigung oder Abneigung. – endemisch: einheimisch, örtlich (von Krankheiten). – S. 390. diätetisch: gesundheitsmäßig. – sich substituieren: sich an jemandes Stelle setzen. – Autodafé: eig. Ketzerverbrennung. – S. 391. Der neue Platonismus: s. Anm. zu S. 381. – hermetisch: alchemisch, von Hermes Trismegistos, der als Vater der Alchemie galt. – Kabbalistisch: nach der Lehre der Kabbala, einer Geheimlehre der Juden. – S. 392. Filiation: Verbindung, Abstammung. – S. 393. Elohim: Gott (hebr.) eig. »Götter«, vgl. Anm. zu S. 146. – Äonen: Ewigkeiten. – supplieren: ergänzen.

Neuntes Buch. S. 394. Allgemeine deutsche Bibliothek: s. Anm. zu

S. 311. – Werke seiner zweiten… Epoche: gegenüber den Werken der »ersten Epoche« sinnenfroher und weltlich. – S. 396. ein bedenkliches Wort: »Es gibt mehr Dinge im Himmel und auf Erden, als eure Schulweisheit sich träumen läßt« (Hamlet, 1. Akt, 5. Auftritt). – Rezidiv: Rückfall. – S. 397. tuschen: vertuschen, ausgleichen. – S. 398. Diligence: Postkutsche. – Werder: Flußinsel. – S. 400. Räzel: vielleicht besser Rätzel, ein Mensch mit zusammengewachsenen Augenbrauen. – S. 401. Ludwigsritter: Inhaber eines von König Ludwig XIV. gestifteten Ordens. – Repetent: Wiederholungslehrer, Nachhelfer. – S. 402. Hoppe: siehe Anm. zu S. 163. – S. 403. supplieren: ergänzen. – S. 404. Marie Antoinette wurde im Mai 1770 dem Dauphin Ludwig zugeführt. – Büsel: kleines Geldstück. – nach Raffaels Kartonen gewirkte Teppiche: Wandteppiche in der Sixtinischen Kapelle nach R.s Entwürfen. – S. 405. Hautelisse: Teppich mit eingewirkten Bildern, Gobelin. – Jason: Medea, von Jason, dem sie beim Einfangen und Anschirren zweier feuerschnaubender Stiere geholfen hatte, treulos verlassen, nahm schreckliche Rache. Sie schenkte Kreusa, der Braut Jasons, ein Hochzeitskleid, in dem diese verbrannte. Dann tötete sie ihre eigenen Kinder aus der Verbindung mit Jason und fuhr in einem Drachenwagen davon. – S. 407. mystifizieren: foppen. – an einen Freund in Frankfurt: Horn. – jener Streich: Horn hatte das Gedicht »An den Kuchenbäcker Händel« erweiternd deutlicher auf Professor Clodius gemünzt und bekannt werden lassen, was den Angreifern des angesehenen Professors allgemeine Mißbilligung eintrug. – S. 409. Pupillenkollegium: Vormundschaftsbehörde. – perpetuierlich: beständig. – S. 411. Pikett: ein Kartenspiel unter zwei Personen. – Whist: englisches Kartenspiel. – statuieren: zugestehen. – Haartour: Perücke. – S. 417. Montgolfiere: Luftballon; die Gebrüder Montgolfier machten 1783 die ersten Versuche mit Luftballons, die Goethe sehr interessierten. – S. 418. Apprehension: Scheu, Abscheu. – S. 420. Vertreibung der Jesuiten: 1764 wurde der Jesuitenorden in Frankreich aufgehoben. – Face: Vorder-, Stirnseite. – Gegenteil: Gegenpartei. – S. 422. Suade: Redefluß. – S. 423. Büsel: Geldstück. – philippische Rede: Philippika, Strafpredigt, nach der berühmten Rede des Demosthenes gegen König Philipp von Makedonien. – S. 425. Mentor: Telemachs Erzieher. – S. 427. perpendikular: senkrecht. – S. 429. Unter Tadlern: der Spitzbogenstil gilt für geschmacklos, barbarisch. – S. 430. vindizieren: in Anspruch nehmen für jemanden. – Aufsatz: Von deutscher Baukunst; 1773 als Einzeldruck erschienen, dann im Sammelband »Von deutscher Art und Kunst«. – D. M.: Diis Manibus, dem seligen Geist; Anfang spätrömischer Grabinschriften. – S. 432. Kupferwerk: »Ansichten, Risse und

einzelne Teile des Doms zu Köln«, Goethe persönlich 1811 von
Boisserée vorgelegt. – S.433. Mittelzeit: Mittelalter. – S.434. Flûte
douce: kleine Flöte. – Pas de deux: Einzelpaartanz. – Gigue: Tanz-
musik im Tripeltakt. – Murki: Musikstück mit Oktavenbrechungen.
– S.435. Moitié: eigentlich Hälfte, Tanzpartnerin.

Zehntes Buch. S.443. Gildenmitglieder: wie die Meistersinger. – S.444.
Gemeinheit: Gemeinschaft. – S.445. erste Liebe: zu der Fanny seiner
Oden, zu seiner Kusine Sophie Schmidt in Langensalza. – Meta: die als
Cidli besungene Hamburgerin Meta Moller, die schon nach vierjähri-
ger Ehe 1758 starb. 1791 verheiratete sich Klopstock noch einmal. –
Staatsmann: Graf Bernstorff. – S.446. Die »dunkle«, d.h. wenig sicht-
bare Stelle war ein einträglicher Posten am Halberstädter Domstift. –
S.447. Briefwechsel: mit Jacobi, Klopstock, Heine u.a. – S.449. Haus-
freundes: des Rats Schneider. – S.451. Humor: Stimmung. – S.452.
Fragmente: »Über die neuere deutsche Literatur« (1767). – »Kritische
Wälder oder Betrachtungen, die Wissenschaft und Kunst des Schönen
betreffend« (1769). – Über den Ursprung der Sprache: Herders Ab-
handlung erschien 1772, Süßmilchs »Beweis, daß der Ursprung der
menschlichen Sprache göttlich sei«, 1766. – S.453. krude: roh. –
L'hombre: ein Kartenspiel für drei Personen. – S.455. Invektive:
Schmährede. – S.457. vorzügliches Frauenzimmer in Darmstadt: Ca-
roline Flachsland, die spätere Gattin Herders. – kostbar: kostspielig. –
S.458. Lessing: in der Fabel »Der Knabe und die Schlange«. – S.460.
Ovids »Metamorphosen«: »Verwandlungen« von Menschen und
Göttern. – S.462. exaltiert: angeregt, in erhöhter Stimmung. – S.463.
Zaberner Steige: im 18. Jahrhundert angelegter Gebirgspaß. – S.464.
dem Landgrafen von Darmstadt gehörig: bis zur Revolution behielten
die deutschen Fürsten ihre Rechte und Besitzungen im Elsaß der
Hauptsache nach. – S.465. abduften: sich im Dunst verlieren, undeutlich werden im Dunst. – die schwäbischen Gebirge: der Schwarzwald.
– S.466. Westreich: hieß die Saargegend im Westen der Vogesen. –
S.467. Abschroten: abschneiden, mit scharfen Werkzeugen weghauen. –
der verstorbene Fürst: Friedrich Wilhelm Heinrich von Nassau-Saar-
brücken (1718–1768). – der gegenwärtige: Ludwig von Nassau-Saar-
brücken (1745–1794). – S.468. Klamme: Schlucht, enges Tal. – Klun-
sen: Spalten. – S.469. Hohle: Hohlweg. – Philosophus per ignem: Feu-
erphilosoph; Bezeichnung für Alchemisten und Chemiker. – S.470.
Adept: Eingeweihter. – S.471. Parforcepferd: Rennpferd. – S.472. Es-
planade: freier, ebener Platz. – S.474. Sesenheim: Goethe ritt nicht von
der Lothringer Reise direkt nach Sesenheim, das er damals noch nicht

kannte. – Landpriester…: der Roman von Oliver Goldsmith war 1767 verdeutscht worden. – S. 477. einbildisch: eingebildet. – Olivie, Sophie, Moses: Kinder des Pfarrers Primrose in Goldsmith' Roman. – Burchell: der zuerst »verkappt« auftretende Lord in dem Roman. – S. 479. Daß Jupiter…: der oberste Gott kehrte, wie Ovids »Verwandlungen« erzählen, bei Philemon und Baucis, einem gastfreien ländlichen Ehepaar, ein; das Jagdabenteuer des französischen Königs Heinrich IV. war durch ein neues Singspiel (Weißes »Jagd«) berühmt. – S. 480. lateinischer Reiter: berittener Stubengelehrter. – S. 488. insinuieren: sich einschmeicheln, sich angenehm machen. – S. 489. Kreditiv: Beglaubigungszeugnis. – S. 494. enttäuschen: der Täuschung entheben. – S. 496. Pekesche: Pelzüberrock, Schnürrock. – S. 498. Gall: bestimmte den Charakter aus der Schädelform.

Dritter Teil

Das Motto: steht in alten Sprichwörtersammlungen und in Luthers Tischreden.
Elftes Buch. S. 501. Das Gemeine: Das Alltägliche, Gewöhnliche. – S. 503. hippokratische Verfahrensart: nach der Art des griechischen Arztes Hippokrates. – S. 506. jenes leidenschaftliche Mädchen: die Tochter des Tanzmeisters. – S. 507. Kollation: Imbiß. – S. 511. Brouillon: Entwurf im Unreinen, Kladde. – S. 512. Allemande: deutscher Rundtanz in Einzelpaaren. – S. 513. Gesundheiten: das Trinken auf jemandes »Gesundheit«. – S. 514. gemeinen Zustand: gewöhnlichen, alltäglichen Zustand. – S. 515. Raymond: Gatte der Melusine. – S. 517. Urselblandine: heißt die Braut Hanswursts in Goethes derber Farce »Hanswursts Hochzeit«. – S. 518. manche Lieder: Goethe hat nur zwei Lieder aus dem Gedächtnis hergestellt und drucken lassen: »Willkommen und Abschied« und »Mit einem gemalten Band«, die anderen sind nach seinem Tode aus nun längst verschollenen Urhandschriften und Abschriften bekanntgeworden. – S. 520. Chaise: leichter Wagen. – staffieren: verzieren, besetzen. – S. 521. Richtung: Richtfest. – S. 523. Hamlet: Goethe las Shakespeares Hamlet in Wielands Prosaübersetzung vor. – S. 525. Disputation: hier soviel wie Dissertation, sonst öffentliche Verteidigung von aufgestellten Sätzen. – Leyser: hat die römischen »Pandekten«, den großen Auszug aus Rechtsbüchern, erläutert. – Rechtstopik: Sammlung aller Gesichtspunkte. – Kollektaneen: Notizsammlung. – S. 526. Theses: einzelne Sätze. – Traktat: ganze Abhandlung. – S. 527. räsonierend: durch Darlegung der Vernunftgründe. – S. 528. Aspirant: Bewerber. – S. 529. Promotion: nur zum Lizentia-

ten, nicht zum Dr. jur. – emergieren: emporkommen, hervortreten. – eminieren: sich auszeichnen. – S. 530. Deduktion: Ausführung, Darlegung, Vortrag. – Alsatia illustrata: Geschichte des Elsasses mit bildlicher Darstellung der Altertümer. – S. 532. Zivilist: der sich mit Zivilrecht beschäftigt. – S. 533. Quia: weil. – S. 534. Idiom: Eigenheit, Besonderheit. – Bockenheim: Vorort Frankfurts, wo die Reformierten ihre in Frankfurt verbotene Kirche hatten. – idiotisch: bei Goethe in der griechischen Bedeutung: eigentümlich. – S. 535. er disseriere...: er rede mehr nach Art gelehrter Abhandlungen oder langer Bühnengespräche als in geselligem Plaudern. – S. 536. Elsaß... mit Frankreich verbunden: erst seit Ludwigs XIV. gewaltsamen »Reunionen«. – S. 537. Poeten, Philosophen: wie Voltaire, Formey u. a. – »Freundschaft«...: Worte Fausts zum Famulus Wagner im Urfaust. – Vetter Michel: Lied »Gestern abend war Vetter Michel da«; abschätzige Bezeichnung des deutschen Durchschnittsmenschen. – S. 540. Verbildung: Herabwürdigung der Bibel, der Jungfrau von Orléans und vieler Helden der alten und neueren Geschichte. – Exuvien: abgelegte Hüllen. – S. 541. Belagerung von Calais: de Belloys Stück handelt vom Schicksal der Bürger von Calais im englisch-französischen Krieg (1346); Lessing hat es in der Hamburgischen Dramaturgie besprochen. – S. 542. Enzyklopädisten: eine moderne naturwissenschaftliche aufklärende Gruppe von Schriftstellern, wie d'Alembert, Diderot u. a.: die Mitarbeiter an der »Encyclopédie«. – S. 542. Naturkinder... Wilddiebe und Schleichhändler: bezieht sich auf Diderots Drama »Le fils naturel« (1757) und die »Moralischen Erzählungen« und »Idyllen« von Diderot und Geßner (1772). – S. 544. Rolle des August im Cinna: einem Stück von Corneille. – des Mithridat: im gleichnamigen Drama Racines. – Rousseaus Pygmalion: nach einem antiken Stoff (1762); Pygmalion verliebt sich in eine Mädchenstatue, die er selbst geschaffen hat, und macht die von Artemis zum Leben Erweckte zu seiner Gemahlin. – deutsche literarische Revolution: der »Sturm und Drang« der Geniezeit. – S. 545. Système de la nature: materialistische Naturlehre des mit Diderot befreundeten Holbach (1723–1789). – cimmerisch: düster, finster. – S. 546. hinausgelesen: ausgelesen, bis zum Ende durchgelesen. – hingepfahlt: nach dem Holländischen: auf feste Pfähle hingestellt. – S. 547. früher dargestellt: in der Hamletaufführung in Wilhelm Meisters Lehrjahren. – S. 548. Nachlese von Betrachtungen: »Shakespeare und kein Ende« (1815). – Beauties of Shakespeare: Auswahl schöner Stellen aus Shakespeares Stücken. – Wielands Übersetzung erschien 1762–1766, die Eschenburgs 1775–1782. – S. 549. Quibble: Wortspiel. – S. 550. Aufsatz Herders: »Shakespeare« (1773). – Lenzens

»Anmerkungen übers Theater« erschienen 1774. – Lenz: übersetzte Love's labours lost: »Verlorene Liebesmüh«. – whimsical: grillen-, schrullenhaft. – S. 551. jenes Epitaphium: Leichenrede, Grabschrift; vgl. »Verlorene Liebesmüh«, 4. Akt, 2. Szene. – S. 552. glorios: ruhmredig. – Lessing: verteidigte die komischen Gestalten des Theaters. – Ceres: Göttin des Ackerbaues. – S. 553. Aerolith: Meteorstein. – in unseren Kabinetten: spielt auf Goethes spätere Sammlung an. – schöne Grafentochter: Sage von der hl. Odilia, Tochter des elsässischen Herzogs Eticho. – die »geliebte Tochter« ist Ottilie in den Wahlverwandtschaften. – S. 555. Schaffner: Aufseher, er hieß Silbermann und war Orgelbauer. – S. 556. nach acht Jahren: auf seiner zweiten, 1779 mit dem Herzog Carl August unternommenen Schweizer Reise. – Laokoon: die Laokoongruppe, von der Goethe nur die Mittelfigur abgegossen sah. – Krotalen: Klappern, Kastagnetten. – S. 558. Propyläen: Zeitschrift Goethes (1798–1800). – Rotonde: Rundbau, hier das Pantheon in Rom. – Akanthblatt: die stilisierten Blätter von Acanthus spinosus (Bärenklau) wurden am korinthischen Säulenkapitell und auch sonst in der antiken Kunst verwendet.

Zwölftes Buch. S. 561. rubrizieren: mit Aufschrift versehen. – S. 562. Distichen: Verspaare aus Hexametern und Pentametern. – S. 563. Physiognomik: Lehre von der Erkenntnis des Charakters aus den Gesichtszügen. – Swiftisch: nach Art der galligen Satire Swifts. – S. 564. merkantilisch: kaufmännisch. – S. 568. wegen seines Sauls: Voltaire läßt in seinem Drama die dargestellten biblischen Gestalten aus niederen Motiven handeln. – S. 569. Ich glaubte: über die gewisse Vorschriften und nicht die zehn Gebote enthaltenden Gesetzestafeln handelte Goethes Schriftchen »Zwo biblische Fragen« (1773); der Aufsatz über die Wüstenwanderung erschien erst in den Noten zum »West-östlichen Divan«. – Jene Gabe der Sprachen: ebenfalls in den »Zwo biblischen Fragen« gedeutet; »mit Zungen reden« ist ihm »mehr als Pantomime, doch unartikuliert sprechen«. – unter der Maske eines Landgeistlichen: in dem auf Herzensfrömmigkeit zielenden »Brief des Pastors zu * an den Pastor zu *« (1773). – Eichenbergische Buchhandlung: in Frankfurt. – S. 570. Sokratische Denkwürdigkeiten«: Schrift Hamanns, des »Magus aus Norden« (1759). – S. 571. »Wolken…«: erschienen 1761; »Kreuzzüge des Philologen« 1762. – Pan: griechischer Hirtengott; seine plötzlichen Flötenlaute riefen den »panischen Schrecken« hervor. – Königsberger Zeitung: »Königsberger Gelehrte und Politische Zeitung« (1764 ff.). – handschriftlichen Aufsatz: Prolegomena. – S. 572. imaginieren: sich etwas vorstellen, einbilden. – Profanskribenten:

weltliche Schriftsteller im Gegensatz zu den theologischen. – S. 574.
neuer Patron: Graf Wilhelm von Lippe-Schaumburg. – S. 575. Sammlung: »Klopstocks Oden und Elegien« erschienen zu Darmstadt 1771
in 34 Exemplaren. – Simonie: Käuflichkeit geistlicher Ämter. – S. 576.
»Gelehrtenrepublik«: Klopstocks, erschienen 1774. – Subskription:
Vorausbestellung. – Pränumeranten: im voraus bezahlende Besteller. –
S. 577. Druidenrepublik: Druiden hießen die Priester der Gallier. –
Pränumeration: Vorausbezahlung. – S. 578. berufene und verrufene Li-
teraturepoche: die des Sturm und Drang der »Geniezeit«. – S. 579. Di-
thyrambus: schwungvolles Lied in freiem Versmaß. – »Wanderers
Sturmlied«. – S. 581. Die Verse stammen aus Klopstocks Oden »Bra-
ga« und »Der Eislauf«. – S. 582. Ossianische Szenen: die unter diesem
sagenhaften Dichternamen überlieferte altkeltische Poesie hatte Mac-
pherson völlig überarbeitet und melancholisch modernisiert; das galt
aber für echte Volksdichtung. – De pace publica: »Über den Landfrie-
den« Kaiser Maximilians am Ende des 15. Jahrh. – S. 583. Schwaben-
recht … Sachsenrecht: der »Sachsenspiegel« des Eike von Repgow (um
1230) und der davon abhängige »Schwabenspiegel« (um 1275) sind die
wichtigsten Rechtsaufzeichnungen des Mittelalters. – Austräge der
Ebenbürtigen: die sogenannten Austrägalgerichte legen Streitigkeiten
der Stände untereinander durch Schiedsgerichte bei. – S. 584. Hofrat:
kaiserliches Reichsgericht in Wien. – S. 585. Sporteln: Gebühren. –
S. 586. sisyphische Last: Sisyphos war von den Göttern dazu verurteilt,
einen Marmorblock auf einen Berg zu wälzen. Der Block rollte aber
immer wieder in die Tiefe. – S. 587. Matrikel: im alten deutschen Reich
die Liste der Staaten unter Aufzählung ihrer Kontingente und Geld-
beiträge. – Visitation: Untersuchung der Verwaltung des Reichskammergerichts durch Gesandtschaften der deutschen Staaten. – Amphik-
tyonen: Bundesrat der griechischen Stadtstaaten; er regelte die gemeinsamen Angelegenheiten. – S. 591. Rittertafel: ihre Seele war der
Legationssekretär von Goué, dessen Drama »Masuren« ein Bild dieses
Kreises gibt. – Anciennetät: Altersfolge. – S. 592. die vier Haimonskinder: ein Volksbuch. – S. 593. amplifizieren: vermehren, erweitern.
– Perikopen: eigentlich Evangelien- oder Epistelabschnitte. – mit
den Göttingern: mit den Dichtern des sog. Göttinger »Hains«. –
Boies Almanach: Göttinger Musenalmanach (1770–1804), erster
deutscher Musenalmanach, Organ des Göttinger Hains. – S. 594.
Voltaire: hatte in der Schrift »Sur la tolérance« (1763) bewiesen, daß
der reformierte Kaufmann Jean Calas aus Toulouse Opfer eines Justiz-
mordes aus religiösem Fanatismus geworden war. – Lavater: hatte
zum Sturz des tyrannischen Landvogts Grebel beigetragen. – S. 596.

Barden: keltische Sänger der Vorzeit; auch Klopstock nannte sein Schauspiel »Hermannsschlacht« ein »Bardiet für die Schaubühne«. – Nomenklatur: Benennung. – Fabeln der Edda: Mallet gab 1755 eine franz. Bearbeitung der jüngeren Edda (nordische Götterdichtung), Resenius 1665 einen Teildruck der älteren Edda in lateinischer Übersetzung. – S. 597. irren: beirren. – Dapper: »Asia oder ausführliche Beschreibung des Reiches des Großen Mogols«, 1681 übersetzt; vermittelte besonders die Kenntnis Indiens. – Der »Altar des Ram« meint die Verwandlung des Gottes Ram in Menschengestalt; der Affengott Hanuman ist sein Gehilfe. – S. 598. Guys: »Literarische Reise nach Griechenland, oder Briefe über die alten und neuern Griechen«, 1772 ins Deutsche übersetzt. – Wood: »Versuch über das Originalgenie des Homers«, 1773 ins Deutsche übersetzt. – Göttinger Rezension: Heyne hatte Woods Abhandlung in den »Göttinger Anzeigen von gelehrten Sachen« besprochen (1770). – S. 600. Eklektiker: wählt das jeweils Zusagende aus verschiedenen philosophischen Systemen. – S. 605. Neue Heloise: Roman Rousseaus (1761). – S. 606. Deserted Village: Goldsmith' den ländlichen Frieden und seine Zerstörung schildernde Dichtung »Das verlassene Dorf«. – S. 609. Nößel: Schoppen. – S. 610. Mollusken: Weichtiere. – S. 611. »Die Berliner Bibliothek« s. Anm. zu S. 311. – den deutschen Merkur: »Der Teutsche Merkur«, Zeitschrift Wielands, von 1773–1810. – S. 614. Wolf Fenris: der riesige Fenriswolf verschlingt nach nordischer Mythologie die Sonne. – Thor: der nordische Donnergott. – S. 616. Junonische Gestalt: majestätisch, wie die Göttin Juno.

Dreizehntes Buch. S. 618. Sophie von La Roche: Jugendgeliebte Wielands, Mutter von Maximiliane La Roche, verh. Brentano, Großmutter von Clemens und Bettina Brentano. – S. 620. Taxissche Posten: Das Fürstliche Haus Taxis hat das Postrecht teilweise bis 1866 behalten. – S. 621. mundieren: reinigen, ins reine schreiben. – älteste Tochter: Maximiliane von La Roche. – S. 625. Pater Brey: (der Zähe, Klebrige) geht vielleicht auf Leuchsenring im Verhältnis zu Herder und seiner Braut, »Satyros« in gewissen Zügen auf Herder. – S. 627. der Niobe Töchter: Niobes sieben Söhne und sieben Töchter wurden wegen des Hochmuts ihrer Mutter von Apoll getötet. – S. 628. Humanismus: humane, menschenfreundliche Gesinnung. – S. 630. extemporierte Stücke: Stegreifspiele. – Scapin und Crispin: komische Figuren in französischen Komödien des 17. Jahrh. – S. 631. »Der Kaufmann von London« von George Lillo (1755), s. Anm. zu S. 120. – S. 633. »Schüsseln«: Großmanns Drama »Nicht mehr als sechs Schüsseln« (1780). Der bürgerliche Hofrat Reinhard, der mit einer Adligen verheiratet ist, bleibt bei seinen bürgerlichen Sitten.– S. 637. kleine Flugschriften: Brief des Pastors, Zwo biblische Fragen. – im »Deutschen Merkur«: s. Anm. zu S. 611. – S. 642. von einem unserer trefflichsten Männer: Lessing. – paralysieren: lähmen, hemmen. – S. 645. Then old Age…: aus einem anonym erschienenen Gedicht des engl. Satirikers Rochester (1647–1680); deutsch: Dann geleiten ihn das Alter und die Erfahrung Hand in Hand zum Tode und lassen ihn, nach so mühevollem, langem Suchen einsehen, daß er sein ganzes Leben lang im Irrtum befangen gewesen sei. – S. 646. Gray: Seine »Elegie«, geschrieben auf einem Dorfkirchhofe, erschien 1751. – Miltons »Allegro«: »Der Heitere«, Gegenstück zur Elegie »Il Penseroso« (Der Grübler) des gleichen Dichters. – Deserted Village: s. Anm. S. 606. – The Traveller: Der Wanderer (1764). – S. 647. Thule: fernes Nordland. – kaledonisch: schottisch. – Geist von Loda: bei Ossian; Lodun ist der Dichtergott. – S. 648. To griefs congenial prone…: aus einem Gedicht Thomas Wartons (1728–1790) von 1771; deutsch: Seiner Anlage nach zum Kummer geneigt, kannte er mehr Wunden, als die Natur schlug, während seine Phantasie die Gestalt des Jammers in düstern, unwirklichen Farben ausmalte und mit Schrecken, die er gar nicht hatte. – Ajax: verfiel dem Wahnsinn und wütete in einer Schafherde, als die Waffen Achills dem Odysseus zugesprochen wurden. Wieder zu sich gekommen, stürzte er sich in sein Schwert. – S. 649. Die ägyptische Königin Kleopatra setzte eine Giftschlange an ihren Busen. – Otho: römischer Kaiser. – S. 651. – Allesina – Schweitzer: zwei verschwägerte, aus Italien stammende Kaufmannsfamilien; Allesina hatte eine Brentano zur Frau. – dieser Zustand: den Hauptgrund, die nicht ganz unbegründete Eifersucht Brentanos, übergeht Goethe. – S. 658. jener Künstler: der Grieche Zeuxis. – wie Nathan: Lessings »Nathan der Weise« vergleicht drei Religionen mit drei nicht zu unterscheidenden Ringen, einem ursprünglichen und zwei nachgebildeten. – S. 662. Interessen: Zinsen.

Vierzehntes Buch. S. 666. imaginär: eingebildet. – S. 667. Livländische Kavaliere: Herren von Kleist. – Die Soldaten: Lenz geißelt in diesem Lustspiel die sittliche Verwilderung des Soldatenstandes. – Heilmittel: Lenz empfahl die Einführung der Soldatenehe. – S. 668. abhielten: vielmehr veranlaßten. – das Gemeinste: das Gewöhnlichste. – S. 669. Plautus: lateinischer Lustspieldichter. – jene Übersetzung: »Verlorene Liebesmüh«. – S. 671. Rousseaus »Emile«: lehrt natürliche Erziehung eines von der Umwelt abgesonderten Knaben. – alles ist

gut…: Zitat aus Rousseau. – Bürger von Genf: Rousseau war dort geboren und hat auch später dort gelebt. – durchstürmen: durchdrängen;
Anspielung auf Klingers Drama »Sturm und Drang«, das der Geniezeit
seinen Namen gegeben hat. – S. 673. Willigis: Erzbischof von Mainz
(gest. 1011), Sohn eines Wagenbauers, nahm ein Rad in sein Wappen;
Klinger in Erinnerung an seinen frühverstorbenen Vater, den Stadt-
konstabler, unter anderem Geschützrohre. – S. 674. Mendelssohn war
von Lavater öffentlich aufgefordert worden, des Genfers Bonnet Be-
weise für das Christentum zu widerlegen oder sich taufen zu lassen. –
An Lavaters »Physiognomischen Fragmenten zur Beförderung der
Menschenkenntnis und Menschenliebe« (1775–1778) hatte auch Goethe mitgearbeitet. – S. 677. Landvogt: Grebel in der Schweiz. – S. 680.
exorzisieren: bannen, beschwören. – S. 681. Sannazar: (Jacopo Sanna-
zaro 1458–1530) hat ein lat. Epos über die Geburt Mariae geschrieben. –
S. 683. Bisch guet: Sei brav! – Basedow suchte nach Rousseaus Natur-
gebot die deutsche Jugenderziehung umzubilden. – S. 684. Elementarwerk. 1774 erschienen, mit Kupfertafeln von Chodowiecki. – Arbeiten
des Amos Comenius: Orbis pictus; s. Anm. zu S. 42. – S. 685. philanthropisches Unternehmen: Gründung des Philanthropinums in Dessau. – Hypostasis… Ousia… Prosopon: Begriffe der Dogmatik, um
das trinitarische Verhältnis der drei göttlichen Personen zu definieren.
– S. 687. Tiro: Schreiber Ciceros, Erfinder der lateinischen Stenogra-
phie. – S. 688. antitrinitarisch: gegen die Dreieinigkeit gerichtet. –
S. 689. Triangel: Dreieck (Zeichen der Dreieinigkeit). – S. 690. mancherlei Scherze: Goethe hatte eine Farce geschrieben, »Das Unglück
des Jacobis«. – S. 693. fleißigen und beharrlichen Freunde: die Brüder
Boisserée, Sammler altdeutscher Gemälde; vgl. Anm. zu 432. – Minerva: der Sage nach aus Jupiters Haupt entsprungen. – Ziegelrauten: vier-
eckige Ziegel als Fliesen. – S. 695. Spinoza: pantheistischer Philosoph;
seine Gedanken über die göttliche Allnatur ohne persönlichen Gott
und seine selbstlose Ethik trafen weitgehend mit Goethes eigenen Anschauungen zusammen. – »Wenn ich dich liebe«…: sagt Philine in
Goethes Wilhelm Meister. – S. 700. Mahomet: Goethe las das Leben
Mahomets in Turpins Biographie (1773). – S. 701. Kaaba: altes Heilig-
tum in Mekka.

Fünfzehntes Buch. S. 703. Brüdergemeine: Herrenhuter. – eines
frommen vorzüglichen Mannes: Graf Zinzendorf (1700–1760). –
S. 704. Synodus zu Marienborn: im September 1769. – S. 705. Pelagianismus: Lehre des britischen Mönchs Pelagius, der die Erbsünde leug-
nete. – S. 706. auf sokratische Weise: indem er das Rechte durch ge-

eignete Fragen aus dem Unterredner herausholte. – Sadduzäer: strengste Vorkämpfer des geschriebenen jüdischen Gesetzes, noch strenger als die Pharisäer. – S. 709. »Arzt hilf dir selber«: vgl. Lukas 4, 23. – »Ich trete die Kelter allein«; vgl. Jesaja 63, 3. – Prometheus: wir haben zwei lange verschollene Akte des Dramas von 1773, die den Helden im Trotz gegen die Götter und als Bildner der Menschheit darstellen. – S. 710. jenes Gedicht: das Gedicht »Prometheus« ließ Jacobi ohne Goethes Wissen 1785 in den Briefen »Über die Lehre des Spinoza« drucken, worin er vielerörterte Gespräche mit Lessing zum Gram des überlebenden Moses Mendelssohn mitteilte. – S. 711. Tantalus: Günstling der Götter, die er aber in seinem Übermut betrog; Ixion: Vater der Kentauren; Sisyphus: Gründer Korinths, Überlister der Götter. Alle drei waren Vertreter derselben himmelstürmenden Gesinnung, die ihnen auch ähnliche Strafen im Tartaros einbrachte. – S. 712. Manche Gedichte: z. B. »Guter Rat«, »Künstlers Abendlied«. – »Mädcheninsel«: Elegie, 1773 erschienen. – S. 713. der »Deutsche Merkur«: s. Anm. zu S. 611. – S. 711. Märchen der »Tausend und einen Nacht«: die Erzählerin der arabischen Sammlung erhält sich dadurch am Leben und in Gunst beim Sultan, daß sie nie ein Märchen zu Ende führt, ohne den Anfang eines neuen spannend angeknüpft zu haben. – S. 715. Procul a Jove…: fern von Jupiters Sitz, fern von seinem Blitz. – S. 718. amplifizieren: verbreiten, vermehren. – Abenteuer Voltaires: s. Anm. zu S. 86. – S. 719. jenes gegen Wieland verübten Mutwillens: die Farce »Götter, Helden und Wieland«. – S. 720. Alceste: Singspiel Wielands (1773) von beachtenswerter formaler Kunst. – S. 721. Flibustier: Seeräuber. – S. 729. Polyhistorie: Vielwisserei. – Empirie:Erfahrung. – Scharlatanerie: Scheinwissenschaft. – S. 730. Chymist: Alchimist. – Hydra: Schlangenungeheuer, mit neun immer wieder nachwachsenden Köpfen, von Herakles schließlich erlegt. – S. 733. ebendasselbe Frauenzimmer: wohl Susanna Magdalena Münch (geb. 1753).

Vierter Teil

Das Motto: Nemo contra deum nisi deus ispse: »Niemand ist gegen Gott, wenn nicht Gott selbst.« Die Herkunft dieser Worte ist nicht endgültig geklärt. Zum Motto des vierten Teils wurden sie nicht von Goethe selbst, sondern von Eckermann gewählt. Der Spruch bezieht sich auf die Ausführungen über das Dämonische im 20. Buch, S. 854 ff. – S. 741. Vorwort: Der vierte Teil von »Dichtung und Wahrheit« ist in großem Abstand zu den ersten drei Teilen entstanden und erst aus Goethes Nachlaß veröffentlicht worden.

Sechzehntes Buch. S. 743. ein Büchlein: eine Biographie Spinozas, verfaßt von dem lutherischen Prediger Johann Colerus, 1733 in deutscher Sprache erschienen. – Signum...: Das Zeichen der Verzweiflung im Angesicht tragend. – Partikulier: Privatmann. – S. 744. entsagen: Leitmotiv der Altersweisheit Goethes. – S. 745. partielle Resignation: teilweiser Verzicht. – S. 747. Gewerbe: Wirbel, Gelenk. – Pisang: Paradiesbaum (Banane). – S. 748. Vorgänger: Petrarca. – S. 749. Sosias: Buchhändler im alten Rom. – S. 751. Schimpfnamen: Macklotur, Wortspiel mit Makulatur, wertlosen Druckbogen. – S. 754. Hurone Voltaires: in Voltaires Erzählung »L'ingénu« (»Der Arglose«) (1767). – Cumberlands Westindier: in Cumberlands Lustspiel »The West Indian« (1771). – Negotiationen: Bemühungen. – reformiertes Handelshaus: Schönemann. – einzige Tochter: Elisabeth (Lili) Schönemann. – S. 758. En peu...: in kurzer Zeit hat Gott die Arbeit gemacht. – Die mißglückte Operation schildert Goethe im Anschluß an Jungs Selbstbiographie. – Aperçu: Bemerkung – S. 761. dialektisches Klopffechten: spitzfindiger Redestreit. – hyerbolisch: übertrieben.

Siebzehntes Buch. S. 764. beseitigen: beiseite lassen, fortlassen. – S. 767. Die Schöne bei dem Ungeheuer: »La Belle et la Bête«, Oper Grétrys nach dem Text von Marmontel (1771). – Die Jäger: SchauspielIfflands; gemeint ist vielleicht die nach einem Text Weißes von Ad. Hiller komponierte »Jagd« (1773) oder das Singspiel »Das Milchmädchen und die Jäger« von Egidio Romuald Duni (1763). – Der Faßbinder: »Le tonnelier« von Nicolas Medard Audinot (1761). – Der Töpfer: von André, 1773 zuerst aufgeführt. – S. 768. Bürgers »Lenore«: die berühmte Ballade war eben im »Göttinger Musenalmanach« auf 1774 erschienen. – S. 770. ein Schreiber: Joh. W. Liebholdt, gest. 1806. – S. 776. Charivari: verwirrter Lärm, Katzenmusik, Spottständchen. – S. 777. »Ich schlafe...«: aus dem alttestamentarischen Hohenliede, das Goethe 1775 bearbeitete. – S. 781. Junge Gatten... in der späteren Zeit: Neuvermählte im vorgerückten Alter. – S. 782. andere Religionsbräuche: Schönemanns waren reformiert. – S. 784. die brennende Flotte: In der Seeschlacht bei Tschesme (1770) vernichteten die Russen die türkische Flotte. – ein Kriegsschiff in die Luft sprengte: Der russische Admiral Graf Orlow ließ ein Kriegsschiff in die Luft sprengen, um von dem deutschen Maler Ph. Hackert (1737–1807) ein naturgetreues Bild der brennenden Flotte zu erhalten. – ein junger nordischer König: Gustav III. (1746–1792). – S. 785. König von Frankreich: Ludwig XVI. (1754–1793). – S. 787. Unannehmlichkeiten: des Ausschlusses der Bürgerlichen von der Adelsgesellschaft.

– S. 788. die Familie: das Geschlecht der Berlichingen. – S. 791. Ganerbschaft: Miterben, Mitbesitzer. – S. 792. Refugiés: Glaubensflüchtlinge.

Achtzehntes Buch. S. 795. Parabel: Gleichnisrede. – Invektive: Ausfall, Beleidigung. – S. 796. Sonnenmikroskop: stark vergrößernder Projektionsapparat, dessen Lichtquelle die Sonne ist. – Ekelnamen: Spitznamen. – S. 797. Zum Versuche…: eine Bemerkung für den Herausgeber, die sich auf den folgenden Text bezieht, und zwar bis »…, daß dieser unter die übrigen Gäste schließlich aufgenommen wird«. – Norde: Nordländer. – Berserkerwut: wilde Kampfwut. – Macklot, Macklotur: vgl. Anm. zu S. 751. – S. 798. Göttinger Musenalmanach: vgl. Anm. zu S. 593. – S. 799. Aja: Hofmeisterin; doch erhielt Frau Rat ihren Namen vielmehr von der Mutter der Haimonskinder, die im Volksbuch Wein aus dem Keller holt. – Tyrannenblut: das Geschrei nach »Tyrannenblut« schallt aus Fr. L. Stolbergs »Freiheitsgesang aus dem 20. Jahrhundert«. – Lykurgus: König in Thrakien, Verächter des Weingottes Dionysos und darum von Zeus geblendet. – S. 800. Bacchus: lat. Name für Dionysos. – Peroration: Redeübung, (eindrucksvoller) Redeschluß; Schulrede. – S. 801. impassibel: unempfindlich. – Imaginative: Einbildung, gedankliche Erfindung. – S. 802. Konklusion: Folgerung. – S. 806. gätlich: passend, geeignet, ziemlich groß. – S. 809. penibel: mühsam, peinlich. – Kontrovers: Streitigkeit. – S. 816. des Heiligen: der heilige Meinrad, 861 von Räubern erschlagen. – inkrustiert: überzogen. – S. 817. Geognosie: Lehre von der Erdrinde. – S. 818. denn hier find ich…: in dem »Gedenkheftchen« (s. S. 815). – S. 819. Insel: Schwanau. – Kapelle: Wallfahrtskapelle Mutter Gottes zum Schnee. – Kloster: Rigi-Klösterli. – Kaltes Bad: Rigi-Kaltbad. – S. 820. die drei Tellen: so heißen volkstümlich die drei Eidgenossen vom Rütli (Grütli): Fürst, Stauffacher, Melchthal. – S. 821. Urserner Loch: Urner Loch. – S. 822. Urseren: Andermatt. – Liviner Tal: vielmehr Reußtal. – S. 823. Hospiz: auf dem St. Gotthard.

Neunzehntes Buch. S. 825. Repositorium: Regal, Gestell. – der große See: Lago Maggiore. – S. 826. Reff: Traggestell für den Rücken. – S. 828. See: Züricher See. – S. 829. wesen: sein, leben. – Mittelzeit: Mittelalter. – zweite Natur: zweiter Naturzustand. – S. 831. Werthers Reisen: gemeint sind die »Briefe aus der Schweiz«, die im Vorwort Werther zugeschrieben werden. – S. 833. »Aussichten in die Ewigkeit«: Zürich 1768–1778. – S. 834. Koteriesprache: Geheimsprache. – »Pontius Pilatus«: »Pontius Pilatus« oder »Der Mensch in allen Gestalten« …

oder »Alles in Einem« (Zürich 1782–1785, 4 Bde.). – S. 837. es machte keine Reihe: stand nicht in geordneter Folge. – bis zu der Zeit: bis zu Kants »Kritik der Urteilskraft« (1790). – S. 838. zweier Männer: Friedrich Leopold Stolberg und Christian Stolberg. – S. 842. Bonhomie: Gutmütigkeit. – S. 845. Antezedenzien: frühere Ereignisse oder Verhältnisse. – S. 846. Romanze: von Edwin und Angelina im 8. Kap. des Goldsmithschen Romans. – S. 848. jene erste Schwiegertochter: Münch, vgl. Anm. zu S. 733.

Zwanzigstes Buch. S. 850. Gouachefarbe: deckende Wasserfarbe. – Watteau: hier wohl irrtümlich erwähnt, da er bereits 1721 gestorben war. – S. 851. Tableau: Gemälde. – Tochter: Johanna Louise von Stein (1752–1816). – S. 852. Dantes Purgatorio: Ort der Läuterung in Dantes »Divina Commedia«. – Portefeuille: Brieftasche, Zeichenmappe. – Bürgel: Dorf bei Jena. – Forstmann: Traugott Friedemann Slevoigt. – S. 853. Töchter: Elisabeth, Caroline und Auguste. – S. 853. Merkur: Wielands Zeitschrift, vgl. Anm. zu S. 611. – Obervormünderin: Herzogin Anna Amalia. – S. 855. attrativa: Anziehungskraft. – S. 856. Zettel... Einschlag: technische Ausdrücke aus der Weberei. – S. 857. Nemo...: »Niemand ist gegen Gott wenn nicht Gott selbst«, vgl. Anm. zu S. 854. – S. 857. Pandora: wurde von den Göttern mit Liebreiz, Lüge, einschmeichelnder Rede und List ausgestattet. – S. 860. Kavalier: Kammerjunker von Kalb. – S. 861. Agitation: Aufregung. – S. 864. von W...: von Wrede.

GOETHES STAMMTAFEL

Johann Christian Goethe
Hufschmied in Artern

Johann Wolfgang Textor
1638–1701
Syndikus in Frankfurt

Friedrich Georg Goethe
1658–1730
Gastwirt in Frankfurt

Johann Wolfgang Textor
1693–1771
Stadtschultheiß in Frankfurt

∞ Cornelia Walter, verwit. Schelhorn

∞ Anna Marg. Lindheimer

JOHANN KASPAR GOETHE
1710–1782
Dr. Kaiserl. Rat in Frankfurt

KATHARINA ELISABETH TEXTOR
1731–1808

∞ 20. August 1748

JOHANN WOLFGANG GOETHE	Cornelia Goethe	Hermann Jakob	Katharina Elisabeth	Johanna Maria	Georg Adolf
* 28. August 1749	* 1750 † 1777	1752–1759	1754–1755	1757–1759	1760–1761

PERSONENVERZEICHNIS

scher Kaiser von 1493 bis 1519, 26, 132 f.

Melber, Georg Adolf (1725–80); seine Frau Marie, geb. Textor (1734–1823) war Goethes Tante 49

Ménage, Gilles (1613–92), franz. Schriftsteller 537

Mendelssohn, Moses (1729–86), Popularphilosoph in Berlin 311, 674, 713

Merck, Johann Heinrich (1741 bis 1791), Schriftsteller in Darmstadt 487 f., 562, 574, 607 ff., 615 ff., 624, 634 ff., 653 ff., 680 f., 735, 801 ff., 843

Merian, Matthäus (1593–1650), aus Basel, berühmter Kupferstecher 42

Meyer, Johann (1749–1825), aus Lindau, Student der Medizin, Goethes Tischgenosse in Straßburg 400, 536

Michaelis, Johann David (1717 bis 1791), Prof. der Orientalistik in Göttingen 271, 308

Milton, John (1608–74), engl. Dichter, »Paradise lost« 306, 646, 710 f.

Molière (1622–73) 103, 123

Montaigne, Michel de (1533–92), franz. Moralphilosoph 534

Montesquieu, Charles de (1689 bis 1755), franz. Philosoph: »Geist der Gesetze« 648

Morgenstern, Johann Ludwig (1738–1819), Landschaftsmaler in Frankfurt 388

Morhof, Daniel (1639–91), Prof. der Poesie in Rostock und Kiel (»Polyhistor« 1688) 268

Moritz, Heinrich Philipp (1711 bis 1769), Kanzleidirektor in Frankfurt 129

Moritz, Johann Friedrich (1716 bis 1771), Legationsrat in Frankfurt 129 f., 704

Morus, Samuel Friedrich (1736 bis 1792), Prof. der klassischen Philologie und Theologie in Leipzig 271, 278 f.

Moser, Karl Friedrich von (1723–1798), Jurist, Minister in Darmstadt, Schriftsteller 90, 158, 310, 570 f., 804

Möser, Justus (1720–94), Staatsmann und Historiker in Osnabrück 661 f., 714 f.

Musäus, Joh. Karl August (1735–1787), Prof. am Gymnasium in Weimar, Schriftsteller 853

Nemeiz, Joachim Christoph (1679–1753), Reiseschriftsteller 34

Nepos, Cornelius, röm. Geschichtsschreiber 41

Neukirch, Benjamin (1655 bis 1729), Schriftsteller und Dichter 42, 91

Nicolai, Friedrich (1733–1811), Buchhändler und Schriftsteller in Berlin 655

Nothnagel, Johann Andreas (1729–1804), Maler und Radierer in Frankfurt 100 f., 174 f., 626

Oberlin, Jeremias Jakob (1735 bis 1806), Prof. in Straßburg, um die Erforschung des elsäs-

BILDERLÄUTERUNGEN

Die Abbildung befindet sich auf der Seite 14
Goethes Elternhaus vor dem Umbau. Rekonstruktion (Freies Deutsches Hochstift)

Von dem von Goethe beschriebenen »alten« Haus ist eine authentische Abbildung nicht überliefert. Unter verschiedenen Rekonstruktionen erscheint die dargestellte als die überzeugendste, weil sie sowohl Goethes Beschreibung des »alten« Hauses entspricht, wie auch von der Architektur her den nach und nach vollzogenen Umbau zum »neuen« Haus ohne vollständigen Abbruch des Dachgeschosses möglich erscheinen läßt.

Die Abbildung befindet sich zwischen den Seiten 16 und 17
Wolfgang und Cornelia Goethe im Kindesalter, Mittelstück des Monatsbildes April von J. K. Seekatz in Goethes Elternhaus (Freies Deutsches Hochstift)

Von den insgesamt sechs Geschwistern überlebten nur die beiden ältesten – Wolfgang und Cornelia – die frühen Kinderjahre. Um so enger schlossen sie sich zusammen. Der Maler Seekatz zeigt sie in den galanten Schäferkostümen des Rokoko.

Die Abbildung befindet sich zwischen den Seiten 18 und 19
Katharina Elisabeth Goethe. Goethes Mutter (1731–1808). Gips nach dem Höchster Bisquitporzellan-Relief von Johann Peter Melchior, 1779 (Goethe-Museum Düsseldorf)

Die »Frohnatur« der ältesten, 1731 geborenen Tochter des Frankfurter Stadtschultheißen Johann Wolfgang Textor ist aus Goethes Berichten und vor allem aus ihren eigenen Briefen weithin bekannt. Was ihr einundzwanzig Jahre älterer Ehemann mit Mißmut und Strenge durchzusetzen suchte, gelang ihr durch Heiterkeit und Geschick des Geltenlassen-Könnens. Die »Lust zu fabulieren« leitete der Sohn von der Mutter her. Als sein erster Dichterruhm Gleichgesinnte ins Haus zog, wurde Frau Rat von ihnen nach der Mutter der Haimonskinder »Frau Aja« genannt. Sie verstand es gut, die gelegentlich überschäumenden jungen Gemüter etwa mit »Tyrannenblut« aus dem väterlichen Weinkeller zu besänftigen.

924

Die Abbildung befindet sich zwischen den Seiten 20 und 21
Johann Caspar Goethe. Goethes Vater (1710–1782). Gips nach dem
Höchster Bisquitporzellan-Relief von Johann Peter Melchior, 1779
(Goethe-Museum Düsseldorf)

Johann Caspar Goethe – Sohn aus der zweiten Ehe des früheren Schneidermeisters, dann Gastwirtes, Friedrich Georg Goethe mit der Witwe
Cornelia Schellhorn, Besitzerin des »Weidenhofes« – wurde 1710 in
Frankfurt geboren. Nach dem Besuch des Gymnasiums zu Coburg studierte er in Leipzig Jura, verbrachte seine Praktikantenzeit am Reichskammergericht in Wetzlar und promovierte 1738 zum Dr. juris in Gießen. 1740 unternahm er eine Reise durch Italien und hat bald nach seiner
Rückkehr über einflußreiche Verbindungen fragen lassen, ob er für den
Fall, daß er seine Dienste der Vaterstadt »ohne Einkünfte« zur Verfügung stellte, mit einem ansehnlichen Amte betraut würde. Der ableh-
nende Bescheid verdroß den erst dreißig Jahre zählenden Mann so sehr,
daß er sich schwor, niemals eine Stelle anzunehmen. Statt dessen kaufte
er gelegentlich der Krönung Karls VII. in Frankfurt – 1742 – den Titel eines »kaiserlichen Rates«, der ihn den ersten Männern der Stadt gleich-
stellte, und beschäftigte sich fortan nur mit seinen Privatinteressen.
Am 20. August 1748 heiratete Johann Caspar Goethe Katharina Elisabeth Textor, Tochter des Stadtschultheißen, die ihm am 28. August
1749 als erstes Kind Johann Wolfgang schenkte und ein Jahr später die
Tochter Cornelia. Zwei weitere Söhne und zwei Töchter starben jeweils in frühen Jahren.
Große Aufmerksamkeit widmete Johann Caspar Goethe der Erziehung und Bildung seiner Kinder. Wolfgang wurde entsprechend dem
Bildungsgang des Vaters zum Rechtsstudium nach Leipzig und zum
Praktikum nach Wetzlar geschickt. Früh erzählte ihm der Vater von
Italien und nährte sein Verlangen, das Land zu sehen, nach Kräften.
1774 hätte die Reise in die Schweiz beinahe weiter nach Italien geführt,
und 1775 überredete der Vater – entsprechend seinen Ressentiments
gegenüber der Obrigkeit – den Sohn, nicht länger auf den Wagen des
Herzogs von Weimar zu warten, sondern eine Italienreise anzutreten.

Die Abbildung befindet sich zwischen den Seiten 22 und 23
Goethes Elternhaus nach dem Umbau. Aquarell von Louis Thiénon,
1851 (Goethe-Museum Düsseldorf)

Als Goethes Großmutter väterlicherseits, die nach dem Tode ihres zweiten Gatten den Weidenhof verkauft und das Gebäude am Großen

Hirschgraben erworben hatte, 1754 gestorben war, unternahm ihr Sohn den von ihm bereits geplanten Umbau. Nachdem das neue Haus einge-richtet war, hatte Johann Wolfgang im dritten Stock unter dem Giebel sein Zimmer, das er bis zu seiner Übersiedelung nach Weimar behielt.

Die Abbildung befindet sich zwischen den Seiten 24 und 25
Ansicht von Frankfurt. Kolorierter Kupferstich von Johann Jacob Koller (Goethe-Museum Düsseldorf)

Die Ansicht zeigt Frankfurt von Sachsenhausen aus mit Blick auf den von Goethe beschriebenen Fluß, seinen Fährbetrieb und auf den links am Bildrand stehenden turmartigen Kran, der die Aufmerksamkeit des Knaben ebenso erregte, wie die am Kai angelegten Lastkähne.

Die Abbildung befindet sich zwischen den Seiten 27 und 28
Frankfurt am Main zur Zeit von Goethes Kindheit. Kolorierter Kup-ferstich von Matthäus Seutter (Goethe-Museum Düsseldorf)

Seutters Stadtplan entspricht ganz der von Goethe gegebenen Be-schreibung. Anschaulich hebt sich aus der größeren jüngeren Stadt die »alte Stadt« heraus, deren ovale Form auf der linken Seite vom »Hirschgraben« begrenzt ist.

Die Abbildung befindet sich zwischen den Seiten 55 und 56
Das vom Erdbeben zerstörte Lissabon. Koloriertes Guckkastenblatt (Goethe-Museum Düsseldorf)

Die Zerstörung Lissabons durch das Erdbeben vom 1. November 1755 hatte in der Zeit der Aufklärung, da man glaubte, die Natur durch den Nachweis ihrer Zweckmäßigkeit und Schönheit als stets erneuten Be-weis für Gottes Güte, Größe und Weisheit feiern zu können, eine all-gemeine tiefe seelische Erschütterung bewirkt. Ihr war auch der sechs-jährige Knabe in der Weise ausgesetzt, daß sie sein sich eben entwik-kelndes religiöses Bewußtsein nachhaltig beeinflußte.

Die Abbildung befindet sich zwischen den Seiten 56 und 57
Frédéric II. Roi de Prusse (1712–1786). Kupferstich von D. N. Chodo-wiecki (Goethe-Museum Düsseldorf)

Kaum daß die Naturkatastrophe von Lissabon ein Jahr zurücklag, folgte 1756 mit Preußens Einmarsch in Sachsen ein politisches Ereignis, das den siebenjährigen Goethe nun auch an der menschlichen Gerechtigkeit zweifeln ließ, sofern er im Kreise der eigenen Familie die Widersprüchigkeit des Urteils derer erfuhr, die ihm bis dahin als unanfechtbare Autoritäten galten: Denn Goethes Vater war »fritzisch« gesinnt, während der Großvater Textor als Vertreter der Freien Reichs- und Krönungsstadt des Römischen Kaisers auf der österreichischen Seite stand. Je intensiver in diesem Familienstreit Partei für und gegen Friedrich den Großen ergriffen wurde, desto radikaler fielen auch Anerkennung und Verurteilung seiner Taten aus, so daß am Ende von einem ausgewogenen Urteil nicht mehr die Rede sein konnte. Goethe hielt seine Geringschätzung der öffentlichen Meinung für eine Folge dieses Kindheitserlebnisses.

Die Abbildung befindet sich zwischen den Seiten 78 und 79
Johann Wolfgang Textor (1693–1771), Goethes Großvater mütterlicherseits. Lithographie nach dem Ölgemälde von J. A. Scheppelin, 1763 (Goethe-Museum Düsseldorf)

Goethes Großvater Textor kam aus einer Juristenfamilie und setzte selber diese Tradition fort. 1731 wurde er zum Schöffen, dann zum älteren Bürgermeister und 1747 zum Schultheißen der Freien Reichsstadt gewählt, der er bis 1770 blieb. Den vom Kaiser Karl VII. angebotenen Adelstitel lehnte er ab.

Die Abbildung befindet sich zwischen den Seiten 80 und 81
Der Gasthof »Zum Weidenhof«. Kupferstich (Goethe-Museum Düsseldorf)

Goethes Großmutter väterlicherseits hatte als Witwe Cornelia Schellhorn den stattlichen Gasthof »Zum Weidenhof«, der in Frankfurt an der Zeil stand, in die Ehe mit Friedrich Georg Goethe gebracht. Der hatte darauf vom Handwerk des Schneidermeisters übergewechselt in das Fach des Gastwirtes – oder »Gastgebers«, wie Goethe sich differenzierend ausdrückt, denn es handelte sich bei diesem stattlichen Gebäude in der Tat nicht um einen beliebigen Gasthof, sondern um eines der ersten Häuser am Platze, das man durchaus als »Hotel« bezeichnet hätte, wenn dieser Begriff damals schon üblich gewesen wäre.

Die Abbildung befindet sich zwischen den Seiten 92 und 93
Friedrich Gottlieb Klopstock (1723–1803). Stich von J. M. Bernigeroth, 1757 (Goethe-Museum Düsseldorf)

Der junge Klopstock hatte mit seinen ersten Gesängen des ›Messias‹, die 1748 erschienen waren, ungeheures Aufsehen erregt. Man mußte sie nicht nur gelesen haben, sondern begeisterte sich auch mit ihnen. So drangen sie trotz des Vaters Abwehr in Goethes Elternhaus ein, wo sich Wolfgang und Cornelia an ihnen ereiferten. – Goethe verehrte Klopstock bis zu dessen Einmischung in Goethes und des jungen Herzogs frühe Weimarer Lebensführung. Doch versagte er ihm als Dichter auch später nicht die Achtung.

Die Abbildung befindet sich zwischen den Seiten 96 und 97
François de Théas Comte de Thoranc (1719–1794). Reproduktion nach dem J. Chr. Fiedler zugeschriebenen Original, das um 1760 entstanden ist. (Goethe-Museum Düsseldorf)

Das vermutlich nach dem Geschmack der Zeit geschönte Porträt stimmt nur wenig mit Goethes Darstellung überein. Dennoch läßt die zusammengefaßte Mundpartie die von Goethe geschilderte Selbstbeherrschung ahnen, die den Grafen »mild« und »heiter« erscheinen ließ. – Nachdem die Franzosen als Verbündete der Österreicher gegen Preußen mit Beginn des Jahres 1759 Frankfurt besetzt hielten, war Thoranc für zweieinhalb Jahre in Goethes Vaterhaus einquartiert. Dem außerordentlich kunstsinnigen »Königslieutenant«, der in seinem Quartier die Frankfurter Maler für sich arbeiten ließ, verdankte Goethe seine ersten Eindrücke von der Malerei.

Die Abbildung befindet sich zwischen den Seiten 225 und 226
Kaiserkrönung Josephs II. in Frankfurt am Main. Gouache von unbekanntem Zeitgenossen (Goethe-Museum Düsseldorf)

Goethe war fünfzehn Jahre alt, als er die beschriebene Kaiserkrönung erlebte. Die dichte Folge des Krönungszuges mit dem Kaiser unter dem Baldachin und das wogende Gedränge der schaulustigen Volksmenge gibt das naive Deckfarbenbild anschaulich wieder.

Die Abbildung befindet sich zwischen den Seiten 258 und 259
Cornelia Goethe. Goethes Schwester (1750–1777). Lithographie nach Goethes Zeichnung (Goethe-Museum Düsseldorf)

Trotz seiner realistischen Darstellung in Bild und Wort stand Goethe mit seiner Schwester in einer engen, liebevollen Verbindung, die über die gemeinsamen Freuden und Leiden der Kindertage dergestalt fortdauerte, daß sie auch einander noch mitteilten, als der Bruder die Universitäten besuchte, ja, daß Cornelia ihm 1774 im Interesse Lili Schönemanns ernsthaft anbefahl, das Verlöbnis zu lösen.

Die Abbildung befindet sich zwischen den Seiten 272 und 273
Johann Wolfgang Goethe. Getuschte Silhouette um 1765 (Goethe-Museum Düsseldorf)

Am 30. September 1765, also mit gerade vollendetem sechzehnten Lebensjahr, verließ Goethe das Elternhaus und zog, wie der Vater bestimmt hatte, zum Studium der Rechte auf die Universität in Leipzig. Für Goethe begann damit ein neuer Lebensabschnitt, der ihm vor allem die Loslösung vom strengen Reglement des Vaters bedeutete und ihm die Möglichkeit bot, sein Leben selber zu gestalten. Daß er damit während der Leipziger Studienzeit, die er nach drei Jahren aus Gesundheitsgründen beenden mußte, nur bedingten Erfolg hatte, deutete Goethe selber an, rechtfertigte aber doch zugleich das ganze Unternehmen als Versuch im Sinne des Naturgesetzes.

Die Abbildung befindet sich zwischen den Seiten 275 und 276
Auerbachs Hof in Leipzig. Kupferstich von Johann August Rosmaesler, 1778 (Goethe-Museum Düsseldorf)

Das lebhafte Treiben, das eine Messe mit sich brachte, war dem jungen Goethe von seiner Vaterstadt her bekannt. Aber Leipzig erschien ihm nicht nur bei dieser Gelegenheit viel eleganter und modischer als Frankfurt. Goethe nannte es ein »Klein-Paris« und eilte sich, dem dortigen Habitus nachzukommen, wovon vor allem seine Briefe an Cornelia anschaulich berichten.

Die Abbildung befindet sich zwischen den Seiten 277 und 278
Goethes Studentenwohnung, die »Feuerkugel«. Kolorierte Lithographie (Goethe-Museum Düsseldorf)

Goethe bewohnte im zweiten Stock des rechten Gebäudeflügels »ein paar artige Zimmer«, die der Frankfurter Buchhändler Fleischer, mit dem Goethe nach Leipzig gekommen war, nur in der Messezeit belegte, während sie die übrige Zeit des Jahres Goethe zur Verfügung standen.

Die Abbildung befindet sich zwischen den Seiten 278 und 279
Christian Fürchtegott Gellert (1715–1769). Ölgemälde von Adam Friedrich Oeser (Goethe-Museum Düsseldorf)

Gellerts Name und Werk waren dem jungen Goethe von der väterlichen Bibliothek her bekannt. In Leipzig hatte er ihm, den Friedrich der Große den »vernünftigsten aller deutschen Gelehrten« genannt hatte und der seiner geistlichen Lieder und persönlichen Teilnahmefähigkeit wegen als »Gewissensrat« bezeichnet wurde, Aufwartung gemacht, bevor er seine Übungen über poetischen und prosaischen Stil besuchte. Goethes damalige poetischen Versuche fanden allerdings wenig Gnade vor Gellerts Urteil, indessen des Lehrers Weinerlichkeit den Schüler bald abstieß.

Die Abbildung befindet sich zwischen den Seiten 298 und 299
Johann Georg Schlosser (1739–1799). Kupferstich von C. W. Bock nach Beeker (Goethe-Museum Düsseldorf)

J. G. Schlosser, Goethes späterer Schwager, mit dem Goethe von Jugend auf bekannt war, kam 1766 in seiner Eigenschaft als Geheimsekretär des Herzogs Friedrich Eugen von Württemberg durch Leipzig, wo er Goethe treffen sollte. Schlosser war im Hause des Weinhändlers Schönkopf abgestiegen, wodurch Goethe Gast des von Schönkopf geführten öffentlichen Mittagstisches wurde und die bedienende Tochter Käthchen kennenlernte. Die literarischen Interessen Schlossers vermittelten Goethe in Leipzig manche Anregung und Bekanntschaft.

Die Abbildung befindet sich zwischen den Seiten 300 und 301
Johann Christoph Gottsched (1700–1766), Schabkunstblatt von J. J. Haid nach A. M. Wernerin (Goethe-Museum Düsseldorf)

Durch Johann Georg Schlosser, dessen Titel eine Einführung bei Gottsched ermöglichte, lernte Goethe den Reformator der deutschen Bühne kennen. Wenngleich damals Gottsched schon längst überholt war und der junge Goethe sich der zeitgenössischen Geringschätzung des einst angesehenen Professors der Poesie, der Logik und der Metaphysik anschloß, so bleibt doch Gottsched einer seiner literarischen Wegbereiter.

Die Abbildung befindet sich zwischen den Seiten 302 und 303
Exlibris für Käthchen Schönkopf (1746–1810). Radierung von Johann Wolfgang Goethe, 1768. (Goethe-Museum Düsseldorf)

Ein authentisches Porträt von Käthchen Schönkopf ist nicht bekannt. Eine Weise der Verehrung, von der Goethe spricht, war, Käthchen ein Exlibris anzufertigen und zu widmen.

Die Abbildung befindet sich zwischen den Seiten 316 und 317
Gotthold Ephraim Lessing (1729–1781). Kupferstich von J. F. Bause
nach Anton Graff, 1772 (Goethe-Museum Düsseldorf)

Goethe bezeichnet im Vergleich Lessings mit Klopstock und Gleim als
»persönliche Würde« die bewußte Pflege des Ansehens, auf die sich
sowohl Klopstock wie auch Gleim besonders verstanden. Lessing war
in dieser Hinsicht unbekümmert, was ihm die Sympathie der jungen
Generation einbrachte. Begeisterung erweckte in Goethe Lessings
Drama »Minna von Barnhelm«, das seinen Stoff aus dem Siebenjährigen Krieg erhalten hatte, in Sachsen spielt, und zwei Jahre vor Goethes
Reise nach Leipzig entstanden war. Die Exposition und die Rolle des
Wirtes wurden für Goethes Drama »Die Mitschuldigen« geradezu
zum Vorbild. Den Aufbau von Goethes Götz-Drama hatte Lessings
Theaterkritik, die »Hamburgische Dramaturgie«, beeinflußt. Den-
noch fand Goethes Jugendwerk Lessings Zustimmung nicht, und Goethe wich ihm aus, als Lessing in Leipzig Oeser besuchte.

Die Abbildung befindet sich zwischen den Seiten 346 und 347
Adam Friedrich Oeser (1717–1799). Kupferstich von Schultze nach
Anton Graff (Goethe-Museum Düsseldorf)

Goethes Urteil charakterisiert den Direktor der »Zeichen-, Mahlerey-
und Architektur-Akademie« in Leipzig, bei dem Goethe zunächst pri-
vaten Zeichenunterricht nahm und den er 1776 in Weimar als Zeichen-
lehrer der Herzogin Anna Amalia wiederfand, treffend: Wenngleich
Oeser als Künstler auch nicht zu den Erstrangigen zählte, vor allem,
weil er sich nicht zu großen Leistungen »zusammenraffen« mochte, so
steckte er doch voller Ideen und hat eine Fülle von Anregungen gegeben, wobei er die Auffassung Winckelmanns, mit dem er befreundet
war, vermittelte.

Die Abbildung befindet sich zwischen den Seiten 362 und 363
Neue Lieder in Melodien... 1770. Titelblatt der ersten Ausgabe der ersten gedruckten Gedichte Goethes (Goethe-Museum Düsseldorf)

In Wirklichkeit erschien das Liederheft schon zur Herbstmesse
1769. Geplant wurde die Ausgabe, als Goethe noch in Leipzig war,
doch schloß er die Gedichtsammlung erst in Frankfurt ab. Sichtlich hat
der Komponist seine künstlerische Leistung höher eingeschätzt als die
des Dichters, den er offenbar nicht für erwähnenswert hielt. Indessen

931

hat Goethe mit seinen in diesem Liederheft enthaltenen anakreonti-
schen Gedichten Höhepunkt und Abschluß der deutschen Schäferlyrik
gebildet.

Die Abbildung befindet sich zwischen den Seiten 364 und 365
Goethe. Eigenhändige Eintragung auf den Innentitel des für Ernst
Theodor Langer bestimmten Exemplars »Neue Lieder...« (Goethe-
Museum Düsseldorf)

Ernst Theodor Langer (1743–1820) war nach Behrisch Goethes ver-
trauter Umgang in Leipzig. Der belesene Mann, der 1781 Lessings
Nachfolger an der Bibliothek von Wolfenbüttel wurde, vermittelte
Goethe zahlreiche Kenntnisse und wußte ihn gleichsam als Tutor zu
leiten. Vor allem aber half er Goethe durch seinen »lehrreichen Umgang... über die traurige Lage«, in der sich Goethe durch eine plötzlich
hereingebrochene Krankheit befand, hinwegzukommen. Das besagt
auch die aus Horazens Ode »An Pyrrha« entnommene Widmung in
dem für Langer bestimmten Exemplar der ›Neuen Lieder‹:

> Horaz
>   Von mir bezeugt
> Dort am Tempel die Schrift, daß der Gerettete
> Seine triefenden Kleider
> Dankbar weihte dem Meeresgott.

Die Abbildung befindet sich zwischen den Seiten 366 und 367
Goethe. Eigenhändige Radierung, »Gebirgige Landschaft mit Wasserfall« benannt, um 1767 (Goethe-Museum Düsseldorf)

In die Mansarde des von der Familie Breitkopf gebauten neuen Hauses
»Zum silbernen Bären« zog der Kupferstecher Johann Michael Stock,
der als Notenstecher dem Musikverlag Breitkopf wichtig war. Von
Goethes nach Stocks Anleitung entstandenen Radierungen ist die abgebildete dem in »Dichtung und Wahrheit« wiederholt genannten
Leipziger Studienfreund und späteren Leipziger Bürgermeister Christian Gottfried Hermann gewidmet.

Die Abbildung befindet sich zwischen den Seiten 378 und 379
Susanna Katharina von Klettenberg (1723–1774). Miniaturgemälde
(Nationale Forschungs- und Gedenkstätten der klassischen deutschen
Literatur in Weimar)

Ein Bruder von Goethes Großvater Textor war mit der Tante der Susanna Katharina von Klettenberg verheiratet. Diese gehörte dem Kreise Frankfurter Pietisten an und gewann besonders in der Zeit zwischen 1768 und 1770 Einfluß auf Goethe. Ohne ihre vom Pietismus herrührende Selbstbefragung, das Horchen auf seelische Regungen, ist weder Goethes Straßburger Lyrik noch der ›Werther‹ denkbar.

Die Abbildung befindet sich zwischen den Seiten 398 und 399
Das Straßburger Münster. Kupferstich (Goethe-Museum Düsseldorf)

Am Straßburger Münster begeisterte Goethe sich für die gotische Baukunst, die er die »deutsche« nannte. Sie galt ihm als das Zeugnis genialer Schöpferkraft, die er im Anblick dieses Werkes in sich selber wachsen fühlte. Aus dieser Verbindung von Leistung der Vorwelt und eigenem Wollen entstand Goethes dem Straßburger Münster und seinem Baumeister gewidmete Schrift »Von deutscher Baukunst«.

Die Abbildung befindet sich zwischen den Seiten 416 und 417
Goethes Widmung für Franz Lersé (1749–1800), mit dessen Dankbezeugung in einer Ausgabe des ›Othello‹ von Shakespeare, Göttingen 1766 (Goethe-Museum Düsseldorf)

Lersés Dankbezeugung auf Goethes Widmung lautet: »Ewig sey mein Herze Dein, mein lieber Goethe. Lersé«
Das Widmungsexemplar bezeugt nicht nur die Freundschaft zwischen Goethe und Lersé, sondern auch die damalige intensive Beschäftigung mit Shakespeare.

Die Abbildung befindet sich zwischen den Seiten 448 und 449
Johann Gottfried Herder (1744–1803). Büste von Martin Gottlieb Klauer, um 1783 (Goethe-Museum Düsseldorf)

Anfang September 1770 begegneten sich Herder und Goethe in Straßburg. Durch die »Fragmente über die neuere deutsche Literatur« und die ›Kritischen Wälder‹ der Sprecher des Sturm und Drang geworden, führte Herder den um fünf Jahre jüngeren Goethe in die Dichtung Shakespeares und Homers ein, deutete ihm die Bibel als eine orientalische Dichtung, eröffnete ihm aber auch den Sinn für Volkspoesie. Was in Goethe an schöpferischen Kräften war, entfaltete sich unter Herders Einfluß zu leidenschaftlicher Tätigkeit.

Die Abbildung befindet sich zwischen den Seiten 479 und 480
Das Pfarrhaus zu Sesenheim. Nach einer Rötelzeichnung von Goethe
(Nationale Forschungs- und Gedenkstätten der klassischen deutschen
Literatur in Weimar)

Goethe hat die Zeichnung im Mai/Juni 1771 angefertigt, als er häufig
von Straßburg nach Sesenheim geritten ist, um die Pfarrerstochter
Friederike Brion zu besuchen. Von Friederike ist kein authentisches
Bildnis bekannt.

Die Abbildung befindet sich zwischen den Seiten 528 und 529
Positiones iuris. Goethes Promotionsthesen vom 6. August 1771 (Goethe-Museum Düsseldorf)

Das »Bedenkliche«, ja »Gefährliche« in Goethes Dissertation waren die
darin enthaltenen Auffassungen damals moderner Philosophie, die den
Widerspruch der rechtgläubigen protestantischen Universität Straßburg hervorrufen mußten. Mit Hilfe eines Repetitors stellte Goethe
statt der Dissertation 56 Thesen für eine Lizentiatendisputation zusammen, die er temperamentvoll verteidigte und dafür das Prädikat
»cum applausu« erhielt. Im Deutschen Reich und in der Freien Reichsstadt Frankfurt hatte der Lizentiatentitel denselben Rang wie der Dok-
tortitel, weshalb Goethe dort fortan als »Doktor Goethe« gelten konnte.

Die Abbildung befindet sich zwischen den Seiten 562 und 563
Hieronymus Peter Schlosser (1735–1797). Bleistiftzeichnung von Goethe, um 1773 (Goethe-Museum Düsseldorf)

Kraft seiner von Goethe bezeichneten Mentalität wurde Hieronymus,
der ältere Bruder Johann Georg Schlossers, Ratsherr in seiner Vaterstadt Frankfurt. Goethe kam nach seiner Rückkehr aus Straßburg mit
ihm in engeren Kontakt. In der Zeit, da Goethe versucht war, in Frankfurt eine Anwaltstätigkeit zu beginnen, ging er des öfteren Hieronymus Schlosser um Rat an.

Die Abbildung befindet sich zwischen den Seiten 564 und 565
Johann Heinrich Merck (1741–1791). Kupferstich aus Lavaters ›Physiognomischen Fragmenten‹, Ausgabe 1788 (Goethe-Museum Düsseldorf)

Merck lernte Goethe durch die Brüder Schlosser 1771 kennen. Er hatte Theologie und die »schönen Wissenschaften« studiert. Seit 1768 war er in Darmstadt »Kriegszahlmeister«, was ihm den Titel »Kriegsrat« eintrug. 1772 hatte er als zeitweiliger Herausgeber der ›Frankfurter gelehrten Anzeigen‹ Goethe zur Mitarbeit angeregt und ihn 1773 gedrängt, den ›Götz‹ abzuschließen und im gemeinsamen Selbstverlag zu veröffentlichen. Die kritische Einstellung Mercks hat Goethes literarische Produktion ebenso gefördert, wie Goethe selber in den Grenzen der Realität gehalten.

Die Abbildung befindet sich zwischen den Seiten 570 und 571
Johann Georg Hamann (1730–1788), Kohlezeichnung mit Weißhöhungen (Goethe-Museum Düsseldorf)

Goethe ist mit dem aus Königsberg stammenden philosophischen Schriftsteller Hamann weder persönlich noch schriftlich in Verbindung getreten. Sein Werk vermittelte ihm Herder. Hamann war ein entschiedener Gegner der Aufklärung und ein Verfechter des Geniekults. Er erklärte sich gegen die Unterwerfung der Sprache unter Norm und Regel und plädierte für ihren ursprünglichen Ausdruck. Damit übte er einen charakteristischen Einfluß auf den Sprachstil des jungen Goethe aus.

Die Abbildung befindet sich zwischen den Seiten 589 und 590
Wetzlar. Kolorierter Kupferstich von F. Chr. Reinermann (Goethe-Museum Düsseldorf)

Die Stadt des Reichskammergerichts zählte zu Goethes Zeit etwa 4000 Einwohner. Die Einheimischen waren meist Ackerbürger. Ihnen gegenüber standen die zahlreichen an das Reichskammergericht delegierten Vertreter der verschiedenen Höfe des Kaiserreiches. Alles das drängte sich in der für solche Verhältnisse zu kleinen Stadt, die noch dazu durch den Dreißigjährigen Krieg so schwer gelitten hatte, daß sie aus Armut »übelgebaut« erschien.

Die Abbildung befindet sich zwischen den Seiten 602 und 603
Charlotte Buff (1753–1828), zeitgenössischer Nachschnitt der Silhouette, die Goethe im Oktober 1772 von ihr aus Wetzlar erhielt (Goethe-Museum Düsseldorf)

Mit seiner distanzierenden Bemerkung über Charlotte Buff sucht der durch seine Autobiographie sich selbst historisch werdende Goethe den Erinnerungen an seine Wetzlarer Liebe zu entgehen, deren Schattenbild er noch zwei Jahre, nachdem er ihretwegen von Wetzlar geflohen war, in seiner Stube an der Wand hängen hatte.

Die Abbildung befindet sich zwischen den Seiten 604 und 605
Johann Wolfgang Goethe. Zeitgenössischer Nachschnitt der Silhouette, die Goethe 1774 an Charlotte Buff sandte. (Goethe-Museum Düsseldorf)

Als Goethe seine Silhouette am 31. August 1774 an die seit dem 4. April 1773 mit Johann Georg Christian Kestner in Hannover verheiratete Lotte schickte, schrieb er folgende Begleitverse dazu:

An Lotten
Wenn einen seelgen Biedermann
Pastor oder Ratsherrn lobesan
Die Wittib lässt in Kupfer stechen
Und drunter ein Verslein radebrechen
Da heissts:
»Seht hier von Kopf und Ohren
»Den Herrn hochwürdig wohlgebohren
»Seht seine Augen und seine Stirn
»Aber sein verständig Gehirn
»So manch Verdienst ums gemeine Wesen
»Könnt ihr ihm nicht an der Nase lesen
So liebe Lotte heists auch hier
Ich schicke meinen Schatten dir
Magst wohl die lang Nase sehn
Der Stirne Drang der Lippe Flehn
's ist ohngefähr das garstge Gesicht
Aber meine Liebe siehst du nicht.

Die psychologisch hochinteressanten Verse besagen im Grunde, daß Goethe Lotte nach ihrer Heirat als seine Witwe betrachtet, er also – was ihre Verbindung betrifft – gestorben sei, und er ihr in diesem Sinne seinen »Schatten« sende. Aber trotzdem versichert er sie zuletzt seiner Liebe.

Die Abbildung befindet sich zwischen den Seiten 619 und 620
Ansicht der Festung Ehrenbreitstein. Ausschnitt aus dem kolorierten Kupferstich von Johann Ziegler nach Lorenz Janscha aus der Folge

»Fünfzig malerische Ansichten des Rhein-Stromes von Speyer bis Düsseldorf... 1798« (Goethe-Museum Düsseldorf)

Für Goethe bedeutete der einwöchige Aufenthalt in Ehrenbreitstein vom 11. bis 19. September 1772 eine Distanzierung von den Wetzlarer Erlebnissen.

Die Abbildung befindet sich zwischen den Seiten 622 und 623
Maximiliane von La Roche, verh. Brentano (1756–1793). Kohle- und Kreidezeichnung. Daniel Nikolaus Chodowiecki zugeschrieben, vor 1774. (Goethe-Museum Düsseldorf)

Maximiliane begegnete Goethe, als er auf der Flucht von Wetzlar ihre Mutter, Sophie von La Roche, in Ehrenbreitstein besuchte. Die Lotte des Werther-Romans trägt außer Merkmalen Charlotte Buffs auch Maximilianens Züge, so die schwarzen Augen (»in Lottens schwarzen Augen...« – Werthers Brief vom 8. Juli). Goethes Neigung zu Maximiliane bewirkte ihres Gatten Eifersucht, was zu einer Szene führte, die wesentlich mit zur Entstehung des Werther-Romans beitrug.

Die Abbildung befindet sich zwischen den Seiten 624 und 625
Sophie von La Roche (1731–1807). Farbstich von H. Sintzenich nach Brekenkamp, 1782 (Goethe-Museum Düsseldorf)

Sophie von La Roche war die erste Frauenschriftstellerin der neueren deutschen Literatur. Wieland, mit dem sie verlobt gewesen war, hat 1771 ihr erstes literarisches Werk, »Geschichte der Fräulein von Sternheim«, herausgegeben. Bei einem ausgeprägten Sinn für kulturelle Geselligkeit versammelte Sophie von La Roche gerne bedeutende Menschen und Schriftsteller um sich. Dazu zählte auch der junge Goethe.

Die Abbildung befindet sich zwischen den Seiten 634 und 635
Lebens-Beschreibung Herrn Gözens von Berlichingen, zugenannt mit der Eisern Hand... 1731. Titelblatt der Autobiographie des historischen Götz von Berlichingen (Goethe-Museum Düsseldorf)

Der historische Götz starb 1562. Er gehörte zu jenen persönlich rechtschaffenen Reichsrittern, die sich auf Grund der politischen Veränderungen ihr Recht auf eigene Faust zu erkämpfen suchten. In ungelenker Sprache legt Götz dar, wie er in seinen Fehden für die Bedrückten eingestanden und durch zu großes Vertrauen zuletzt zu Fall gekommen

937

sei. – Das unumwundene Eintreten für Recht und Freiheit entsprach dem Sturm-und-Drang-Ethos. In diesem Zusammenhang erschien Götzens eiserne Hand gleichsam als Sinnbild für die Ideale der Kraftgenies, die sich um den jungen Goethe versammelten.

Die Abbildung befindet sich zwischen den Seiten 636 und 637
Götz von Berlichingen mit der eisernen Hand. Ein Schauspiel. 1773. Titelseite der ersten, im Selbstverlag erschienenen Ausgabe (Goethe-Museum Düsseldorf)

Eine erste Fassung seines ›Götz‹-Dramas, die aber Manuskript blieb, hatte Goethe 1771/72 als »Geschichte Gottfriedens von Berlichingen dramatisiert« nach Götzens Autobiographie geschrieben. Auf Grund von Herders Kritik hat Goethe das Werk 1773 umgearbeitet und es im Hinblick auf Lessings Dramaturgie gestrafft und klarer motiviert

Die Abbildung befindet sich zwischen den Seiten 654 und 655
Die Leiden des jungen Werthers... 1774. Titelseite der Erstausgabe. (Goethe-Museum Düsseldorf)

Die Leiden des jungen Mannes Werther sind im Grunde die seelischen Leiden der ganzen jungen Generation um 1774, die von der zum Extrem des Perfektionismus gesteigerten seelenlos gewordenen Aufklärung ins entgegengesetzte Extrem einer unkontrollierbaren Empfindsamkeit drängte. – Das abgebildete Exemplar des Romans gehörte, wie der Namenszug auf der Titelseite anzeigt, Auguste Louise Stolberg, der Schwester der beiden Grafen Stolberg, die mit Goethe eine Brieffreundschaft unterhielt.

Die Abbildung befindet sich zwischen den Seiten 656 und 657
Christoph Friedrich Nicolai (1733–1811). Schabkunstblatt von J. E. Haid nach D. N. Chodowiecki, 1780 (Goethe-Museum Düsseldorf)

Der Buchhändler und Schriftsteller Nicolai gründete 1765 die »Allgemeine deutsche Bibliothek«, ein Organ der Aufklärung, das der deutschen Literatur gewidmet war, aber mit fortschreitenden Lieferungen – wie die Aufklärung selber im Laufe der Zeit – immer mehr verflachte. 1775 griff Nicolai darin mit seiner Satire »Freuden des jungen Werthers – Leiden und Freuden Werthers des Mannes« Goethe an, der sich mit seinem derben Spottgedicht »Nicolai auf Werthers Grab« revanchierte.

Die Abbildung befindet sich zwischen den Seiten 658 und 659
Freuden des jungen Werthers. Leiden und Freuden Werthers des Mannes. Berlin, bey Friedrich Nicolai. 1775. (Goethe-Museum Düsseldorf)

Aus Nicolais parodierender Fortsetzung des ›Werther‹-Romans sprach die Reaktion des Bürgertums auf den die Realität nicht achtenden Geniekult. In die Rolle des Familienoberhauptes versetzt, muß Werther als sorgender Hausvater selber die bürgerlichen Lebensmaximen formulieren, um seine und seiner Familie Existenz bewahren zu können.

Die Abbildung befindet sich zwischen den Seiten 662 und 663
Justus Möser (1720–1794). Schabkunstblatt von J. G. Haug (Goethe-Museum Düsseldorf)

Der aus Osnabrück stammende und in seiner Heimatstadt als Regierungsassessor, später als Geheimer Justizrat beschäftigte Jurist hat seine politischen Ansichten vor allem in den von 1774 bis 1778 veröffentlichten ›Patriotischen Phantasien‹ dargestellt. Auf sie bezog sich Goethe im ersten Gespräch mit Carl August von Weimar während dessen Besuch in Frankfurt 1774. Mösers Auffassungen fanden ihren Niederschlag auch in Goethes ›Götz‹-Drama, so daß Möser 1784 Anlaß hatte, den ›Götz‹ in seinem gegen Friedrichs des Großen Schrift »De la littérature allemande« gerichteten Werk »Über die deutsche Sprache und Literatur« zu verteidigen.

Die Abbildung befindet sich zwischen den Seiten 666 und 667
Jacob Michael Reinhold Lenz (1751–1792). Getuschte Silhouette (Goethe-Museum Düsseldorf)

Ähnlich Goethe war Lenz Genie und begeisterte sich gleicherweise an den Goethe bewegenden Ideen: Er wetteiferte mit ihm im Shakespeare-Kult, und er war es, der Goethes Farce »Helden, Götter und Wieland« drucken ließ. Als der Streit um den ›Werther‹ begann, ergriff Lenz mit seiner Schrift »Briefe über die Moralität des jungen Werthers« heftig Partei für den Autor. Seine beiden Sturm-und-Drang-Dramen »Der Hofmeister« und »Die Soldaten« wurden von Zeitgenossen Goethe zugeschrieben, wie auch heute noch einige Gedichte auf Friederike Brion, in die sich Lenz nach Goethe verliebte, umstritten sind, ob sie von Lenz oder Goethe stammen. Goethes Urteil über Lenz in »Dichtung und Wahrheit« ist gekennzeichnet vom Wissen um die Gemütskrankheit, die Lenz' späteres Schicksal verdunkelte.

939

Die Abbildung befindet sich zwischen den Seiten 668 und 669
Heinrich Leopold Wagner (1747–1779). Getuschte Silhouette (Freies
Deutsches Hochstift)

Wagner war von Geburt Straßburger. 1774 folgte er Goethe nach
Frankfurt. Mit großem Geschick ahmte er Goethes Stil nach. Ob »Die
Kindsmörderin« wirklich ein Plagiat ist, kann mit letzter Sicherheit
nicht entschieden werden. Das Drama stellt das Verhältnis Straßburger
Offiziere zu den Bürgermädchen kritisch dar und ist insofern ein cha-
rakteristisches Stück des Sturm-und-Drang.

Die Abbildung befindet sich zwischen den Seiten 670 und 671
Friedrich Maximilian Klinger (1752–1831). Schabkunstblatt von Mayr
nach Guttenbrun (Goethe-Museum Düsseldorf)

Der Sohn eines früh gestorbenen Frankfurter Konstablers hatte sich
mühselig, aber zielstrebig emporgearbeitet und ein Studium in Gießen
durchgestanden. 1775 wurde Klinger durch seine Dramen »Die Zwillinge« und »Sturm und Drang« bekannt. Nach letzterem Drama
wurde die ganze Bewegung der damaligen jungen Generation benannt. Zur Zeit der Niederschrift von »Dichtung und Wahrheit« war
Klinger nach einer Laufbahn als russischer Offizier Kurator der Universität Dorpat geworden.

Die Abbildung befindet sich zwischen den Seiten 674 und 675
Johann Caspar Lavater (1741–1801). Aquarell (Goethe-Museum Düsseldorf)

Der Schweizer Prediger Lavater vertrat die Auffassung, daß sich der
Charakter des Menschen in seinen Gesichtszügen ausdrücke. Dieser
Idee widmete er umfangreiche Studien, die er in einer Sammlung
»Physiognomische Fragmente zur Beförderung der Menschenkenntnis und Menschenliebe« veröffentlichte. Auch Goethe, den er während
seines Aufenthaltes in Frankfurt 1774 persönlich kennengelernt hatte,
forderte er zur Mitarbeit auf. Allerdings zog sich Goethe Lavaters
schwärmerischen Prophetentums wegen schon nach wenigen Jahren
der Freundschaft zurück.

Die Abbildung befindet sich zwischen den Seiten 684 und 685
Johann Bernhard Basedow (1723–1790). Lavierte Federzeichnung von
D. N. Chodowiecki (Goethe-Museum Düsseldorf)

Der Pädagoge und Begründer des Philanthropinums in Dessau amü-
sierte Goethe mehr, als daß er ihn ernst nahm: Anregend empfand er
dessen Temperament und seine Gedankenfülle, deren Kehrseite aber
Zersplitterung und Unsystematik waren, die sich besonders in dem
von Goethe angeführten »Elementarwerk« (1774) zeigten, das »einen
geordneten Vorrat zum Unterricht der Jugend von Anfang bis ins aka-
demische Alter« enthalten sollte.

Die Abbildung befindet sich zwischen den Seiten 693 und 694
Ansicht des Domplatzes zu Köln. Kolorierter Kupferstich von Johann
Ziegler nach Lorenz Janscha; aus der Folge »Fünfzig malerische Ansichten des Rhein-Stromes von Speyer bis Düsseldorf...«, 1798 (Goethe-Museum Düsseldorf)

Als Goethe die Erinnerungen an seinen ersten Besuch des Kölner
Doms niederschrieb (1813/14), hatte ihn gerade Sulpiz Boisserée wieder für dieses Bauwerk der Gotik zu erwärmen vermocht: 1810 hatte
Boisserée ein die Domfragmente darstellendes Mappenwerk von
Quaglio und Schinkel an Goethe gesandt, ihn 1811 selber aufgesucht,
und im Juli 1815 besichtigte Goethe dann zusammen mit Boisserée, E.
M. Arndt und dem Freiherrn von Stein das »altdeutsche« Denkmal
und befürwortete fortan dessen Vollendung. 1840 wurden die Bauar-
beiten wiederaufgenommen. 1880 war der Dom vollendet.

Die Abbildung befindet sich zwischen den Seiten 696 und 697
Friedrich Heinrich Jacobi (1743–1819). Geschnittene Silhouette in ge-
stochenem Rahmen (Goethe-Museum Düsseldorf)

In den ›Frankfurter gelehrten Anzeigen‹ hatte Goethe die literarische
Produktion von Johann Georg Jacobi wiederholt heftig angegriffen,
wodurch sich auch dessen jüngerer Bruder Friedrich Heinrich getroffen fühlte. Die so entstandene »Mißhelligkeit«, auf die Goethe
verweist, war durchaus nicht so leicht auszuräumen gewesen, wie
Goethe sich zu erinnern glaubte. Obgleich »die Frauen« ihren Teil zur
Versöhnung beitrugen, kam diese doch erst in dem Augenblick zustande, als sich Goethe und Fritz Jacobi zunächst in Elberfeld, dann in
Pempelfort und Bensberg unterhielten. Das damals geführte Gespräch
über Spinoza war es vor allem, das Goethe und Jacobi einander er-
schließen ließ.

Die Abbildung befindet sich zwischen den Seiten 697 und 698
Düsseldorf. Kolorierter Kupferstich von Johann Ziegler nach Lorenz
Janscha; aus der Folge »Fünfzig malerische Ansichten des Rhein-Stromes von Speyer bis Düsseldorf...«, 1798 (Goethe-Museum Düsseldorf)

Der eigentliche Anlaß Goethes, Düsseldorf aufzusuchen, war 1774 die
bedeutende Gemälde-Galerie (Alte Pinakothek, München), die im An-
bau des Schlosses untergebracht war. Bei dieser Gelegenheit wollte
Goethe auch seinen Frieden mit den Jacobis schließen, die außer ihrem
Stadthaus einen in Kreisen kultureller Geselligkeit berühmten Landsitz
»Pempelfort« unterhielten. Pempelfort, das heute längst von der Stadt
umschlossen ist, lag damals etwa einen Kilometer vor dem Stadttor.

Die Abbildung befindet sich zwischen den Seiten 698 und 699
Die Stadt Elberfeld. Kupferstich, gezeichnet von Johann Merken, 1775
(Goethe-Museum Düsseldorf)

Weil Goethe die Brüder Jacobi in Düsseldorf nicht angetroffen hatte,
ritt er nach Elberfeld, wo er sie im Kreise der dortigen Pietisten wußte.
Der Eindruck, den ihm die damals vom Pietismus geprägte Stadt bei
dieser Gelegenheit gemacht hatte, blieb ihm unvergeßlich, so daß er
ihn in »Dichtung und Wahrheit« anschaulich darstellen konnte.

Die Abbildung befindet sich zwischen den Seiten 700 und 701
Johann Heinrich Jung, genannt Stilling (1740–1817). Tuschfederzeichnung in Rot und Braun über Bleistift von D. N. Chodowiecki (Goethe-Museum Düsseldorf)

Jung-Stilling war Goethe zuerst 1770/71 in Straßburg begegnet, dann
1774 in Elberfeld und 1775 in Frankfurt, wo sich der Schneider und
Hauslehrer mit wechselndem Erfolg als Staroperateur aufhielt. Jungs
Frömmigkeit entwickelte sich zu gefühlsseligem Pietismus, dessen
Anfänge Goethe noch in Elberfeld erlebte. Als sich diese Art der Reli-
giosität weiter ausbildete, trennte sich Goethe von Jung.

Die Abbildung befindet sich zwischen den Seiten 708 und 709
Johann Wolfgang Goethe (1749–1832). Umrißradierung von Georg
Friedrich Schmoll für Lavaters ›Physiognomische Fragmente‹, 1774
(Goethe-Museum Düsseldorf)

Das offene Haar und der offene Hemdkragen zeigen den Sturm-und-Drang-Goethe aus den Jahren zwischen der Heimkehr von Straßburg und dem Aufbruch nach Weimar. Es war die Zeit, in der er u. a. die Gedichte »Wanderers Sturmlied«, »Ganymed«, »An Schwager Kronos« und – »Prometheus« niederschrieb und u. a. an den Dramen und Dramenfragmenten »Götz von Berlichingen«, »Clavigo«, Urfaust und – »Prometheus« arbeitete. Auf dem Gebiet der Epik entstand vor allem der ›Werther‹. Er war in rund acht Wochen fertig.

Die Abbildung befindet sich zwischen den Seiten 712 und 713
Carl Ludwig Freiherr von Knebel (1744–1834). Getuschte Silhouette in gezeichneter Umrahmung, um 1775 (Goethe-Museum Düsseldorf)

Der im Range eines Majors aus preußischen Diensten 1774 als Prinzenerzieher nach Weimar gekommene Baron von Knebel war es, der aufgrund seines literarischen Urteils Wert darauf legte, daß die ihm anvertrauten Weimarer Prinzen dem Dichter des ›Götz‹ und des ›Werther‹ begegneten. Weil Knebel auf diese Weise der erste wurde, den Goethe aus dem Weimarer Kreise kennenlernte, nannte er ihn den »Urfreund«.

Die Abbildung befindet sich zwischen den Seiten 714 und 715
Prospekt des Fürstl: Sachs: Weimar: Schloses. Die Wilhelms-Burg genant wie solche nach den Brande Año. 1774 d. 10ten May gestanden. Aquarell über Tuschfederzeichnung von unbekannter Hand (Goethe-Museum Düsseldorf)

Das repräsentative Weimarer Schloß brannte am 10. Mai 1774 völlig aus. Die regierende Herzogin mußte sich mit dem Hof auf verschiedene in der Stadt verstreut liegende Gebäude behelfsmäßig verteilen. Erst 1803 war der Neubau des Schlosses, an dem Goethe in der sogenannten »Schloßbaukommission« seit 1789 mitgewirkt hatte, bezugsfähig.

Die Abbildung befindet sich zwischen den Seiten 716 und 717
Carl August Erbherzog zu Sachsen Weimar und Eisenach (1757–1828). Kupferstich von G. C. Schmidt nach Heinsius, 1774 (Goethe-Museum Düsseldorf)

Die Prinzen befanden sich auf ihrer Reise von Weimar nach Paris, als sie im Dezember 1774 in Frankfurt, wie danach auch in Karlsruhe und

Straßburg, Station machten. Die Frankfurter Begegnung mit dem jungen Dichter des ›Götz‹ und des eben erschienenen ›Werther‹ sollte eigentlich nur eine Episode in der geplanten Reihe von Bildungserlebnissen sein.

Die Abbildung befindet sich zwischen den Seiten 718 und 719
Konstantin Prinz zu Sachsen Weimar und Eisenach (1758–1793). Büste von Martin Gottlieb Klauer, um 1781. (Goethe-Museum Düsseldorf)

Den jüngeren Bruder Carl Augusts charakterisierte gegenüber jenem ein leichteres und unstets Naturell. 1774 hatte die Herzoginmutter Anna Amalia als seinen Erzieher Knebel bestellt, der 1774 die beiden Prinzen nach Paris begleitete.

Die Abbildung befindet sich zwischen den Seiten 726 und 727
Johann Georg Zimmermann (1728–1795). Kupferstich von J. R. Holzhalb, 1768 (Goethe-Museum Düsseldorf)

Seit 1768 war der geborene Schweizer Königlicher Leibarzt in Hannover. Er genoß in vornehmen Kreisen großes Ansehen und stand Friedrich dem Großen während seiner letzten Krankheit bei. Goethe traf Zimmermann, der ihn des ›Werthers‹ wegen bewunderte, erstmals im Juli 1775 auf der Rückkehr von der ersten Schweizer Reise in Straßburg. Damals zeigte ihm Zimmermann die Silhouette der Frau von Stein, von der Goethe auf diese Weise schon eine Vorstellung bekam, bevor er ihr im November desselben Jahres in Weimar persönlich begegnete.

Die Abbildung befindet sich zwischen den Seiten 754 und 755
Anna Elisabeth (Lili) von Türckheim, geb. Schönemann (1758–1817). Nach dem Pastell von F. B. Frey, 1782 (Original im Besitz von Baron B. de Türckheim)

Goethe lernte Lili als Sechzehnjährige Ende 1774 kennen. Ostern 1775 kam es zur Verlobung, die aber im Herbst desselben Jahres aus äußeren und inneren Gründen wieder gelöst wurde. Die unterschiedlichen Familienverhältnisse in gesellschaftlicher wie religiöser Hinsicht und Goethes Unmut über Lilis elegant-unverbindlichen Umgang mit den nicht wenigen Gästen des Hauses gaben dafür den Ausschlag. Goethe sprach später stets mit Wärme und Herzlichkeit von der einstigen Verlobten; Lilis Söhne Karl und Wilhelm besuchten Goethe 1806 unmittelbar nach der Schlacht von Jena und 1807 in Weimar.

Die Abbildung befindet sich zwischen den Seiten 765 und 766
Offenbach am Main. Aquarell von unbekannter Hand (Goethe-Museum Düsseldorf)

Nicht nur Lili Schönemann wohnte in Offenbach. Auch ihre Goethe liebgewordene Verwandtschaft d'Orville und der Fabrikant und Komponist André hatten dort ihre Wohnsitze und trugen zur Offenbacher Gesellichkeit bei, die Goethe besonders im Frühsommer 1775 sehr genoß.

Die Abbildung befindet sich zwischen den Seiten 768 und 769
Johann André (1741–1799). Kupferstich von Berger nach J. C. Frisch, 1780 (Goethe-Museum Düsseldorf)

Der musikalisch begabte Offenbacher Seidenfabrikant eröffnete 1774 eine Notenstecherei und einen Musikverlag in Offenbach. Im Hause Schönemann besorgte er die musikalischen Veranstaltungen. 1775 vertonte er Goethes »Erwin und Elmire« zu einem Singspiel und 1780 komponierte er auch die Musik zu Goethes »Claudine von Villa Bella«.

Die Abbildungen befinden sich zwischen den Seiten 797 und 798
Christian Graf zu Stolberg (1748–1821). Radierung von Adam Friedrich Oeser (Goethe-Museum Düsseldorf).

Friedrich Leopold Graf zu Stolberg (1750–1819). Gestochene Silhouette aus »Sammlung von Schattenrissen«, 1782. (Goethe-Museum Düsseldorf)

Die Abbildung befindet sich zwischen den Seiten 798 und 799
Christian Graf Haugwitz (1752–1831). Kupferstich aus Lavaters Physiognomischen Fragmenten (Goethe-Museum Düsseldorf)

Die Grafen Stolberg und Haugwitz trafen sich bei Goethe, mit dem zusammen sie sich die »vier Haimonskinder« und Goethes Mutter »Frau Aja« nannten. In Werther-Tracht brachen die vier jungen Leute zu ihrer Schweizer Reise auf.

Die Abbildung befindet sich zwischen den Seiten 806 und 807
Cornelia Goethe, verh. Schlosser (1750–1777). Aquarell von unbekannter Hand (Goethe-Museum Düsseldorf)

Die wenig glückliche Natur Cornelias, die zu Schwermut und Unzu-
friedenheit mit sich selber neigte, hat ihr Bruder mit wenigen Worten
treffend charakterisiert. Denn die mit Johann Georg Schlosser am 1.
November 1773 geschlossene Ehe vermochte nicht, sie im Wesen der
Hausfrau Erfüllung finden zu lassen. Cornelia starb nach der Geburt
einer zweiten Tochter im Kindbett.

Die Abbildung befindet sich zwischen den Seiten 809 und 810
Zürich mit Blick auf den Zürcher See. Kolorierter Kupferstich (Goethe-Museum Düsseldorf)

Zürich war das erste Ziel der Schweizer Reise von 1775. Hier lebten
Lavater und Bodmer, die zu besuchen Goethe im Falle Lavaters ein
Herzensbedürfnis, im Falle Bodmers eine Bildungspflicht war.

Die Abbildung befindet sich zwischen den Seiten 812 und 813
Johann Jacob Bodmer (1698–1783). Zeitgenössische Kopie nach dem
1781 entstandenen Ölgemälde von Anton Graff (Goethe-Museum
Düsseldorf)

Von dem nach diesem Porträt angefertigten Kupferstich sagte Goethe,
daß er »vollkommen den Mann darstellt, wie er auch uns erschienen«.
Zwar hat Bodmer als Dichter seine Zeit nicht überlebt, aber als Professor der helvetischen Geschichte hat er zum ersten Male mittelalterliche
Dichtungen herausgegeben und wirkte damit ebenso wie mit seinem
Eintreten für das Recht der Phantasie in der Kunst nach Goethes späte-
rem Urteil wie die »Hebamme des Genies«.

Die Abbildung befindet sich zwischen den Seiten 825 und 826
Scheideblick nach Italien vom Gotthard. Nach einer Tuschzeichnung
von Goethe am 22. Juni 1775 (Nationale Forschungs- und Gedenkstätten der klassischen deutschen Literatur in Weimar)

Goethe widerstand damals der Versuchung, nach Italien weiterzurei-
sen. Statt dessen trat man die Rückkehr an. Erst elf Jahre später war es
Goethe vergönnt, nach Italien zu gelangen. Die dann vor allem dort
von seinen Malerfreunden gewonnenen Kenntnisse im Zeichnen setz-

ten ihn in den Stand, das in »Dichtung und Wahrheit« geschriebene Urteil über seine voritalienische Zeichnung zu fällen.

Die Abbildung befindet sich zwischen den Seiten 850 und 851
Georg Melchior Kraus (1733–1806). Kupferstich von C. Müller nach F. Jagemann (Goethe-Museum Düsseldorf)

Georg Melchior Kraus war kurze Zeit vor Goethe nach Weimar gelangt, wo er an der Zeichenschule wirkte, die er von 1779 an leitete. Ihm verdanken wir die Hauptmasse von Darstellungen der Weimarer Landschaft, deren Parks und der Goethestätten. Als Kraus 1775 Goethe in Frankfurt besuchte, hatte er ihm schon eine Vorstellung von Weimar vermittelt, bevor der Herzog ihn einlud. Kraus begleitete Goethe 1784 auf der dritten Harzreise und 1792 in die Kampagne in Frankreich. Kraus starb an den Folgen der Aufregung, die ihm die Plünderung durch französische Truppen nach der Schlacht bei Jena verursachte.

Die Abbildungen befinden sich zwischen den Seiten 859 und 860
Carl August Herzog von Sachsen-Weimar-Eisenach (1757–1828). Ölporträt von unbekannter Hand, um 1775 (Goethe-Museum Düsseldorf)

Als Carl August am 3. September 1775 mit vollendetem 18. Lebensjahr die Weimarer Regierung übernommen hatte, heiratete er vier Wochen später am Hof zu Karlsruhe Louise Prinzessin von Hessen-Darmstadt. Beide reisten über Frankfurt und luden Goethe wiederholt nach Weimar ein.

Louise Herzogin von Sachsen-Weimar-Eisenach, geb. Prinzessin von Hessen-Darmstadt (1757–1830). Ölporträt von Georg Melchior Kraus, um 1780 (Goethe-Museum Düsseldorf)

Goethe verehrte die sich still zurückhaltende, spröde und leidenschaftslose Fürstin in hohem Maße, weil er ihre ethische Größe früh erkannt hatte. Vergebens mühte er sich um den harmonischen Ausgleich des jungen Paares.

Die Abbildung befindet sich zwischen den Seiten 860 und 861
Christoph Martin Wieland (1733–1813). Geschnittene ganzfigurige Silhouette der Zeit (Goethe-Museum Düsseldorf)

Wieland war 1773 als der damals angesehenste deutsche Schriftsteller und Popularphilosoph von der Herzogin Anna Amalia als Erzieher des Erbprinzen Carl August berufen worden. Im selben Jahr hatte Goethe ihn mit seiner Farce »Götter, Helden und Wieland« verspottet. Wieland hatte Goethes Angriff in seiner Zeitschrift »Der Teutsche Merkur« elegant abgewehrt, in dem er die Streitschrift ein Meisterwerk von Persiflage und sophistischem Witz nannte.

Die Abbildung befindet sich zwischen den Seiten 864 und 865
Ansicht von Weimar hinter Litzendorf. Ausschnitt aus einem Aquarell von A. F. R. Temler (Goethe-Museum Düsseldorf)

Als Goethe am 3. November 1775, schon auf der ersatzweisen Reise nach Italien begriffen, dennoch vom Weimarer Kammerjunker von Kalb in Heidelberg erreicht wurde, um der Einladung des Herzogs Carl August zu folgen, brach er ins völlig Ungewisse auf. Nichts war seiner damaligen Situation angemessener als das ›Egmont‹-Zitat, mit dem er selber den Teil seiner Autobiographie beschloß, der von seiner Geburt bis zur Übersiedelung nach Weimar reicht, das sich wie eine Fata Morgana schemenhaft aus der Zukunft seines Schicksals hervorhob.

Die Abbildung befindet sich zwischen den Seiten 868 und 869
Goethe. Getuschte Silhouette aus der nicolaischen Sammlung, um 1775. (Goethe-Museum Düsseldorf)